금융법 입문서

금융규제법개론

INTRODUCTION TO FINANCIAL REGULATION LAW

제2판

고동원

박영사

제2판 머리말

　초판을 발간한 지 2년여 사이에 금융 관련 중요한 법률들이 제정되거나 개정되었다. 그만큼 금융법 관련 분야는 빠르게 변화하고 있다고 할 수 있다. 우선 새로 제정된 주요 법률들을 보면, 2008년 세계적 금융위기 이후 금융소비자 보호 강화 추세를 반영하여 「금융소비자 보호에 관한 법률」이 2020년 3월 제정되어 2021년 3월부터 시행되었다. 또한 금융기술(FinTech)의 발전에 따라 새롭게 등장한 P2P(peer-to-peer) 대출 금융업에 관한 내용을 담고 있는 「온라인투자연계금융업 및 이용자 보호에 관한 법률」이 2019년 11월 제정되어 2020년 8월부터 시행되었다. 그리고 금융복합기업집단에 발생할 수 있는 재무‥경영상의 위험을 효과적으로 관리·감독하기 위하여 「금융복합기업집단의 감독에 관한 법률」이 2020년 12월 제정되어 2021년 6월부터 시행되었다. 이외에도 주식이나 사채 등의 전자등록에 관한 법률인 「주식·사채 등의 전자등록에 관한 법률」도 2016년 3월에 제정되어 2019년 9월부터 시행되었다.

　개정된 주요 법률로는 개인신용정보의 이용 활성화를 도모하기 위하여 익명정보와 가명정보의 개념을 새로이 도입하고, 신용정보업을 개편하면서 본인신용정보관리업 제도를 도입한 2020년 2월 개정(2020년 8월 시행)된 「신용정보의 이용 및 보호에 관한 법률」이 있다. 또한 2020년 3월 개정(2021년 3월 시행)된 「특정 금융거래정보의 보고 및 이용에 관한 법률」도 새롭게 등장한 비트코인 등 암호자산(또는 가상자산) 거래에 대한 자금세탁 방지 목적의 규제 내용을 담고 있다. 그리고 2020년 12월 개정(2021년 6월 시행)된 「금융산업의 구조 개선에 관한 법률」은 금융체계상 중요한 금융기관에 대한 자체정상화계획 및 부실정리계획의 수립에 관한 사항을 규정하고 있다.

제2판에는 이러한 새로 제정된 법률과 개정된 법률들의 주요 내용을 반영하였다. 이외에도 초판에서 다루지 못했던 「자본시장과 금융투자업에 관한 법률」에 따른 증권형 P2P금융업에 관한 내용을 추가했으며, 서민 정책금융 공급을 담당하고 있는 서민금융진흥원의 업무 및 신용회복위원회의 채무조정 업무 등에 관한 사항을 규정하고 있는 「서민의 금융생활 지원에 관한 법률」의 내용도 반영했고, 「전자금융거래법」에 따른 전자금융업에 관한 내용도 포함하였다. 이외에 관련 법률들의 개정 사항을 반영하거나 내용의 보완이 이루어졌다. 그리고 관련 법률들의 내용을 소개하면서 조문을 병기해 두었다. 따라서 필요한 경우에는 해당 조문을 직접 읽어보면서 확인하는 것도 내용을 이해하는 데 도움이 될 수 있을 것이다.

이 개정판이 금융법에 관심을 갖고 공부를 시작하는 초학자들에게 유용하게 활용될 수 있으면 좋겠다. 이 책이 개론서라 관련 법률들의 쟁점을 자세히 다루고 있지는 못하지만, 금융법을 처음 공부하는 사람들에게는 금융법 전반을 파악할 수가 있어서 도움이 될 수 있을 것이다. 이를 바탕으로 해서 더 깊은 이해가 필요한 경우에는 관련 논문이나 책을 읽으면서 심도 있는 공부를 하면 좋을 것으로 본다.

끝으로 출판 시장이 어려운데도 불구하고 기꺼이 개정판 출판을 맡아준 박영사 안종만 회장님과 안상준 대표님께 감사의 말씀을 드리며, 출판 기획을 맡아 도와준 정연환 과장과 편집 일을 맡아 수고해 주신 양수정 편집위원에게도 감사드린다.

2022년 2월 10일
저자 씀

머리말

　　대학에서 금융법을 가르치면서 학생들로부터 많이 듣는 이야기 중의 하나는 금융법 관련 용어들이 생소하고 금융법을 전반적으로 이해하는 데 도움이 되는 책을 찾아보기가 어렵다는 것이다. 그래서 금융법을 처음 공부하는 학생들을 위한 교재가 필요하다는 생각을 갖게 되어 강의안을 준비해 왔는데 이번에 강의안을 가다듬어 이 책을 발간하게 되었다. 이 책은 금융법 입문서로 저술된 것이어서 대학원이나 학부에서 금융법규 관련 과목의 교재로 사용하기에도 적합할 것으로 본다. 또한 금융법에 관심을 갖고 전문성을 갖추어 나가려는 실무가들에게도 도움을 줄 수 있을 것이다.

　　금융법은 크게 금융규제법과 금융거래법의 영역으로 나눌 수 있는데, 이 책은 책 제목에서 나타나듯이 금융규제법 분야를 다루고 있다. 그래서 금융거래법도 많은 법적 쟁점이 있고 실무에서도 중요하게 다루어지는 분야라 깊이 있는 논의가 필요하지만 금융거래법에 대한 내용은 자세히 다루지 않고 제1장 금융법 개관 부분에서 간단히 살펴보는 데 그치고 있다.

　　금융규제법의 영역에 속하는 법률들은 많다. 그래서 관련 법률들을 어떻게 분류할 것인가도 고심한 사항 중의 하나이었는데, 금융업법(제2장), 금융기반법(제3장), 증권규제법(제4장)으로 나누어 보았다. 금융기관의 금융업 영위에 관련되는 법률들을 금융업법으로 분류하였다. 은행업, 보험업, 금융투자업 등에 대한 규제 내용을 담고 있는 「은행법」, 「보험업법」, 「자본시장과 금융투자업에 관한 법률」 등이 여기에 속한다. 그리고 금융업을 영위하고 금융시장의 기반을 형성하는 데 필요한 제도적 기반에 관련되는 법률들은 금융기반법으로 분류하였다. 금융감독기구, 중앙은행, 예금보험 제도 등에 관한 법률들인 「금융위원회의 설치 등에 관한 법률」, 「한국은행법」, 「예금자보호법」 등이 해당된다. 자본시장에서 증권 발행이나 유통에 관련된 규제 및 내부자 거래나 시세 조종 행위를 규제하는 증권 불공정거래 규제에 관련되는 법은 증권규제법으로 분류하였는데, 「자본시장과 금융투자업에 관한 법률」이 해당된다. 이러한 분류 기준에 따르게 되면 두 가지 또는 세 가지 영역에 걸쳐 있는 법들도 있게 된다. 예를 들어, 「자본시장과 금융투자업에 관한 법률」은 금융업법, 금융기반법, 증권규제법의 내용을 다 담고 있는 법이 된다.

이 책이 개론서이다 보니 각 법률들에 대해 깊은 논의를 할 수 없는 한계가 있었다. 다만 「은행법」상의 은행 주식 보유 한도 규제(소위 '銀産 分離' 규제)에 관한 내용(제2장 Ⅱ. 「은행법」)과 「금융산업의 구조 개선에 관한 법률」 제24조의 금융기관의 비금융회사 지배 금지 조항에 관한 내용(제3장 Ⅶ. 금산분리법)은 실무에서 여러 법적 쟁점이 제기되는 중요한 사항이라 개론서이지만 자세히 다루었다. 내용이 다소 어려울 수 있으므로 초학자들은 이 부분은 넘어가도 될 것이다.

그리고, 제정된 법률명은 꺽쇠(「은행법」 등)로 표시했고, 저자가 나름대로 분류한 법 명칭(상호금융업법, 신용보증기관법 등)과 법률명 약어(자본시장법 등)는 꺽쇠 없이 표시하여 구분하였다. 또한 중요하다고 생각하는 용어나 문구는 굵은 글씨로 강조하여 중점을 두어 읽어야 할 부분들을 알 수 있도록 했다.

바쁜 일정 가운데서도 초고를 읽고 귀중한 논평을 해준 이종호 박사, 노태석 박사, 이정민 연구원에게 깊은 감사를 드린다. 그리고 출판 시장이 어려움에도 불구하고 기꺼이 출판을 맡아준 박영사 안종만 회장님과 안상준 대표님에게 진심으로 감사의 말씀을 드리며, 출판 기획을 맡아준 정연환 대리와 편집 일을 맡아 꼼꼼하게 챙겨준 나경선 편집위원에게도 감사드린다.

2019년 5월 30일
저자 씀

차 례

제 1 장 금융법 개관

제 2 장 금융업법

제 3 장   금융기반법

제 4 장   증권규제법

법률명 약어

「금융복합기업집단의 감독에 관한 법률」	금융복합기업집단법
「금융산업의 구조개선에 관한 법률」	구조개선법
「금융소비자 보호에 관한 법률」	금융소비자법
「금융실명거래 및 비밀보장에 관한 법률」	금융실명법
「금융위원회의 설치 등에 관한 법률」	금융감독기구법
「금융회사의 지배구조에 관한 법률」	지배구조법
「금융회사부실자산 등의 효율적 처리 및 한국자산관리공사의 설립에 관한 법률」	부실자산정리법
「대부업 등의 등록 및 금융이용자 보호에 관한 법률」	대부업법
「서민의 금융생활 지원에 관한 법률」	서민금융법
「신용정보의 이용 및 보호에 관한 법률」	신용정보법
「온라인투자연계금융업 및 이용자 보호에 관한 법률」	온라인투자연계금융법
「유사수신행위의 규제에 관한 법률」	유사수신행위규제법
「자본시장과 금융투자업에 관한 법률」	자본시장법
「주식·사채 등의 전자등록에 관한 법률」	전자등록법
「특정 금융거래정보의 보고 및 이용에 관한 법률」	특정금융정보법

제 1 장   금융법 개관

01 ──── 금융법 개관

Ⅰ. 금융법의 의의

금융법(financial law)은 '금융에 관한 법'이라고 할 수 있다. **금융(金融)**
이란 '자금을 융통 내지 조달하는 것'을 말하므로, 금융법이란 자금의 융통 내지
조달에 관한 법을 의미한다. 즉 자금을 조달한다는 것은 자금의 수요자 입장
에서 본 것인데, 이 의미는 자금을 공급하는 자도 있다는 것이 된다. 결국
금융은 자금의 공급자와 수요자가 존재하게 된다. 그리고 금융은 공급자와
수요자가 직접 거래하여 일어나는 경우도 있지만, 공급자와 수요자를 연결
시켜주는 중개자에 의해 일어나는 경우가 대부분이다. 이렇게 **중개 역할을**
하는 자가 바로 금융기관(financial institution)이다. 그래서 **금융기관을 금융중개**
기관(financial intermediary)이라고 한다.

은행이 대표적인 금융기관이다. 은행은 자금의 공급자인 예금자로부터
예금을 받아 그 자금으로 자금의 수요자인 기업이나 개인에게 대출을 하는
중개 역할을 한다(이것이 바로 「은행법」상의 '은행업'이다(제2조)). 증권회사[1]도

---

1) 「자본시장과 금융투자업에 관한 법률」은 '증권회사'라는 용어를 사용하지 않고 '투자중
   개업자'와 '투자매매업자'를 포함하는 '금융투자업자'라는 용어를 사용하고 있다. 그래서
   이를 '금융투자회사'라고 할 수도 있는데, 여기서는 종전과 같이 증권회사라고 하며, 필
   요한 경우에는 '금융투자회사'라고 한다.

자금의 수요자인 기업이 증권을 발행하여 자금을 조달하고자 할 때 투자자인 자금 공급자에게 투자 권유를 하여 투자자가 투자를 할 수 있도록 함으로써 중개 역할을 수행한다(이것이 「자본시장과 금융투자업에 관한 법률」상의 '투자중개업'이다). 그런데 이렇게 중개 역할을 하는 금융기관이 그 역할을 충실히 하지 못하면 많은 문제가 발생하게 된다. 예금자와 차입자의 중개 역할을 하는 은행이 망하게 되면, 예금을 했던 예금자인 자금 공급자는 은행으로부터 투자금인 예금을 돌려받지 못하는 상황이 된다. 증권회사의 경우도 투자자에게 투자 권유를 할 때 문제가 없는 증권을 판매해야 하는데, 그렇지 못하면 투자자가 피해를 입게 된다. 증권 발행 기업의 재무 건전성이 나쁨에도 불구하고 좋은 증권으로 포장하여 판매한다면('불완전 판매'가 그 예이다) 증권회사는 중개 역할을 충실히 하지 못하는 것이다.

따라서 투자자를 보호하기 위해서는 은행이 망할 가능성이 있는지, 증권회사가 불완전 판매를 하고 있는지를 잘 감시할 필요가 있는데, 이것이 바로 은행이나 증권회사에 대한 감독 및 규제가 필요한 이유이다. 이러한 감독 및 규제를 하기 위해서는 법적 근거가 필요하다. 그래서 제정된 법률이 은행의 경우에는 「은행법」, 증권회사의 경우에는 「자본시장과 금융투자업에 관한 법률」(이하 "자본시장법")이다. 이러한 법률은 은행과 증권회사의 설립 인가에 관한 내용, 건전 경영 유지에 관한 내용, 금융상품 판매 시 준수하여야 할 내용, 인가 취소에 관한 내용 등을 포함하고 있는데, 이러한 내용들은 결국 은행이나 증권회사가 영업을 하면서 준수해야 하는 사항이다. 즉 **「은행법」이나 자본시장법은 은행이나 증권회사에 대한 규제 내용을 담고 있는 규제법** (regulation law)이라고 할 수 있다. 그래서 **금융법의 한 영역은 '금융규제법'** (financial regulation law)이 된다.

한편 금융은 자금의 공급자와 수요자가 직접 거래를 하여 일어나는 경우도 있지만, 중개자에 의해서도 일어나는데 이러한 중개자에 의한 거래는 당사자 사이의 계약에 의해 이루어지게 된다. 은행의 경우 예금자와 은행 사이에 예금 거래 계약이 이루어지고, 은행과 차입자 사이에 금전 차입(대출) 계약이 체결된다. 증권회사의 경우는 투자자와 증권회사 사이에 금융상품판매 계약이 이루어진다. 이러한 거래에는 계약에 관련되는 기본법인 「민법」
이 기본적으로 적용된다. 「민법」의 총칙(법률행위 등), 물권(담보물권 등), 채
권(계약, 불법행위 등) 등에 관한 조항이 대표적이다. 특히 예금 거래 계약에
대해서는 예금 거래 계약의 법적 성질을 금전소비임치계약이라고 보는 통설의
입장에서는 「민법」상의 소비임치(消費任置)에 관련된 조항(제702조)이, 대출 거래
계약에 대해서는 「민법」상의 소비대차(消費貸借) 관련 조항(제598조 내지 제608
조)이, 금융상품 판매 계약에 대해서는 「민법」상의 매매 관련 조항(제563조 내지
제589조)이 적용된다. 또한 이러한 금융기관과의 거래의 경우 다수 당사자들
과 이루어지는 거래가 대부분이어서 주로 '약관'(約款)에 의한 거래가 많이
이루어지는데, 이 경우에는 관련 법인 「약관의 규제에 관한 법률」(이하 "약
관규제법")도 적용된다. 이렇게 금융 거래에 적용되는 법을 '금융거래법'
(financial transaction law)이라고 할 수 있다. 따라서 「민법」도 금융거래법의
한 영역에 들어간다. 약관규제법도 명칭은 '규제'라고 하고 있지만, 약관의
무효 등에 관한 내용이 있어서 금융거래법의 성격도 갖고 있다.

정리하면, 금융법의 영역은 크게 금융기관에 대한 규제에 관련된 법인 금융
규제법과 금융 거래에 관련된 법인 금융거래법으로 나눌 수 있다.

Ⅱ. 금융규제법의 범위

금융규제법의 영역은 국내 금융규제법뿐만 아니라 국제 금융규제법의
영역도 있다.

1. 국내 금융규제법

(1) 개   관

금융규제법은 금융기관에 대한 규제법이라고 할 수 있다. 즉 금융기관이 영
위하는 '금융업'에 대한 규제법이라고 할 수 있다. 그 영역은 금융기관 및 금

융업의 범위를 알아봄으로써 파악할 수 있다. 주요 금융기관인 은행, 증권회사, 보험회사에 각각 적용되는 「은행법」, 자본시장법, 「보험업법」이 대표적이다. 이러한 법들을 통칭하는 의미에서 '**금융업법**'이라고 부를 수 있다.

또한 금융규제법의 영역에는 **금융제도(financial system)의 하부 구조(infrastructure) 내지 기반(基盤)을 형성하는 관련 기관에 적용되는 법들도** 존재한다. 금융감독기관, 중앙은행, 예금보험 운영기관, 증권 및 파생상품(financial derivatives) 거래소 등에 적용되는 법들을 말한다. 이러한 법들을 '**금융기반법**'(金融基盤法)[2]이라고 부를 수 있다.

한편 금융업법이나 금융기반법의 분류에 속하지 않은 증권 거래에 관련된 규제법 영역이 있다. 자본시장법이 규정하고 있는 **증권 발행 규제, 증권 유통 규제, 주가(株價) 조작 등 증권 불공정거래에 대한 규제 내용이** 대표적이다. 이것을 '**증권규제법**'이라고 별도로 분류하여 설명하기로 한다.

(2) 금융업법

금융업법은 금융기관 및 금융업의 범위를 알아봄으로써 파악할 수 있다.

1) 「은행법」 및 특수은행법

은행업(예금 수입 업무 및 대출 업무)을 영위하는 **일반은행(commercial bank)에** 대한 규제 내용을 담고 있는 법에는 「은행법」이 있다. 특별한 목적을 위해 설립된 **특수은행(specialized bank)에** 관련된 법은, 수입과 해외 투자 및 해외 자원 개발에 필요한 자금을 공여하는 한국수출입은행에 대해서 적용되는 「한국수출입은행법」, 산업의 개발·육성, 사회기반시설의 확충, 지역 개발 등 정책자금(policy loans) 공여 업무를 취급하는 한국산업은행에게 적용되는 「한국산업은행법」, 중소기업에 대한 자금 공여를 목적으로 설립된 중소기업은행에게 적용되는 「중소기업은행법」, 농업인에 대한 자금 지원을 목적으로 하여 설립된 농협은행에 대해서 적용되는 「농업협동조합법」, 어업인에 대한 자금 지원을 목적으로 하여 설립된 수협은행에 적용되는 「수산업협동조합법」이 있다.

---

2) '금융하부구조법'이라고 부를 수도 있을 것이다.

2) 금융투자업법

금융투자업(투자매매업, 투자중개업, 집합투자업, 투자자문업, 투자일임업, 신탁업)을 영위하는 '**금융투자업자**'(증권회사, 자산운용회사, 투자자문회사, 신탁회사 등), 어음의 발행·매매·중개·인수 등의 금융업을 영위할 수 있는 종합금융업자, 금융기관 사이의 단기 자금 거래를 중개하는 **자금중개업자**, 투자매매업자 또는 투자중개업자에 대해서 필요한 자금의 대여나 증권의 대여 업무 등을 주업무로 하는 **증권금융업자**, 기업이 발행하는 증권의 신용 등급을 평가하는 **신용평가업자**, 증권의 명의개서대행업자에 대해서 적용되는 자본시장법이 있다.

3)「보험업법」

보험업을 영위하는 보험회사는 크게 손해보험회사와 생명보험회사로 나눌 수 있다. 이러한 보험회사의 보험업에 대해 적용되는 법이「보험업법」이다.

4)「여신전문금융업법」

여신전문금융업을 영위하는 신용카드회사, 시설대여회사, 할부금융회사, 신기술사업금융회사에 대해 적용되는「여신전문금융업법」이 있다.

5)「상호저축은행법」

예금·적금의 수입 업무 및 대출 업무를 영위하는 상호저축은행에 대해서 적용되는「상호저축은행법」이 있다.

6) 상호금융업법

회원을 대상으로 하는 금융업을 '상호금융업'이라고 하는데, **상호금융업을 영위하는 금융기관을 상호금융기관**이라고 한다. 상호금융기관에 적용되는 법률은 다음과 같다. 회원인 조합원을 대상으로 예탁금 및 적금을 수입하고 조합원에 대한 대출 업무를 취급하는 신용협동조합에 대해서 적용되는「신용협동조합법」이 있다. 농업인과 축산인 등의 조합원을 대상으로 예금 및 적금을 수입하고 대출 업무를 취급하는 지역 농업협동조합 및 축산업협동조합에 대해서 적용되는「농업협동조합법」이 있다. 어업인 등의 조합원을 대상으로 예금 및 적금을 수입하고 대출 업무를 취급하는 지역(또는 지구별) 수산업협동조합에 적용되는「수산업협동조합법」이 있다. 임업인 등 조합원을 대상으로 예금·적금의 수입 및 대출 업무를 취급하는 지역 산림조합에 적용되는 「산림조합법」이 있다. 그리고 회원에 대한 예탁금 및 적금의 수입과 대출 업무를 영위하는 새마을금고에 적용되는 「새마을금고법」이 있다.

7) 신용정보업법

신용정보업(개인신용평가업, 개인사업자신용평가업, 기업신용조회업, 신용조사업)을 영위하는 신용정보회사에 적용되는 「신용정보의 이용 및 보호에 관한 법률」(이하 "신용정보법")이 있다.

8) 「우체국예금·보험에 관한 법률」

생명보험과 상해보험 업무 및 예금 업무를 취급하는 우체국에 적용되는 「우체국예금·보험에 관한 법률」이 있다.

9) 대부업법

금전의 대부를 업(業)으로 하는 대부업자나 금전 대부 중개를 업으로 하는 대부중개업자에 대한 규제법은 「대부업 등의 등록 및 금융이용자 보호에 관한 법률」(이하 "대부업법")이다. 대부업자나 대부중개업자는 시·도지사에게 등록해야 하며, 규모가 큰 대부업자나 대부중개업자는 금융감독당국에 등록해야 한다(제3조). 대부업법은 대부업자의 최고 이자율 규제 및 광고 규제 등 대부업 이용자를 보호하기 위한 조항을 두고 있다(제8조, 제9조의3).

10) 대출형 P2P금융업법

정보통신망에서 금융기술(FinTech) 기업인 '전산운영체계'(platform) 개설·운영업자의 중개로 차입자와 다수의 대출자(lender)인 투자자 사이에 직접 대출(차입) 거래가 이루어지는 대출형 P2P(peer-to-peer) 금융업에 관련되는 법률은 2019년 11월 26일 제정되고 2020년 8월 27일부터 시행된 「온라인투자연계금융업 및 이용자 보호에 관한 법률」(이하 "온라인투자연계금융업법")이 있다. 이 법률은 금융기술의 발전에 따라 새롭게 등장한 대출형 P2P금융의 중개업자에 대한 영업 규제와 이용자인 차입자와 투자자를 보호하기 위한 여러 내용을 규정하고 있기 때문에 금융업법으로 분류할 수 있다.

11) 증권형 P2P금융업법

정보통신망에서 자금 수요자인 기업이 '온라인소액투자중개업자'의 중개에 의하여 주식이나 사채 등 증권을 발행하여 다수의 투자자로부터 자금을 조달하는 증권형 P2P금융업에 관련되는 법률은 자본시장법이다. 자본시장법은 온라인소액투자중개업자에 대한 영업 규제와 증권 발행인 및 투자자를 보호하기 위한 여러 사항을 규정하고 있다.

12) 전자금융업법

선불전자지급수단이나 직불전자지급수단의 발행·관리업자 등 전자금융업자에 대한 규제와 금융기관이나 전자금융업자의 전산 보안(security) 등에 관한 내용을 규정하고 있는 「전자금융거래법」도 전자금융업자에 대한 규제 내용을 담고 있으므로 금융업법의 성격도 갖고 있다. 따라서 「전자금융거래법」은 전자금융 거래에 따른 금융기관과 이용자 사이의 책임에 관한 법률관계에 대하여도 규정하고 있어서(제9조) 금융거래법의 성격도 갖고 있지만, 전자금융업자에 대한 규제 내용도 담고 있어 금융업법의 성격도 갖고 있다고 할 수 있다.

13) 금융소비자법

은행이나 증권회사 등 금융상품판매업자의 금융상품 판매 영업 행위나 금융상품자문업자의 금융상품 자문 영업 행위와 관련해서 그 대상인 금융소비자를 보호하기 위한 목적으로 2020년 3월 24일 제정되고 2021년 3월 25일부터 시행된 「금융소비자 보호에 관한 법률」(이하 "금융소비자법")도 금융상품판매업이나 금융상품자문업에 적용되는 법률이므로 금융업법으로 분류할 수 있을 것이다. 이 법률은 종전 「은행법」이나 자본시장법 및 「보험업법」 등 개별 법률에 규정하고 있었던 금융상품 판매 행위 규제에 관련된 규정들을 통합하여 규정한 법률이라 금융소비자 보호에 관한 통합법이라고 할 수 있다.

14) 유사수신행위규제법

「유사수신행위의 규제에 관한 법률」(이하 "유사수신행위규제법")은 금융소비자를 보호하기 위해 금융업 인가나 허가를 받지 않은 자가 금융기관의 수신 행위와 유사한 업무를 하는 것을 규제하기 위한 법이다. 이 법도 금융업과 관련되는 법이라 볼 수 있으므로 금융업법으로 분류할 수 있다.

15) 「금융지주회사법」

금융기관을 자회사로 두어 자회사를 경영·관리하는 금융지주회사에 대해 적용되는 「금융지주회사법」이 있다.

16) 금융기관지배구조법

은행, 금융투자업자, 보험회사 등 **금융기관의 경영지배구조(corporate governance)에 적용되는 법은 「금융회사의 지배구조에 관한 법률」**(이하 "지배구조법")이다. 금융기관 경영지배구조에 관한 통합법이라고 할 수 있다. 이 법은 종전에 각 금융기관 설립 근거법에 규정되어 있던 경영지배구조에 관한 내용을 통합하여 규정한 법이다. 적용 대상 금융기관은 은행, 금융투자업자, 종합금융회사, 보험회사, 상호저축은행, 여신전문금융회사, 금융지주회사이다(제2조 제1호). 이 법의 주요 내용은 금융기관의 이사, 감사, 집행임원(「상법」에 따른 집행임원을 말한다), **업무집행책임자**(등기 이사가 아니면서 사장, 부사장, 부행장, 전무, 상무이사 등의 명칭을 사용하면서 업무를 집행하는 자를 말한다) 등 임원의 자격 요건 및 겸직 제한 등에 관한 사항, **사외이사**(社外理事, outside director)**의 자격 요건 및 선임**에 관한 사항, 이사회의 구성 및 운영에 관한 사항, **이사회 내 위원회**(임원후보추천위원회, 감사위원회, 위험관리위원회, 보수위원회 등)의 구성 및 운영에 관한 사항, **내부 통제**(internal control) 및 **위험 관리**(risk management)에 관한 사항, 대주주의 건전성 유지에 관한 사항(대주주 변경 승인 및 최대주주 자격 심사 등) 등을 규정하고 있다. 금융기관의 영업과 관련하여 적용되는 법이므로 금융업법으로 분류할 수 있을 것이다.

17) 기타 금융업법

기타 금융업법으로 분류할 수 있는 법은 「채권의 공정한 추심에 관한 법률」, 「근로자퇴직급여보장법」 등이 있다.

(3) 금융기반법

1) 금융감독기구법

금융기관을 감독·검사하는 금융감독기관에 적용되는 「금융위원회의 설치 등에 관한 법률」(이하 "금융감독기구법")이 중요한 금융기반법의 영역으로 분류할 수 있다.

2) 중앙은행법

물가 안정을 목표로 통화량을 조절하는 통화신용정책 수행 기관인 중앙은행에 적용되는 「한국은행법」도 중요한 금융기반법의 영역이다.

3) 예금보험법

예금보험 제도에 관한 사항과 예금보험기금을 운영하고 부실 금융기관을 정리(resolution)하는 역할을 수행하는 예금보험기구에 관한 사항을 규정하고 있는 「예금자보호법」도 금융기반법의 하나이다.

4) 자본시장기반법

증권시장(유가증권시장, 코스닥시장, 코넥스시장)과 파생상품시장을 개설하고 운영하는 한국거래소의 설립과 업무를 규정하고 있는 자본시장법도 이런 면에서는 금융기반법으로 분류할 수 있다. 자본시장법은 증권의 집중 예탁과 증권의 계좌 간 대체(對替) 및 유통의 원활을 기하기 위하여 설립된 한국예탁결제원에 대하여도 적용된다. 또한 자본시장법은 장외(over-the-counter: OTC) 파생상품 거래에서 **중앙청산기관**(central counterparty: CCP)의 역할을 하는 금융투자상품거래청산회사에게도 적용된다. 이런 면에서 자본시장법은 금융업법과 금융기반법의 성격을 다 갖고 있다. 또한 주식이나 사채 등의 전자등록에 관한 사항을 담고 있는 2016년 3월 16일 제정되고 2019년 9월 16일 시행된 「주식·사채 등의 전자등록에 관한 법률」(이하 "전자등록법")도 자본시장기반법의 영역으로 분류할 수 있다.

5) 금융산업구조개선법

금융기관의 합병 및 전환, 부실 금융기관의 정리, 부실 금융기관의 청산 및 파산 절차에 대한 특례, 금융체계상 중요한 금융기관에 대한 자체정상화계획 및 부실정리계획의 수립 등에 관한 내용을 담고 있는 「금융산업의 구조개선에 관한 법률」(이하 "구조개선법")도 금융제도의 기반에 관한 금융규제법의 영역에 속한다고 할 수 있다.

6) 금산분리법

구조개선법은 금융기관을 이용한 기업결합의 제한(즉 '금융자본의 산업자본 지배' 금지)에 관한 내용을 담고 있어 금산분리법(金産分離法)의 영역도 포함하고 있다. 금산분리법은 금융기관이 위험성이 높은 비금융기업을 소유할 경우 발생할 수 있는 위험을 미리 차단하여 건전한 금융제도의 기반을 유지하기 위한 목적이라는 점에서 보면 금융기반법으로 분류할 수 있다.

7) 금융복합기업집단법

2020년 12월 29일 제정되고 2021년 6월 30일부터 시행된 「금융복합기업집단의 감독에 관한 법률」(이하 "금융복합기업집단법")은 동일한 기업집단에 속한 둘 이상의 금융기관으로 구성된 '금융복합기업집단'에 발생할 수 있는 재무 및 경영상의 위험을 효과적으로 관리하기 위하여 금융복합기업집단 차원의 내부통제, 위험관리 및 건전성 관리 등에 관한 사항을 규정하는 법률이므로 금융기반법의 영역으로 분류할 수 있을 것이다.

8) 신용정보기반법

신용정보법도 대출 거래 등 금융 거래를 함에 있어서 필요한 개인이나 기업에 대한 신용정보(대출 정보, 납세 정보, 연체 정보 등)의 이용과 보호에 관하여 규정하고 있어서 건전한 금융제도를 구축하기 위한 법이라는 점에서 금융기반법의 성격을 갖고 있다고 할 수 있다. 즉 신용정보법은 신용정보업에 관한 사항을 규정한다는 점에서는 금융업법의 성격을 갖고 있지만 신용정보의 이용과 보호에 관한 내용도 규정한다는 점에서는 금융기반법의 성격도 갖고 있다. 특히 개인의 이름이나 주민등록번호 등 '개인정보'의 이용과 보호에 관련되는 법률로는 「개인정보보호법」이 있다.

9) 신용보증기관법

신용이 충분하지 않은 개인이나 기업, 기술력이 있는 기업에게 보증을 제공하는 신용보증기관인 신용보증기금, 기술보증기금, 지역 신용보증재단의 설립과 운영에 관련되는 법인 「신용보증기금법」, 「기술보증기금법」, 「지역

신용보증재단법」도 원활한 금융 거래를 도모하기 위한 목적이라는 점에서
금융기반법으로 분류할 수 있다.

10) 부실자산정리법

금융기관이 보유하고 있는 부실 자산을 효율적으로 정리하고 부실 징후
기업의 경영 정상화 등을 효율적으로 지원하기 위하여 설립된 한국자산관리
공사에 대해 적용되는 「금융회사부실자산 등의 효율적 처리 및 한국자산관
리공사의 설립에 관한 법률」(이하 "부실자산정리법")도 부실 자산 처리에 관
련된 사항을 규정하고 있어서 금융기반법으로 분류할 수 있다.

11) 금융실명법

금융 실명(實名) 거래와 금융 거래의 비밀을 보장하는 내용의 「금융실명거
래 및 비밀보장에 관한 법률」(이하 "금융실명법")도 건전한 금융 거래 유지를
위한 목적으로 하는 규제법이어서 금융기반법으로 분류할 수 있다.

12) 자금세탁방지법

자금 세탁(money laundering) 방지에 관한 법들도 금융 거래와 관련하여
금융당국에 대한 보고 의무 등을 규정하고 있어 금융기반법으로 분류할 수
있다. 그러한 법들로는 「특정 금융거래 정보의 보고 및 이용에 관한 법률」,
「범죄수익은닉의 규제 및 처벌 등에 관한 법률」, 「공중 등 협박목적 및 대
량살상무기확산을 위한 자금조달행위의 금지에 관한 법률」이 있다.

13) 서민금융법

2016년 3월 22일 제정되고 2016년 9월 23일부터 시행된 「서민의 금융
생활 지원에 관한 법률」(이하 "서민금융법")은 서민금융진흥원 및 신용회복위
원회를 설립하여 저소득층 등 서민을 위한 금융 지원을 하고 개인채무자에
대한 채무 조정을 지원하여 서민 생활의 안정을 도모하기 위해서 제정된 법
률이므로 금융기반법의 영역으로 분류할 수 있을 것이다.

14) 외환규제법

외국환(換) 관련 거래를 규제하는 「외국환거래법」이 있는데, 이 법은 금
융기관의 외국환 업무에 대한 규제 내용도 있어 금융업법의 영역으로 볼 수
있는 부분도 있지만, 대외 무역 거래나 자본 거래 등과 관련되어 외환당국에

신고를 하거나 외환당국으로부터 허가를 받아야 하는 내용이 많은 부분을 차지하고 있어 건전한 금융 거래 기반을 형성하는 데 관련된 법으로서 금융기반법의 영역으로 분류할 수 있다.

15) 기타 금융기반법

기타 금융기반법으로 분류할 수 있는 법률들은 「금융중심지의 조성과 발전에 관한 법률」, 「기업구조조정 촉진법」, 「기업구조조정투자회사법」, 「공적자금관리 특별법」, 「공적자금상환기금법」, 「산업발전법」, 「주식회사 등의 외부감사에 관한 법률」, 「한국주택금융공사법」, 「금융혁신지원 특별법」 등을 들 수 있다.

(4) 증권규제법

증권규제법의 영역은 증권발행규제법, 증권유통규제법, 증권불공정거래규제법으로 나눌 수 있다.

1) 증권발행규제법

기업이 주식이나 사채(社債) 등 증권을 발행하는 경우(이러한 시장을 증권발행시장(primary market)이라 한다)에는 자본시장법이 적용된다. 증권을 발행하고자 하는 기업이 10억 원 이상의 자금을 50인 이상의 투자자를 대상으로 조달하려고 하면 금융감독당국에게 **증권발행신고서를 제출**하여야 한다(제119조).[3] 이는 다수의 선량한 투자자를 보호하기 위한 것이다. 이런 점에서 자본시장법에는 규제법의 성격을 갖고 있는 규정들이 있는 것이다.

2) 증권유통규제법

기업이 발행한 증권의 유통 거래(이를 증권유통시장(secondary market)이라 한다)에 관련해서도 자본시장법이 적용된다. 투자자를 보호하기 위한 법이다. 주권상장법인 등으로 하여금 정기적으로 사업보고서를 금융감독당국

---

3) 증권의 모집 가액 또는 매출 가액이 10억 원 이상인 경우에는 증권 발행 기업은 그 모집 또는 매출에 관한 신고서를 금융감독당국에 제출하여야 한다(자본시장법 제119조, 시행령 제120조 제1항). '모집'이라 함은 50인 이상의 투자자에게 새로 발행되는 증권의 취득의 청약을 권유하는 것을 말한다(자본시장법 제9조 제7항, 시행령 제11조 제1항). '매출'이라 함은 50인 이상의 투자자에게 이미 발행된 증권의 매도의 청약을 하거나 매수의 청약을 권유하는 것을 말한다(자본시장법 제9조 제9항, 시행령 제11조 제1항).

과 한국거래소에 제출하도록 하는 **공시(公示, disclosure) 제도**(제159조, 제160조)가 그 예이다. 증권에 투자한 투자자들이 증권 발행 법인에 대한 현황을 파악하도록 함으로써 투자자를 보호하기 위한 것이다.

3) 증권불공정거래규제법

증권 불공정거래(unfair trading) 규제도 대표적인 예이다. 자본시장법은 상장법인의 임직원이나 주요주주 등이 '미공개중요정보'를 이용하여 해당 법인이 발행한 증권 등을 매매하는 것을 금지하고 있다(제174조). 이것을 **내부자 거래(insider trading) 규제**라고 한다. 위반 시에는 형사 처벌이 되는 등 강력한 제재가 따른다(제443조). 또한 증권시장에서 시세(時勢) 조종 행위에 대해서도 강력한 처벌을 하고 있다. 즉 위장 거래나 허위 표시에 의해서 상장 증권이나 장내파생상품의 **시세를 조종하는 행위를 금지**하고 있으며(제176조), 위반 시에는 형사 처벌 대상이 된다(제344조). 이렇게 자본시장법은 증권 불공정거래에 대해서 강력한 조치를 취함으로써 투자자를 보호하고 있다. 이런 점에서 자본시장법은 증권규제법의 영역이 된다.

2. 국제 금융규제법

국제 금융규제법의 영역은 국제금융기구(international financial organization)가 제정한 국제적인 금융 감독 기준(standard)이 해당한다. 이러한 국제 감독 기준의 특징은 각 국가가 법령이나 감독규정(規程)으로 제정하지 않는 한 구속력이 없다는 점이다. 즉 국제적인 금융 감독 기준은 **연성법(軟性法, soft law)**이라는 특징을 갖고 있다.

(1) 은행 감독 기준

이러한 국제적인 금융 감독 기준 중에서 대표적인 예가 각 나라 중앙은행(또는 중앙은행이 금융감독권을 갖고 있지 않는 경우는 금융감독기구)의 협의 기구인 **바젤은행감독위원회(Basel Committee on Banking Supervision)**가 제정한 **은행의 자기자본 비율(은행의 자산에 대한 자기자본의 비율) 규제**에 관한 기준이다. 바젤은행감독위원회는 1988년에 제1차 기준 (「International Convergence of Capital Measurement and Capital Standards」: Basel Ⅰ)을 제정한 이래, 2006년에는 제2차 기준(「International Convergence of Capital Measurement and Capital Standards: A Revised Framework」: Basel Ⅱ), 2008년 세계적 (global) 금융위기 이후에 보다 강화된 자기자본 비율 규제를 반영한 2010년 제3차 기준 (「A Global Regulatory Framework for More Resilient Banks and Banking Systems」과 「International Framework for Liquidity Risk Assessment, Standards, and Monitoring」: Basel Ⅲ)을 제정하였다.[4] 이 외에도 바젤은행감독위원회는 「은행 감독 핵심 원칙」(Core Principles for Effective Banking Supervision), 「은행 경영지배구조 핵심 원칙」(Corporate Governance Principles for Banks) 등 은행 감독에 관한 국제적인 기준을 제정하고 있다.[5]

(2) 증권 감독 기준

증권 분야에서는 각 나라 증권감독기구의 협의 기구인 국제증권감독기구협회(International Organization of Securities Commission: IOSCO)가 1998년에 제정한 「증권 규제의 목적 및 원칙」(Objectives and Principles of Securities Regulation)[6]이 있다.

(3) 보험 감독 기준

보험 분야에서는 국제보험감독기구협회(International Association of Insurance Supervisors: IAIS)가 1997년에 제정한 「보험 감독 핵심 원칙」(Insurance Core Principles)이 있다.[7]

(4) 예금보험 기준

예금보험 제도와 관련해서는 각 나라 예금보험기구의 협의체인 국제예금보험기구협회(International Association of Deposit Insurer: IADI)가 바젤은행

---

4) http://www.bis.org에서 찾아볼 수 있다.
5) http://www.bis.org 참조.
6) http://www.iosco.org 참조.
7) http://www.iaisweb.org 참조.

감독위원회와 공동으로 2009년 6월 제정한 「**효율적인 예금보험 제도를 위한 핵심 원칙**」(Core Principles of Effective Deposit Insurance Systems)[8]이 있다.

(5) 금융 안정 기준

각 나라의 금융 안정을 논의하기 위한 재무부장관 및 중앙은행총재의 협의 기구인 **금융안정위원회**(Financial Stability Board: FSB)(2009년 전에는 Financial Stability Forum이었다)가 2009년 발표한 「건전한 보상 원칙」 (Principles of Sound Compensation Practices) 및 「위기 관리를 위한 국제 협력 원칙」(Principles of Cross−Border Cooperation in Crisis Management)[9]도 금융 안정 분야의 국제적인 기준이다.

Ⅲ. 금융거래법의 범위

금융거래법 분야도 국내 금융거래법 분야와 국제 금융거래법 분야로 나눌 수 있다.

1. 국내 금융거래법

금융 거래란 자금 조달 거래라고 할 수 있고, **금융거래법이란 자금 조달 거래에 관한 법**이라고 할 수 있다.[10] 거래란 계약에 의해 이루어지므로 계약에 적용되는 기본법인 「민법」이 대표적인 금융거래법의 영역이라고 할 수 있다. 대표적인 금융 거래는 예금 거래와 대출 거래이다.

---

8) http://www.bis.org/publ/bcbs192.pdf 및 http://www.iadi.org 참조.
9) http://www.financialstabilityboard.org 참조.
10) 금융거래법에 대한 전반적인 분석을 한 문헌으로는 박준·한민, 「금융거래와 법」, 박영사, 2018.

(1) 예금거래법

예금 거래는 통설에 따르면 금전 소비임치(消費任置) 계약이므로 소비임치에 관한 「민법」의 관련 규정(제702조)[11]이 적용된다. 또한 예금 거래는 은행이 다수 당사자와 거래를 하는 형태라 **약관**(즉 '예금거래기본약관' 및 '예금거래약정서')이 사용되므로 이에 관한 법인 약관규제법도 적용된다. 따라서 **약관규제법은 규제법적인 측면이 있지만 금융거래법의 성격도** 갖고 있다. 또한 예금거래의 상대방인 은행은 「상법」상의 상인에 해당하므로(제5조) 「상법」이 적용되어(제3조) 관련 규정, 예를 들어 5년의 상사소멸시효(제64조), 연 6%의 상사법정이율(제54조) 등의 조항이 적용된다. 이런 면에서는 **「상법」도 금융거래법의 한 영역**이라고 할 수 있다.

(2) 대출거래법

대출 거래는 금전소비대차 계약이므로 소비대차에 관련되는 「민법」의 규정(제598조 내지 제617조)[12]이 적용된다. 특히 담보 대출 거래는 「민법」상의 담보 물권에 관한 규정이 적용된다. 예금 거래와 마찬가지로 주로 **약관**(즉 '여신거래기본약관' 및 '여신거래약정서')에 의해 거래가 이루어지므로 약관규제법도 적용된다. 대출 거래에는 예금 거래와 마찬가지로 「상법」이 일정 부분에서는 적용되므로 「상법」도 금융거래법의 영역이 된다.

(3) 「전자금융거래법」

정보통신망(internet)을 이용한 금융 거래(자금 이체 거래 등)가 급속도로 증가하고 있다. 특히 최근에는 금융기관을 통한 전자 자금 이체 거래뿐만 아니라 금융기술(FinTech) 기업인 비금융업회사를 통한 전자 자금 이체 거래

---

11) 「민법」 제702조 (消費任置) 受置人이 계약에 의하여 任置物을 소비할 수 있는 경우에는 소비대차에 관한 규정을 준용한다. 그러나 반환시기의 약정이 없는 때에는 任置人은 언제든지 그 반환을 청구할 수 있다.

12) 「민법」 제598조 (消費貸借의 의의) 소비대차는 당사자 일방이 금전 기타 대체물의 소유권을 상대방에게 이전할 것을 약정하고 상대방은 그와 같은 종류, 품질 및 수량으로 반환할 것을 약정함으로써 그 효력이 생긴다.

(예를 들어, 카카오페이, 토스, 삼성페이 등)가 크게 증가하면서 전자 금융 거래에 관한 관심이 더욱 커지고 있다. 이러한 **정보통신망상에서 이루어지는 금융 거래와 관련하여 적용되는 법이 「전자금융거래법」**이다. 「전자금융거래법」은 전자금융 거래와 관련해서 금융기관이나 전자금융업자의 이용자에 대한 책임에 대한 조항(제9조) 및 전자지급거래계약의 효력이나 지급의 효력 발생 시기 등(제12조, 제13조) 전자금융거래에 관한 조항도 두고 있지만, 전자금융업자의 허가 또는 등록 의무나 금융 전산 보안(security)에 관한 사항 등 전자금융업자의 업무 규제에 대한 내용도 규정하고 있어(제21조 내지 제27조, 제28조 내지 제33조의2) 금융업법의 성격도 갖고 있다. 따라서 전자금융업에 관한 규제 사항은 뒤의 금융업법 부문의 전자금융업법 분야에서 살펴보기로 한다.

　「전자금융거래법」은 '전자금융거래'를 "금융회사 또는 전자금융업자가 전자적 장치를 통하여 금융상품 및 서비스를 제공(이하 "전자금융업무"라 한다)하고, 이용자가 금융회사 또는 전자금융업자의 종사자와 직접 대면하거나 의사소통을 하지 아니하고 자동화된 방식으로 이를 이용하는 거래"라고 하고 있다(제2조 제1호). '전자금융업자'는 "전자화폐의 발행 및 관리 업무"를 영위하고자 하는 자로서 금융감독당국으로부터 허가를 받은 자뿐만 아니라 "전자자금이체 업무, 직불전자지급수단이나 선불지급수단의 발행 및 관리 업무, 전자지급결제대행에 관한 업무"를 영위하는 자로서 금융감독당국에 등록한 자를 말한다(제28조).

　특히 전자금융 거래에 관련하여 접근 매체의 위조나 변조 등으로 발생한 금융 사고에 대하여 금융기관이나 전자금융업자가 책임을 져야 하는지 아니면 금융 이용자가 책임을 져야 하는지에 관한 규정(제9조)이 관련 법적 쟁점을 다루는 대표적인 조항이다. 즉 **사고 발생에서 이용자의 고의나 중대한 과실이 있는 경우를 제외하고는 금융기관이나 전자금융업자가 손해를 배상할 책임을 지도록 하고 있으며**, 고의나 중대한 과실의 범위와 관련하여 대통령령이 정하는 범위 안에서 전자금융거래에 관한 약관에 기재된 것으로 한정하는 조항을 둠으로써(제9조 제1항, 제2항) 이용자를 보다 두텁게 보호하는 정책을 취하고 있음을 알 수 있다. '대통령령이 정하는 범위'는 "이용자가 접근 매체를 제3자에게 대여하거나 그 사용을 위임한 경우 또는 양도나 담보의 목적으로 제공한 경우" 또는 "제3자가 권한 없이 이용자의 접근 매체를 이용하여 전자금융거래를 할 수 있음을 알았거나 쉽게 알 수 있었음에도 불구하고 접근 매체를 누설하거나 노출 또는 방치한 경우" 등을 규정하고 있다(시행령 제8조). 또한 「전자금융거래법」은 전자지급수단을 이용한 지급의 효력 발생 시기에 대하여도 규정하고 있는데, 전자자금이체의 경우에는 "거래 지시된 금액의 정보에 대하여 수취인의 계좌가 개설되어 있는 금융[기관] 또는 전자금융업자의 계좌의 원장에 입금 기록이 끝난 때"이며, 선불전자지급수단으로 지급하는 경우는 "거래 지시된 금액의 정보가 수취인이 지정한 전자적 장치에 도달한 때"이고, 그 밖의 전자지급수단으로 지급하는 경우에는 "거래 지시된 금액의 정보가 수취인의 계좌가 개설되어 있는 금융[기관] 또는 전자금융업자의 전자적 장치에 입력이 끝난 때"라고 규정하여 지급 효력 발생 시기와 관련해서 발생할 수 있는 법적 분쟁을 미리 막기 위한 장치를 두고 있다(제13조). 향후 정보통신망을 이용한 금융 거래가 더욱 확대될 것으로 보이므로 중요한 금융거래법의 영역이 될 수 있다.

(4) 증권발행거래법

기업(특히 주식회사 형태의 기업)이 자금을 조달하기 위해서 주식이나 채권(債券)을 발행하는 경우에 그 절차 등에 관해서는 「상법」상의 주식이나 사채 발행에 관한 규정(제416조 내지 제432조, 제469조 내지 제516조의11 등)이 적용된다. 이러한 범위에서는 「상법」이 금융거래법의 영역에 들어오게 된다.

증권 발행과 관련한 계약서로는 증권 발행 회사와 증권 인수업(引受業)을 전문으로 하는 증권회사가 체결하는 **증권인수계약서**(subscription agree-ment)가 있다. 증권인수계약서의 내용에는 증권회사가 증권을 전액 매입하겠다는 '총액 인수 약정'이 있으며(이 경우 증권회사는 인수한 증권을 일반 투자자들에게 매출하여 차익을 얻는다), 증권회사가 일반 투자자들을 모집하는 업무를 하면서 일반 투자자들이 인수하지 않고 남은 잔액을 인수하겠다는 '잔액 인수 약정'도 있다.

(5) 신탁거래법

신탁 거래도 중요한 금융거래의 하나이다. 신탁(信託, trust)은 말 그대로 타인에게 재산적 가치가 있는 것(즉 신탁 재산)을 믿고 맡긴다는 뜻이다. 즉 타인이 수탁자(受託者, trustee)가 되고, 맡기는 자가 위탁자(委託者, trustor)가 되며, 믿고 맡긴다는 점에서 **수탁자의 '신임(信任) 의무' 또는 '신인(信認) 의무'** (fiduciary duty)가 발생한다. 신탁 거래에 적용되는 기본법인 「신탁법」은 신탁의 정의를 "신탁을 설정하는 자(이하 "위탁자"라 한다)와 신탁을 인수하는 자(이하 "수탁자"라 한다) 간의 **신임관계**에 기하여 위탁자가 수탁자에게 특정의 재산(영업이나 저작재산권의 일부를 포함한다)을 이전하거나 담보권의 설정 또는 그 밖의 처분을 하고 수탁자로 하여금 일정한 자(이하 "수익자"라 한다)의 이익 또는 특정의 목적을 위하여 그 재산의 관리, 처분, 운용, 개발, 그 밖에 신탁 목적의 달성을 위하여 필요한 행위를 하게 하는 법률관계"라고 하고 있다(제2조). **신탁 계약(trust deed)의 당사자는 위탁자와 수탁자이며, 수익자(受益者, beneficiary)는 계약의 당사자는 아니다.** 「신탁법」은 "신임관계"라는 용어를 사용하고 있는데, 이는 영미법상의 '신인 관계'(fiduciary relationship)를 의미하는 것으로 보아도 무방할 것이다.

신탁 거래의 법률관계 특징은 **위탁자가 맡긴 재산의 소유권이 신탁 계약 기간 동안 법적으로 수탁자에게 귀속**된다는 점이다(「신탁법」 제31조). 그래서 신탁 재산에 대한 강제 집행이 금지되며(「신탁법」 제22조), 신탁 재산은 수탁자의 고유 재산과 분별·관리되어야 한다(「신탁법」 제37조). 수탁자에게 신인 의무가 발생하므로 **수탁자는 선량한 관리자의 주의로 신탁 사무를 처리해야 할** 의무가 있으며(「신탁법」 제32조), **수익자의 이익을 위하여 신탁 사무를 처리해야 할 충실 의무도 있다**(「신탁법」 제33조). 수익자는 신탁의 결과로서 발생하는 수익을 향유하는 자를 말하는데, 위탁자가 수익자가 될 수 있으며(자익신탁(自益信託)이라고 한다), 제3자가 수익자가 될 수도 있다(타익신탁(他益信託)이라고 한다). 은행이 취급하는 금전신탁상품의 경우 고객인 위탁자가 바로 수익자가 되고 은행이 수탁자가 되므로 자익신탁의 사례라고 하겠다. 한편, 「신탁법」은 위탁자가 수탁자를 겸하는 자기신탁(自己信託)도 허용하고 있다

(제3조 제1항 제3호). 예를 들어, 회사가 자신의 영업 일부를 신탁하면서 회사 자신이 수탁자가 되는 '영업신탁'(business trust)[13]이 자기신탁의 대표적인 사례라고 하겠다.

신탁 거래에 적용되는 기본적인 법은 「신탁법」이다. 그리고 신탁을 영업으로 하는 신탁업자 및 신탁업에 대한 규제를 하는 법은 자본시장법이다(제102조 내지 제117조). 은행, 증권회사, 보험회사 등이 신탁업을 영위할 수 있다. 「신탁법」은 2011년에 전면 개정되면서 다양한 유형의 신탁이 가능하도록 했다. 그리고 **자본시장법상 집합투자기구의 하나인 '투자신탁'(investment trust)은 신탁의 법률관계가 적용**된다. 즉 투자자인 고객으로부터 모은 자금을 집합투자업자인 자산운용회사가 위탁자가 되어 수탁자인 수탁회사(즉 신탁업자)와 신탁 계약을 맺어 고객의 자금을 투자·운용하고(위탁자의 운용 지시에 의해 수탁회사가 운용을 실행한다) 그 운용의 결과물인 손익을 고객(즉 수익자)에게 돌려주는 법률관계가 된다.

한편, **회사가 담보(동산질권(質權), 주식질권, 부동산 저당권 등)가 부가된 사채를 발행하는 경우에 적용되는 「담보부사채신탁법」**은 사채 발행 회사와 신탁업자(은행이나 증권회사 등) 사이에 신탁 계약을 체결하여 발행하도록 하고 있다(제3조).

(6) 파생상품거래법

1) 서   설

자본시장법은 **'금융투자상품'의 하나로서 파생상품을 규정**하고 있다(제5조). 파생상품이란 말 그대로 어떤 것('기초자산'(underlying assets)이라고 한다)으로부터 파생된(derived) 상품을 말한다. 금융상품 개발의 혁신이 이루어지면서 1980년대부터 본격적으로 등장한 금융상품이다. 구체적으로 **파생상품은 상품의 가치가 어떤 특정 자산(이를 '기초자산'이라고 한다)의 가치 변동으로부터 파생되어 결정되는 금융상품**이라고 할 수 있다. 그래서 '파생금융상

---

13) 실무에서는 '영업신탁'이 신탁업자가 영업으로 하는 신탁을 의미한다는 의미로 쓰여 이와 구별하기 위해서 '사업신탁'이라고도 한다.

품'(financial derivatives)이라고도 한다. 기초자산에는 금리, 통화, 주식이나 주가지수(株價指數) 등의 금융상품뿐만 아니라 석유·곡물·농수축산물 등 일반상품(commodity), 그리고 신용위험(credit risk)도 있다.

파생상품 거래에는 선도(先渡, forward) 또는 선물(先物, futures) 거래, 선택권(option) 거래, 교환(swap) 거래가 있다(자본시장법 제5조). 파생상품은 표준화된 계약 조건에 따라 공인된 거래소에서 이루어지는 장내(場內, on exchange) 파생상품 거래와 거래소 밖에서 양 당사자 사이에 거래가 이루어지는 장외(場外, over-the-counter: OTC) 파생상품 거래로 나눌 수 있다. 장외파생상품의 경우 양 당사자 사이에 거래가 이루어지므로 거래 조건이 다양하다는 점이 특징이다. 반면에 장내 파생상품의 경우 공인된 거래소에서 거래가 이루어지므로 표준화된 상품이라는 특징을 갖는다. 이런 분류에 따르면, 선도 거래는 장외파생상품 거래이고, 선물 거래는 장내파생상품 거래이다. 선택권(option) 거래는 장외 및 장내 파생상품 거래 둘 다 있다. 교환(swap) 거래는 장외 파생상품 거래만 있다.

이렇게 파생상품 거래를 하는 이유는 바로 기초자산에 내재된 가격 변동의 위험을 회피(hedge)하고자 하는 것이다. 파생상품 거래는 보험 거래와 비슷한 기능을 하지만 법적으로는 보험 거래와 구별된다.

2) 선도 또는 선물 거래

자본시장법은 선도 또는 선물 거래를 "기초자산이나 기초자산의 가격·이자율·지표·단위 또는 이를 기초로 하는 지수 등에 의하여 산출된 금전등을 장래의 특정 시점에 인도할 것을 약정하는 계약"이라고 하고 있는데, 이러한 "계약상의 권리"가 '선도 또는 선물 파생상품'에 해당한다(제5조 제1항 본문, 제1호).

장외파생상품 거래인 선도 거래를 이해하기 위해서 간단한 예를 들어보자. 농민이 중간 상인과 체결하는 농작물 '계약 재배' 방식을 생각하면 쉽게 이해할 수 있다. 배추 재배를 하는 농민이 배추 수확 시에 배추 가격이 어떻게 될지 모르므로 수확될 배추의 가격을 미리 정해서 중간 상인과 판매계약을 체결하는 것이다. 예를 들어, 중간 상인과 배추 1포기당 1,000원의 가격으로 판매하는 계약을 지금 체결한다고 하자. 이 경우 수확 시에 배추 시세(즉 시장 가격)가 1포기당 900원이 되면 농민은 이익을 보게 된다. 반면에 중간 상인은 손해를 보게 된다. 물론 반대로 1포기당 1,100원이 되면 농민은 손해를 볼 것이고(즉 시장 가격인 1,100원으로 팔아 이익을 실현할 수 있는 기회를 잃게 되는 것을 의미한다), 중간 상인은 이익을 보게 된다. 그러나 농민의 입장에서 배추의 가격이 하락할 것이라고 예상한다면 기꺼이 이런 계약을 체결할 유인이 있다. 어쨌든 농민 입장에서는 배추를 수확할 때의 시장 가격이 어떻게 될지 몰라 불안하게 되므로 설령 수확할 때에 배추의 시장 가격이 미리 정한 가격보다 높은 경우에 이익을 볼 수 있는 기회를 잃게 되더라도 배추 가격 변동의 위험을 회피(hedge)하기 위해서 '계약 재배'를 할 유인이 있다. 이렇게 미래의 특정 시점(배추 수확 시)[이를 만기(maturity date)라 한다]에 미리 정한 가격(배추 1포기당 1,000원)[이를 행사가격(strike price)이라 한다]으로 배추(즉 기초자산이 되는 셈이다)를 매도(또는 인도)(delivery)하기로 하는 계약을 선도 계약이라고 하는데, 이러한 계약상의 권리가 파생상품이다. 즉 농민은 장래의 특정 시점에 미리 정한 가격으로 배추라는 기초자산을 매도할 수 있는 권리가 있는 것이고, 중간 상인은 농민의 그러한 권리 행사에 응해야 할 의무가 있는 것이다. 이러한 선도 거래에 대한 이해는 장내 파생상품 거래인 선물 거래에도 동일하게 적용된다.

한편, 결제 방식과 관련하여 실제 '**현물 인도 방식**'(physical delivery)(즉, 만기에 기초자산의 인도와 지급이 이루어지는 결제 방식)보다는 **시장 가격과 행사 가격의 차이**(difference)를 만기에 지급하는 '**차액 결제 방식**'(cash settled)이 많이 이루어진다. 즉 차액 결제 방식의 경우, 위의 사례에서 시장 가격과 행사 가격의 차이인 1포기당 100원만 중간 상인이 농민에게 지급하거나(시장 가격이 1포기당 900원인 경우), 농민이 중간 상인에게 지급(시장 가격이 1포기당 1,100원인 경우)하게 된다.

그리고 선도 거래는 계약의 이행 시기가 계약 체결 시로부터 일정 기간이 경과한 시점이라는 점에서 계약 체결과 계약의 이행이 당일(또는 2일 이내)에 이루어지는 현물 거래(spot trading)와 구별된다.

선도 또는 선물 거래를 기초자산에 따라서도 분류할 수 있다. 기초자산이 통화이면 통화 선도(currency forward) 거래 또는 통화 선물(currency futures) 거래가 된다. 수출상 A가 장래의 일정한 시점(만기)에 1달러를 1,200원으로 하여 미국 달러를 B에게 매도하기로 하는 계약이 그 사례가 된다. 만기에 시장 환율이 1달러에 1,100원이 되면 A는 100원만큼의 이익을 본다. 반대로 만기에 시장 환율이 1달러에 1,300원이 되면 A는 100원만큼의 손해를 보게 된다(즉 시장 환율인 1달러를 1,300원으로 매도하여 이익을 실현할 수 있는 기회를 잃게 된다). 기초자산이 금리면 금리 선도 거래(interest rate forward) 또는 금리 선물 거래(interest rate futures)가 된다. A가 장래의 일정 시점(즉 만기)에 연 5%의 금리로 B로부터 차입하기로 하는 계약이 그 사례가 된다. 만기에 시장 금리가 7%가 된다면 A는 2%만큼의 비용을 절약할 수 있다. 반면에 만기에 시장 금리가 3%가 되면 A는 2%만큼의 손해를 보게 된다(즉 비용을 절약할 기회를 잃게 된다). 기초자산이 주식이면 주식 선도 거래(stock forward) 또는 주식 선물 거래(stock futures)가 된다.

3) 선택권(option) 거래

자본시장법은 선택권 거래를 "당사자 어느 한쪽의 의사표시에 의하여 기초자산이나 기초자산의 가격·이자율·지표·단위 또는 이를 기초로 하는 지수 등에 의하여 산출된 금전등을 수수하는 거래를 성립시킬 수 있는 권리를 부여하는 것을 약정하는 계약"이라고 하고 있는데, 이러한 **계약상의 권리**가 '**선택권 파생상품**'에 해당한다(제5조 제1항 본문, 제2호).

선택권 거래의 예를 들어 보면 다음과 같다. A가 장래의 일정 시점(즉 만기)에 甲주식회사 주식을 1주당 10,000원(이것이 행사 가격이 된다)으로 B에게 팔 수 있는 권리를 갖는 계약을 B와 체결하는 경우이다. 이러한 선택권 거래를 **매도선택권(put option) 거래**라고 한다. 여기서 A를 선택권 매입자(buyer)라 하고, B를 선택권 매도자(seller or writer)라고 한다. 그리고 A는 이러한 권리(즉 선택권)를 매입하는 대가로 B에게 일정한 수수료를 지급한다. 이러한 수수료를 premium이라고 한다. 만약에 만기에 甲회사 주식의 시장 가격이 1주당 9,000원이 된다면 A는 선택권을 행사할 것이다. 왜냐하면

시장에서 甲 회사 주식을 매도하면 9,000원으로 팔 수 있지만, 선택권을 행사하여 B에게 매도하면 10,000원을 받을 수 있기 때문이다. 반대로 만기에 주식 가격이 1주당 11,000이 되면 A는 선택권을 행사하지 않을 것이다. 왜냐하면 시장에서 팔면 11,000원을 받을 수 있기 때문에 굳이 B에게 매도할 필요가 없기 때문이다. 이 때 A는 이미 지급한 수수료인 premium만 손해를 보면 된다. 이처럼 선택권 거래는 선택권 매입자에게 권리를 행사할지 여부를 부여한다는 점이 앞서 본 선도나 선물 거래와 다른 점이다.

매도선택권에 반대되는 개념의 거래로서 **매수선택권(call option) 거래**가 있다. 예를 들어, A가 장래 일정 시점(즉 만기)에 甲주식회사 주식을 1주당 10,000원으로 B로부터 살 수 있는 권리를 갖는 계약을 B와 체결하는 경우이다. 이 경우는 앞서 본 매도선택권과 반대되는 결과가 된다. 즉 만기에 甲 회사 주식의 시장 가격이 1주당 11,000원이 되면 선택권을 행사해서 B로부터 10,000원의 가격으로 甲회사 주식을 살 것이다. 반면에 시장 가격이 1주당 9,000원이 되면 A는 선택권을 행사하지 않을 것이다. 기초자산이 주식이므로 주식 선택권 거래가 된다. 기초 자산이 통화이면 통화 선택권 거래라고 한다. 기초자산이 금리이면 금리 선택권 거래가 된다.

4) 교환(swap) 거래

자본시장법은 교환 거래를 "장래의 일정기간 동안 미리 정한 가격으로 기초자산이나 기초자산의 가격·이자율·지표·단위 또는 이를 기초로 하는 지수 등에 의하여 산출된 금전 등을 교환할 것을 약정하는 계약"이라고 하고 있는데, 이러한 **계약상의 권리가 '교환 파생상품'에 해당**한다(제5조 제1항 본문, 제3호).

교환의 의미는 말 그대로 서로 바꾸는 것을 말한다. 즉 기초자산을 교환하는 것이다. 금리 교환 거래가 대표적이다. A는 B에게 일정 기간 동안 정기적으로(예를 들어, 매달 또는 3개월마다) 변동 금리로 산출된 금액을 지급하기로 하고, 반대로 B는 A에게 고정 금리로 산출된 금액을 지급하기로 하는 계약을 말한다. 통화 교환 거래는 서로 다른 통화(예를 들어, 미국 달러와 한국 원화)를 교환하는 거래를 말한다.

그림 1-1 신용부도교환(CDS) 거래 구조

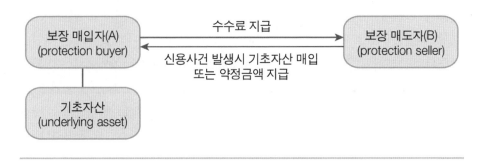

5) 신용파생상품 거래

가) 서   설

기초자산이 신용위험(credit risk)인 파생상품을 신용파생상품(credit der-ivatives)이라고 한다. 이는 경제적으로 보증과 같지만, 법적으로는 보증과 구별된다. 대표적인 **신용파생상품은 신용부도교환**(credit default swap: CDS), **신용연계채권**(credit-linked note: CLN), **총수익교환**(total return swap: TRS), **신용부도선택권**(credit default option: CDO) 등이 있다.

나) 신용부도교환(Credit Default Swap: CDS)

신용부도교환의 예는 다음과 같다. A와 B 사이에서 일정한 약정 기간 동안 A가 보유하고 있는 특정 채권(債券)의 발행인이 채권의 원리금을 지급하지 못하면 B가 그 채권을 A로부터 매입하거나 미리 약정한 금액(대상 채권의 가치가 하락한 만큼 손실을 본 금액)을 A에게 지급하기로 하는 계약이다(그림 1-1). B가 채권을 매입하거나 일정한 금액을 지급하는 대가로 A는 B에게 일정한 수수료(fee)를 지급한다. 즉 A가 보유하고 있는 채권(債券)의 신용위험(즉 채권 발행인이 원리금을 지급하지 못할 신용위험)을 B가 인수하는 셈이다. 그래서 A를 '**신용위험 보장 매입자**'(protection buyer)라 하고, B를 '**신용위험 보장 매도자**'(protection seller)라고 한다. 이러한 역할을 보증의 구조에 대입해보면, B가 보증인(guarantor)의 역할을 하는 셈이 되고, A는 보증 수혜자

(beneficiary)(즉 보증 계약에서 채권자)가 되는 셈이다. 수수료는 보증에서 보증수수료에 해당한다. 그리고 채권 발행인이 **채권 원리금을 지급하지 못하는 사유**(예를 들어, 파산 등의 사유)를 **'신용사건'**(credit event)이라고 한다. 또한 대상 채권을 '기초자산'(reference assets or obligations)이라고 하고, 채권을 발행한 발행인을 **기초자산 발행인'**(reference entity)(보증 계약에서 채무자에 해당)이라고 한다. 그리고 대상 채권은 A가 반드시 보유하지 않은 채권도 해당될 수 있다. 결제 방식도 다른 파생상품과 마찬가지로 현물 인도 방식(physically settled)과 현금 결제 방식(cash settled)이 있다. 그래서 B가 대상 채권을 매입하는 방식이면 현물 인도 방식이 되고, B가 미리 약정한 일정한 금액(대상 채권의 가치가 하락하여 손실을 본 금액)을 지급하는 방식이면 현금 결제 방식이 된다. 그리고 신용사건이 발생하지 않으면 특별한 지급 없이 거래가 종료된다.

다) 신용연계채권(Credit-linked Note: CLN)

신용파생상품으로서 신용연계채권도 있다. 이것은 채권(債券, note)을 발행하는 형태의 파생상품이다. A가 기초자산의 신용위험에 연계된 채권을 발행하고 B가 이를 인수한다. B는 인수 대금을 A에게 지급하고 A는 정기적으

그림 1-2 ┃ 신용연계채권(CLN) 거래 구조

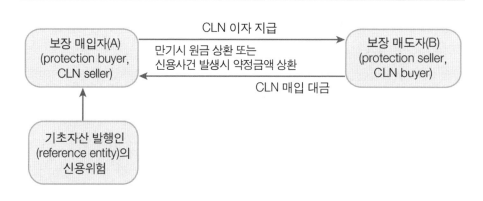

로 채권에 대한 이자를 B에게 지급한다. 만기까지 '신용사건'이 발생하지 않으면 만기에 A는 원금을 B에게 상환하게 된다. 그러나 **계약 기간 동안에 신용사건이 발생하면**(즉 기초자산인 채권(債券, bond)의 원리금이 지급되지 않는 경우) A는 신용연계채권의 원금을 상환하는 대신에 기초자산인 채권(債券, bond)의 시장 가격에 상당하는 금액(이 금액은 신용연계채권의 원금보다 적은 금액이 된다)을 상환하거나 기초자산인 채권(債券, bond) 그 자체(그 가격은 신용연계채권의 원금보다 상당히 적게 된다)를 B에게 이전하여 상환하게 된다(그림 1−2). 결국 이러한 거래에 의하여 A는 기초자산에 내재된 신용위험을 B에게 이전하고 B는 그러한 위험을 인수하는 셈이 된다. 따라서 A가 '신용위험 보장 매입자'가 되고, B는 '신용위험 보장 매도자'가 된다.

라) 총수익교환(Total Return Swap: TRS)

총수익교환은 말 그대로 **기초자산에서 발생하는 총 수익과 약정 이자를 교환하는 거래**를 말한다. A가 계약 기간 동안 기초자산(예를 들어, 대출 자산)에서 발생하는 이자나 자산 가치 변동분 등 모든 현금흐름(cash flow)의 총 수익을 B에게 지급하고, 대신에 B는 약정된 변동 금리나 고정 금리로 산정한 금액을 A에게 지급하기로 하는 계약이다(그림 1−3). 즉 A는 기초자산에서 발생하는 총 수익이 변동될 수 있는 위험(즉 신용위험)을 B에게 이전하고, 대

그림 1−3 총수익교환(TRS) 거래 구조

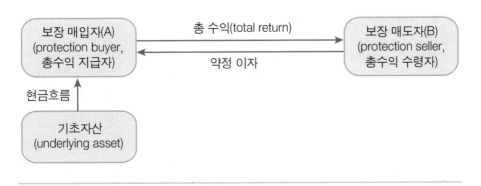

신에 보장된 금리로 산정된 금액을 B로부터 받는 점에서 A는 '신용위험 보장 매입자'가 되고, B는 '신용위험 보장 매도자'가 된다.

　마) 신용부도선택권(Credit Default Option: CDO)

　신용부도선택권 거래는 선택권(option)이 붙어 있는 거래이다. 즉 A가 일정한 수수료를 B에게 지급하는 대신에 A가 보유하는 기초자산에 부도 등의 일정한 신용사건이 발생한 경우 B로부터 약정된 금액으로 기초자산을 매입할 수 있는 권리(credit call option)나 기초자산을 B에게 매도할 수 있는 권리(credit put option)를 보유하는 계약을 말한다(그림 1-4). 그래서 A는 '신용위험 보장 매입자'가 되고, B는 '신용위험 보장 매도자'가 된다.

　그림 1-4　신용부도선택권(CDO) 거래 구조

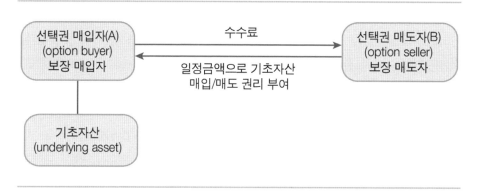

　6) 파생상품 거래 계약서

　장외 파생상품 거래에는 국제교환파생상품협회(International Swaps and Derivatives Association: ISDA)가 정한 **표준 계약서인 기본계약서(Master Agreement)**가 주로 사용된다. 1987년에 처음 제정된 이후, 1992년에 개정되었고, 현재는 2002년에 개정된 계약서가 사용되고 있다. **기본계약서는 그 자체는 개정할 수 없고, 기본계약서의 내용을 수정하거나 적용 배제를 하고자 하는 경우에는 별도의 부속서(Schedule)로 해야 한다. 그리고 파생상품 거래 계약의 주요 조건(만기, 금액 등)은 확인서(Confirmation)에서** 하게 된다. 따라서 파생상품 거래에는 이 3가지 계약서가 일체가 되어 사용된다.

파생상품 거래도 계약에 의해 이루어지므로 계약의 기본법인 「민법」이 적용되고, 금융기관과 거래하는 경우에는 금융기관도 상인에 해당하므로 「상법」이 적용된다. 특별히 파생상품 거래에 적용되는 별도의 법은 없다.

(7) 자산유동화거래법

1) 개   관

자산유동화 거래는 영어로 'asset—backed securitization'을 말한다. 자산을 담보로(또는 기초로 하여) 증권화 하는 것, 즉 증권을 발행하는 것을 의미한다. '**자산담보부증권화**'라고 할 수 있으나, **법적으로 담보 거래는 아니다.** 유동화라는 것은 고정된 자산을 유동 자산으로 바꾼다는 의미로 해석할 수 있다. 그러면 왜 자산유동화 거래를 하는가? 그것은 바로 고정 자산을 유동 자산으로 바꿈으로써 자산보유자(originator)가 새로이 자금 조달을 할 수 있기 때문이다. 우리나라의 경우 1997년 외환 위기 이후 관련 법인 「자산유동화에 관한 법률」(이하 "자산유동화법")이 1998년에 제정되면서 이 거래가 본격화되었다. **자산유동화 거래 구조는 크게 매매형과 신탁형**이 있다.

2) 거래 유형

① 매매형 자산유동화 거래

매매형 자산유동화 거래는 전형적인 자산유동화 거래이다. 그 구조는 다음과 같다. 대출채권(債權)이나 채권(債券) 등의 자산을 보유하고 있는 자("자산보유자"라 한다)가 그 보유 자산(보통은 여러 자산의 집합체(pool)이다)을 특별목적회사(special purpose company: SPC)(자산유동화를 위해서 특별히 설립된 회사)에게 양도하고, 특별목적회사(SPC)는 양도받은 자산을 기초로 하여 투자자에게 증권을 발행하여 투자자로부터 자금을 조달하는 구조이다(그림 1-5).

특별목적회사가 조달한 자금은 특별목적회사가 자산보유자로부터 자산을 매입하는 데에 쓰인다. 자산보유자는 자산을 매각한 대가로 받은 현금을 다시 운용할 수 있어서 고정 자산을 유동 자산으로 만들 수 있는 것이다. 예를 들어, 은행이 보유한 대출채권을 유동화하면 대출채권을 매각한 금액만큼 현금을 확보할 수 있어서 그 현금으로 다시 대출할 수 있게 된다. 만약 유동화를 하지 않으면 대출채권을 만기까지 갖고 있어야 하므로 그만큼 현

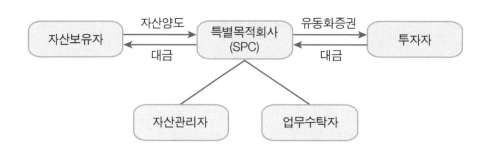

그림 1-5 매매형 자산유동화 거래 구조

금흐름을 확보할 수 없게 된다. 바로 이 점이 자산유동화 거래를 하는 주된 이유이다. 또한 은행 등 금융기관이 유동화증권의 원리금 상환에 대한 보증을 제공하는 방식으로 '**신용 보강**'(credit enhancement)이 이루어져 유동화증권의 신용 등급이 올라가면서 자산보유자가 보다 낮은 금리로 자금을 조달할 수 있어서 기존 차입금을 상환하기 위한 목적(refinancing)으로 자산유동화 거래가 이루어지기도 한다. 그리고 유동화증권 소지인인 투자자들은 보유한 유동화증권에 대한 원리금 상환을 기초자산에서 나오는 현금흐름(즉 대출채권의 경우에 그 채무자가 상환하는 원리금)으로 받게 된다.

　　자산유동화법은 매매형 자산유동화를 "유동화전문회사(자산유동화업무를 전업으로 하는 외국법인을 포함한다)가 자산보유자로부터 유동화자산을 양도받아 이를 기초로 유동화증권을 발행하고, 당해 유동화자산의 관리·운용·처분에 의한 수익이나 차입금 등으로 유동화증권의 원리금 또는 배당금을 지급하는 일련의 행위"라고 하고 있다(제2조 제1호 가목). 유동화전문회사가 위에서 말한 특별목적회사이다.

　　② 신탁형 자산유동화 거래

　　자산유동화 거래는 신탁 방식에 의해서도 이루어질 수 있다. 즉 **자산보유자가 기초자산을 매매가 아닌 신탁 방식으로 신탁업자(즉 수탁회사)에게 신탁하여 신탁업자가 이를 기초로 유동화증권을 발행하여 투자자로부터 자금을 조달하는 방식**이다(그림 1-6). 유동화증권의 원리금 상환은 유동화자산에서 나오는

그림 1-6 │ 자산보유자가 위탁자인 신탁형 자산유동화 거래 구조

수익금으로 하게 된다. 자본시장법은 이러한 신탁 방식에 의한 자산유동화를 "[자본시장법]에 따른 신탁업자가 자산보유자로부터 유동화자산을 신탁받아 이를 기초로 유동화증권을 발행하고, 당해 유동화자산의 관리·운용·처분에 의한 수익이나 차입금 등으로 유동화증권의 수익금을 지급하는 일련의 행위"(제2조 제1호 나목)라고 하고 있다.

한편, 신탁 방식에 의한 자산유동화 거래는 먼저 신탁업자가 유동화증권(수익증권 형태가 된다)을 발행하여 확보한 자금을 신탁받아 그 자금으로 유동화자산을 매수하는 구조도 있다(그림 1-7). 자산유동화법은 이러한 방식의 자산유동화를 "신탁업자가 유동화증권을 발행하여 신탁받은 금전으로 자산보유자로부터 유동화자산을 양도받아 당해 유동화자산의 관리·운용·처분에 의한 수익이나 차입금 등으로 유동화증권의 수익금을 지급하는 일련의 행위"(제2조 제1호 다목)라고 하고 있다.

그림 1-7 │ 투자자가 위탁자인 신탁형 자산유동화 거래 구조

신탁형 자산유동화 거래는 특별목적회사를 설립할 필요가 없다는 점에서 비용이 그만큼 적게 드는 장점이 있다.

3) '진정 양도'의 요건

매매형 자산유동화 거래에서 가장 큰 법적 쟁점은 '진정 양도'(true sale) 의 요건을 충족하느냐의 문제이다. 즉 자산보유자가 유동화전문회사에게 유동화자산을 양도한 것이 진정한 양도에 해당하느냐의 법적 문제이다. 사실 **자산유동화 거래는 유동화자산이 명목회사인 특별목적회사에게 양도되는 형식을 취하지만 실질적으로 담보 거래로 볼 여지도 있다.** 담보 거래로 보게 되면 여러 가지 복잡한 법적 문제가 발생한다. 은행 등 금융기관이 자산보유자인 경우에는 담보 차입 거래에 따른 규제 한도 준수 의무 등이 발생하기도 한다. 또한 유동화자산이 유동화전문회사에게 양도한 것으로 인정받지 못해 자산보유자의 파산 시 자산보유자의 파산재단에 포함되어 유동화증권 투자자들이 채권 확보를 제대로 하지 못하는 문제점도 있게 된다. 즉 **진정한 양도로 인정되어야 자산보유자의 파산 위험으로부터 절연(bankruptcy remote)될 수 있는 것**이다. 따라서 **자산유동화 거래 구조의 핵심은 유동화자산을 유동화전문회사에게 양도하는 것이 진정한 양도로 인정받느냐 하는 것이다.**

자산유동화법은 이를 위해서 일정한 요건을 충족하면 진정한 양도로 본다는 규정을 두어 법적 불안정성을 해소하고 있다. 즉 첫째, "매매 또는 교환에 의할 것," 둘째, "유동화자산에 대한 수익권 및 처분권은 양수인이 가질 것(이 경우 양수인이 당해 자산을 처분하는 때에 양도인이 이를 우선적으로 매수할 수 있는 권리를 가지는 경우에도 수익권 및 처분권은 양수인이 가진 것으로 본다)," 셋째, "양도인은 유동화자산에 대한 반환청구권을 가지지 아니하고, 양수인은 유동화자산에 대한 대가의 반환청구권을 가지지 아니할 것," 넷째, "양수인이 양도된 자산에 관한 위험을 인수할 것[다만, 당해 유동화자산에 대하여 양도인이 일정기간 그 위험을 부담하거나 하자담보책임(瑕疵擔保責任)(채권의 양도인이 채무자의 자력을 담보한 경우에는 이를 포함한다)을 지는 경우에는 그러하지 아니하다]" 이다(제13조). 위 4가지 조건을 다 충족해야 진정한 양도로 인정된다. 실무에서는 주로 당해 자산유동화 거래가 진정 양도의 요건을 갖추었다는 내용을 담은 '법률 의견서'(legal opinion)를 제출하여 이를 해결하고 있다.

그러면 **자산유동화법 제13조를 충족하지 못하는 양도는 무효인가?** 그렇게 해석할 것은 아니라고 본다. **양도로 인정을 받지 못할 뿐 거래 자체는 유효하다고 보아야 할 것이고, 다만 담보 거래로 볼 가능성이 커지게 된다.** 그리고 자산유동화법에 따른 등록이 불가능할 것이고, 자산유동화법이 부여하는 여러 가지 특례(혜택)도 적용받을 수 없게 될 것이다.

한편, 신탁형 자산유동화 거래에서는 신탁의 법리에 따라 유동화자산의 소유권이 신탁업자에게 이전되므로 자산보유자의 파산 위험으로부터 절연이 가능하고, 또한 유동화자산이 신탁재산으로서 신탁업자의 고유재산과 분별되어 관리되므로 신탁업자의 파산 위험으로부터도 절연이 가능하게 된다.

4) 비정형(등록) 자산유동화 거래

자산유동화 거래는 반드시 자산유동화법에 의해서 할 필요는 없다. **자산유동화법에 의하지 않은 자산유동화 거래를 실무에서는 '비정형 또는 비등록' 자산유동화 거래라고 한다.** 자산유동화법에 의한 자산유동화 거래를 하기 위해서는 자산유동화 계획을 금융감독당국에 등록하여야 한다(제3조). 대신에 여러 가지 혜택이 부여된다. 예를 들어, 유동화자산의 양도 절차가 간편해지거나(제7조, 제7조의2, 제8조)[14] 여러 가지 세제(稅制) 혜택(유동화자산 취득 시

---

14) 제7조는 「민법」상의 채권 양도의 대항 요건에 대한 특례 조항이다. 즉 「민법」상 지명채권(指名債權)의 양도는 양도인이 채무자에게 통지하거나 채무자가 승낙하지 아니하면 채무자에게 대항하지 못하며, 제3자에게 대항하기 위해서는 그 통지나 승낙은 확정일자 있는 증서로 해야 한다(제450조 제1항, 제2항). 그러나 자산유동화의 경우, 유동화자산이 여러 자산의 집합(pool)으로 이루어지는 것이 보통이므로 양도 건마다 채무자에게 통지하거나 승낙을 받아내는 것은 실무적으로 매우 번거롭다. 따라서 자산유동화법은 지명채권 양도의 대항 요건을 간소화하는 특례 조항을 두고 있다. 즉 자산유동화법상 자산유동화 계획에 따라 채권(債權)의 양도인(위탁자) 또는 양수인(수탁자)이 당해 채무자에게 채무자의 주소지로 2회 이상 내용증명 우편으로 채권 양도(채권의 신탁을 포함한다)의 통지를 발송하거나, 소재 불명으로 반송 시 그 주소지를 주된 보급지역으로 하는 2개 이상의 일간 신문에 공고함으로써 채권 양도(신탁)의 통지에 갈음할 수 있게 하고(제1항), 채무자 외의 제3자에 대해서는 감독당국에 자산 양도의 등록을 한 때 그 대항 요건을 갖춘 것으로 보고 있다(제2항). 즉, 자산 양도의 절차를 간편하게 함으로써 자산유동화를 원활히 할 수 있도록 하고 있다.

제7조의2는 근저당권에 의해 담보된 채권의 확정에 관한 특례 조항이다. 즉 자산유동화 계획에 의해 양도 또는 신탁하고자 하는 유동화자산이 근저당권에 의해 담보된 채권인 경우, 자산보유자는 채무자에게 근저당권에 의해 담보된 채권 금액을 정하여 추가로 채권을 발생시키지 않고 그 채권의 전부를 양도 또는 신탁한다는 취지의 통지서를

등록세 및 취득세 감면(減免),[15] 유동화전문회사의 배당금 소득 공제[16] 등)이 부여되는 장점이 있다. 그럼에도 불구하고 등록에 따른 금융감독당국의 까다로운 감독과 규제가 적용되어 탄력성 있는 거래 구조를 만들기 어렵기 때문에 비정형(등록) 자산유동화 거래가 이루어지기도 한다.

5) 관련 계약서

자산보유자와 특별목적회사인 유동화전문회사 사이에 **자산양도계약서**(transfer agreement)가 체결되어 자산 양도가 이루어진다. 특별목적회사가 자산유동화증권을 발행하는 것과 관련해서는 증권 발행 관련 계약서가 체결된다. **증권인수계약서**(subscription agreement)가 특별목적회사와 증권회사 사이에 체결되어 증권회사가 발행 총액을 인수하거나 일반 투자자를 모집하여 일반 투자자가 인수하지 않고 남은 잔액을 인수하는 약정이 이루어진다. 유동화자산의 관리 업무(예를 들어 유동화자산인 대출채권의 추심(推尋) 업무 등)를 위하여 특별목적회사는 자산관리회사와 **자산관리계약서**(administration agreement)를 체결하는데, 자산보유자가 자산관리자가 되는 경우가 많다. 신용 보강(credit enhancement)이 이루어지는 경우에는 은행 등 금융기관이 유동화증권 원리금 상환에 대한 보증을 하는 **보증계약**(guarantee)이 특별목적회사와 체결되거나, 자산보유자가 특별목적회사에게 **후순위대출**(subordin-

---

내용증명 우편으로 발송한 때, 발송일 다음날에 당해 채권은 확정된 것으로 간주된다(제7조의2 본문). 다만 채무자가 10일 이내에 이의를 제기한 때에는 적용되지 않는다(제7조의2 단서).

제8조는 질권이나 저당권에 의해 담보된 채권의 양도에 따른 질권이나 저당권의 취득에 대한 특례 조항이다. 즉, 자산유동화 계획에 따라 양도 또는 신탁한 채권이 질권이나 저당권에 의해 담보된 채권인 경우, 양수인 또는 수탁자인 유동화전문회사나 신탁업자는 감독당국에 대한 자산 양도의 등록이 있는 때에 그러한 질권이나 저당권을 취득한다(제1항). 이 조항은 기존의 질권이나 저당권 등기를 말소한 후 신규 질권이나 저당권 설정 등기를 해야 하는 절차상 또는 비용상의 문제를 해결하기 위하여 등기 절차를 생략할 수 있게 한 것이다.

15) 「지방세법」상의 등록세의 100분의 50을 감면하며(「조세특례제한법」 제119조 제1항 제3호), 취득세를 100분의 50 감면한다(「조세특례제한법」 제119조 제1항 제9호).

16) 유동화전문회사가 배당가능이익의 100분의 90 이상을 배당한 경우, 그 금액은 당해 사업 연도의 소득 금액에서 공제된다(「법인세법」 제51조의2 제1항 제1호).

ated loan)을 하는 약정이 체결되기도 한다.

(8) 사업금융거래법

1) 개   관

사업금융 거래는 영어로 project financing 또는 project finance를 말한다.[17] 즉 어떤 **특정한 사업(project)을 위해서 자금을 조달하는 거래**를 말한다. 이 거래의 특징은 **사업 주체(사업주(sponsor)를 말한다)가 특정 사업을 수행하기 위한 특별목적회사(SPC)를 설립**하고, 그 특별목적회사가 사업시행자로서 금융기관으로부터 자금을 조달하여 특정 사업을 시행한 후, 그 사업에서 발생하는 현금흐름(즉 수익)으로 **차입금을 상환**한다는 점이다. 즉 특정 사업의 수행을 위해서 설립된 명목회사인 특별목적회사 명의로 자금을 차입하고, 차입금의 상환은 그 사업 수행에서 발생한 수익금으로 한다는 점이다.

이것이 **일반 기업금융(corporate financing)**과 차이가 나는 점이다. 즉 일반 기업금융의 경우에는 사업주가 직접 금융기관으로부터 자금을 조달하고 상환하는 구조이나, 사업금융의 경우에는 사업주가 설립한 특별목적회사가 차입의 주체가 되고, 상환 자금도 그 사업에서 발생하는 수익금으로 충당된다는 점이다. 특히 **대출 원리금의 상환 재원이 사업에서 발생하는 현금흐름이 된다는 점에서 대출 금융기관은 사업주에 대한 청구권이 없거나(non-recourse) 제한된 범위에서만 청구권이 있는(limited course)[18]** 특징이 있게 된다. 물론 실제 거래에서는 사업주의 연대보증 제공이나 사업주의 특별목적회사 출자 주식에 대한 질권(質權) 설정 등 채권 확보를 위한 계약이 체결되어서, 전통적인 의미의 사업금융 거래의 성격을 벗어나는 사업금융 거래가 되기도 한다.

이러한 사업금융 거래는 고속도로나 항만 또는 발전소 건설 사업과 같은 **사회기반시설(social overhead capital: SOC) 건설 사업** 등 대규모 자금이 소

---

17) 그래서 주로 '프로젝트금융' 또는 '프로젝트파이낸스'라는 용어가 쓰인다.
18) 예를 들어, 당해 사업 자금이 부족한 경우에 대출 금융기관이 사업시행자(특별목적회사)에 대한 출자자인 사업주로 하여금 사업시행자에 추가로 출자를 하도록 하는 것이나 사업주가 사업시행자에게 후순위 대출(subordinated loan)을 하도록 하는 것들을 생각할 수 있다.

요되는 건설 사업에 민간 자본이 투자하는 경우에 많이 이용되는 금융 거래 기법이다. 그러나 최근에는 부동산 개발 사업 등 사적(私的)인 사업에도 많이 이용되고 있다.

사업금융 거래의 구조를 알아보기 위해서 고속도로 건설 사업의 예를 들어 보자. 대규모 건설 공사이므로 여러 건설회사들이 참여하게 되고, 사업 주체인 여러 건설회사들(또는 투자 목적으로 출자하는 재무적 출자자들(주로 금융기관이 된다)이 있는 경우에는 그러한 출자자들을 포함하여)이 출자하여 특별목적회사를 설립한다. 특별목적회사는 차입금이 없고 자본금만 있는 회사가 되므로 재무 건전성이 높은 차입자가 된다. 특별목적회사는 고속도로 건설 사업을 위해서 여러 금융기관들(은행, 보험회사 등)로부터 자금을 차입하게 된다. 금융기관 입장에서도 재무 건전성이 높은(차입금이 없는 상태이므로) 특별목적회사에게 대출을 함으로써 자산 건전성이 좋아지는 장점이 있게 된다. 부채 비율이 높은 건설회사들 자체에게 대출을 해주는 것(이것을 기업금융이라 한다)보다 유리한 점이 있게 된다. 고속도로가 완공되면 거기서 발생하는 통행료 수입(즉 현금흐름)으로 차입금을 상환하게 된다. 이러한 통행료 수입 관리는 별도의 운영회사(operating company)가 한다. 특별목적회사는 명목회사이므로 이러한 관리 업무를 운영회사에게 맡기게 되는 것이다.

사업금융의 성패는 사업에서 발생하는 미래의 현금흐름이 얼마나 될지 제대로 예측하는 기법에 달려 있다. 이것을 '**사업성 검토**'(feasibility study)라고 한다. 고속도로 건설 사업에서 미래의 현금흐름인 통행료 수입이 얼마나 될지 잘 예측하느냐가 중요한 것이다.

2) 관련 계약서

사업금융 거래에서는 관여하는 당사자가 많아 다양한 계약서가 체결된다(그림 1-8). 이는 사업시행자가 명목회사인 특별목적회사라서 사업 수행을 위해서는 여러 당사자가 관여할 수밖에 없기 때문이다. 우선 여러 건설 시공회사들(또는 재무적 출자자들을 포함하여)이 사업시행자인 특별목적회사를 설립한다. 사업금융은 대규모 건설 공사들이 대부분이라 여러 건설 시공회사들이 참여하는 것이 보통이다. 그래서 출자자인 건설 시공회사들(또는 재무적 출자자들도 포함하여) 사이에 특별목적회사를 설립하고 출자하기 위한 **투자계약서(investment agreement) 또는 주주계약서(shareholders agreement)** 가 체결된다. 이러한 출자자들을 사업주(sponsor)라고 하기도 한다. 설립된 특별목적회사는 사업 대상이 사회기반시설(도로, 항만, 철도 등) 건설인 경우에는 정부로부터 사업에 대한 인가 또는 허가를 얻어야 하므로, 정부와 사업 시행자 사이에 **양허계약서(concession agreement)**가 체결된다. 다음에 사업 건설을 위한 자금 확보가 중요하므로 사업시행자인 특별목적회사는 은행이나 보험회사 등 여러 대출 금융기관과 **대출계약서**를 체결한다. 여러 대출 금융기관이 대출을 하므로 **공동대출계약서(syndicated loan agreement)**(즉 계약 조건이 여러 대출 금융기관들에게 공통으로 적용되는 계약서이다)를 체결하는 것

그림 1-8 사업금융(Project Financing) 거래 구조

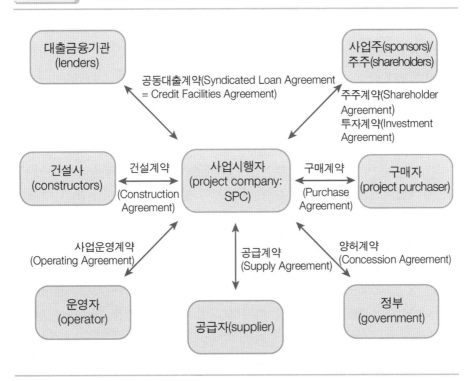

이 보통이다. 사업 건설을 위해서 건설 시공회사들과 **건설계약서(construction agreement)**가 체결된다. 사업에 따라서는 사업에 필요한 원자재를 안정적으로 공급하기 위한 **공급계약서(supplying agreement)**가 공급자(supplier)와 체결된다. 건설 완공 후에는 사업시행자는 운영회사와 **사업운영계약서(operating agreement)**를 체결하여 사업으로부터 발생하는 현금흐름인 수익금을 관리·운영하도록 한다. 고속도로 건설 사업의 경우에 발생하는 통행료 수입의 관리·운영을 말한다. 사업으로부터 일정한 생산물(product)이 생산되는 경우에는 생산물 구매자(purchaser)와 일정 기간 계속적으로 생산물을 구매하기로 하는 **구매계약서(purchase agreement)**가 체결된다. 발전소 건설 사업의 경우에 발전소 건설 후 생산되는 전력을 전력회사가 지속적으로 구매하는 계약이 그 예이다.

3)「사회기반시설에 대한 민간투자법」

가) 서   설

우리나라에서 도로, 항만, 철도 등 사회기반시설 건설을 위한 민간 투자 사업금융 거래는 관련법인 「사회기반시설에 대한 민간투자법」(이하 "민간투자법")이 적용된다. 이러한 사회기반시설에는 학교, 도서관, 박물관, 미술관, 과학관, 공공보건의료기관, 생활체육시설 등 공공적 성격이 강한 사업도 포함된다(제2조 제1호).

나) 민간투자사업의 추진 방식

민간 자본이 투입되어 사회기반시설 사업을 추진하는 경우에 완공된 사회기반시설의 소유권을 누가 갖게 되고 누가 운영하게 되는가? 민간 투자자인 사업시행자인가 아니면 국가나 지방자치단체인가? 민간투자법은 이에 관하여 크게 4가지 방식을 규정하고 있다.

첫째, **건설-이전-운영(build-transfer-operate: BTO) 방식**이다. 즉 "사회기반시설의 준공과 동시에 당해 시설의 소유권이 국가 또는 지방자치단체에 귀속되며, 사업시행자에게 일정 기간의 시설 관리운영권을 인정하는 방식"을 말한다(제4조 제1호).

둘째, **건설-이전-임차(build-transfer-lease: BTL) 방식**이다. 즉 "사회기반

시설의 준공과 동시에 당해 시설의 소유권이 국가 또는 지방자치단체에 귀속되며, 사업시행자에게 일정기간의 시설 관리운영권을 인정하되, 그 시설을 국가 또는 지방자치단체 등이 [실시]협약에서 정한 기간 동안 임차하여 사용·수익하는 방식"을 말한다(제4조 제2호).

셋째, **건설-운영-이전(build-operate-transfer: BOT) 방식**이다. 즉 "사회기반시설의 준공 후 일정기간 동안 사업시행자에게 당해 시설의 소유권이 인정되며 그 기간의 만료 시 시설 소유권이 국가 또는 지방자치단체에 귀속되는 방식"을 말한다(제4조 제3호).

넷째, **건설-소유-운영(build-own-operate: BOO) 방식**이다. 즉 "사회기반시설의 준공과 동시에 사업시행자에게 당해 시설의 소유권이 인정되는 방식"이다(제4조 제4호).

다) 실시협약

민간투자법은 주무관청으로 하여금 민간투자사업을 시행하려는 자와 **"총사업비 및 사용기간 등 사업 시행의 조건"**이 포함된 실시협약을 **체결**하도록 하고 있다(제13조 제3항). 실시협약 체결에 의하여 사업시행자가 지정되는 효력이 발생하므로(제13조 제3항), 위에서 말한 양허계약서에 해당한다고 볼 수 있다.

이러한 **실시협약의 법적 성질**에 대하여 사법상의 계약에 해당한다는 견해와 공법상의 계약에 해당한다는 견해가 나누어져 있는데, 하급심 **판례는 공법상의 계약에 해당한다**는 입장을 취하고 있다. 즉, "「사회기반시설에 대한 민간투자법」 제18조 내지 제20조에 의하면 사업시행자는 민간투자사업의 시행을 위해 타인의 토지에 출입 등을 할 수 있고, 국·공유 재산을 무상으로 사용할 수 있으며, 토지 등을 수용 또는 사용할 수 있으므로 사업시행자 지정의 효력을 가진 실시협약의 체결은 단순한 사법적·일반적 계약 관계라고 할 수 없다"고 판시하고 있다.[19] 실시협약 체결에 의해 주무관청이 사업시행자에 대한 감독 명령권(제45조)이나 법령 위반에 따른 처분권(제46조) 등을 갖게 되고, 사업시행자 지정에 따라 사업시행자가 여러 가지 독점적 권한

---

19) 서울고등법원 2004. 6. 24. 선고 2003누6483 판결.

(국·공유 재산의 무상 사용권(제19조 제3항), 토지 등의 수용·사용권(제20조) 등)을 갖게 되므로 **공법적 계약으로 보는 것이 타당할** 것이다.

라) 사회기반시설투융자집합투자기구

민간투자법의 또 하나 특징은 재무적 투자자에 의한 민간투자사업 투자를 촉진시키기 위하여 '**사회기반시설투융자집합투자기구**'를 설정할 수 있도록 하면서, 자본시장법상의 집합투자기구에 적용되는 규제를 일부 배제하도록 하는 특례 조항을 두는 한편(제44조 제1항)[20] 여러 가지 세제 혜택을 부여(제57조)[21]하고 있다는 점이다. 민간투자법은 '**사회기반시설투융자회사**'와 '**사회기반시설투융자신탁**'을 설정할 수 있도록 하여(제41조 제1항), 자본시장법상의 투자회사와 투자신탁의 형태를 인정하고 있다(제41조 제2항). 이러한 집합투자기구는 사업시행자의 주식을 취득하거나 사업시행자에 대한 대출이나 사업시행자가 발행한 채권을 취득하는 방법으로 투자한다. 다만 환매금지형집합투자기구만이 인정된다(제41조 제3항). 그 이유는 사회기반시설 사업이 대부분 장기간 소요되는 점을 감안하여 안정적인 자금이 공급될 수 있도록 하기 위함이다.

(9) 금융리스거래법

1) 개   관

의사가 개업을 할 때 의료기기 등 고가의 장비를 직접 구입하는 것이 부담이 될 때 이용할 수 있는 방법이 금융리스(financing lease) 거래이다. 즉 **금융리스이용자(lessee)가 금융리스업자(lessor)로부터 리스 물건인 의료기기를 리스하고 계약 기간 동안 정기적으로 사용료인 리스료를 지급하기로 약정하는** 것이 금융리스 거래이다(그림 1-9). 금융리스업자가 금융리스이용자가 선정한 리스 물건을 판매자(또는 공급자)로부터 구입하여 금융리스이용자에게 리스를 하는 것이므로 **리스 물건에 대한 소유권은 금융리스업자에게 있다**. 금융리

---

[20] 자본시장법상의 집합투자기구의 금전 차입 제한, 성과 보수 제한, 집합투자업자의 자산 운용 제한 등에 관한 조항이 적용 배제된다.

[21] 예를 들어, 사회기반시설투융자회사가 배당가능이익의 100분의 90 이상을 배당한 경우 그 금액을 사업연도의 소득 금액에서 공제한다(「법인세법」 제51조의2 제1항 제2호).

그림 1-9 금융리스 거래 구조

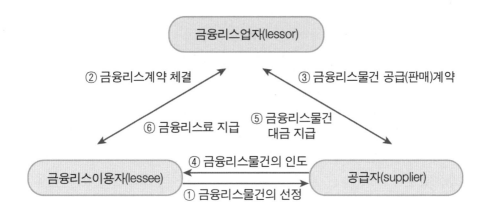

스계약이 종료되면 리스 물건은 금융리스업자에게 반환되거나 금융리스이용자가 이를 매입하기도 한다. 금융리스계약은 금융리스이용자와 금융리스업자 사이에 체결되며, 리스 물건의 판매자와 금융리스업자는 **리스 물건 공급**(또는 판매) **계약**을 체결한다.

　2) 금융리스이용자의 리스 물건 유지·관리 의무

　금융리스 거래의 특징은 **리스 물건에 대한 관리 및 유지 보수**(補修) **의무가 소유권자인 금융리스업자에게 있는 것이 아니고, 이용자인 금융리스이용자에게 있다는 점이다**(「상법」 제168조의3 제4항). 이 점이 일반 임대차 거래와 다른 점이다. 임대차 계약의 경우에는 물건의 소유권자인 임대인이 임대차 물건에 대한 유지 보수 의무가 있다(「민법」 제623조). 그래서 금융리스계약의 법적 성질을 비전형계약이라는 무명계약이라고 보는 것이 다수설 및 판례의 입장이다. 또한 이 점이 **리스 물건에 대한 유지 관리 의무가 리스업자에게 있는 운용리스**(operating lease)**와의 차이**점이다. 일반적으로 여행을 하면서 자동차를 리스하는 것(렌트)은 자동차 관리 및 유지 보수 의무가 리스업자에게 있다는 점에서 운용리스라고 볼 수 있다.

3) 「상법」상의 금융리스업

「상법」은 금융리스업을 기본적 상행위의 하나로서 열거하면서 금융리스업에 대한 정의 등 법률 관계를 규정하는 조항을 두고 있다. 즉 "기계, 시설, 그 밖의 재산의 금융리스에 관한 행위"를 기본적 상행위로 규정하고 있으며 (제46조 제19호), 금융리스업자를 "금융리스이용자가 선정한 기계, 시설, 그 밖의 재산("금융리스물건"이라 한다)을 제3자("공급자"라 한다)로부터 취득하거나 대여받아 금융리스이용자에게 이용하게 하는 것을 영업으로 하는 자"라고 하고 있다(제168조의2). "그 밖의 재산"을 리스 물건으로 정의하고 있으므로 해석상 동산뿐만 아니라 부동산도 금융리스 대상이 될 수 있을 것이다. 또한 "금융리스이용자는 금융리스물건을 수령한 이후에는 선량한 관리자의 주의로 금융리스물건을 유지 및 관리하여야 한다"라고 하여(제168조의3 제4항), 리스 물건에 대한 관리 및 유지 보수 의무가 금융리스이용자에게 있음을 밝히고 있다.

4) 「여신전문금융업법」상의 시설대여업

금융리스업 영위와 관련해서 적용되는 규제법은 「여신전문금융업법」이다. 「여신전문금융업법」은 금융리스업을 '시설대여업'이라는 용어로 쓰면서, '시설대여'를 시설대여업자가 "대통령령으로 정하는 물건("특정물건"이라 한다)을 새로 취득하거나 대여받아 거래상대방에게 대통령령으로 정하는 일정 기간 이상 사용하게 하고, 그 사용 기간 동안 일정한 대가를 정기적으로 나누어 지급받으며, 그 사용 기간이 끝난 후의 물건의 처분에 관하여는 당사자 간의 약정(約定)으로 정하는 방식의 금융"이라고 하고 있다(제2조 제10호). 그리고 "시설대여를 업으로 하는 것"을 시설대여업이라고 하면서(제2조 제9호), 시설대여업을 영위하려는 자는 금융감독당국에 등록하도록 하고 있다(제3조 제2항). 그래서 여신전문금융업자가 시설대여업을 영위하고 있다.

(10) 영업채권매입거래법

1) 개   관

기업이 영업을 하면서 발생하는 영업채권(債權, claim)을 만기까지 보유하고 있으면 그 동안은 현금화할 수 없다. 그런데 **기업이 영업채권을 제3자에게 할인해서 매각하면 만기 전에 현금화하여 자금을 확보할 수 있다.** 영업채권을 할인해서 매입한 제3자는 만기에 영업채권의 채무자에게 해당 채권을 추심하여 회수한다. 이러한 거래를 **영업채권매입 거래(factoring)**라고 한다(그림 1-10). 이렇게 영업채권을 전문적으로 매입하여 회수하는 것을 영업으로 하는 자를 **영업채권매입업자(factor)**라고 한다. 예를 들어, 기업이 100만 원의 영업채권을 10% 할인해서 영업채권매입업자에게 매각하면 기업은 90만 원의 현금을 확보할 수 있고, 영업채권매입업자는 만기에 100만 원을 회수함으로써 10만 원의 수익을 얻을 수 있게 된다.

그림 1-10 │ 영업채권매입 거래 구조

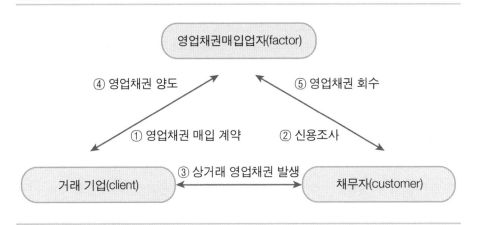

영업채권매입 거래는 영업채권매입업자가 만기에 원래의 채무자로부터 채권 회수를 하지 못했을 때 다시 해당 기업에게 상환 청구(recourse)를 할 수 있는지 여부에 따라, **상환 청구권이 있는(with recourse) 영업채권매입 거래와 상환 청구권이 없는(without recourse) 영업채권매입 거래로 나누어진다.** 상환 청구권이 있는 거래를 **부진정(不眞正) 영업채권매입 거래**라 하고, 상환 청구권이 없는 거래를 **진정(眞正) 영업채권매입 거래**라고 하기도 한다. **우리나라의 경우는 상환 청구권이 있는 부진정 영업채권매입 거래가 통상적**이다.

2)「상법」상의 영업채권매입업

「상법」은 영업채권매입 거래를 기본적 상행위의 하나로 규정하면서 영업채권매입 거래의 법률 관계에 관한 규정을 두고 있다. 즉 "영업상의 채권의 매입·회수 등에 관한 행위"를 기본적 상행위로 규정하고(제46조 제21호), 영업채권매입업자를 "타인이 물건·유가증권의 판매, 용역의 제공 등에 의하여 취득하였거나 취득할 영업상의 채권("영업채권"이라 한다)을 매입하여 회수하는 것을 영업으로 하는 자"라고 하고 있다(제168조의11). 또한 우리나라의 경우 상환 청구권이 있는 거래가 통상적이라는 점을 고려하여, 「상법」은 **영업채권매입계약에서 다르게 정하지 않는 한 영업채권매입업자는 상환 청구권을 갖는다고 규정**하고 있다(제168조의12). 즉, "영업채권의 채무자가 그 채무를 이행하지 아니하는 경우 채권매입업자는 채권매입계약의 채무자에게 그 영업채권액의 상환을 청구할 수 있다. 다만, 채권매입계약에서 다르게 정한 경우에는 그러하지 아니하다"라고 하고 있다(제168조의12). 여기서 "채권매입계약의 채무자"가 영업채권을 영업채권매입업자에게 매각한 자(그림 1 – 10에서 거래기업)이다.

2. 국제 금융거래법

국제 금융거래법의 영역은 앞서 본 국내 금융거래법의 범위에서 거래 당사자가 서로 다른 국가에 소재하고 있는 경우라고 할 수 있다. 예를 들어, 한국에 소재하는 기업이 미국에 소재하고 있는 은행으로부터 자금을 차입하는 거래가 바로 국제대출거래(international loan)가 된다. 한국의 기업이 채권(債券)을 발행하여 영국 투자자로부터 자금을 조달하면 국제 증권 발행 거래가 된다.

이러한 국제 금융거래의 특징은 거래 당사자가 서로 다른 국가에 소재하고 있으므로 계약의 내용을 해석함에 있어서 어느 법을 적용할 것인지에 관한 **준거법**(governing law) 결정 문제가 항상 대두되며, 더 나아가서 계약 관련 분쟁 시에 어느 국가의 법원에서 재판을 할 것인지를 정하는 **재판관할**

권(jurisdiction) 문제도 대두된다는 점이다. 대부분의 경우에는 거래 당사자들이 준거법과 재판관할권을 계약에서 미리 정하는 것이 통상적이지만, 만약 당사자들이 계약에서 미리 정하지 아니한 경우에는 준거법과 재판관할권을 결정하는 것이 문제가 되며, 이 경우에는 여러 국제사법적인 이론들이 적용되기도 한다. 또한 역사적으로 볼 때 영국과 미국 뉴욕주가 국제 금융 거래의 중심지이어서 국제 금융거래 계약에서는 영국법 또는 미국 뉴욕주법이 준거법으로 정해지는 경우가 많고, 영국 법원 또는 미국 뉴욕주 법원이 재판관할권으로 지정되는 경우가 많다. 그리고 국제 금융거래 계약서는 영문으로 작성되는 것이 통상적이다.

제 2 장   금융업법

02 금융업법

I. 총 설

　금융기관이 영위하는 금융업에 대한 규제를 하는 금융업법은 금융규제 법의 중요한 영역 중의 하나이다. 우리나라는 전업주의 체계를 취하고 있기 때문에 각 금융기관이 영위하는 업(業)이 해당 금융업이 된다.

　은행의 경우 은행업, 증권회사의 경우 금융투자업, 보험회사의 경우 보험업이 각각 해당한다. 그러한 금융업에 적용되는 법이 바로「은행법」, 자본시장법,「보험업법」이고, 이러한 법들이 바로 금융업법으로 분류할 수 있다. 이외에도 특별한 목적을 위해서 설립된 특수은행에 적용되는 특수은행법도 금융업법의 영역이 되는데, 한국수출입은행, 한국산업은행, 중소기업은행, 농협은행, 수협은행에 각각 적용되는「한국수출입은행법」,「한국산업은행법」, 「중소기업은행법」,「농업협동조합법」,「수산업협동조합법」이 있다. 또한 신용카드회사, 시설대여회사, 할부금융회사, 신기술사업금융회사 등 여신전문금융업자에 적용되는「여신전문금융업법」, 상호저축은행에 적용되는「상호저축은행법」도 있다. 신용협동조합, 농업협동조합, 수산업협동조합, 산림조합, 새마을금고 등 상호금융기관에게 각각 적용되는「신용협동조합법」,「농업협동조합법」,「수산업협동조합법」,「산림조합법」,「새마을금고법」도 금융

업법의 영역이다. 신용평가업과 신용조사사업 등 신용정보업을 영위하는 신용
정보업자에게 적용되는 신용정보법, 대부업자 및 대부중개업자에게 적용되
는 대부업법, 대출형 P2P금융 중개업자에게 적용되는 온라인투자연계금융업
법, 증권형 P2P금융 온라인소액투자중개업자에게 적용되는 자본시장법, 전자
금융업자에게 적용되는 「전자금융거래법」, 그리고 금융상품 판매 영업을 하는
금융상품판매업자나 금융자문업을 영위하는 금융상품자문업자에게 적용되는
금융소비자법도 주요 금융업법으로 들 수 있다. 이외에도 금융업을 직접 영
위하지 않지만 금융업을 영위하는 금융기관을 자회사로 두어 자회사 등의
경영 관리를 하는 금융지주회사에 적용되는 「금융지주회사법」도 금융업법의
영역으로 분류할 수 있다. 또한 금융기관의 경영지배구조에 적용되는 지배
구조법도 금융기관의 금융업 영위와 아주 밀접한 관련을 가지므로 금융업법
으로 분류할 수 있다.

각 금융업법이 규정하는 내용은 비슷하다. 금융업의 인가나 허가 또는
등록 등 금융기관 진입 규제, 금융업의 범위 규제, 금융기관의 자기자본 비
율 유지나 유동성 비율 유지 등 금융기관 건전성 규제, 금융기관의 상품 판
매 등의 영업과 관련된 이용자 보호를 위한 영업행위 규제, 금융감독기구의
감독 및 제재 조치 근거에 관한 사항 등이 공통적으로 들어 있는 규제 내용
이다.

Ⅱ. 「은 행 법」

은행은 일반은행(commercial bank)과 특수은행(specialized bank)으로 나
눌 수 있다. 특수은행은 특별한 목적을 가지고 특별법에 의해 설립된 은행이
고, 그렇지 않은 은행이 일반은행으로 분류할 수 있다. 일반은행의 설립 근
거법은 「은행법」이다.

1. 개   관

「은행법」은 자본시장법 및 「보험업법」과 더불어 중요한 금융규제법의 하나이다. 일반은행은 금융 산업에서 차지하는 비중이 크고 중요한 역할을 하기 때문이다. 1950년에 제정된 「은행법」은 은행업의 정의, 은행업 인가, **'동일인'**(同一人)(주주인 본인 및 그 특수관계인[1]을 포함하는 의미이다) **은행 주식 보유 한도 규제**(즉 은행 소유 규제), **은행의 고유 업무·겸영 업무·부수 업무** 등 은행의 업무 범위, 은행의 **자기자본 비율 규제** 및 '**동일차주**'(동일한 개인 또는 법인과 그들과 동일한 기업집단에 속하는 회사를 포함하는 의미이다)(「은행법」 제35조)에 대한 **신용공여 한도 규제 등 건전성 규제**에 관한 사항, 은행에 대한 감독·검사 및 제재 조치에 관한 사항, 은행의 합병 및 해산에 관한 사항, **외국은행 국내지점에 대한 규제·감독** 사항 등을 규정하고 있다. 「은행법」은 **은행 주식 보유 규제**와 관련해서는 **전국을 영업 구역으로 하는 은행**(이하 "전국은행")**과 지방은행을 달리하여 규제**를 하고 있으며, 외국은행 국내지점도 「은행법」상의 은행으로 간주하여(제59조) 국내 은행과 원칙적으로 동일하게 규제를 하고 있다.

2. 은행업의 정의

(1) 서   설

「은행법」은 은행업을 "예금을 받거나 유가증권 또는 그 밖의 채무증서를 발행하여 불특정 다수인으로부터 채무를 부담함으로써 조달한 자금을 대출하는 것을 업(業)으로 하는 것"으로 정의하고 있다(제2조 제1항 제1호). 즉 은행업은 예금 수입 업무와 대출 업무를 동시에 수행하는 것을 말한다. 어느 한 쪽만 영위하면 은행업에 해당한다고 보기 어렵다. 그런데 은행업의 정의에서 특이한 것은 자금 조달 측면에서 예금 수입뿐만 아니라 유가증권이나 채무증서를 발행하여 자금을 조달하는 것도 은행업에 해당된다는 점이다. 즉 유가

---

1) 특수관계인의 범위는 「은행법 시행령」 제1조의4가 규정하고 있다.

증권인 사채(社債)(은행이 발행하는 사채라 '금융채'(金融債)라고 하기도 한다)를 발행하여 조달한 자금으로 대출을 하는 것도 은행업에 해당된다. 은행업 인가를 받지 않고 은행업을 영위한 자는 형사 처벌 대상이 된다(제66조 제2항).

「은행법」은 '업'(業)에 대한 정의는 하고 있지 않으나, 판례는 '업'(業)의 의미를 "같은 행위를 계속하여 반복하는 것을 의미하고, 여기에 해당하는지 여부는 단순히 그에 필요한 인적 또는 물적 시설을 구비하였는지 여부와는 관계없이 금전의 대부 또는 중개의 반복·계속성 여부, 영업성의 유무, 그 행위의 목적이나 규모·횟수·기간·태양 등의 여러 사정을 종합적으로 고려하여 사회 통념에 따라 판단하여야 한다"고 판시하고 있어,[2] '영리성, 계속성, 반복성'이 있어야 할 것이다. 참고로 뒤에서 보게 되는 자본시장법은 '금융투자업'을 "이익을 얻을 목적으로 계속적이거나 반복적인 방법을 행하는 행위"라고 해서(제6조 제1항), 판례의 입장을 잘 반영하고 있다.

(2) 여신전문금융회사도 은행업을 영위하는가?

여기서 다음과 같은 법적 쟁점이 제기된다. 이렇게 사채 발행 자금으로 대출을 하는 금융기관은 또 있기 때문이다. 예를 들어, 「여신전문금융업법」에 따라 금융감독당국의 허가를 받거나 금융감독당국에 등록을 한 여신전문금융회사(신용카드회사, 시설대여회사, 할부금융회사, 신기술사업금융회사)가 문제된다. 신용카드회사가 대표적이다. 신용카드회사도 사채를 발행하여 자금을 조달하고 대출 업무(카드 대출 등)를 영위한다(제46조). 시설대여회사, 할부금융회사, 신기술사업금융회사도 마찬가지이다. 그렇다면 「은행법」상 은행업에 해당한다. 그런데 여신전문금융회사가 은행업 인가를 받았을 리는 없다. 이런 문제점을 해결하기 위해서 「여신전문금융업법」은 여신전문금융회사에 대해서는 「은행법」을 적용하지 아니한다는 조항을 두고 있다(제51조).

(3) 증권금융회사도 은행업을 영위하는가?

증권금융회사도 마찬가지이다. 자본시장법상 금융감독당국의 인가를 받은 증권금융회사는 증권회사를 대상으로 하는 대출 업무나 일반 투자자를

---

2) 대법원 2012. 7. 12. 선고 2012도4390 판결; 대법원 2012. 3. 29. 선고 2011도1985 판결; 대법원 2008. 10. 23. 선고 2008도7277 판결.

대상으로 한 증권 담보 대출 업무를 취급한다(제326조). 또한 증권금융회사는 주식회사이므로 사채를 발행하여 자금을 조달할 수 있고(제324조, 제329조), 더욱이 금융투자업자나 한국거래소 및 상장회사를 대상으로 자금을 예탁받을 수 있으며, 자금 예탁 업무를 위하여 필요한 경우에는 채무증서를 발행할 수도 있다(제330조 제1항, 제2항). 이렇게 보면 증권금융회사의 업무는 「은행법」상 은행업에 해당한다. 이런 문제를 해결하기 위해서 **자본시장법은 자금의 예탁이나 채무증서의 발행과 관련해서는 증권금융회사에 대하여 「은행법」의 적용을 배제하는 조항**(제330조 제3항)을 두고 있다.

(4) 증권회사도 은행업을 영위하는가?

자본시장법상 **투자매매업자·투자중개업자**인 증권회사도 대출 업무를 영위한다. 즉 투자매매업자·투자중개업자는 증권과 관련하여 금전의 융자를 투자자에게 할 수 있다(제72조). 특히 '종합금융투자사업자'로 지정받은 증권회사(제8조 제8항, 제77조의2)는 기업에 대한 신용공여 업무(즉 대출 업무)를 영위할 수 있다(제77조의3 제3항). 증권회사는 주식회사이므로 사채를 발행하여 자금을 조달할 수 있다. 그렇다면 증권회사의 업무도 은행업의 정의에 해당된다. 그런데 **자본시장법은 종합금융투자사업자에 대해서만 「은행법」 적용을 배제하는 규정**이 있고(제77조의3 제8항), 증권과 관련한 금전의 융자 업무에 대해서는 「은행법」을 적용 배제하는 조항은 없다. 「은행법」 적용 배제 조항을 둘 필요가 있다.

(5) 종합금융회사도 은행업을 영위하는가?

자본시장법상 종합금융회사는 "설비 또는 운전 자금의 융자" 업무(즉 대출 업무)를 영위할 수 있고, 사채를 발행할 수 있다(제336조). 은행업에 해당하는 것이다. 그래서 자본시장법은 「은행법」 적용 배제 조항을 두어(제352조) 해결하고 있다.

(6) 보험회사도 은행업을 영위하는가?

「보험업법」상 보험회사는 보험료를 수입하고 자산 운용 차원에서 대출 등 신용공여를 한다(제105조, 제106조). 보험료 형태로 금전을 수입한다는 점에서 예금과 유사하여 은행업에 해당하는 것이 아닌지 의문이 들 수 있다. 그러나 **보험료 납입은 소비임치계약에 해당하는 예금과 법적인 면에서 다르므로 예금으로 보기는 어렵다.** 따라서 은행업에 해당한다고 보기는 어렵다. 그럼에도 불구하고 이를 명확히 하기 위하여 「은행법」은 보험회사는 은행으로 보지 않는다는 조항(제6조)을 두고 있다.

(7) 신탁회사도 은행업을 영위하는가?

금전 신탁을 영업으로 하는 신탁회사도 은행업을 영위하는 것이 아닌지 의문이 들 수 있다. 자본시장법상 신탁회사는 수탁받은 금전으로 자산 운용 차원에서 대출도 할 수 있기 때문이다(제105조). 특히 불특정금전신탁의 경우에는 다수로부터 자금을 수탁받아 합동 운용으로 대출을 한다는 점에서 더욱 그러하다. 그러나 **신탁의 법률관계가 소비임치계약에 해당하는 예금과 다르다는 점에서 금전 신탁을 예금으로 보기는 어렵다.** 따라서 신탁회사가 은행업을 영위한다고 보기는 어려울 것이다. 「은행법」은 이를 명확히 하기 위해서 신탁회사를 은행으로 보지 않는다는 조항을 두어(제6조), 「은행법」 적용을 배제하고 있다.

(8) 상호저축은행도 은행업을 영위하는가?

「상호저축은행법」상 **상호저축은행은 불특정 다수로부터 예금·적금을 받고 대출 업무를 영위하기 때문에 정확하게 은행업의 정의에 해당한다.** 그러나 상호저축은행은 업무 범위나 영업 구역이 제한되고 신용 등급이 낮은 저소득층을 주로 대상으로 하여 영업을 하는 특성을 갖고 있어 은행과 다르다고 할 것이다. 그래서 정책적으로 「은행법」은 상호저축은행을 은행으로 보지 않는다는 조항을 두어(제6조) 「은행법」 적용을 배제하고 있다.

(9) 대부업자도 은행업을 영위하는가?

대부업법상 대부업자는 대부업, 즉 대출 업무를 한다(제2조). 그러나 대부업자는 자본금이나 차입금으로 조달한 자금으로 대부업을 영위하기 때문에 은행업에 해당하지는 않는다. 만약 대부업자가 사채를 발행하거나 채무증서를 발행하여 불특정 다수로부터 자금을 조달한다면 이는 은행업을 영위하는 것이기 때문에 「은행법」 위반이 된다.

(10) 상호금융기관도 은행업을 영위하는가?

신용협동조합, 지역 농업협동조합, 지역 수산업협동조합, 지역 산림조합, 새마을금고도 예금 및 적금을 수입하고 대출 업무를 하는 점에서 은행업을 영위한다고 볼 수 있다. 그러나 이러한 **상호금융기관은 원칙적으로 회원인 조합원만을 대상으로 예금 및 대출 업무를 영위**하므로 은행업 정의상의 "불특정 다수"의 요건을 충족하지 못하여 은행업을 영위하는 것으로 볼 수 없다.

(11) 소   결

은행업의 정의에서 유가증권의 발행을 통한 자금의 조달도 포함되어 있어 여신전문금융회사, 증권금융회사, 증권회사, 종합금융회사가 은행업을 영위하는 것이 아닌지에 관한 불필요한 문제가 제기되는 점과 굳이 유가증권 발행을 통한 자금 조달을 은행업에 포함시킬 실익이 크지 않다는 점에서 은행업의 정의에서 유가증권 발행을 통한 자금 조달 부분을 삭제하는 것이 바람직하다.

3. 은행 주식 보유 한도 규제

(1) 개   관

「은행법」의 큰 특징 중의 하나는 은행에 대해서 강한 주식 보유 한도 규제를 하고 있다는 점이다. 특히 '산업자본'이라고 일컬어지는 '비금융주력자'가 은행의 대주주가 되지 못하도록 강한 규제를 하고 있다. 이것을 '금산 분리'(金産 分離)(즉 금융자본과 산업자본의 분리) 내지 '은산 분리'(銀産 分離)(즉 은행자본과 산업자본의 분리) 규제 정책이라고 한다. 이러한 '은산 분리' 규제는 지방은행보다 전국은행에게 더 강하게 적용된다.

　그리고 주식 보유 한도 규제에 있어서는 의결권 있는 주식을 기준으로 한다는 점을 유념할 필요가 있다. 「은행법」은 '의결권 있는 주식'의 범위에 대하여 정의를 하지 않아 그 범위가 문제될 수 있는데 「상법」 제344조의3 제1항의 의결권 없는 주식이 제외되는 것은 당연할 것이다. 그런데 「상법」 제344조의3 제1항의 의결권이 제한되는 주식(특정 안건에 대해서만 의결권이 없는 주식 또는 특정 안건에만 의결권이 있는 주식)에 대해서는 논란의 여지가 있을 수 있는데, 의결권이 제한되는 주식도 의결권이 '있는' 주식은 아니라는 점에서 의결권 있는 주식의 범위에서 제외된다고 보는 것이 타당할 것이다.

　'비금융주력자'는 '동일인' 중 비금융업종 회사의 자본총액이 전체 회사의 자본총액 합계액의 25% 이상이거나 동일인 중 비금융업종 회사의 자산총액 합계액이 2조원 이상인 경우 등에 해당하는 동일인을 말한다(제2조 제1항 제9호). '동일인'의 범위가 중요하므로 뒤에서 자세히 살펴보기로 한다.

　「은행법」상 '비금융주력자가 아닌 동일인'(즉 '금융주력자'에 해당)은 전국은행의 의결권 있는 주식 10%까지는 금융감독당국의 승인 없이 보유할 수 있고(다만 4% 초과인 경우에 금융감독당국에 사후 보고해야 한다), 10% 초과해서 보유하려는 경우에는 일정한 요건을 충족해서 금융감독당국의 승인을 얻어 보유할 수 있는데, 100%까지 보유할 수 있다(제15조 제1항, 제2항, 제3항). 지방은행의 경우는 그 기준이 15%이다. 즉 15%까지는 아무런 승인 없이 보유할 수 있고, 15% 초과하는 경우에는 일정한 요건을 충족해서 100%까지 보유할 수 있다(제15조 제1항 제2호, 제3항).

　'비금융주력자인 동일인'의 경우에는 강한 주식 보유 규제가 적용된다. 전국은행의 경우에는 원칙적으로 의결권 있는 주식 4%까지만 아무런 승인이나 신고 절차 없이 보유할 수 있고, 4% 초과해서 10%까지는 의결권을 행사하지 않는 조건으로 재무 건전성 등 일정한 요건을 충족해서 금융감독당국의 승인을 얻어 보유할 수 있다(제16조의2 제1항, 제2항). 즉 10%가 최대 보유 한도이다. 다만 금융주력자로 전환하려는 비금융주력자나 비금융주력자에 해당하는 연금(年金)·기금(基金) 등 일정한 경우에는 예외적으로 일정한 요건을 충족하여 금융감독당국의 승인을 얻어 100%까지 보유할 수 있다(제16조의2 제3항). **지방은행의 경우에는 15%가 기준이다. 즉 15%까지는 아무런 승인 없이 보유할 수 있다**(제16조의2 제1항). **15%가 최고 보유 한도**인 것이다. 다만 전국은행의 경우와 마찬가지로 금융주력자로 전환하려는 비금융주력자나 비금융주력자에 해당하는 연금(年金)·기금(基金) 등은 일정한 요건을 충족하여 금융감독당국의 승인을 얻어 15%를 초과해서 보유할 수 있다(제16조의2 제3항).

은행 주식 보유 한도 규제는 '은산 분리' 정책과 관련하여 중요하게 논의되는 사항이므로 자세히 살펴보기로 한다.[3]

(2) '동일인'과 '보유'의 개념

은행 주식 보유 한도 규제에서 보유 주체인 '동일인'의 범위와 '보유'의 정의에 대해 살펴볼 필요가 있는데, 그 이유는 '동일인'에 해당하는지 여부에 따라 규제의 범위가 달라지고, '보유'의 정의가 중요하기 때문이다.

1) '동일인'의 범위

「은행법」은 은행 주식 보유 한도 규제의 대상 주체를 판단하는데 있어서 '동일인'이라는 개념을 사용하고 있다. 이 '동일인'의 범위는 광범위하고 해석에 있어서도 어려운 부분이 많다. **'동일인'의 범위는 본인과 그 특수관계인**을 말하는데(제2조 제1항 제8호), 특수관계인의 범위는 본인의 배우자, 6촌 이내의 혈족 및 4촌 이내의 인척(姻戚)뿐만 아니라 계열회사, 더 나아가 "본인과 합의 또는 계약 등으로 의결권을 공동으로 행사하는 자"까지 포함되는(시행령 제1조의4) 등 상당히 범위가 넓다.

「은행법 시행령」이 정하는 특수관계인의 범위는 다음과 같다(시행령 제1조의4 제1항).[4]

1. 배우자·8촌 이내의 혈족 및 4촌 이내의 인척. 다만, 「독점규제 및 공정거래에 관한 법률 시행령」 제3조의2 제1항 제2호 가목의 규정에

---

3) 이하는 "은행 소유 규제의 현황과 개선 과제," 「성균관법학」 제22권 제2호(성균관대학교 법학연구원, 2010. 8)에 게재된 내용을 토대로 정리한 것이다.
4) 「은행법 시행령」은 동일인의 범위에서 제외되는 자를 규정하고 있다(제1조의4 제2항).

의한 독립경영자 및 동목의 규정에 의하여 공정거래위원회가 동일인 관련자의 범위로부터 분리를 인정하는 자는 그러하지 아니하다.

2. 본인 및 제1호 또는 제4호의 자가 임원의 과반수를 차지하거나 이들이 제3호 또는 제5호의 자와 합하여 100분의 50 이상을 출연하였거나 이들 중의 1인이 설립자로 되어 있는 비영리법인·조합 또는 단체

3. 본인 및 제1호·제2호·제4호의 자가 의결권 있는 발행 주식 총수(지분을 포함한다. 이하 같다)의 100분의 30 이상을 소유하고 있거나 이들이 최다수 주식소유자로서 경영에 참여하고 있는 회사

4. 본인, 제2호 또는 제3호의 자에게 고용된 자(사용자가 법인·조합 또는 단체인 경우에는 임원을 말하고, 개인인 경우에는 상업사용인, 고용계약에 의하여 고용된 자 또는 그 개인의 금전이나 재산에 의하여 생계를 유지하는 자를 말한다)

5. 본인 및 제1호 내지 제4호의 자가 의결권 있는 발행 주식 총수의 100분의 30 이상을 소유하고 있거나 이들이 최다수 주식소유자로서 경영에 참여하고 있는 회사

6. 본인이 「독점규제 및 공정거래에 관한 법률」 제2조 제2호의 규정에 의한 기업집단(이하 "기업집단"이라 한다)을 지배하는 자(이하 "계열주"라 한다)인 경우에 그가 지배하는 기업집단에 속하는 회사(계열주가 단독으로 또는 「독점규제 및 공정거래에 관한 법률 시행령」 제3조 제1호 각목의 1 및 동조 제2호 각목의 1에 해당하는 관계에 있는 자와 합하여 동조 제1호 및 제2호 본문의 요건에 해당하는 외국법인을 포함한다. 이하 이 조에서 같다) 및 그 회사의 임원

7. 본인이 계열주와 제1호 또는 제2호의 규정에 의한 관계에 있는 자이거나 계열주가 지배하는 기업집단에 속하는 회사의 임원인 경우에 그 계열주가 지배하는 기업집단에 속하는 회사 및 그 회사의 임원

8. 본인이 기업집단에 속하는 회사인 경우에 그 회사와 같은 기업집단에 속하는 회사 및 그 회사의 임원

9. 본인 또는 제1호 내지 제8호의 자와 합의 또는 계약 등에 의하여 [은

행]의 발행주식에 대한 의결권(의결권의 행사를 지시할 수 있는 권한을
포함한다)을 공동으로 행사하는 자

동일인의 범위를 정함에 있어서 유의해야 할 것은 판단 기준이 되는 자
가 '본인'이라는 점이다. 2002년 4월 「은행법」 개정 전에는 "주주 1인"이라
고 하고 있었지만, 현행 「은행법」은 **'본인'이라고 하고 있어서 주주가 아니더라
도 무방**하다고 보아야 할 것이다. 그리고 「은행법」은 본인으로 지정되는 자
를 별도로 정하지 않고 있어서 누구를 본인으로 지정하는지에 따라 특수관
계인의 범위가 달라질 수 있게 된다. 특히 제9호의 특수관계인은 유념해야
할 항목이다. **"합의 또는 계약 등에 의하여 의결권(의결권의 행사를 지시할 수 있
는 권한을 포함)을 공동으로 행사하는 자"**의 범위와 관련한 해석상의 문제가 대
두될 수 있다. 예를 들어, '합의'의 범위에 묵시적 합의도 포함할 수 있는지
에 대한 해석상의 쟁점이 있을 수 있다.

2) '보유'의 정의

「은행법」은 주식 '소유' 대신에 '보유'라는 개념을 사용하고 있다. 즉 **'보유'**
를 **"동일인이 자기 또는 타인의 명의로 주식을 소유하거나 계약 등에 의하여 의
결권을 가지는 것"**이라고 하여(제2조 제1항 제9호 다목), 소유보다 넓은 개념으
로 쓰고 있다.[5] "타인의 명의로 주식을 소유"하는 경우의 예는 투자기구
(investment vehicle)를 이용하여 은행 주식을 소유하는 경우를 들 수 있다.
예를 들어, 조세피난처에 설립된 특수목적회사(special purpose company:
SPC)인 투자기구가 은행 주식을 소유하고 있는 경우에는 그러한 투자기구에
출자하고 지배하고 있는 자가 타인(즉, 투자기구)의 명의로 은행 주식을 보유
하고 있다고 볼 수 있다.[6] 또한 특정금전신탁을 통하여 은행 주식을 소유하
고 있는 경우에도 위탁자인 실질 수익자가 타인(즉 수탁자)의 명의로 은행

---

5) 2002년 4월 「은행법」 개정 전에는 '보유'의 정의를 "주식을 소유하거나 사실상 지배(동
   일인이 자기 또는 타인의 명의로 소유하거나 담합에 의하여 의결권을 행사하는 것을
   포함)하는 것"으로 하고 있었다(舊 「은행법」 제15조 제1항). 현행 「은행법」은 '사실상
   지배'라는 용어를 쓰지 않으면서 '담합' 대신에 '계약 등'이라는 용어로 대체하고 있는
   데, 그 내용은 개정 전과 크게 다르지 않다고 볼 수 있다.

6) 이러한 설명은 고동원, 「금융규제와 법」, 박영사, 2008, 146면.

주식을 보유하는 것으로 볼 수 있다. 위탁자가 운용 지시를 하는 특정금전신탁의 특성상 비록 수탁자가 주식 소유 명의자가 되지만 수익자인 위탁자가 실질적으로 주식을 소유하고 있다고 볼 수 있기 때문이다. "계약 등에 의하여 의결권을 가지는 것"은 질권(質權)이 설정된 은행 주식의 질권자가 질권설정자와 체결한 계약에 의하여 의결권을 갖게 되는 경우[7]를 생각할 수 있다.

(3) 비금융주력자의 정의

1) 서   설

「은행법」은 '비금융주력자'인지 여부에 따라 은행 주식 보유 한도 규제의 차이를 두고 있기 때문에 비금융주력자의 범위를 알아둘 필요가 있다. 「은행법」상 '비금융주력자'는 다음과 같이 5가지 유형으로 구분하고 있다(제2조 제1항 제9호). 즉 아래 5가지 유형 중 어느 하나에 해당하면 비금융주력자가 된다. 다만 일정한 요건을 충족하는 외국 은행이나 그 은행지주회사가 소유하고 있는 '외국 법인'은 비금융주력자 해당 여부를 판단할 때 동일인의 범위에서 제외된다(제16조의5).

2) '비금융주력자'의 범위

① 비금융회사의 자본총액이 전체 회사 자본총액의 25% 이상인 경우

첫째는 동일인 중 '비금융회사'인 자의 자본총액(자산총액-부채총액)의 합계액이 당해 동일인 중 회사인 자의 자본총액 합계액의 25% 이상인 경우의 당해 동일인이 비금융주력자에 해당된다(제2조 제1항 제9호 가목). '회사'만 해당하기 때문에 개인인 주주는 제외된다. '비금융회사'는 "「은행법 시행령」이 정하는 금융업이 아닌 업종을 영위하는 회사"를 말하는데(제2조 제1항 제9호 가목), "「은행법 시행령」이 정하는 금융업"은 "① 「통계법」 제17조 제1항에 의하여 통계청장이 고시하는 한국표준산업분류에 의한 금융 및 보험업이나, ② (i) 금융 및 보험업을 영위하는 회사에 대한 전산·정보 처리 등 용역을 제공하거나, (ii) 금융 및 보험업을 영위하는 회사가 보유한 부동산 기타 자산의 관

---

7) 그러한 계약이 없는 경우에는 질권설정자가 의결권을 행사할 수 있다(대법원 1992. 5. 12. 선고 90다8862 판결).

리를 하거나, (iii) 금융 및 보험업과 관련된 조사·연구를 하거나, (iv) 그 밖에 금융업을 영위하는 회사의 고유 업무와 직접 관련되는 업무"를 말한다(시행령 제1조의5 제1항).

② 비금융회사의 자산총액이 2조원 이상인 동일인

둘째는 동일인 중 비금융회사인 자의 자산총액의 합계액이 2조원 이상으로서 대통령령이 정하는 금액 이상의 경우의 당해 동일인이 비금융주력자에 해당된다(제2조 제1항 제9호 나목). 「은행법 시행령」상 금액은 2조원이다(시행령 제1조의5 제2항).

③ 일정한 요건에 해당하는 투자회사

셋째는 위의 첫 번째 또는 두 번째에 해당하는 비금융주력자가 자본시장법에 따른 투자회사[8]의 발행 주식 총수의 4%를 초과하여 주식을 보유하는 경우의 당해 투자회사가 비금융주력자에 해당된다(제2조 제1항 제9호 다목).

④ 일정한 요건에 해당하는 '기관전용 사모집합투자기구'

넷째는 일정한 요건에 해당하는 '기관전용 사모집합투자기구'[9]도 비금융주력자에 해당하는데, 그 경우는 다음의 3가지이다. 즉, ① 위의 첫째, 둘째, 셋째에 해당하는 비금융주력자가 기관전용 사모집합투자기구 출자 총액의 10% 이상 지분을 보유하는 유한책임사원(Limited Partner: LP)이 되는 경우(이 경우 지분 계산에 있어서 해당 사원과 다른 유한책임사원으로서 해당 사원의 특수관계인의 지분을 포함함) 그 기관전용 사모집합투자기구는 비금융주력자에 해당한다(제2조 제1항 제9호 라목 1)). ② 위의 첫째, 둘째, 셋째에 해당하는 비금융주력자가 기관전용 사모집합투자기구의 무한책임사원(General Partner: GP)이 되는 경우에 그 기관전용 사모집합투자기구는 비금융주력자에 해당한다(제2조 제1항 제9호 라목 2) 본문). ③ 다른 상호출자제한기업집

---

8) "「상법」에 따른 주식회사 형태의 집합투자기구"를 말한다(자본시장법 제9조 제18항 제2호).
9) 기관투자자(institutional investors) 등 일정한 전문투자자(자본시장법 제249조의11 제6항)만을 사원으로 하는 투자합자회사 형태인 사모집합투자기구를 말한다(자본시장법 제9조 제19항 제1호).

단[10]에 속하는 각각의 계열회사[11]가 취득한 기관전용 사모집합투자기구의 지분의 합계가 기관전용 사모집합투자기구 출자 총액의 30% 이상인 경우의 그 당해 기관전용 사모집합투자기구는 비금융주력자에 해당된다(제2조 제1항 제9호 라목 3)).

⑤ 일정한 요건에 해당하는 투자목적회사

다섯째는 위의 비금융주력자에 해당하는 기관전용 사모집합투자기구가 자본시장법상의 투자목적회사의 주식 또는 지분의 4%를 초과하여 취득·보유하거나 임원의 임면 등 주요 경영 사항에 대하여 사실상의 영향력을 행사하는 경우의 해당 투자목적회사도 비금융주력자에 해당한다(제2조 제1항 제9호 마목).

(4) 전국은행의 주식 보유 한도 규제

동일인이 '비금융주력자'인지 아니면 '금융주력자'인지 여부에 따라 은행 주식 보유 한도 규제가 달라지므로 나누어서 살펴본다.

1) 금융주력자인 동일인의 경우

① 원칙: 주식 보유 한도는 10%

'비금융주력자가 아닌 동일인'(즉 '금융주력자'인 동일인)은 금융감독당국의 승인 없이 전국은행의 의결권 있는 발행 주식 총수의 10%까지 보유할 수 있으며, 10% 초과하여 보유하고자 하는 경우에는 일정한 요건을 충족하여 금융감독당국의 승인을 얻어야 한다(제15조).

(ⅰ) 4%까지는 보고·신고나 승인을 필요로 하지 않음

금융주력자인 동일인이 전국은행의 의결권 있는 발행 주식 총수의 4%까지 보유하려고 하는 경우 감독당국에 대한 아무런 신고나 보고를 할 필요가

---

10) 「독점규제 및 공정거래에 관한 법률」에 따른 상호출자제한기업집단을 말하는데(「은행법」 제2조 제1항 제9호 라목 3)), 상호출자제한기업집단은 동일한 기업집단에 속하는 전체 국내 계열회사 자산 총액이 10조원 이상인 기업집단을 말한다(「독점규제 및 공정거래에 관한 법률」 제9조, 시행령 제17조).

11) 「독점규제 및 공정거래에 관한 법률」에 따른 계열회사를 말한다(「은행법」 제2조 제1항 제9호 라목 3)).

없으며, 금융감독당국으로부터 승인을 받을 필요도 없다(제15조 제1항, 제2항 제1호).

(ii) 4% 초과 10%까지는 금융감독당국에 대한 사후 보고

금융주력자인 동일인이 전국은행의 의결권 있는 발행 주식 총수의 **4% 를 초과하여 10%까지 보유한 경우에는 보유 후 5일 이내에 금융감독당국에 사후 보고하여야 한다**(제15조 제2항 제1호, 시행령 제4조의2 제2항). 그리고 전국은행의 의결권 있는 발행 주식 총수의 4%를 초과하여 10%까지 취득하고 있는 동일인이 당해 은행의 최대주주가 된 때 또는 그 주식 보유 비율이 해당 전국은행의 의결권 있는 발행 주식 총수의 1% 이상 변동된 때에도 금융감독당국에 사후 보고하여야 한다(제15조 제2항 제2호, 제3호).

② 예외: 10% 초과하여 보유할 수 있는 3가지 경우

위의 10% 보유 한도를 초과하여 전국은행의 의결권 있는 주식을 취득할 수 있는 경우는 다음의 3가지이다.

(i) 정부 또는 예금보험공사가 전국은행 주식을 보유하는 경우

정부나 예금보험공사는 금융감독당국의 승인 없이 전국은행의 의결권 있는 발행주식 총수의 100%까지 보유할 수 있다(제15조 제1항 제1호).

(ii) 은행지주회사가 전국은행 주식을 보유하는 경우

「금융지주회사법」에 의하여 설립된 은행지주회사[12]가 자회사인 전국은행의 의결권 있는 주식을 취득하는 경우에도 한도 제한을 받지 않는다(「금융지주회사법」 제13조). 「금융지주회사법」 제13조는 "은행지주회사는 「은행법」 제15조 제1항 각 호 외의 부분 본문에도 불구하고 의결권 있는 발행 주식 총수의 100분의 10을 초과하여 은행의 주식을 보유할 수 있다"라고 규정하고 있다. 그런데 은행지주회사가 전국은행의 의결권 있는 발행 주식 총수의 10%를 초과하여 보유하고자 하는 경우에 「은행법」상 별도의 금융감독당국의 승인이 필요한지가 문제될 수 있다. 「금융지주회사법」상 금융지주회사가 은행을 자회사로 편입할 때 금융감독당국의 승인을 받으므로(「금융지주회

---

12) 은행지주회사(bank holding company)라 함은 은행을 자회사로 두고 있는 금융지주회사를 말한다(「금융지주회사법」 제2조 제1항 제5호).

사법」제16조 제1항), 별도의 「은행법」상 한도 초과 보유에 대한 금융감독당국의 승인은 필요 없다고 보는 것이 타당할 것이다.[13]

(ⅲ) 금융감독당국의 승인을 받아 전국은행 주식 10% 초과 보유하는 경우

「은행법 시행령」이 정하는 일정한 자격 요건[14]을 충족하는 **금융주력자인 동일인은 금융감독당국의 승인을 얻어 전국은행의 의결권 있는 발행 주식 총수의 10%를 초과하여 보유할 수 있다.** 금융주력자인 동일인은 전국은행의 의결권 있는 발행 주식 총수의 10%, 25%, 33%의 한도를 각각 초과할 때마다 금융감독당국의 승인을 얻어 보유할 수 있다(제15조 제3항 본문 및 각 호). 다만, 금융감독당국은 "은행업의 효율성과 건전성에의 기여 가능성, 주주의 보유 지분 분포를 감안하여 필요하다고 인정되는 때에는 [위의] 한도 외에 별도의 구체적인 보유 한도를 정하여 승인할 수 있으며, 동일인이 그 승인받은 한도를 초과하여 주식을 보유하고자 하는 경우에는 다시 금융감독당국의 승인을 얻어야 한다"(제15조 제3항 단서). 실무적으로는 10%, 25%, 33% 한도 요건은 큰 의미가 없고, 단서 조항을 적용하여 승인이 이루어진다. **한도 초과 보유 자격 요건은 「은행법 시행령」 제5조에 따른 [별표 1] 한도초과보유주주의 초과 보유요건에 자세히 규정되어 있다.**

2) 비금융주력자인 동일인인 경우

① 원 칙

(ⅰ) 4%까지는 신고나 승인 없이 보유 가능

비금융주력자인 동일인은 전국은행의 의결권 있는 발행 주식 총수의 4%까지 보유할 수 있다(제16조의2 제1항). 즉 아무런 신고나 승인 없이 보유할 수 있다. 2009년 6월 「은행법」 개정에 의하여 종전의 4%에서 9%로 상향 조정되었으나, 2013년 8월 「은행법」 개정에 의해서 다시 4%로 환원되었다.

(ⅱ) 의결권을 행사하지 않는 조건으로 4% 초과 10%까지 보유 가능

비금융주력자인 동일인이 전국은행의 의결권 있는 발행 주식 총수의 4%를 초과하여 보유하고자 하는 경우에는 해당 전국은행의 주식에 대한 **의**

---

13) 이에 대한 자세한 논의는 고동원, 「금융규제와 법」, 박영사, 2008, 129-130면.
14) 「은행법 시행령」 제5조 및 [별표 1] 한도초과보유주주의 초과보유요건 참조.

결권을 행사하지 아니하는 조건으로 재무건전성 등 대통령령이 정하는 요건[15]을 충족하여 금융감독당국의 승인을 얻어 10%까지 주식을 보유할 수 있다(제16조의2 제2항).

② 예외: 10% 초과하여 보유할 수 있는 3가지 경우

아래 3가지 경우에는 비금융주력자인 동일인은 위의 주식 보유 한도 제한을 적용받지 않고, 금융주력자인 동일인에 대해 적용되는 전국은행의 주식 보유 한도 제한을 받게 된다(제16조의2 제3항).[16] 즉, 「은행법」 제15조 제1항 및 제3항의 적용을 받아, 4%까지는 아무런 신고·보고나 승인 없이 보유할 수 있고, 4%에서 10%까지는 금융감독당국에 대한 사후 보고, 10% 초과 보유의 경우는 일정한 요건을 충족하여 사전에 금융감독당국의 승인을 받아 보유할 수 있다.

3가지 경우는 다음과 같다. 즉, 첫째, 2년 이내에 비금융주력자가 아닌 자로 전환하기 위한 계획을 금융감독당국에 제출하여 승인을 얻은 비금융주력자, 둘째, 「외국인투자촉진법」에 의한 외국인이 전국은행에 대하여 보유하는 주식 비율 이내에서 주식을 보유하는 비금융주력자,[17] 셋째, 「국가재정법」 제5조에 따라 법률로써 설치한 기금 또는 기금을 관리·운용하는 법인(법률에 의하여 기금의 관리·운용을 위탁받은 법인을 포함)으로서 일정한 요건(해당 은행의 주식을 보유한 기금 등과 해당 은행의 예금자 및 다른 주주 등 이해관계자 사이에 발생할 수 있는 이해상충 방지 체계 마련 의무 등)을 갖추어 금융감독당국의 승인을 얻은 비금융주력자가 해당한다(제16조의2 제3항).

(5) 지방은행의 주식 보유 한도 규제

지방은행에 대해서는 주식 보유 한도 규제가 전국은행보다 까다롭지

---

15) 「은행법 시행령」 [별표 2] 제1호 가목 및 제3호 가목부터 다목까지의 요건을 말한다 (시행령 제11조 제2항).

16) 그 이유는 "… 제15조 제1항 각 호 외의 부분 본문 및 같은 조 제3항의 규정을 적용한다"라고 하고 있기 때문이다. 「은행법」 "제15조 제1항 각 호 외의 부분 본문"은 일반적인 10% 보유 한도에 관한 규정이다.

17) 다만 그렇게 허용되는 은행의 수는 지방은행을 포함하여 1개에 한한다고 보아야 할 것이다(「은행법」 제16조의2 제6항).

않은 편이다.

1) 금융주력자인 동일인의 경우

① 원칙: 주식 보유 한도는 15%

금융주력자인 동일인의 지방은행에 대한 주식 보유 한도는 15%이다(제15조 제1항 제2호). 즉, **금융주력자인 동일인은 지방은행의 의결권 있는 발행 주식 총수의 15% 이내에서는 아무런 보고나 신고 또는 금융감독당국의 승인 없이 주식을 보유할 수 있다**(제15조 제1항 제2호, 제2항 제2호).

② 예외: 15%를 초과하여 보유할 수 있는 경우

금융주력자인 동일인이 15%를 초과하여 지방은행의 의결권 있는 주식을 보유할 수 있는 경우는 3가지이다.

(ⅰ) 정부 또는 예금보험공사가 지방은행의 주식을 보유하는 경우

정부나 예금보험공사가 지방은행의 의결권 있는 주식을 취득하는 경우에는 위의 15% 주식 보유 한도가 적용되지 않는다(제15조 제1항 제1호). 즉, 정부나 예금보험공사는 아무런 보고·신고 또는 승인 없이 지방은행의 의결권 있는 발행 주식 총수의 100%까지 보유할 수 있다.

(ⅱ) 은행지주회사가 지방은행의 주식을 보유하는 경우

「금융지주회사법」 제13조는 "은행지주회사는 「은행법」 제15조 제1항 본문의 규정에 불구하고 의결권 있는 발행 주식 총수의 100분의 10을 초과하여 은행의 주식을 보유할 수 있다"라고 규정하고 있어, 10% 초과 보유 한도에 대한 사항은 전국은행에만 적용되므로 여기서 '은행'은 전국은행만 의미하는 것으로 볼 수도 있지만, 「금융지주회사법」 제13조가 '은행'이라고 하고 있는 점과 어차피 지방은행의 경우 10%를 초과하여 15%까지는 아무런 신고나 승인 없이 보유할 수 있다는 점을 고려할 때, '은행'에 지방은행도 포함하는 것으로 해석하더라도 큰 문제는 없을 것이다.[18] 따라서, 「금융지주회사법」 제13조는 전국은행의 경우와 마찬가지로 은행지주회사가 지방은행에 대해서도 「은행법」상의 금융감독당국의 승인 없이 의결권 있는 발행 주식 총수의 15%를 초과하여 100%까지 보유할 수 있는 것으로 볼 수 있다.[19]

---

18) 고동원, 「금융규제와 법」, 박영사, 2008, 150면.

(ⅲ) 금융감독당국의 승인을 얻고 지방은행의 주식 15% 초과 보유하는 경우

「은행법 시행령」이 정하는 일정한 자격 요건[20]을 충족하는 금융주력자인 동일인은 금융감독당국의 승인을 얻어 지방은행의 의결권 있는 발행 주식 총수의 15%를 초과하여 보유할 수 있다. 즉, 금융주력자인 동일인은 지방은행의 의결권 있는 발행 주식 총수의 15%, 25%, 33%의 한도를 각각 초과할 때마다 금융감독당국의 승인을 얻어 주식을 보유할 수 있다(제15조 제3항 본문). 다만, 금융감독당국은 "은행업의 효율성과 건전성에의 기여 가능성, 주주의 보유 지분 분포를 감안하여 필요하다고 인정되는 때에는 [위의] 한도 외에 별도의 구체적인 보유 한도를 정하여 승인할 수 있으며, 동일인이 그 승인받은 한도를 초과하여 주식을 보유하고자 하는 경우"에는 다시 금융감독당국의 승인을 얻어야 한다(제15조 제3항 단서).

2) 비금융주력자인 동일인의 경우

① 원칙: 15% 이내에서는 보고·신고나 승인 없이 보유 가능

비금융주력자인 동일인은 지방은행의 의결권 있는 발행 주식 총수의 15%이내에서는 아무런 보고나 신고 또는 승인 없이 보유할 수 있다(제16조의2 제1항). 전국은행 경우의 4%와 비교할 때 비금융주력자의 은행 주식 보유 규제가 완화되어 있는 셈이다. 이는 규모가 작은 지방은행에 대해서는 전국은행에 비해서 비금융주력자가 은행의 대주주가 될 때 발생할 수 있는 폐해(弊害)가 크지 않을 것이라는 정책적 판단에서 나온 것으로 이해할 수 있다.

② 예외: 15% 초과하여 주식 보유 가능한 3가지 경우

이러한 15% 한도에는 다음과 같은 예외가 있다. 즉 비금융주력자가 다음의 3가지에 해당하는 경우에는 「은행법 시행령」이 정하는 한도 초과 보유 주주의 자격 요건[21]을 충족하여 금융감독당국의 승인을 얻어 지방은행의 의결권 있는 발행 주식 총수의 15%를 초과하여 보유할 수 있다. 첫째, 비금융주력자가 2년 이내에 비금융주력자가 아닌 자로 전환하기 위한 계획을 금융감독당국에 제출하여 승인을 얻은 경우, 둘째, 비금융주력자가 「외국인투자

---

19) 위의 책, 150면.
20) 「은행법 시행령」 제5조, [별표 1] 한도초과보유주주의 한도초과보유요건.
21) 「은행법 시행령」 제5조 및 [별표 1] 한도초과보유주주의 초과보유요건.

촉진법」에 의한 외국인의 지방은행에 대한 주식 보유 비율 이내에서 그 지방은행의 의결권 있는 주식을 보유하는 경우,[22] 셋째, 비금융주력자에 해당하는 기금 등이 일정한 요건(해당 은행의 주식을 보유한 기금 등과 해당 은행의 예금자 및 다른 주주 등 이해관계자와의 사이에 이해상충 방지 체계 마련 의무 등의 요건)을 충족하여 금융감독당국의 승인을 얻은 경우이다(제16조의2 제3항, 제1호, 제2호, 제3호).

(6) 비금융주력자의 인터넷전문은행 주식 보유 한도 특례

1) 개   관

지점을 설치하지 않고 정보통신망에서 비대면 거래를 통하여 은행업을 영위하는 인터넷전문은행에 대하여 '은산 분리' 규제를 완화할 것인가에 대해서 오랫동안 논란이 있었는데, 2018. 10. 16. 「인터넷전문은행 설립 및 운영에 관한 특례법」이 제정되면서 산업자본인 비금융주력자가 인터넷전문은행의 대주주가 되는 것을 허용하게 되었다.[23] 즉 비금융주력자가 인터넷전문은행의 의결권 있는 발행 주식 총수의 34%까지 취득하는 것을 허용하고 있다(제5조 제1항). 대신에 비금융주력자가 인터넷전문은행의 대주주가 됨으로써 발생할 수 있는 사금고화(私金庫化)의 폐해 등의 발생을 막기 위해서 비금융주력자인 대주주에 대해서는 원칙적으로 신용공여를 금지하고(제8조), 대주주가 발행한 지분증권을 취득하는 것도 원칙적으로 금지하고 있으며(제9조), 대출 업무도 중소기업을 제외한 법인 대출 업무를 금지하고 있다(제6조). 한편, 인터넷전문은행의 최저 자본금은 250억 원으로 하여(제4조) 지방은행과 동일한 금액인데, 전국은행의 경우 1천억 원에 비해 낮은 금액이어서(「은행법」 제8조) 자본금 부담을 줄여주고 있다. 그리고 인터넷전문은행도 은행이므로 특례법이 규정하지 않은 사항은 「은행법」이 적용되도록 하는 조항도 두고 있다(제3조 제1항).

---

22) 허용되는 은행의 수는 전국은행(전국은행의 경우는 4% 초과하여 보유하는 경우)을 포함하여 1개에 한한다고 보아야 할 것이다(「은행법」 제16조의2 제6항).

23) 이하는 "「인터넷전문은행 설립 및 운영에 관한 특례법」 제정과 주요 쟁점," 「국회의정연구」 제55호, 한국의회발전연구회, 2018. 12에 게재된 내용을 토대로 정리한 것이다. 인터넷전문은행에 관한 자세한 논의는 고동원, "인터넷전문은행의 설립에 따른 법적 과제," 「성균관법학」 제29권 제1호, 성균관대학교 법학연구원, 2017. 3, 405-452면.

2) 인터넷전문은행의 정의

특례법은 인터넷전문은행을 "은행업을 주로 **전자금융거래**(「전자금융거래법」 제2조 제1호에 따른 거래를 말한다)**의 방법으로 영위하는 은행**"이라고 하고 있다(제2조). 전자금융거래는 전자적 장치를 통하여 자동화된 방식으로 하는 거래를 말하므로(「전자금융거래법」 제2조 제1호), 비대면 거래라고 할 수 있다. 다만 "인터넷전문은행 이용자의 보호 및 편의 증진을 위하여 불가피하다고 인정되는 경우"에는 대면 거래를 허용하고 있다(제16조). 한편, 법문이 "주로"라고 하고 있어서 영업점을 설치하여 영업을 할 수 있는지에 대한 해석상의 쟁점이 제기될 수 있다. 이 의미를 특례법이 규정하는 것처럼 제한적인 대면 거래를 허용한 조항이라고 볼 여지도 있지만, 다른 한편으로는 제한적으로 영업점을 설치하여 영업을 할 수 있다고 볼 수도 있다.

3) 비금융주력자의 주식 보유 한도 특례

특례법은 인터넷전문은행의 의결권 있는 발행 주식 총수의 **10%까지 보유하는 경우에는 금융감독당국의 승인이 필요 없다**고 규정하고 있다(제5조 제2항 본문). 따라서 **비금융주력자라 할지라도 10%까지는 아무런 승인 없이 취득할 수 있으며**(다만 「은행법」 제15조 제2항의 적용을 받아 4% 초과하는 경우는 사후 보고 대상이 된다), 자격 요건도 필요 없다. 그러나 **10%를 초과하여 주식을 보유하고자 하는**(다만 최대 취득 한도는 34%이다) **비금융주력자**(이하 "비금융주력자인 한도초과보유주주")는 일정한 요건을 충족하여 금융감독당국의 승인을 얻어야 한다. 그러한 요건 중의 하나는 "정보통신업 영위 회사의 자산 비중"이다(제5조 제2항 제4호).

구체적으로 비금융주력자인 한도초과보유주주가 기업집단에 속하는 경우는 "금융과 정보통신기술의 융합 가능성을 감안하여 대통령령으로 정하는 정보통신업 영위 회사의 자산총액 합계액이 해당 기업집단 내 비금융회사의 자산총액 합계액에서 상당한 비중을 차지할 것 등 대통령령으로 정하는 요건을 갖출 것"이라고 해서(특례법 [별표] 제4호 라목, 제1호 바목), 특례법 시행령에 기준을 위임하고 있다. 정보통신업의 범위는 통계청장이 고시하는 한국표준산업분류에 따른 '정보통신업'을 말하는데, 이 중 서적, 잡지 및 기타 인쇄물 출판업, 방송업, 공영우편업, 뉴스 제공업은 제외된다(시행령 제2조 제1항). 그런데 특례법이 한도초과보유주주가 되는 것을 허용하는 중요한 기준인 "정보통신업 영위 회사의 자산 비중"을 단지 "상당한 비중을 차지할 것"이라고만 하고 구체적인 기준을 정하지 않고 있어서 「헌법」 제75조가 규정하고 있는 '포괄 위임 입법 금지 원칙'에 위반될 소지가 있다. 인터넷전문은행의 대주주가 될 수 있는 비금융주력자의 요건은 상당히 중요하다. 그런데 정보통신업 영위 회사의 자산 비중 기준의 대강을 법에서 정하지 않고 시행령에 백지 위임한 것은 이 원칙에 위반될 가능성이 높다.[24]

한편, 특례법 시행령은 정보통신업 비중이 50% 이상이 될 것을 요구하고 있는데, 이렇게 정보통신업 비중을 고려하게 되는 경우는 비금융주력자인 한도초과보유주주가 「독점규제 및 공정거래에 관한 법률」에 따른 **상호출자제한기업집단, 즉 자산총액이 10조원 이상인 기업집단**(「독점규제 및 공정거래에 관한 법률 시행령」 제21조 제2항)**에 속하는 경우에만 적용되고**(시행령 제2조 제2항 제2호), **상호출자제한기업집단이 아닌 경우에는 이러한 비중을 고려하지 않고 있다**(시행령 제2조 제2항 제1호). 따라서 비금융주력자인 한도초과보유주주가 상호출자제한기업집단이 아닌 기업집단에 속하는 경우에는 정보통신업을 영위하지 않더라도 승인 요건을 충족하게 된다. 그런데 비금융주력자가 인터넷전문은행의 대주주가 되는 것을 허용한 취지가 금융과 정보통신기술의 융합에 의한 금융 혁신을 촉진하기 위한 것이라는 점을 고려하면 설령 비금융주력자인 한도초과보유주주가 상호출자제한기업집단에 해당하지 않더라도 정보통신업을 주로 영위하는 기업집단으로 한정할 필요가 있다. 이는 일반 기업집단에 대해서도 정보통신업 비중을 고려해야 한다는 특례법 규정(제5조 제2항, [별표] 제4호 라목, 제1호 바목)에 비추어보더라도 위임의 범위를 넘어선 것이라고 할 수 있다. 즉, 자산총액이 10조 원 미만인 기업집단에게 정보통신업 영위와 상관없이 인터넷전문은행의 대주주가 되는 것을 허용한 것은 문제가 있다.

---

24) 이러한 지적은 국회 정무위원회 법안 심사 회의에서 정의당 추혜선 의원의 발언에서도 나타나고 있다(국회 정무위원회 제364회 − 정무제1차(2018년 9월 19일) 회의록, 8면).

4) 대주주와 거래 제한 규제

특례법은 비금융주력자가 인터넷전문은행의 대주주가 되는 것을 허용하는 대신에 인터넷전문은행이 대주주와 거래하는 것에 대해서 일반은행에 비해서 더 까다로운 규제를 하고 있다. 인터넷전문은행의 **대주주에 대한 신용공여의 원칙적인 금지**가 대표적이다. 일반은행의 경우에는 은행 자기자본의 25%에 해당하는 금액과 대주주의 은행에 대한 출자 비율에 해당하는 금액 중 적은 금액 내에서 대주주에 대한 신용공여를 허용하고 있는 데 반해(「은행법」 제35조의2), 인터넷전문은행의 경우 일부 예외적인 경우를 제외하고 완전히 금지하고 있다(제8조 제1항). 또한 **대주주가 발행한 지분증권도 일부 예외적인 경우를 제외하고는 인터넷전문은행이 원칙적으로 취득할 수 없도록** 하고 있어서(제9조 제1항), 일반은행의 경우 은행 자기자본의 1% 내에서 대주주가 발행한 지분증권을 취득하는 것을 허용하는 점(「은행법」 제35조의3)에 비해 엄격한 규제를 하고 있다.

그리고 '동일차주'[25] 및 동일한 개인이나 법인 각각에 대한 대출 한도도 일반은행에 비하여 더 엄격히 제한하고 있다. 즉 '동일차주'에 대해서는 일반은행의 경우 원칙적으로 자기자본의 25%에 해당하는 금액을 초과하여 신용공여를 할 수 없지만(「은행법」 제35조 제1항), 인터넷전문은행의 경우는 그 비율이 원칙적으로 20%이다(제7조 제1항). 동일한 개인이나 법인 각각에 대한 신용공여의 경우 일반은행은 원칙적으로 자기자본의 20% 이내에서만 신용공여를 할 수 있지만(「은행법」 제35조 제3항), 인터넷전문은행은 원칙적으로 자기자본의 15% 이내에서만 신용공여를 할 수 있다(제7조 제2항).

또한 인터넷전문은행의 대주주가 해당 은행의 이익에 반하여 해당 은행에게 경영이나 인사에 부당한 영향력을 행사하는 것 등을 금지하고 있다(제10조). 그리고 대주주에 대한 감시를 철저히 하기 위해서 금융감독당국은 인터넷전문은행과 대주주와의 거래 금지 규정을 위반한 혐의가 있는 경우에는

---

25) '동일차주'란 "동일한 개인·법인 및 그 개인·법인과 대통령령으로 정하는 신용위험을 공유하는 자"를 말하는데(「은행법」 제35조 제1항」, "대통령령으로 정하는 신용위험을 공유하는 자"란 「독점규제 및 공정거래에 관한 법률」 제2조 제11호에 따른 기업집단에 속하는 회사를 말한다(「은행법 시행령」 제20조의4).

대주주에 대하여 필요한 자료를 제출하도록 요구할 수 있도록 하고(제11조),
대주주의 부당한 영향력 행사 혐의가 있는 경우에는 대주주의 업무 및 재산 상황
을 검사할 수 있도록 하고 있어(제12조), 대주주에 대한 엄격한 감시 체제를
갖추고 있다.

4. 은행의 업무 범위

(1) 서   설

금융업법의 특징 중의 하나는 해당 금융기관의 업무 범위에 대하여 규정
하고 있다는 점이다. 금융기관의 업무 범위는 중요한 금융업법의 영역이다.
「은행법」도 은행의 업무 범위에 대하여 규정하고 있다.[26] 대부분의 다른 금
융기관과 마찬가지로 고유 업무, 겸영 업무, 부수 업무로 나누어 규정하고 있
다.

(2) 고유 업무

은행의 고유 업무는 예금의 수입 업무 및 대출 업무를 말한다(제27조). 다
만 '은행 업무'의 하나로 규정하고 있는 '내국환(換) · 외국환(換)' 업무(제27조)
가 은행의 고유 업무에 해당하는지에 대해서는 규정 해석상 논란이 될 수
있다. 왜냐하면 은행업의 정의에서 '환' 업무는 제외되어 있기 때문이다. 그
러므로 '환' 업무를 은행업의 정의에 포함시켜 '환' 업무가 은행의 고유 업무
라는 점을 명확히 할 필요가 있다. 또한 '환' 업무는 서로 떨어져 있는 지역
에 소재하는 자 사이에 채권 채무의 결제나 자금의 수수(授受)를 은행을 중
개기관으로 해서 결제하는 것으로 이해되는데, 그렇다면 현재 은행이 영위하
고 있는 자금 이체 및 지급 결제 업무를 정확히 나타내지 못하고 있으므로 이를
나타낼 수 있는 '지급청산결제' 업무로 변경할 필요가 있다.

---

[26] 은행의 업무 범위에 관한 자세한 논의는 고동원, "은행업무 범위에 관한 법적 연구,"
「은행법연구」 제11권 제2호, 은행법학회, 2018. 11, 27-71면.

(3) 겸영 업무

은행의 겸영 업무는 ① 「은행법 시행령」이 정하는 금융 관련 법령에서 인가나 허가를 받거나 등록을 해야 하는 업무 중 「은행법 시행령」이 정하는 금융 업무, ② 「은행법 시행령」이 정하는 법령에서 정하는 금융 관련 업무로서 해당 법령에서 은행이 영위할 수 있도록 한 업무, ③ 「은행법 시행령」이 정하는 금융 업무이다(제28조). 이러한 **겸영 업무로서 자본시장법상 파생상품의 매매·중개 업무, 국·공채의 인수 및 매출 업무, 국·공채 및 사채의 매매 업무, 투자자문업, 투자신탁에 대한 집합투자업, 「보험업법」상의 보험대리점 업무, 「여신전문금융업법」상의 신용카드업** 등이 있다(시행령 18조의2).

(4) 부수 업무

부수 업무는 은행업에 부수하는 업무로서 **보증 업무, 영업채권매입업(factoring), 보호예수 업무, 수납 및 지급대행 업무** 등이 있으며(제27조의2 제2항), 기타 추가적인 부수 업무는 금융감독당국에 사전 신고를 하여 영위할 수 있다(제27조의2 제2항).[27)]

5. 건전성 규제

「은행법」은 은행의 건전 경영을 유지하기 위한 여러 가지 규제 내용도 담고 있다. 바젤(Basel) 자기자본 비율 규제 등 국제적인 감독 기준을 반영한 자본 적정성에 대한 규제(제34조 제2항), 자산 건전성 및 유동성(流動性, liquidity)에 대한 규제(제34조 제2항) 등 건전성 규제(prudential regulation)에 관한 근거 조항을 두면서 구체적인 사항은 감독규정인 「은행업감독규정」에 위임하고 있다.

또한, '동일차주' 등에 대한 신용공여 한도(제35조) 규정을 두어 과도한 신

---

27) 은행의 부수 업무에 관한 자세한 논의는 고동원, "은행업무 범위에 관한 법적 연구 - 부수 업무를 중심으로-," 「상사법연구」 제26권 제3호, 한국상사법학회, 2007. 11, 187 - 217면.

용공여 집중에 따른 은행의 부실화를 막기 위한 장치도 마련하고 있다. 더 나아가 은행의 대주주에 대한 신용공여 한도(제35조의2), 은행의 대주주가 발행한 주식의 취득 한도(제35조), 대주주의 부당한 영향력 행사의 금지(제35조의4) 규정을 통해 은행의 경영에 영향력을 행사할 수 있는 특수 이해관계인인 대주주가 은행과 부당한 거래를 하여 은행을 부실화시키는 것을 막기 위한 장치도 두고 있다.

은행의 다른 회사에 대한 출자와 관련해서는 다른 회사 등의 의결권 있는 주식이나 지분(조합 지분도 포함된다)의 15%까지는 자유롭게 보유할 수 있도록 하고(제37조 제1항), 15%를 초과하는 경우에는 대상 출자 회사를 '자회사'(子會社)로 정의하면서 금융업종 자회사는 아무런 승인 없이 주식이나 지분을 보유할 수 있도록 하고, 비금융업종 자회사의 경우는 기업 구조 조정을 위하여 출자 전환(debt equity swap)을 해서 주식 보유를 하게 되는 불가피한 예외적인 경우에만 금융감독당국의 승인을 얻어 자회사로 둘 수 있도록 하고 있다(제37조 제2항).

6. 영업행위 규제

은행의 이용자를 보호하기 위한 은행의 영업행위(conduct of business) 규제에 대해서는 2020년 3월 24일 제정되고 2021년 3월 25일부터 시행된 금융소비자법이 규정하고 있으며, 다만 약관 규제에 대해서는 「은행법」이 규정하고 있다. 대출 상품에 대해서는 **적합성 원칙(suitability rule), 적정성 원칙(appropriateness rule) 및 설명 의무**가 적용되며(금융소비자법 제17조, 제18조, 제19조), 구속성(拘束性) 예금 수입(즉 은행이 대출 거래를 하면서 차입자의 의사에 반하여 예금 가입 등을 강요하는 행위를 말하는데, 소위 '꺾기'를 말한다) 등 일정한 유형의 불공정 영업행위도 금지되며(금융소비자법 제20조), 은행 상품의 광고 기준에 대한 규제도 적용된다(금융소비자법 제22조). 은행의 영업행위 규제에 대한 자세한 내용은 뒤의 금융소비자법 설명 부분을 참조하면 된다. 한편, 약관 규제와 관련해서는 은행이 금융거래와 관련된 약관을 제정하거나 변경하는 경우에는 원칙적으로 금융감독당국에 사후 보고하도록 하면서, 건전한 금융거래의 질서를 유지하기 위하여 필요한 경우에는 금융 감독당국이 약관 변경 권고를 할 수 있도록 하고 있다(「은행법」 제52조).

7. 외국은행 국내지점의 규제·감독

「은행법」은 외국은행 국내지점(이하 "외은지점")에 대한 관련 조항도 두어 국내 은행과 기본적으로 동일한 규제를 하고 있다.[28] 즉 외은지점은 「상법」상 본점의 국내 영업소이지만 「은행법」상 은행으로 간주함으로써(제59조), 국내 은행과 기본적으로 동일하게 규제를 하겠다는 입장을 취하고 있다. 외은지점의 설치와 폐쇄 시에는 금융감독당국의 인가를 받도록 함으로써(제58조 제1항), 금융감독당국의 통제를 받도록 하고 있다.[29] 특히 외은지점이 청산을 하거나 파산한 경우에는 국내 채권자에 대해서 우선 변제(辨濟)를 하도록 함으로써(제62조 제2항) 국내 채권자를 보호하기 위한 규정을 두고 있는 점이 특징이다. 외은지점의 영업기금(본점이 지점 설치 및 영업을 위하여 외화 자금을 매각하여 외은지점에 공급한 원화 자금, 본점이나 국외지점으로부터 상환 기간이 1년을 초과하는 조건으로 차입한 국내 운영 자금 등)을 자본금으로 의제하여(제63조, 시행령 제26조) 동일인 신용공여 한도 등의 기준으로 삼고 있다.

Ⅲ. 특수은행법

특별법에 의해 설립되고 특수한 목적을 위한 업무를 수행하는 특수은행은 한국수출입은행, 한국산업은행, 중소기업은행, 농협은행, 수협은행이 있으며,

---

28) 자세한 논의는 고동원, "외국은행 국내지점에 대한 규제·감독의 개선 방향," 「금융감독연구」 제1권 제1호, 금융감독원, 2014. 4, 61-96면.

29) 자세한 논의는 고동원, "외국은행 국내지점의 설립에 대한 규제 내용 및 그 법적 문제점에 관한 고찰," 「상사법연구」 제23권 제2호, 한국상사법학회, 2004. 8, 47-85면; 고동원, "외국은행 국내지점의 폐쇄에 대한 규제 및 법적 문제점," 「인권과 정의」 제341호, 대한변호사협회, 2005. 1, 101-118면.

각 해당 설립 근거법은 「한국수출입은행법」, 「한국산업은행법」, 「중소기업은행법」, 「농업협동조합법」, 「수산업협동조합법」이다.

1. 「한국수출입은행법」

(1) 개　　관

「한국수출입은행법」에 의하여 설립된 한국수출입은행(Korea Export and Import Bank)은 "수출입과 해외투자 및 해외자원 개발 등 대외 경제협력에 필요한 금융을 제공"하는 것을 설립 목적으로 하는(제1조) 특수은행이다. 한국수출입은행은 별도의 설립 인가 절차 없이 법 자체에 의해서 설립된다는 점에서 '특수공법인'(公法人)이라고 할 수 있다(제2조). **한국수출입은행도 '수출입금융채권'을 발행**하여(제20조) 조달한 자금으로 대출 업무(제18조 제2항 제1호)를 한다는 점에서 「은행법」상의 은행업을 영위하는 것으로 볼 수 있다. 그러나 「한국수출입은행법」은 「은행법」 적용을 배제하는 조항을 두어(제3조 제2항) 이 문제를 해결하고 있다. **한국수출입은행은 자본금이 있는 특수법인이다**(제2조 제1항). 출자 기관은 정부, 한국은행, 한국산업은행, 일반은행, 수출업자의 단체, 국제금융기구이다(제3조).

(2) 업무 범위

한국수출입은행은 "수출 촉진 및 수출 경쟁력 제고"와 "해외투자, 해외사업 및 해외자원 개발의 활성화" 분야 등에 대한 대출, 어음 할인, 증권에 대한 투자 및 보증, 채무 보증, 외국환 업무 등을 통해 자금을 지원하는 업무를 수행한다(제18조).

(3) 정부의 재정 지원

한국수출입은행이 외국으로부터 자금을 차입하거나 **수출입금융채권을 발행할 때 그 원리금 상환에 대하여 정부가 보증할 수 있도록** 함으로써(제19조의2, 제20조), 정부가 지원하는 특수은행임을 알 수 있다. 특히 **사업 연도마다**

결산 손실금이 발생할 때 적립금으로 보전(補塡)하지 못하면 정부가 보전하도록 하고 있어(제37조) 정부 지원 은행이라는 성격이 더 드러난다.

(4) 감독 기관

한국수출입은행에 대한 감독 기관은 금융위원회가 아닌 기획재정부장관이라는 점(제39조 제1항)이 특이하다. 다만 **금융위원회는 한국수출입은행의 경영 건전성 확보를 위한 감독을 수행**할 수 있어(제39조 제2항) 제한적인 감독권을 행사하고 있다. 2개 부처 사이에 감독 업무 구분이 명확하지 않을 수 있다는 점에서 감독 업무의 비효율성이 나타날 수 있다. 한국수출입은행 입장에서도 규제의 부담으로 작용할 수 있다. 한국수출입은행의 업무가 수출입 관련 금융 등 대외 경제 분야와 관련되어 있어 국제 금융 정책 권한을 갖고 있는 기획재정부장관이 감독권을 갖고 있는 것으로 보이는데, 한국수출입은행도 금융기관이라는 점에서 금융기관에 대한 전반적인 감독권을 갖고 있는 금융감독당국으로 감독권을 일원화하는 것이 바람직하다. 이러한 문제는 근본적으로 국내 금융 정책 권한은 금융위원회, 국제 금융 정책 권한은 기획재정부로 나누어져 있는 비합리적인 체계 때문에 발생하는 것이어서 금융감독기구 체계 개편이 이루어지면 자연스럽게 해결할 수 있을 것이다.

한국수출입은행에 대한 검사는 **기획재정부의 위탁을 받거나 금융위원회의 지시를 받아 금융감독원이 수행**한다(제41조). 금융감독원이 지시나 위탁을 받은 범위 내에서만 검사 업무를 수행할 수 있다는 점에서 비효율적이다. 검사 업무가 금융기관 건전성 감독에 있어 중요하다는 점을 고려할 때 금융감독원이 자체적으로 판단해서 필요하다고 인정하는 경우에 검사할 수 있도록 해야 할 것이다.

(5) '은행'이라는 명칭 문제

한국수출입은행은 다른 특수은행과 달리 일반 공중(公衆)으로부터 예금을 수취하는 업무를 취급하지 않아 '은행'이라는 명칭이 적합한지도 의문이다. 물론 「은행법」상 유가증권 발행에 의한 자금 조달 업무도 은행업의 한 유형이어서 문제가 없다고 볼 여지도 있지만, 일반적으로 '은행'은 예금 업무를 전형적인 은행 업무의 하나로 보기 때문에 한국수출입은행의 경우 '은행'이라는 명칭이 적절하지 않을 수 있다. '한국수출입금융공사'라는 명칭을 고려해 볼 수 있다.

2. 「한국산업은행법」

(1) 개   관

한국산업은행(Korea Development Bank)은 「한국산업은행법」에 의해 설립된 특수은행이다. 별도의 설립 인가나 허가 절차 없이 **법 자체에 의해 설립된다는 점에서 특수공법인**의 성격을 갖고 있다(제2조). 한국산업은행의 설립 목적은 "산업의 개발·육성, 사회기반시설의 확충, 지역 개발, 금융시장 안정 및 그 밖에 지속가능한 성장 촉진 등에 필요한 자금을 공급·관리"하는 것이다(제1조). 이러한 설립 목적으로부터 **한국산업은행은 '정책금융'**(policy loans) (즉 정책적으로 필요한 자금 공여) **기관의 성격을 갖고** 있음을 알 수 있다. 한국산업은행은 자본금이 있는 법인 형태이다(제2조). 자본금은 정부가 51% 이상을 출자하도록 하고 있으며(제5조 제1항), **자본금은 주식으로 분할**하도록 되어 있어(제5조 제2항) **주식을 발행**할 수 있다. 한편, 한국산업은행은 민영화 정책에 따라 2009. 6. 1. 법 개정에 의하여 정책금융 업무를 한국정책금융공사에 이관하였다가 다시 통합 정책에 따라 2014. 5. 21. 법 개정에 의해 한국정책금융공사를 흡수 합병하여 현재 정책금융 업무를 수행하고 있다.

(2) 업무 범위

한국산업은행은 예금 업무와 대출 업무를 취급할 수 있어(제18조 제2항) 전형적인 은행업을 영위한다. 그래서 **특별한 규정이 없으면 「은행법」이 기본적으로 한국산업은행에 적용된다**(제3조 제1항). 한국산업은행은 설립 목적을 달성하기 위해 필요한 분야(산업의 개발 육성, 중소기업의 육성, 사회기반시설의 확충 및 지역 개발 등)에 자금을 공급하기 위하여(제18조 제1항) "대출 또는 어음 할인 업무, 증권의 응모·인수 및 투자 업무, 채무의 보증 또는 인수 업무, 예금·적금의 수입 업무, 내국환·외국환 업무, 금융안정기금의 관리·운용 및 자금지원 업무" 등을 수행한다(제18조 제2항). 「은행법」상 은행 업무의 범위에 관한 조항인 「은행법」 제27조('은행 업무'인 고유 업무), 제27조의2(부수 업무), 제28조(겸영 업무)가 한국산업은행에는 적용되지 않으므로(제3조), 한국산업은행의 업무 범위에 대해서는 「한국산업은행법」만이 적용된다. 또한 대출 대상자의 제한이 없으므로 대기업, 중소기업, 개인에게도 대출 업무가 가능할 것이나, 다만 설립 목적에 따른 자금 공급 분야의 제한(제18조 제1항)은 받게 될 것이다.

(3) 금융안정기금 관리 업무

금융안정기금의 관리 업무는 원래 한국정책금융공사가 수행하던 업무이었는데, 2014. 5. 21. 「한국산업은행법」 개정에 의해 한국정책금융공사가 한국산업은행으로 흡수 합병되면서 이관받은 업무이다(제18조 제2항 제7호). **금융안정기금의 설치 근거는 구조개선법에 있다.** 즉 "시장상황의 급격한 변동에 대응하여 [구조개선법]에 따른 자금 지원을 효율적으로 함으로써 금융의 중개기능 제고와 금융시장의 안정에 이바지하기 위하여" 한국산업은행에 금융안정기금을 설치한다고 하고 있다(제23조의2). 정책금융 업무 기관인 한국산업은행이 금융 안정 업무를 수행하는 것이 적절한지는 의문이다. 오히려 예금보험 업무와 부실금융기관 정리(整理) 업무를 수행하는 예금보험공사가 "금융제도의 안정을 유지"하는 목적을 갖고 있다는 점(「예금자보호법」 제1조)에서 더 적절한 기관으로 판단된다.

(4) 정부의 재정 지원

한국산업은행도 한국수출은행과 마찬가지로 정부 지원 은행이라는 성격이 강하다. '한국산업금융채권' 발행 시 원리금 상환에 대하여 정부가 보증할 수 있도록 하고 있으며(제26조), 외화 표시 채무에 대해서도 정부가 보증할 수 있다(제19조). 특히 매 회계 연도마다 손실금이 발생할 때 적립금으로 보전하지 못하면 정부가 보전하도록 되어 있어(제32조), 정부 지원 은행의 특성이 더 나타난다.

(5) 감독 기관

한국산업은행에 대한 감독 기관은 금융위원회이다(제34조). 금융위원회는 감독을 위하여 "필요한 경우"에는 금융감독원에 검사를 위탁할 수 있는데(제36조), 위탁할 때 "수행할 검사의 구체적인 목적과 범위 등을 미리 [금융위원회에] 보고"하도록 함으로써(시행령 제41조), 금융감독원의 검사 업무 재량권을 상당히 제약하고 있다. 효율적인 검사 업무를 위해서는 금융감독원이 검사 업무에 있어서 재량권을 갖고 검사할 수 있도록 해야 한다. 그리고 금융감독원이 자체적으로 판단하여 검사의 필요성이 있을 때 검사할 수 있도록 해야 한다. 그래야 검사의 효율성을 도모하고 한국산업은행의 경영 건전성을 확보하여 부실화를 미연에 방지할 수 있을 것이다.

3. 「중소기업은행법」

(1) 개   관

중소기업은행(Industrial Bank of Korea)은 중소기업에 대한 금융 지원을 목적으로 하여 「중소기업은행법」에 의거하여 설립된 특수은행이다. 별도의 설립 인가나 허가 없이 법 자체에 의해 설립된 특수공법인이다(제3조 제1항). 자본금이 있는 법인으로서 자본금은 주식으로 분할되므로(제4조), 주식을 발행할 수 있다.

(2) 업무 범위

중소기업은행은 예금 업무와 대출 업무를 영위하므로(제33조) 「은행법」상의 은행업을 영위한다. 그래서 「중소기업은행법」은 특별한 규정이 없으면 「은행법」을 적용한다고 하고 있다(제3조 제3항). 구체적인 업무를 보면, "예금·

적금의 수입 및 유가증권이나 그 밖의 채무증서의 발행, 중소기업자[30]에 대한 자금의 대출과 어음의 할인, 중소기업자의 주식의 응모·인수 및 사채의 응모·인수·보증, 내·외국환과 보호예수, 국고대리점" 업무 등이다(제33조).

"중소기업자에 대한 자금의 대출"이라고 하고 있어서, 중소기업이 아닌 대기업과 개인에 대해서는 대출 업무를 할 수 없는 것처럼 보인다. 그러나 「중소기업은행법」은 「은행법」상의 은행 업무와 관련한 「은행법」 제27조의 적용을 배제하지 않고 있으므로(제52조 제1항) 「은행법」상의 은행 업무인 예금 및 대출 업무를 영위할 수 있다고 할 수 있다. 「은행법」은 대출 대상자를 제한하고 있지 않으므로 대기업이나 개인에게도 대출이 가능하다고 볼 수 있다. 그러면 두 개의 조항 사이에 충돌이 된다고 볼 여지가 있다. 합리적인 해석은 중소기업자에 대한 대출은 하나의 예시 규정으로 보아 중소기업뿐만 아니라 일반 대기업 및 개인에게도 대출이 가능하다고 새기는 것이다. 규정 정비가 필요한 부분이다. 「중소기업은행법」에는 대출 업무의 대상자를 제한할 필요 없이, 중소기업자 대출에 대한 우선 지원이나 또는 우대 조치를 할 수 있다는 내용을 두어 중소기업에 대한 금융 지원이라는 특수은행의 성격이 나타나도록 하는 것이 좋다.

그리고 「중소기업은행법」은 일반은행의 겸영 업무를 규정하고 있는 「은행법」 제28조의 적용을 배제하고 있으므로(제52조 제1항) 중소기업은행은 일반은행에게 허용되어 있는 겸영 업무를 영위할 수 없다고 보아야 할 것이다. 다만 「중소기업은행법」이 특별히 중소기업은행에게 겸영 업무로 허용하는 업무라면 그러한 업무를 영위할 수 있을 것이다. 또한 「중소기업은행법」은 일반은행의 부수 업무를 규정하고 있는 「은행법」 제27조의2의 적용을 배제하지 않고 있으므로(제52조 제1항) 중소기업은행은 일반은행과 같은 부수 업무를 영위할 수 있다고 볼 수 있다.

---

30) 중소기업자는 「중소기업기본법」 제2조에 따른 중소기업자(중소기업자로 보는 경우를 포함한다)를 말한다(「중소기업은행법」 제2조 제1항).

(3) 정부의 재정 지원

중소기업은행이 발행하는 '중소기업금융채권'의 원리금 상환에 대하여 정부가 보증할 수 있으며(제36조의5), 회계 연도마다 결산 순손실금이 발생할 때 적립금으로 보전하지 못하면 정부가 보전하도록 되어 있어(제43조), 정부 지원 은행이라는 점을 알 수 있다.

(4) 감독 기관

중소기업은행에 대한 감독 기관은 금융위원회이며(제46조), 금융위원회는 "필요하다고 인정"하는 경우에 검사를 금융감독원에 위탁할 수 있다(제48조). 검사가 금융기관 감독의 주요한 수단이라는 점을 고려할 때 금융감독원이 필요하다고 판단하는 경우에 검사할 수 있도록 검사 위탁 제한 규정을 삭제하는 것이 필요하다.

4. 「농업협동조합법」

(1) 개 관

농협은행은 농업인에 대한 금융 지원 목적으로 「농업협동조합법」에 의해 설립된 특수은행이다. 특별한 설립 인가나 허가 없이 법 자체에 의해 설립된 특수은행이다(제161조의11 제1항). 농협은행은 2011. 3. 「농업협동조합법」 개정(2012. 3. 시행)으로 농업협동조합중앙회의 신용사업 부문이 분리되어 설립되었다(제161조의11). 농협은행은 농업협동조합중앙회가 출자하여 설립한 **농협금융지주회사의 자회사**이다. 농업협동조합중앙회는 지역조합(지역 농업협동조합과 지역 축산업협동조합)과 품목조합(품목별 업종별 협동조합)을 회원으로 하여 설립된 조직이다(제2조).

한편, 농협은행의 법적 성격은 애매한 점이 있다. 「농업협동조합법」이 이에 관한 명확한 규정을 두고 있지 않아, **농협은행이 특수법인인지 주식회사인지가 명확하지 않은 점**이 있다. 「농업협동조합법」은 "농업협동조합중앙회의 신용사업을 분리하여 농협은행을 설립한다"라고 하고 있지(제161조의11 제1

항), '법인'이라고 하고 있지 않기 때문이다. 반면에 뒤에서 보는 수협은행의 경우에는 「수산업협동조합법」이 "수산업협동조합중앙회의 신용사업을 분리하여 그 사업을 하는 법인으로서 수협은행을 설립한다"라고 하여(제141조의4 제1항), 명확히 '법인'이라는 점을 밝히고 있는 것과 대비된다. 농협은행은 농협금융지주회사의 자회사이므로 「금융지주회사법」에 따라 금융지주회사는 자회사의 주식이나 지분을 소유하여야 하는데(「금융지주회사법」제2조 제1항 제1호), 주식회사가 아닌 법인도 법률의 규정에 의해 주식을 발행할 수 있으므로(중소기업은행 및 한국산업은행의 사례), 「금융지주회사법」의 규정으로도 명확하게 알 수 없다. 「농업협동조합법」도 법에 특별한 규정이 없으면 "「상법」 중 주식회사에 관한 규정"을 적용한다고 하고 있으나(제161조의11 제8항), 이를 근거로 주식회사라고 단정하기도 어렵다. 농협은행이 「농업협동조합법」에 의거하여 설립된다는 점에서 특수법인이라고 보는 것이 타당하다고 보이지만 이를 명확히 해야 할 것이다.

(2) 업무 범위

농협은행도 예금 수입 업무와 대출 업무를 영위하므로(제161조의11 제2항), 「은행법」상의 은행에 해당한다. 그래서 「농업협동조합법」은 **특별한 규정이 없으면 「은행법」이 적용**된다고 하고 있다(제161조의11 제8항). 농협은행의 업무는 (i) "농어촌자금 등 농업인" 및 지역조합과 품목조합에게 필요한 자금의 대출 업무, (ii) 지역조합과 품목조합 및 농업협동조합중앙회의 사업 자금의 대출 업무, (iii) 국가나 공공단체의 업무의 대리, (iv) 국가, 공공단체, 농업협동조합중앙회, 지역조합과 품목조합, 농협경제지주회사 및 그 자회사가 위탁하거나 보조하는 사업, (v) **「은행법」 제27조에 따른 은행 업무**(즉 예금 및 대출 업무), **제27조의2에 따른 부수 업무, 제28조에 따른 겸영 업무 등이다**(제161조의11 제2항). 「은행법」에 따른 '은행 업무'를 영위할 수 있어 업무 범위에 있어서 일반은행과 차이가 없게 된다. 이는 수협은행도 마찬가지이지만, 다른 특수은행과는 다르다.

수협은행처럼 「은행법」에 따른 일반은행과 동일한 업무를 영위할 수 있다는 점에서는 특수은행의 성격이 희석화되었다고 할 수 있다. 그리고 「은행법」 제27조에 따른 은행 업무인 예금 및 대출 업무(즉 대출 대상자는 제한이 없게 된다)를 영위할 수 있으므로 굳이 '농업인'에 대한 대출 업무를 별도로 규정할 필요는 없을 것이다. 다만, 농업인에 대한 자금 지원의 경우에 우선적 자금 지원 및 우대 조치를 할 수 있도록 함으로써 특수은행의 성격은 유지된다고 할 수 있다. 즉 농산물 및 축산물의 생산·유통·판매를 위하여 농업인이 필요로 하는 자금이나 농업협동조합 및 농업협동조합중앙회의 경제 사업 활성화에 필요한 자금의 경우에는 우선적으로 지원할 수 있도록 하고, 우대 조치를 취할 수 있도록 함으로써(제161조의11 제3항, 제4항) 농업인에 대한 금융 지원이라는 설립 목적을 실현하고 있다.

(3) 감독 기관

농협은행에 대한 감독 기관은 농림축산식품부이다(제161조의11 제7항). 다만 농협은행의 경영 건전성 확보를 위한 범위 내에서는 금융위원회가 감독권을 갖고 있다(제162조 제4항). 금융에 관한 전문성이 없는 농림축산식품부가 감독 권한을 효율적으로 행사할 수 있을지 의문이 든다. 농협은행의 주요 업무가 은행 업무인 점, 특히 일반은행과 같은 업무를 영위한다는 점에서 일반은행과 동일하게 전문성을 갖춘 금융위원회가 감독 기관이 되는 것이 타당하고 또한 효율적일 것이다. 특히 농협은행이 특수은행이라는 성격이 약해지고 있다는 점을 고려할 때 농협은행에 대한 감독 권한을 금융위원회로 일원화할 필요성은 더욱 크다.

한편, 농림축산식품부가 농협은행에 대한 검사 권한을 갖고 있는지는 애매하다. 「농업협동조합법 시행령」 제46조는 농림축산식품부장관은 감독상 필요할 때에는 "관계 공무원으로 하여금 업무 및 재산상황을 감사"하게 할 수 있도록 하고 있는데, '검사'가 아닌 '감사'라는 용어를 쓰고 있어 검사권을 갖고 있는지가 애매하다. 그러나 금융감독원이 검사권을 갖고 있는 것은 명백하다. 금융감독기구법이 명확하게 농협은행을 금융감독원의 검사 대상 금융기관의 하나로 규정하고 있기 때문이다(제38조 제7호). 금융감독원의 검사권에 대한 근거 법률이 「농업협동조합법」이 아니고 금융감독기구법이다. 금융감독기구법은 농협은행의 감독 기관인 농림축산식품부나 금융위원회의 위탁에 의한 검사로 제한하지 않고 있으므로, 금융감독원이 자체적으로 판단하여 검사 업무를 수행할 수 있을 것이다. 수협은행을 제외한 다른 특수은행의 경우에는 감독 기관의 위탁에 따라 제한적인 범위에서만 검사를 할 수 있다는 점과 비교된다.

5. 「수산업협동조합법」

(1) 개   관

「수산업협동조합법」에 의하여 설립된 수협은행도 특수은행으로 분류할 수 있다. 수협은행은 특별한 인가나 허가 없이 법 자체에 의해 설립된 특수법인으로서 2016. 5. 29. 「수산업협동조합법」 개정에 의하여 수산업협동조합중앙회의 신용사업 부문이 분리되어 설립되었다(제141조의4 제1항). 「수산업협동조합법」은 "수산업협동조합중앙회의 신용사업을 분리하여 그 **사업을 하는 법인으로서 수협은행을 설립한다**"라고 하여(제141조의4 제1항) 명시적으로 '법인'이라는 점을 밝히고 있어, 농협은행의 경우와 달리 수협은행을 '특수법인'이라고 보는데 문제가 없다. 수협은행은 "어업인과 조합에 필요한 금융을 제공"할 목적으로 설립되었기 때문에 특수은행으로 분류할 수 있다(제141조의4 제1항). 「수산업협동조합법」은 **수협은행을 "「은행법」에 따른 은행으로 본다"**는 **간주 규정**을 두어(제141조의4 제2항) 기본적으로 「은행법」에 의거하여 인가를 받은 일반은행과 동일한 규제를 하겠다는 취지를 밝히고 있다.

(2) 업무 범위

수협은행의 업무 범위는 수협은행이 「은행법」상의 은행으로 간주되므로 기본적으로 은행과 같은 업무를 영위할 수 있다. 그래서 수협은행은 "(i) 수산자금 등 어업인 및 조합에서 필요한 자금의 대출, (ii) 수산업협동조합 및 수산업협동조합중앙회의 사업자금의 대출, (iii) 국가나 공공단체의 업무 대

리, (iv) 국가, 공공단체, 수산업협동조합중앙회 및 수산업협동조합이 위탁하
거나 보조하는 업무, (v) 「은행법」 제27조에 따른 은행 업무, 같은 법 제27
조의2에 따른 부수 업무 및 같은 법 제28조에 따른 겸영 업무, (vi) 수산업협
동조합중앙회가 위탁하는 공제상품의 판매 및 그 부수 업무 (vii) 수산업협동
조합중앙회 및 수산업협동조합 전산시스템의 위탁 운영 및 관리 업무"를 영
위할 수 있다(제141조의9 제1항). 이 중 **수협은행은 「은행법」에 따른 은행 업
무, 겸영 업무, 부수 업무를 영위할 수 있으므로** 자본시장법상의 신탁업무,
「여신전문금융업법」상의 신용카드업 등을 겸영 업무로 영위할 수 있어, 업
무 범위에 있어서 일반은행과 차이가 없게 된다.

(3) 감독 기관

수협은행에 대한 감독 기관은 해양수산부이다(제169조 제1항). 다만 해양수
산부가 감독상 필요한 명령과 조치를 할 경우에는 금융위원회와 협의하여야
한다(제169조 제1항 단서). **금융위원회는 수협은행의 경영 건전성 확보를 위한
목적으로 감독 권한**을 행사할 수 있다(제169조 제5항). 이렇게 감독 권한이 이
분화된 것은 문제가 있다. 수협은행의 업무가 은행 업무와 같다는 점에서 전
문성을 갖고 있는 금융위원회가 감독 권한을 갖는 것이 타당하다. 금융에 전
문성이 없는 해양수산부가 감독 권한을 갖는 것은 비효율적이며 타당하지도
않다.

수협은행에 대한 **검사 권한은 금융위원회와 금융감독원**이 갖고 있다. 즉
해양수산부장관은 필요하다고 인정할 때 금융위원회에 검사를 요청할 수 있
도록 하고 있다(제169조 제2항). 또한 금융감독기구법에 의거하여 금융감독원
은 수협은행에 대한 검사 권한을 갖고 있다(제38조 제8호). 전자의 경우는 요
청한 범위 내에서 검사 업무를 수행한다는 점이고, 후자의 경우는 아무런 제
한 없이 금융감독원이 필요하다고 판단하는 경우에 검사할 수 있다는 점이
차이점이다. 그런데 금융정책 및 금융감독정책 권한을 갖고 있지만 검사를
수행할 수 있는 충분한 인력이 없는 금융위원회가 검사 업무를 잘 수행할 수
있을지는 의문이다. 검사 권한은 금융감독원으로 일원화하는 것이 필요하다.

Ⅳ. 금융투자업법

1. 개   관

2007년 8월 3일 제정되고 2009년 2월 4일부터 시행된 자본시장법은 종전의 6개 자본시장 관련 법률을 통합하여 제정된 법이다. 즉 「증권거래법」, 「간접투자자산운용업법」, 「선물거래법」, 「신탁업법」, 「종합금융회사에 관한 법률」, 「한국증권선물거래소법」 등 6개 법률을 통합한 법이다. 자본시장법은 '금융투자업'에 관한 내용뿐만 아니라 증권 발행이나 증권 불공정거래 규제, 상장회사 규제 등 증권시장 규제에 관련된 내용도 들어 있다. 후자는 이 책 제4장 증권규제법에서 살펴보기로 하고, 여기서는 **금융업법의 내용에 해당하는 금융투자업**에 관해서 살펴보기로 한다. 자본시장법은 6개의 금융투자업을 규정하고 있다. 즉 **투자매매업, 투자중개업, 집합투자업, 투자자문업, 투자일임업, 신탁업**이다(제6조 제1항). 이 중 **투자자문업과 투자일임업은 금융감독당국에 등록**을 하면 되고(제18조 제1항), **나머지는 금융감독당국으로부터 인가**를 받아야 한다(제12조 제1항).

이러한 금융투자업은 '금융투자상품'을 대상으로 하는 금융업이므로 금융투자상품에 해당하는지가 상당히 중요하다. 인가 또는 등록 금융투자업자는 금융투자상품만을 대상으로 금융투자업을 해야 한다는 점에서 금융투자상품 해당 여부가 중요하며, 금융투자상품이 아닌 상품을 대상으로 하여 금융투자업을 영위했다면 인가를 받지 않은 금융투자업 영위에 따른 처벌 대상이 되지 않기 때문에 금융투자상품에 해당하는지 여부가 중요하다. 또한 금융투자업 인가나 등록 시 투자자 대상 별로 인가나 등록 단위가 나누어지므로 투자자의 범위도 중요하다. 자본시장법은 투자자를 '일반투자자'와 '전문투자자'로 나누어 일반투자자에 대해서는 보다 엄격한 투자자 보호 원칙을 적용한다는 점에서도 투자자의 구분은 중요하다. 따라서 아래에서는 금융투자상품의 정의, 투자자의 구분, 금융투자업의 종류에 대해서 살펴보기로 한다.

한편 자본시장법은 종합금융업자, 자금중개업자, 증권금융업자, 신용평가업자, 단기금융업자, 명의개서대행업자 등 기타 자본시장 관련 금융업을 영위하고 있는 기관에 관한 내용도 포함하고 있어 여기서 살펴본다.

2. 금융투자상품

(1) 금융투자상품에서 '투자성'의 의미

금융투자업자가 취급할 수 있는 상품은 '금융투자상품'이다. 금융투자상품에 해당하지 않으면 자본시장법이 적용될 여지가 없다. 따라서 금융투자상품에 해당하는지 여부가 중요하다. **자본시장법은 금융투자상품을 열거주의가 가미된 포괄주의 형식으로 정의하고 있다는 점이 특징이다.**

자본시장법은 금융투자상품을 정의하고(제3조 제1항), **금융투자상품을 증권과 파생상품으로 구분하고 있다**(제3조 제2항). **즉 증권과 파생상품에 해당하지 않으면 금융투자상품이 아니게 된다. 금융투자상품의 핵심은 '투자성'이다.** 이것은 **원금 손실 가능성을 말한다.** 금융투자상품의 정의는 다음과 같다. 즉 "이익을 얻거나 손실을 회피할 목적으로 현재 또는 장래의 특정 시점에 금전, 그밖의 재산적 가치가 있는 것(이하 "금전등"이라 한다)을 지급하기로 약정함으로써 취득하는 권리로서, 그 권리를 취득하기 위하여 지급하였거나 지급하여야 할 금전등의 총액(판매수수료 등 대통령령으로 정하는 금액을 제외한다)이 그 권리로부터 회수하였거나 회수할 수 있는 금전등의 총액(해지수수료 등 대통령령으로 정하는 금액을 포함한다)을 초과하게 될 위험(이하 "투자성"이라 한다)이 있는 것"이다(제3조 제1항).

이를 잘 음미해보면, 투자성을 원금 손실 가능성이 있는 것으로 이해할 수 있다. 그러면 원금 손실 가능성이라는 의미가 무엇인가? 이것은 **금융시장에서 발생하는 위험(즉 시장위험, market risk)에 따른 원금 손실 가능성**이라고 설명된다. 금융투자상품 발행자의 신용위험은 고려하지 않는다는 의미이다. 금융투자상품에 해당하는 증권의 한 유형인 사채를 생각해보자. 사채를 발행한 회사가 파산이 되면 그 사채는 거의 휴지 조각이 된다. 예를 들어, 1만

원을 주고 매입한 사채라면 발행 회사의 파산 시 그 사채의 가격은 거의 영 (零)에 가깝게 된다. 즉 원금 손실이 된 것이다. 이러한 경우도 투자성이 있 다고 볼 것인가? 사채를 발행한 회사의 파산 가능성을 일반적으로 신용위험 이라고 하는데, 투자성의 해석에 있어서 이러한 신용위험에 의한 원금 손실 가능성은 투자성에 해당하지 않는다고 보고 있다. 투자성에서 원금 손실 가 능성이란 해당 상품의 시장 가격 변동에 따른, 즉 시장위험에 따른 원금 손 실 가능성을 의미하는 것으로 보고 있다.[31] 즉 사채가 시장에서 유통됨에 따 라 발생할 수 있는 원금 손실 가능성을 말한다. 예를 들어, 사채를 발행한 회사가 영업 실적이 좋지 않아서 사채의 가격이 떨어지는 경우에 해당 사채 를 시장에서 매각하면 원래의 구입 가격보다 싼 가격으로 처분해야 하기 때 문에 원금 손실이 발생하게 된다. 바로 이러한 원금 손실 가능성이 투자성에 해당한다. 그리고 "··· 하게 될 위험"이라고 하고 있으므로 **이론적이라도 원 금 손실 가능성이 있으면 투자성을 인정할 수 있다.** 따라서 금융투자상품의 거 래 시장이 실제로 형성되지 않더라도 원금 손실 가능성이 있으면 투자성이 있다고 보아야 할 것이다.

다만 자본시장법은 정책적인 목적에서 투자성에 해당하지만 금융투자상 품으로 보지 않는 상품 2개를 열거하고 있다. 즉 (i) 원화로 표시된 양도성예 금증서(certificate of deposit: CD)와 (ii) 관리신탁(즉 수탁자에게 신탁재산의 처분 권한이 부여되지 아니한 신탁)의 수익권이 해당한다(제3조 제1항 제1호, 제2호).

(2) 증 권

자본시장법은 증권을 정의하면서 6개의 증권 유형을 규정하고 있다. 증 권의 정의는 다음과 같다. "내국인 또는 외국인이 발행한 금융투자상품으로 서 투자자가 취득과 동시에 지급한 금전등 외에 어떠한 명목으로든지 추가 로 지급의무(투자자가 기초자산에 대한 매매를 성립시킬 수 있는 권리를 행사하 게 됨으로써 부담하게 되는 지급의무를 제외한다)를 부담하지 아니하는 것"이다 (제4조 제1항). "추가로 지급 의무를 부담하지 아니하는 것"에서 원금까지만

---

31) 임재연, 「자본시장법」, 박영사, 2019, 31면.

손실이 날 수 있는 상품이라는 것을 알 수 있다. 즉 **증권은 금융투자상품 중에서 원금까지만 손실이 나는 상품**이라고 할 수 있다.

한편 자본시장법은 "… 증권은 다음 각 호와 같이 구분한다"라고 하고 있어서(제4조 제2항), 6개 유형의 증권만 인정되고, 그 이외의 유형의 증권은 자본시장법상의 증권에 포함되지 않는다고 보아야 할 것이다. **6개의 증권은 채무증권, 지분증권, 수익증권, 투자계약증권, 파생결합증권, 증권예탁증권이다.** 그리고 자본시장법은 이러한 "증권에 표시될 수 있거나 표시되어야 하는 권리는 그 증권이 발행되지 아니한 경우에도 그 증권으로 본다"라고 규정하여 (제4조 제9항), **증서가 반드시 발행될 필요가 없음**을 확인하고 있다. 6개 증권 각각에 대한 정의를 살펴본다.

1) 채무증권

채무증권의 정의는 다음과 같다. "국채증권, 지방채증권, 특수채증권 (법률에 의하여 직접 설립된 법인이 발행한 채권을 말한다), 사채권(「상법」 제469조 제2항 제3호에 따른 사채의 경우에는 제7항 제1호에 해당하는 것으로 한정한다), 기업어음증권(기업이 사업에 필요한 자금을 조달하기 위하여 발행한 약속어음으로서 대통령령으로 정하는 요건을 갖춘 것을 말한다), **그 밖에 이와 유사(類似)한 것으로서 지급청구권이 표시된 것**"이라고 하고 있다(제4조 제3항). 우리가 일반적으로 알고 있는 국채, 사채, 지방채 등이 여기에 포함된다. 「상법」 제469조 제2항 제3호에 따른 사채는 '파생결합사채'를 말하는데, 자본시장법 제4조 제7항 제1호에 해당하는 것으로 한정하고 있으므로 원금이 보장되는 파생결합사채만 사채권으로서 채무증권에 해당한다. **기업어음증권은 CP**(commercial paper)를 말한다. 물품 거래에 수반하여 발행되는 약속어음이 아니고, 순수하게 **자금 조달 목적으로 발행되는 약속어음**을 말한다.

특히 "그 밖에 이와 유사(類似)한 것으로서 지급청구권이 표시된 것"이라고 하는데서 포괄주의 규정 방식임을 알 수 있다. 이에 따라 **대출채권(債權)이 채무증권에 해당되는지에 대한 법적 쟁점**이 제기될 수 있다. 증권은 반드시 증서가 발행될 필요가 없으므로 대출채권 자체가 채무증권에 해당하는지 여부가 문제될 수 있다. 물론 대출채권 증권이 발행되어도 상관이 없다. 일반적으로 대출(채권) 상품은 금융투자상품이 아닌 것으로 보고 있다.[32] 이것은 대출채권 거래 시장이 형성되어 있지 않아 시장위험에 따른 손실 가능성이 없기 때문에 그렇게 보는 것으로 보인다. 특히 대출 상품은 은행 등 금융기관이 채권자가 되는 것이어서 자본시장법상 채권자인 금융기관을 보호할 실익이 없다는 점에도 근거가 있는 것으로 보인다. 그러나 투자성이라는 것이 반드시 실제 손실 발생 가능성만을 의미하는 것은 아니고, 이론적으로 손실 가능성이 있다면 투자성을 인정할 수 있다. 그렇다면 달리 볼 여지가 있다. **금융기관의 대출채권이 타인에게 매각되고 다시 매도가 되면 이론적으로 원금 손실이 발생할 가능성이 있다. 즉 이것은 시장에서 발생하는 위험이므로 투자성을 인정할 수 있다.**

다만 채무증권은 불특정 다수인을 대상으로 하여 발행이 되는 '집단성 내지 대량성'과 발행 조건이 동일한 '정형성'을 갖고 있어야 한다는 입장에서는 대출채권은 채무증권에 해당하지 않는다고 볼 수 있다. 즉 "자본시장법에 규정된 채무증권의 유형은 모두 대량으로 발행되고 거래될 수 있는 것이고, 채무가 증서에 표창된 것이라도 개별 채권자와 채무자 간의 채권과 같이 대량의 발행·거래 대상이 아닌 것은 채무증권에 해당하지 않는다"라는 견해[33]와 채무증권의 한 유형인 사채를 "주식회사가 불특정 다수인으로부터 자금을 조달할 목적으로 집단적·정형적으로 부담하[는] 채무"라고 설명하는 입장[34]에서는 대출채권은 이러한 요건을 충족시키지 못하므로 채무증권으로 보기가 어렵게 된다. 그러나 「상법」이나 자본시장법이 채무증권 정의에서 이러한 집단성 내지 대량성 및 정형성을 규정하고 있지 않고 있어서 반드시 이렇게 해석해야 하는지는 의문이다. 특히 물론 사례를 찾아보기는 어렵겠지만 1인을 대상으로 하는 사채가 발행될 수도 있다는 점을 고려하면 **채무증권이 반드시 정형성 및 대량성의 요건을 갖추어야 한다고 단정하기도 어렵다. 그렇다면 금융기관과 차입자 사이에 체결되는 개별 대출계약에 따른 대출채권도**

32) 한민, "신디케이티드 대출에 관한 법적 검토," 「법학논집」 제16권 제4호, 이화여자대학교 법학연구소, 2012, 221면.
33) 임재연, 「자본시장법」, 박영사, 2019, 39면.
34) 이철송, 「회사법강의」 제29판, 박영사, 2021, 1040면.

채무증권에 해당한다고 볼 여지가 있다.

그런데 만약에 대출채권이 대량성과 정형성을 갖추고 있다면 그러한 대출채권을 채무증권으로 볼 가능성은 더 커지게 된다. 그 예로 정보통신망에서 당사자 사이에 직접 거래가 이루어지는 P2P(peer-to-peer) 대출 거래에서 발생하는 대출채권을 들 수 있다. P2P 대출 거래는 정보통신망상에서 전산운영체계(platform)를 개설하여 운영하는 대출중개업자의 중개에 의하여 1인의 차입자와 다수의 대출자인 투자자 사이에 이루어지는 대출 거래를 말한다. 즉 차입자가 원하는 자금 차입 금액과 이자율 등 차입 조건을 대출중개업자의 사이트에 게시하면 이를 보고 대출을 원하는 여러 투자자들이 각자 원하는 대출 금액과 이자율을 제시하고 이에 따라 제시된 낮은 이자율 순서대로 경매 방식으로 해서 최종 이자율이 결정되는 거래 구조이다. 이렇게 되면 대출 금액은 다를 수 있지만 만기와 이자율이 동일한 여러 대출채권이 발생하게 된다. 사채의 경우도 금액은 다르지만 만기와 이자율은 같다는 점에서 대출채권은 사채와 같은 것으로 볼 수 있다. 그렇다면 P2P 대출 거래에서 대출채권은 대량성과 정형성을 갖고 있다고 볼 수 있다. 따라서 **P2P 대출채권을 채무증권으로 볼 수 있다.** 특히 실제 P2P 대출채권의 경우 **거래되는 시장이 형성되고 있다는 점을 고려하면 원금 손실 가능성이 충분히 있어 투자성이 인정될 가능성이 크고, 이런 점에서 채무증권으로 볼 여지는 크다.**

2) 지분증권

자본시장법상 지분증권은 "주권, 신주인수권이 표시된 것, 법률에 의하여 직접 설립된 법인이 발행한 출자증권, 「상법」에 따른 합자회사·유한책임회사·유한회사·합자조합·익명조합의 출자지분, 그 밖에 이와 유사한 것으로서 출자지분 또는 출자지분을 취득할 권리가 표시된 것"을 말한다(제4조 제4항). 즉 주식이나 출자지분 등이 해당된다. 채무증권과 마찬가지로 **"그 밖에 이와 유사한 것으로서 출자지분 또는 출자지분을 취득할 권리가 표시된 것"**이라고 하고 있어서 **포괄주의 규정 방식**임을 알 수 있다.

3) 수익증권

자본시장법상 수익증권의 정의는 "금전신탁계약에 의한 수익권이 표시된 수익증권"(제110조 제1항), "투자신탁의 수익권이 균등하게 분할된 수익증권"(제189조 제1항), "그 밖에 이와 유사한 것으로서 신탁의 수익권이 표시된 것"을 말한다(제4조 제5항). 금전신탁이나 투자신탁의 경우에 발행하는 증권을 말한다. 마찬가지로 포괄주의 규정 방식임을 알 수 있다.

4) 투자계약증권

금융투자상품의 포괄주의 규정 방식을 알 수 있는 대표적인 상품이 투자계약증권이다. 자본시장법상 투자계약증권의 정의는 "특정 투자자가 그 투자자와 타인(다른 투자자를 포함한다) 간의 공동사업에 금전등을 투자하고 주로 타인이 수행한 공동사업의 결과에 따른 손익을 귀속받는 계약상의 권리가 표시된 것"을 말한다(제4조 제6항). 이것은 미국의 SEC v. W. J. Howey Co., 328 U.S. 293 (1946) 판결에서 연방대법원이 인정한 투자계약(investment contracts)의 개념을 받아들여 규정화한 것이다. 즉 Howey 판결에서 연방대법원은 투자계약을 "오로지 타인의 노력으로부터 발생하는 수익을 기대하여 공동 사업에 자금을 투자하는 계약"이라고 해석하였는데,[35] 이를 도입한 것이다. 아직 국내에서 인정된 사례는 없지만, 포괄주의 방식으로 규정되어 있어서 투자계약증권의 해석을 둘러싸고 논란이 제기될 수 있다. 결국 유권해석권자의 결정이나 법원의 판결에 의해 결정될 가능성이 크다.

5) 파생결합증권

파생결합증권은 거래 형식면에서 보면 파생상품이지만 증권의 성격을 갖고 있는(즉 원금까지만 손실이 발생할 수 있는) 증권이다. 자본시장법상 파생결합증권의 정의는 "기초자산의 가격·이자율·지표·단위 또는 이를 기초로 하는 지수 등의 변동과 연계하여 미리 정하여진 방법에 따라 지급하거나 회수하는 금전등이 결정되는 권리가 표시된 것"을 말한다(제4조 제7항). 기초자산 가격 등의 변동과 연계되어 있다는 점에서 파생상품 거래 형식을 띠고 있지만 원금까지만 손실이 발생된다는 점에서 증권의 성격을 갖고 있다. 자본시장법은 원금보장형 파생결합사채, 조건부자본증권(제165조의11 제1항), 「상법」상의 전

---

35) "An investment contract exists if there is an investment of money in a common enterprise with profits to come solely from the efforts of others." SEC v. W. J. Howey Co., 328 U.S. 293 (1946) at 301.

환사채(제513조)·신주인수권부사채(제516조의2) 및 교환사채·상환사채(제469
조 제2항 제2호) 등 몇 가지 상품을 파생결합증권으로 보지 않는 것으로 열
거하여 규정함으로써(제4조 제7항 제1호 내지 제5호), 파생결합증권으로 볼 여
지가 있지만 파생결합증권으로 규제할 필요가 없는 증권을 명확히 하여 입
법적으로 해결하고 있다.

6) 증권예탁증권

증권예탁증권은 "[채무증권, 지분증권, 수익증권, 투자계약증권 및 파생
결합증권]을 예탁받은 자가 그 증권이 발행된 국가 외의 국가에서 발행한
것으로서 그 예탁받은 증권에 관련된 권리가 표시된 것"을 말한다(제4조 제8
항). **예탁증권**(depository receipt: DR)을 말하는데, 미국 시장에서 미국 투자자
를 대상으로 발행하는 미국증권예탁증권(American depository receipt: ADR)
이 대표적이다. 국내에서는 전자등록기관만이 예탁기관으로서 외국 증권을
예탁받아 국내증권예탁증권(Korea depository receipt: KDR)을 발행할 수 있
다(제298조 제2항).

(3) 파생상품

파생상품은 금융투자상품의 하나이다. 자본시장법은 선도 또는 선물 거
래, 선택권(option) 거래, 교환(swap) 거래의 3가지 유형의 파생상품 거래를
정의하면서 그러한 거래의 "계약상의 권리"를 파생상품이라고 정의하고 있
다(제5조 제1항). **파생상품은 장내 파생상품과 장외 파생상품**으로 나누어진다.
장내 파생상품은 장내 시장인 거래소에 거래되는 전형적인 파생상품을 말하
며, 장외 파생상품은 장외 시장에서 당사자 사이에 개별적으로 거래되는 파
생상품을 말한다.

자본시장법은 기초자산도 정의하고 있는데, 기초자산은 "(i) 금융투자상
품, (ii) 통화(외국의 통화를 포함한다), (iii) 일반상품(농산물·축산물·수산물·임
산물·광산물·에너지에 속하는 물품 및 이 물품을 원료로 하여 제조하거나 가공한
물품, 그 밖에 이와 유사한 것을 말한다), (iv) 신용위험(당사자 또는 제삼자의 신
용등급의 변동, 파산 또는 채무재조정 등으로 인한 신용의 변동을 말한다), (v) 그

밖에 자연적·환경적·경제적 현상 등에 속하는 위험으로서 합리적이고 적정한 방법에 의하여 가격·이자율·지표·단위의 산출이나 평가가 가능한 것"을 말한다(제4조 제10항). 기초자산의 범위가 상당히 넓다는 것을 알 수 있다. 금융투자상품뿐만 아니라 일반상품(commodity)도 기초자산에 해당되며, 신용위험도 기초자산의 범위에 포함되므로 신용파생상품도 파생상품의 범주에 들어오게 된다. 특히 "그 밖에 자연적·환경적·경제적 현상 등에 속하는 위험"이라고 포괄적으로 규정하고 있어 탄소배출권(emission)을 기초자산으로 하는 파생상품도 자본시장법상 파생상품의 범위에 포함된다.

3. 투자자 분류

(1) 일반투자자와 전문투자자

자본시장법은 투자자를 일반투자자와 전문투자자로 구분하면서 일반투자자를 보다 더 두텁게 보호하는 장치를 마련하고 있다. 자본시장법은 전문투자자를 정의하고 전문투자자가 아닌 자를 일반투자자로 규정하여 구분하고 있다. 전문투자자는 "금융투자상품에 관한 전문성 구비 여부, 소유 자산 규모 등에 비추어 투자에 따른 위험 감수 능력이 있는 투자자"를 말하는데(제9조 제5항 본문), 다음과 같이 열거하고 있다. (i) 국가, (ii) 한국은행, (iii) 대통령령으로 정하는 금융기관,[36] (iv) 주권상장법인(다만, 금융투자업자와 장외파생상품 거래를 하는 경우에는 전문투자자와 같은 대우를 받겠다는 의사를 금융투자업자에게 서면으로 통지하는 경우에 한한다), (v) 그 밖에 대통령령으로 정하는 자를 말한다(제9조 제5항 제1호 내지 제5호).

"대통령령으로 정하는 자"의 범위에는 예금보험공사 등 공법인뿐만 아니라 금융투자상품 잔고가 100억 원 이상인 비상장법인이나 단체, 그리고 일정한 자산이나 소득 요건을 충족하는 개인투자자 또는 금융 전문성을 갖고 있는 개인투자자 등이 해당한다(시행령 제10조 제3항). 그러한 개인전문투자자의 요건을 자세히 살펴보면, 다음의 ①, ②, ③의 요건을 모두 충족해야

---

36) 일반은행, 특수은행, 보험회사 등을 말한다(자본시장법 시행령 제10조 제2항).

한다. 즉 ① 관련 자료를 제출한 날의 전날을 기준으로 최근 5년 중 1년 이상의 기간 동안 금융위원회가 정하여 고시하는 금융투자상품[37]을 월말 평균 잔고 기준으로 5천만 원 이상 보유한 경험이 있을 것, ② 금융위원회가 정하여 고시하는 "소득액·자산" 기준이나 "금융 관련 전문성" 요건을 충족할 것, ③ 금융위원회가 정하여 고시하는 금융투자업자에게 ① 및 ②의 요건을 모두 충족하고 있음을 증명할 수 있는 관련 자료를 제출할 것이다(시행령 제10조 제3항 제17호 가목, 나목, 다목).

　구체적으로 보면, 개인 전문투자자는 크게 3가지 유형이 있음을 알 수 있다. 첫째는 위 ①과 ③의 요건을 충족하면서 **소득액 기준을 충족하는 개인 전문투자자**이고, 둘째는 위 ①과 ③의 요건을 충족하면서 **자산 기준을 충족하는 개인 전문투자자**이며, 셋째는 ①과 ③의 요건을 충족하면서 **금융 관련 전문성 요건을 충족하는 개인 전문투자자**이다. 첫째, 소득액 기준을 충족하는 개인 전문투자자의 요건은 "관련 자료를 제출한 날을 기준으로 본인의 직전년도 소득액이 1억 원 이상이거나 본인과 그 배우자의 직전년도 소득액의 합계금액이 1억 5천만 원 이상"이다(「금융투자업규정」 제1-7조의2 제3항). 둘째, 자산 기준을 충족하는 개인 전문투자자의 요건은 관련 자료를 제출한 날 전날을 기준으로 본인과 그 배우자의 총자산가액 중 다음의 (i), (ii), (iii) 각각의 금액을 차감한 가액이 5억 원 이상이다. 제외되는 금액은 "(i) 본인 또는 그 배우자가 소유하는 부동산에 거주 중인 경우 해당 부동산의 가액, (ii) 본인 또는 그 배우자가 임차한 부동산에 거주 중인 경우 임대차계약서상의 보증금 및 전세금, (iii) 본인과 그 배우자의 총부채 중 거주 중인 부동산으로 담보되는 금액"을 말한다(「금융투자업규정」 제1-7조의2 제4항). 셋째, 금융 관련 전문성을 가진 개인 전문투자자는 해당 분야에서 1년 이상 종사한 자로서 공인회계사·감정평가사·변호사·변리사·세무사·재무위험관리사 등 일정한 전문직 자격을 소유하고 있는 사람을 말한다(「금융투자업규정」 제1-7조의2 제5항). 이처럼 소득액 또는 자산 규모가 큰 개인이나 금융 전문성을

---

37) A등급 이하 사채권, A2등급 이하 기업어음증권(commercial paper: CP), 지분증권, 파생결합증권, 사모집합투자기구의 집합투자증권 및 증권집합투자기구의 집합투자증권을 말한다(「금융투자업규정」 제1-7조의2 제2항).

갖추고 있다고 판단되는 개인을 전문투자자로 인정해 주고 있음을 알 수 있다.

다만, "전문투자자 중 대통령령으로 정하는 자[38])가 일반투자자와 같은 대우를 받겠다는 의사를 금융투자업자에게 서면으로 통지하는 경우 금융투자업자는 정당한 사유가 있는 경우를 제외하고는 이에 동의하여야 하며, 금융투자업자가 동의한 경우에는 해당 투자자는 일반투자자로 [보게 된다]"(제9조 제5항 단서). 즉 전문투자자 중에서 전문성이나 위험 감수 능력 면에서 다른 전문투자자에 비해서 떨어진다고 판단되는 일부 전문투자자에게는 일반투자자로 전환해서 투자자 보호를 받을 수 있게 하고 있다. 예를 들어, 금융투자상품의 잔고가 100억 원 이상인 비상장법인 전문투자자, 그리고 개인 전문투자자가 해당된다(시행령 제10조 제1항). 일반투자자는 전문투자자가 아닌 자를 말한다(제9조 제6항).

(2) 일반투자자 보호 원칙

일반투자자에 대해서는 투자자를 보호하기 위한 영업행위 규칙인 적합성 원칙, 적정성 원칙 및 설명 의무가 적용되는데, 관련 법률은 2020년 3월 24일 제정되고 2021년 3월 25일부터 시행된 금융소비자법이다. 종전에는 자본시장법이 적용되었는데, 금융소비자법이 제정되면서 자본시장법에 규정되었던 영업행위 규칙 규정이 금융소비자법으로 이관되었는바, 이에 대해서는 뒤의 금융소비자법 설명 부문에서 자세히 살펴보기로 한다. 일반투자자는 금융소비자법에서는 '일반금융소비자'로 분류된다(제2조 제10호). 다만 자본시장법에서는 금융투자업자가 금융상품판매업자로서 금융투자상품에 대한 설명 의무를 위반한 경우에 금융투자업자의 손해배상책임을 규정하고 있고(제48조 제1항), 일반투자자의 손해액 증명이 쉽지 않다는 점을 고려하여 손해액 추정 규정을 두고 있다(제48조 제2항).

---

38) 국가, 한국은행, 금융기관, 예금보험공사, 한국투자공사 등 일정한 자를 제외한 전문투자자를 말한다(자본시장법 시행령 제10조 제1항). 이러한 일정한 자들은 전문투자자 중에서도 위험 감수 능력이 높은 자로 판단하여 일반투자자로 전환을 허용하지 않고 있는 것이다. 따라서 이러한 자들에서 제외되어 있는 지방자치단체(자본시장법 시행령 제10조 제3항 제14호)는 일반투자자로 전환할 수 있는 것이다.

4. 금융투자업자

(1) 개   관

금융투자업자는 금융감독당국으로부터 인가를 받거나 금융감독당국에 등록하여 6개 유형의 금융투자업을 영위하는 자를 말한다(제8조 제1항). 투자매매업자, 투자중개업자, 집합투자업자, 신탁업자, 투자자문업자, 투자일임업자가 있다. 자본시장법상 겸영을 특별히 제한하지 않고 있으므로 1개 업자가 모든 금융투자업을 영위하는 것이 가능하다. 다만 겸영 시에는 금융투자업 사이에 임직원 겸직 금지 등의 정보 교류 차단 장치(제45조)를 갖추어야 하는 등 규제가 까다로우므로 모든 금융투자업을 전부 동시에 겸영하는 사례는 찾아볼 수 없다. 그러나 투자매매업과 투자중개업 사이에서는 예외가 적용되므로(시행령 제50조 제1항 제1호), 증권회사의 경우에는 증권회사의 전형적인 업무인 투자매매업과 투자중개업을 동시에 영위하는 증권회사가 대부분이다. 금융투자업을 영위하기 위해서 인가를 받거나 등록을 해야 하는데, 그 요건 중의 하나로서 「상법」상의 주식회사이어야 하므로(제12조 제2항 제1호 가목, 제18조 제2항 제1호 가목), 금융투자업자는 '금융투자회사'라고 할 수 있다.

금융투자업은 "이익을 얻을 목적으로 계속적이거나 반복적인 방법을 행하는 행위"로서 투자매매업, 투자중개업, 집합투자업, 투자자문업, 투자일임업, 신탁업을 말한다(제6조 제1항). 즉 **영리성, 계속성, 반복성이 있어야 '업'(業)으로 인정**되므로 그러한 요소가 없으면 금융투자업에 해당하지 않는다.

금융투자업을 영위하려는 자는 "금융투자업의 종류," "금융투자상품의 범위"(증권, 장내파생상품 및 장외파생상품) 및 "투자자의 유형"(전문투자자 및 일반투자자)을 구성 요소로 하는 "업무 단위의 전부나 일부를 선택하여 하나의 금융투자업 인가"를 금융감독당국으로부터 받거나(제12조 제1항), 금융감독당국에 등록(투자자문업이나 투자일임업의 경우)을 하여야 한다(제18조 제1항). 즉 **금융투자업의 종류별, 금융투자상품의 종류별, 투자자의 유형별로 조합을 이루어 여러 가지 형태의 금융투자업 인가나 등록이 나올 수 있게 된다.** 예를 들어, 증권회사 A는 일반투자자만 대상으로 하여 증권과 장내파생상품의 투자매매업 및 투자중개업 인가를 받을 수 있고, 증권회사 B는 전문투자자 및 일반투자자를 대상으로 하는 증권 및 장외파생상품의 투자중개업 인가만을 받을 수도 있다.

(2) 투자매매업자

1) 개   관

투자매매업자란 투자매매업(investment dealing business)을 영위하는 자이다. 증권회사가 해당한다. 물론 은행 등 다른 금융기관도 관련 법령상 허용되는 경우에는 자본시장법상의 인가를 받아 투자매매업을 영위할 수 있다. 이를 '**겸영투자매매업자**'라고 한다. 투자매매업이란 "누구의 명의로 하든지 **자기의 계산**으로 금융투자상품의 매도·매수, **증권의 발행·인수** 또는 그 청약의 권유, 청약, 청약의 승낙을 영업으로 하는 것"을 말한다(제6조 제2항). 따라서 **제3자의 명의로 하더라도 '자기의 계산**'(for its own account)**으로 하면 투자매매업**이 된다. '자기의 계산'으로 금융투자상품의 매매 등이 이루어진다는 점이 투자중개업과 구별된다. 투자중개업의 경우는 타인의 계산으로 이루어진다.

2) 증권의 발행도 투자매매업

'증권의 발행'도 투자매매업에 해당한다는 점이 특징적이다. 그럼 기업이 자금 조달 목적으로 주식이나 사채를 발행하는 것도 투자매매업에 해당하는가? 투자매매업으로 본다면 이는 불합리하다. 그래서 **자본시장법은 자기가 증권을 발행하는 경우에는 투자매매업으로 보지 않는다**고 규정하고 있다(제7조 제1항). 그러나 자금 조달 목적이 아니고, **금융상품으로서 영업 목적으로 증권을 발행하는 것은 투자매매업에 해당**하게 된다. 대표적인 것이 증권회사가 발행하는 **주가연계증권**(equity-linked securities: ELS)이나 **주가연계권리증권**(equity-linked warrant: ELW)의 경우이다. 그래서 **자본시장법은 일정한 요건에 해당하는 파생결합증권을 발행하는 것을 투자매매업으로 보고 있다**(제7조 제1항 제2호, 시행령 제7조 제1항). 또한 **투자신탁의 수익증권을 발행하는 것도 투자매매업이 된다**(제7조 제1항 제1호). 왜냐하면 집합투자업자(즉 자산운용회사)가 투자신탁의 수익증권을 발행하는데(제189조 제1항), 이것도 자금 조달 목적이 아니고 집합투자업의 영업 행위로서 발행되는 것이기 때문이다. 이 외에도 '투자성 있는 예금계약'에 따른 증권의 발행도 투자매매업에 해당하게 되는데(제7조 제1항 제3호), 다만 은행이 투자성 있는 예금계약에 따른 증권을 발행하는 경우에는 투자매매업 인가를 받은 것으로 간주하고 있다(제77조 제1항). '투자성 있는 보험계약'에 따른 증권 발행도 투자매매업에 해당한다(제7조 제1항 제4호). 다만 보험회사가 투자성 있는 보험계약에 따른 증권을 발행하는 경우에는 투자매매업 인가를 받은 것으로 본다(제77조 제2항).

3) 증권의 인수도 투자매매업

증권의 인수도 투자매매업에 해당한다. 종전 「증권거래법」에서는 증권인수업(underwriting business)을 별도의 증권업으로 분류하여 규제를 하였으나, 자본시장법에서는 투자매매업에 포함하여 규제를 하고 있다. '인수'란 "제삼자에게 증권을 취득시킬 목적으로" (i) "그 증권의 전부 또는 일부를 취득하거나 취득하는 것을 내용으로 계약을 체결하는 것," 또는 (ii) "그 증권의 전부 또는 일부에 대하여 이를 취득하는 자가 없는 때에 그 나머지를 취득하는 것을 내용으로 하는 계약을 체결하는 것"을 말한다(제9조 제11항). 전자를 총액 또는 일부 인수(firm commitment underwriting)라 하고, 후자를 잔액 인수(stand-by underwriting)라 한다.

또한 인수의 개념에는 위의 "[(i)이나 (ii)]의 행위를 전제로 발행인 또는 매출인을 위하여 증권의 모집·사모·매출을 하는 것"도 포함한다(제9조 제11항). 여기서 '모집'(募集)은 "50인 이상의 투자자에게 새로 발행되는 증권의 취득의 청약을 권유"하는 것을 말한다(제9조 제7항). '사모'(私募)란 "새로 발행되는 증권의 취득의 청약을 권유하는 것으로서 모집에 해당하지 아니하는 것"을 말한다(제9조 제8항). 즉 사모는 50인 미만(즉 49인 이하)의 투자자에게 새로이 발행되는 증권의 취득의 청약을 권유하는 것을 말한다. '매출'(賣出)이란 "50인 이상의 투자자에게 이미 발행된 증권의 매도의 청약을 하거나 매수의 청약을 권유하는 것"을 말한다(제9조 제9항). 즉 모집이나 사모는 새로이 발행되는 증권에 해당하면서 투자자의 수가 50인 이상이냐 그 미만이냐에 따른 구분이 된다.

매출과의 구별은 매출은 이미 발행된 증권에 대해서 투자자의 수가 50인 이상인 경우에 해당되는 것이다. 따라서 이미 발행한 증권에 대하여 50인 미만(즉 49인 이하)의 투자자에게 권유하는 것은 증권 인수의 범위에 포함되지 않게 되어 규제 대상이 되지 않는다.

(3) 투자중개업자

투자중개업(investment brokerage business)을 영위하는 자인 투자중개업자는 증권회사가 해당한다. 대부분의 증권회사는 투자매매업과 투자중개업을 동시에 영위하므로 '투자매매업자·투자중개업자'라고 하면 증권회사를 의미하는 것으로 이해해도 된다. 투자중개업이란 "누구의 명의로 하든지 타인의 계산으로 금융투자상품의 매도·매수, 그 중개나 청약의 권유, 청약, 청약의 승낙 또는 증권의 발행·인수에 대한 청약의 권유, 청약, 청약의 승낙을 영업으로 하는 것"을 말한다(제6조 제3항). 따라서 **자기의 명의로 하더라도 타인의 계산**(for the account of customers)으로 이루어지면 투자중개업에 해당한다. '타인의 계산'이란 거래의 경제적 효과가 타인에게 귀속된다는 의미이다. 타인의 계산으로 금융투자상품의 매매 등이 이루어진다는 점이 투자매매업과 구별된다. 한편, 투자권유대행인이 투자 권유를 대행하는 것은 투자중개업에 해당하지 않는 것으로 보고 있다(제7조 제2항). 따라서 등록한 투자권유대행인은 투자중개업 인가를 받을 필요가 없다(제51조 제3항).

(4) 신탁업자

1) 개   관

신탁업자는 신탁업(信託業, trust business)을 영위하는 자이다. **신탁업이란** "**신탁을 영업으로 하는 것**"을 말한다(제6조 제8항). 자본시장법은 신탁에 관한 정의 조항을 두고 있지 않아「신탁법」상의 신탁 정의를 준용할 수밖에 없다.「신탁법」은 '신탁'의 정의를 "신탁을 설정하는 자(이하 "위탁자"라 한다)와 신탁을 인수하는 자(이하 "수탁자"라 한다) 간의 **신임관계**에 기하여 위탁자가 수탁자에게 **특정의 재산**(영업이나 저작재산권의 일부를 포함)을 이전하거나 담보권의 설정 또는 그 밖의 처분을 하고 수탁자로 하여금 일정한 자(이하 "수익자"라 한다)의 이익 또는 특정의 목적을 위하여 그 재산의 관리, 처분, 운용, 개발, 그밖에 신탁 목적의 달성을 위하여 필요한 행위를 하게 하는 법률관계"라고 하고 있다(제2조). '신임관계'(信任關係)란 영미법상의 '신인(信認)관계'(fiduciary relationship)를 의미한다고 볼 수 있는데, 「신탁법」이 "수탁자는 선량한 관리자의 주의(注意)로 신탁사무를 처리해야 한다"라고 규정하고 있는 것(제32조)은 바로 이러한 신임관계에서 비롯된 것이라 할 수 있다. 그리고 재산의 범위에 명시적으로 '영업'도 포함시키고 있어, 회사의 영업을 신탁하는 '영업신탁'(또는 '사업신탁'이라고 하기도 한다)도 가능하다. 「신탁법」은 '자기신탁'(自己信託), 즉 위탁자(委託者)가 수탁자(受託者)의 지위를 겸할 수 있는 신탁을 허용하고 있어(제3조 제1항 제3호), 회사가 영위하고 있는 영업을 자기신탁의 방법으로 신탁을 설정하여 할 수도 있다. 물론 회사의 고유재산과 신탁재산을 분별해서 관리해야 한다(「신탁법」 제37조).

2) 신탁업자의 수탁재산 범위 제한 문제

「신탁법」은 수탁재산을 "재산"이라고만 하여 신탁재산의 범위를 특정하지 않고 있는 데 반하여, 자본시장법은 신탁업자가 수탁할 수 있는 재산의 범위를 제한하고 있어 문제이다. 즉 자본시장법은 신탁업자가 수탁할 수 있는 재산을 "금전, 증권, 금전채권, 동산, 부동산, 지상권·전세권·부동산임차권·부동산소유권 이전등기청구권·그 밖의 부동산 관련 권리, 무체재산권(지식재산권을 포함한다)"로 한정하고 있어(제103조 제1항), 신탁업자는 열거한 재산 이외의 재산을 수탁할 수 없는 문제가 있다. 신탁업자가 다양한 신탁상품을 개발해낼 수 없는 한계가 있게 된다. 군이 수탁재산의 범위를 제한할 이유를 찾기가 어렵다. 「신탁법」의 취지에 맞추어 자본시장법도 수탁재산의 범위 제한을 없애야 할 것이다.

(5) 집합투자업자

1) 개 관

집합투자업자는 집합투자업(collective investment business)을 영위하는 자를 말하는데, 자산운용회사(asset management company)가 이에 해당한다. 집합투자업이란 "집합투자를 영업으로 하는 것"을 말하며(제6조 제4항), '집합투자'란 "2인 이상의 투자자로부터 모은 금전 등을 투자자로부터 일상적인 운용 지시를 받지 아니하면서 재산적 가치가 있는 투자 대상 자산을 취득·처분, 그 밖의 방법으로 운용하고 그 결과를 투자자에게 배분하여 귀속시키는 것"을 말한다(제6조 제5항). 집합투자업의 정의에서 중요한 것은 "2인 이상의 투자자"로부터 자금을 모집한다는 점이다. 따라서 **2인 이상의 투자자로부터 자금을 모집한 후에 투자자가 1인이 되면 집합투자업 요건을 충족하지 못하여 해당 집합투자기구는 해산 사유가 된다.** 즉 1인 단독 집합투자기구는 존재하지 않게 된다. 다만 각 법률에 따라 기금을 관리·운용하는 기금관리주체나 농업협동조합중앙회 또는 수산업협동조합중앙회 등이 자금을 위탁하는 경우에는 1인 단독 집합투자기구가 허용된다(제6조 제6항). 또 하나 중요한 것은 투자자로부터 운용 지시를 받지 않는다는 점이다. 그리고 자금 운용 결과가 투자자에게 귀속되므로 손실이 나더라도 그것은 투자자가 부담하게 된다.

2) 집합투자기구

집합투자업자는 투자자의 자금을 어떻게 모아 운용하는가? 그 도구로 이용되는 기구를 **집합투자기구**(collective investment vehicle)라고 한다. 자본시장법은 "집합투자를 수행하기 위한 기구"인 집합투자기구를 8개의 유형으로 규정하고 있다(제9조 제18항). 크게 **신탁형, 조합형, 회사형**으로 구분할 수 있다.

첫째, **투자신탁 형태**가 있다. 즉 "집합투자업자인 위탁자가 신탁업자에게 신탁한 재산을 신탁업자로 하여금 그 집합투자업자의 지시에 따라 투자·운용하게 하는 신탁 형태의 집합투자기구"를 말한다(제9조 제18항 제1호). **집합투자업자가 위탁자가 되고, 신탁업자가 수탁자가 되며, 투자자는 수익자(受益者)가 되는 형태이다.** 자본시장법도 "신탁 계약은 위탁자인 집합투자업자와 수탁자인 신탁업자 사이에 체결된다"(제188조 제1항)고 하여 이를 확인하고 있다. 따라서 **수익자는 신탁 계약의 당사자는 아니다.** 수익자는 투자신탁의 신탁재산에 대한 권리인 수익권(受益權)을 갖게 되는데, "신탁 원본의 상환 및 이익의 분배 등에 관하여 수익증권의 좌수(座數)에 따라 균등한 권리"를 가진다(제189 조 제2항). 수익증권은 집합투자업자가 발행하는데, 수익증권은 투자신탁의 수익 권을 균등하게 분할하여 표시한 증권이다(제189조 제1항). 원래 일반적인 신탁 관계에서는 수탁자가 신탁재산의 운용·처분 권한을 갖고 있으나(물론 특정금전신 탁계약처럼 위탁자가 신탁재산의 운용을 특정해서 지시할 수 있는 신탁 계약도 있 을 수 있지만, 자본시장법 제3조 제1항 제2호 가목), 투자신탁에서는 수탁자가 위 탁자의 지시에 따라 투자·운용한다는 점에서 전형적인 신탁 관계와는 다르다고 할 수 있다.

둘째, 조합형으로서 「상법」에 따른 합자조합 형태의 집합투자기구인 '**투 자합자조합**'과 「상법」에 따른 익명조합 형태의 집합투자기구인 '**투자익명조합**' 이 있다(제9조 제18항 제5호 내지 제6호). 이 경우 **투자자는 투자합자조합의 경 우**에는 유한책임조합원, 투자익명조합의 경우에는 익명조합원이 된다(제219조 제 1항, 제224조 제1항). 투자합자조합의 경우 집합투자업자가 업무집행조합원이 되 어 조합의 자산 운용 결정 등 업무를 집행한다(제219조 제1항). **투자익명조합 의 경우 집합투자업자가 영업자**가 되어 조합 재산을 운용한다(제225조 제1항).

셋째, 회사형으로는 「상법」에 따른 주식회사 형태의 집합투자기구인 투 자회사, 「상법」에 따른 유한회사 형태의 집합투자기구인 **투자유한회사**, 「상법」 에 따른 합자회사 형태의 집합투자기구인 **투자합자회사**, 「상법」에 따른 유한 책임회사 형태의 집합투자기구인 **투자유한책임회사**가 있다(제9조 제18항 제2 호 내지 제4호의2). 이러한 회사는 명목회사(paper company)의 형태가 된다. 이 중 투자회사 형태가 많이 이용된다. 회사형에서는 투자자는 회사의 주식이 나 지분권을 취득하게 된다. 투자회사 및 투자유한회사인 경우에는 집합투자업자 가 회사의 이사, 즉 법인이사가 되어 투자회사 및 투자유한회사의 자산 운용 등 업무를 집행하게 된다(제197조 제1항, 제209조 제1항). 투자합자회사의 경우에는 집합투자업자가 업무집행사원이 되어 투자합자회사의 자산 운용 결정 등 업무를 집행하게 된다(제214조 제1항). 투자유한책임회사의 경우에도 집합투자업자가 업 무집행자가 되어 업무를 집행하게 된다(제217조의4 제1항).

(6) 투자자문업자

투자자문업자는 **투자자문업**(investment advisory business)을 영위하는 자이다. 투자자문업이란 "금융투자상품의 가치 또는 금융투자상품에 대한 **투자 판단**(종류, 종목, 취득·처분, 취득·처분의 방법·수량·가격 및 시기 등에 대한 판단을 말한다)에 관한 자문에 응하는 것을 영업으로 하는 것"을 말한다(제6조 제6항). 다만 "불특정 다수인을 대상으로 발행 또는 송신되고, 불특정 다수인이 수시로 구입 또는 수신할 수 있는 간행물 출판물 통신물 또는 방송 등을 통하여 조언을 하는 경우에는 투자자문업으로 보지 아니한다"(제7조 제3항). 등록된 투자자문업자 이외의 자가 이러한 조언을 일정한 대가를 받고 하는 경우에는 유사투자자문업이 된다(시행령 제102조). 이러한 유사투자자문업을 영위하고자 하는 경우에는 금융감독당국에 신고하여야 한다(제101조).

(7) 투자일임업자

투자일임업자란 **투자일임업**(investment discretionary business)을 영위하는 자이다. 투자자문회사나 증권회사가 투자일임업을 겸영하는 사례가 많다. 투자일임업이란 "투자자로부터 금융투자상품에 대한 **투자 판단의 전부 또는 일부를 일임받아 투자자별로 구분하여** 그 투자자의 재산상태나 투자목적 등을 고려하여 **금융투자상품을 취득·처분, 그 밖의 방법으로 운용하는 것을 영업**으로 하는 것"을 말한다(제6조 제7항). 투자일임업자는 투자자와 투자일임계약을 체결하게 되는데, **투자일임계약은 투자자로부터 투자 판단에 관한 권한을 일임받는 것이므로 위임계약의 성격을 갖고 있다.**

투자일임업자가 "투자판단의 전부"를 일임받을 수도 있으므로, 투자 종목, 취득이나 처분의 방법, 수량, 가격까지도 포괄적으로 위임받을 수 있다. 그리고 **일임받은 투자자별로 자금이 운용되어야 하므로 투자자별로 구분하여 계좌를 개설하여 운용해야 한다.** 즉 1:1 자산 관리 계약인 것이다. 여러 투자자의 투자 자산이 집합(pooling)되어 공동으로 운용되는 집합투자업과 다르다고 할 수 있다. 신탁업과 비교했을 때 **신탁업의 경우 신탁재산의 소유권이 신탁업자에게 있는 반면에, 투자일임업의 경우 투자일임 자산이 투자자에게 귀속**

된다는 점에서도 차이가 있다.

5. 종합금융업자

종합금융회사(merchant banking corporation)는 1975년 제정된 「종합금융회사에 관한 법률」에 의거하여 주로 외화 조달을 원활히 하기 위해 설립된 금융기관이다. 그래서 초창기에는 주로 외국 금융기관과 합작하여 설립된 회사가 많았다. 1990년대 들어서면서 금융 산업 개편의 일환으로 기업의 단기금융 업무를 주로 취급하는 '투자금융회사'가 종합금융회사로 전환하면서 경쟁이 심해지고 무모한 자산 확대로 부실화되기도 하였다. 특히 종합금융회사들이 무리한 외화 차입을 하면서 1997년 외환 위기를 촉발시켰다는 비난도 있다. 그래서 대부분의 종합금융회사가 퇴출되었으며 **신규 진입도 없다. 그 이유는 자본시장법상 종합금융회사의 신설 인가 조항이 없기 때문이다.** 즉 자본시장법은 종합금융회사를 "종전의 「종합금융회사에 관한 법률」 제3조에 따라 금융위원회의 인가를 받은 자"라고 하고 있다(제336조 제1항).

종합금융회사의 업무는 다음과 같다(제336조 제1항). 만기가 1년 이내인 어음의 발행·할인·매매·중개·인수 및 보증 업무, 설비 또는 운전자금의 투융자 업무, 증권의 인수·매출 또는 모집·매출의 중개·주선·대리 업무, 외자도입·해외 투자·그 밖의 국제금융의 주선과 외자의 차입 및 전대(轉貸) 업무, 채권의 발행 업무, 기업의 경영 상담과 기업인수 또는 합병 등에 관한 용역 업무, 지급보증, 기타 시행령이 정하는 부수 업무(어음관리계좌 업무, 영업채권매입(factoring) 업무 등)이다(제336조 제1항 제1호 내지 제8호, 시행령 제325조 제2항). 이외에도 종합금융회사는 자본시장법 또는 관련 법률이 정하는 바에 따라 인가·허가·등록 등을 받아 겸영 업무도 영위할 수 있다. 「여신전문금융업법」에 따른 시설대여 업무, 집합투자업(투자신탁의 설정·해지 및 투자신탁재산의 운용 업무에 한함), 금전신탁 외의 신탁업, 증권을 대상으로 하는 투자매매업 및 투자중개업, 「외국환거래법」에 따른 외국환업무, 기타 위의 업무와 관련된 업무로서 시행령이 정하는 업무(신용정보 업무, 유동화자산 관리 업무 등)이다(제336조 제2항, 시행령 제325조 제3항).

6. 신용평가업자

신용평가회사(credit rating company)는 기업이 발행하는 증권이나 기업 등
에 대한 신용 상태를 평가하여 신용 등급을 부여하는 회사이다(제9조 제26항).
즉 자본시장법상 신용평가회사는 "금융투자상품이나 기업 또는 집합투자기구에
대한 신용 상태를 평가하여 그 결과에 대하여 신용등급을 부여하고 그 신용
등급을 발행인, 인수인, 투자자, 그 밖의 이해관계자에게 제공하거나 열람하
게 하는 행위를 영업"으로 하는 회사이다(제9조 제26항). 신용평가업은 원래
신용정보법에 규정되어 있었으나, 2013년 자본시장법 개정으로 자본시장법
에 규정하게 되었다.

자본시장법상 신용평가업을 영위하려면 금융감독당국의 인가를 받아야 한
다(제335조의3 제1항). 신용평가회사는 신용평가업 이외에 겸영 업무 및 부수
업무를 영위할 수 있다. 겸영 업무는 채권평가 업무, 즉 "집합투자재산에 속
하는 채권 등 자산의 가격을 평가하고 이를 집합투자기구에게 제공하는 업
무"(제263조 제1항)가 있다(제335조의10 제1항 제1호). 채권평가 업무를 영위하
려면 금융감독당국에 등록하여야 하므로(제263조 제1항) 신용평가회사도 별도
의 등록을 하여야 한다. 부수 업무로는 "은행, 그 밖에 대통령령으로 정하는
금융기관의 기업 등에 대한 신용공여의 원리금 상환 가능성에 대한 평가 업
무," "은행, 보험회사, 그 밖에 대통령령으로 정하는 금융기관의 지급 능력,
재무건전성 등에 대한 평가 업무, 사업성 평가·가치평가 및 기업진단 업무,
신용평가모형과 위험관리모형의 개발 및 제공 업무"이다(제335조의10 제2항,
시행령 제324조의7 제2항).

7. 증권금융업자

증권금융회사(securities finance company)는 투자매매업자·투자중개업자
(즉 증권회사)에 대하여 자금의 대여나 증권의 대여 업무 또는 일반 투자자에 대

한 증권 담보 대출 업무 등을 주요 업무로 하는 회사이다(제326조 제1항). **증권 금융업무를 영위하려는 자는 금융감독당국으로부터 인가를 받아야 한다**(제324조 제1항). 증권금융회사는 증권금융 업무, 겸영 업무 및 부수 업무를 영위할 수 있다. 증권금융 업무는 "(i) 금융투자상품의 매도·매수, 증권의 발행·인수 또는 그 중개나 청약의 권유, 청약, 청약의 승낙과 관련하여 투자매매업자 또는 투자중개업자에 대하여 필요한 자금 또는 증권을 대여하는 업무, (ii) 거래소 시장에서의 매매거래(다자간매매체결회사에서의 거래를 포함한다) 또는 청산대상거래에 필요한 자금 또는 증권을 [자본시장법] 제378조 제1항에 따른 청산기관인 거래소 또는 금융투자상품거래청산회사를 통하여 대여하는 업무, (iii) 증권을 담보로 하는 대출 업무, (iv) 그 밖의 금융위원회의 승인을 받은 업무"이다(제326조 제1항).

증권금융회사는 자본시장법 또는 관련 법률이 정하는 바에 따라 인가·허가·등록 등을 받아 겸영 업무도 영위할 수 있다. 겸영 업무는 "투자매매업 및 투자중개업 중 대통령령으로 정하는 업무, 신탁업무, 집합투자재산의 보관·관리 업무, 증권 대차 업무, 그 밖의 금융위원회의 승인을 받은 업무"이다(제326조 제2항). "투자매매업 및 투자중개업 중 대통령령으로 정하는 업무"는 "환매조건부매매 업무, 환매조건부매매의 중개·주선 또는 대리 업무, 집합투자증권을 대상으로 하는 투자매매업·투자중개업"이다(시행령 제320조). 부수 업무는 "보호예수 업무, 그 밖에 금융위원회의 승인을 받은 업무"이다(제326조 제3항). 이 외에도 증권금융회사는 금융투자업자, 금융투자업관계기관, 한국거래소, 상장법인 등으로부터 자금의 예탁을 받을 수 있으며(제330조 제1항), 자금 예탁 업무를 위하여 필요한 경우에는 채무증서를 발행할 수 있다(제330조 제2항).

8. 자금중개업자

자본시장법상 **자금중개회사(money broker company)는 금융기관 사이의 단기 자금 거래를 중개하는 회사이다**(제355조 제1항). 금융기관의 범위는 시행령이 정하고 있다(제345조 제1항). **자금중개업을 영위하려면 금융감독당국의 인가를 받아야 한다**(제355조 제항). 종전에는 「종합금융회사에 관한 법률」의 적용을 받았었지만 현재는 자본시장법이 규율하고 있다. 자금중개회사는 자금거래의 중개 업무와 대통령령이 정하는 금융투자업 이외에는 다른 금융투자업은 영위할 수 없다(제357조 제1항). 자금중개회사가 영위할 수 있는 "대통령령이 정하는 금융투자업"은 "외화로 표시된 양도성예금증서의 중개 · 주선 또는 대리 업무, 환매조건부매매의 중개 · 주선 또는 대리 업무, 기업어음증권의 중개 · 주선 또는 대리 업무, 외국통화 · 이자율을 기초자산으로 하는 장외파생상품의 중개 · 주선 또는 대리 업무, 자본시장법 [별표1]의 인가 업무단위 중 2i − 11 − 2i의 투자중개업"이다(시행령 제346조 제1항). 자금중개회사는 자금중개를 할 경우에는 일정한 수수료만 받고 자금 대여자와 자금 차입자 사이의 거래를 연결해 주는 단순 중개가 원칙이다(시행령 제346조 제3항). 다만, 콜거래, 즉 90일 이내의 금융기관 등 사이의 단기자금 거래(제346조 제2항)의 경우에는 매매 거래 형식의 중개를 할 수 있다(시행령 제346조 제3항).

9. 단기금융업자

단기금융회사는 1년 이내에 만기가 도래하는 어음의 발행 · 할인 · 매매 · 중개 · 인수 및 보증 업무, 부수 업무로서 어음을 담보로 한 대출 업무를 영위하는 회사를 말한다(제360조 제1항). **단기금융 업무를 영위하려면 금융감독당국의 인가를 받아야 하는데**, 인가 요건으로서 은행, 중소기업은행, 종합금융회사를 흡수 합병한 금융기관, 종합금융회사가 다른 금융기관으로 전환한 금융기관만이 단기금융 업무를 영위할 수 있으므로(제360조 제2항, 시행령 제348조 제3항), 개별 단기금융회사는 없는 셈이다.

10. 명의개서대행업자

명의개서대행회사는 증권의 명의개서(名義改書)를 대행하는 업무를 영위하는 회사를 말한다(제365조 제1항). **명의개서 대행 업무를 영위하려면 금융감독당국**

에 등록하여야 한다(제365조 제1항). 등록 요건 중의 하나로서 "전자등록기관 또는 전국적인 점포망을 갖춘 은행"일 것이라는 요건이 있어서(제365조 제2항 제1호) 전자등록기관 또는 전국은행만이 명의개서 대행 업무를 영위할 수 있다. 명의개서대행회사는 부수 업무로서 "증권의 배당·이자 및 상환금의 지급을 대행하는 업무와 증권의 발행을 대행하는 업무"를 영위할 수 있다(제366조).

V. 「보험업법」

1. 개   관

보험 계약에 대해서는 「상법」(제4편 보험편)이 적용되지만, 보험업 영위에 대해서는 「보험업법」이 적용된다. 보험업이란 "보험의 인수(引受),[39] 보험료 수수 및 보험금 지급 등을 영업으로 하는 것"을 말하는데, "생명보험업, 손해보험업, 제3보험업"이 있다(제2조 제2호). 생명보험업은 "사람의 생존 또는 사망"에 관한 생명보험상품을 취급하는 보험업을 말한다(제2조 제3호, 제2조 제1호 가목). 손해보험업은 "우연한 사건(질병·상해 및 간병은 제외)으로 발생하는 손해"에 관한 손해보험상품을 취급하는 보험업을 말한다(제2조 제4호, 제2조 제1호 나목). 제3보험업은 "사람의 질병·상해 또는 이에 따른 간병"에 관한 제3보험상품을 취급하는 보험업을 말한다(제2조 제5호, 제2조 제1호 다목). 제3보험상품은 생명보험과 손해보험의 성격을 다 갖고 있는 상품이라고 할 수 있다.

보험업을 영위하려면 금융감독당국으로부터 허가를 받아야 한다(제4조 제1항). 허가 요건 중의 하나로서 보험업 허가를 받을 수 있는 자는 **주식회사, 상호회사**[40] **및 외국보험회사로** 제한하고 있으므로(제4조 제6항), 보험업을 영위

---

39) '인수'는 영어의 underwriting을 번역한 용어인데, 보험계약서의 하단에 서명을 하여 책임을 진다는 의미로 쓰이고 있어서, 보험업자를 underwriter라고 하기도 한다.

40) 상호회사는 "보험업을 경영할 목적으로 [보험업]법에 따라 설립된 회사로서 보험계약자를 사원(社員)으로 하는 회사"를 말한다(「보험업법」 제2조 제7호).

하는 자는 보험회사가 된다. 그러나 현재 상호회사 형태의 보험회사는 없다. 그러면 1개의 보험회사가 위의 3가지 보험업을 전부 영위할 수 있는가? 「보험업법」은 생명보험업과 손해보험업의 겸영을 원칙적으로 금지하므로(제10조) 생명보험회사는 생명보험업, 손해보험회사는 손해보험업을 각각 영위할 수 있다. 다만 제3보험업은 생명보험회사나 손해보험회사가 겸영할 수 있는데, 생명보험업 및 손해보험업 종목 전부를 각각 영위하는 경우에만 겸영이 가능하다(제4조 제3항). 물론 제3보험업만 별도로 영위하는 회사가 있을 수도 있으나, 현재 그러한 회사는 없다.

2. 보험상품의 정의

보험회사는 보험상품의 취급과 관련하여 발생하는 보험의 인수 등을 영업으로 하는 회사를 말한다. 따라서 보험상품에 따라 보험회사가 취급하는 보험업의 범위가 달라진다. 보험상품은 생명보험상품, 손해보험상품, 제3보험상품이 있다. 「보험업법」이 정의하고 있는 각 보험상품의 내용을 살펴보면 다음과 같다.

(1) 보험상품의 정의 및 제외 상품

보험상품이란 "위험보장을 목적으로 우연한 사건 발생에 관하여 금전 및 그 밖의 급여를 지급할 것을 약정하고 대가를 수수(授受)하는 계약"으로서 생명보험상품, 손해보험상품, 제3보험상품에 해당하는 것이다(제2조 제1호). 다만 국가나 지방자치단체 또는 공법인이 취급하는 공영(公營) 보험상품은 정책적인 목적으로 「보험업법」 적용 대상에서 배제하고 있다. 그러한 보험상품은 「국민건강보험법」에 따른 건강보험, 「고용보험법」에 따른 고용보험, 「국민연금법」에 따른 국민연금, 「노인장기요양보험법」에 따른 장기요양보험, 「산업재해보상보험법」에 따른 산업재해보상보험, 「할부거래에 관한 법률」 제2조 제2호에 따른 선불식(先拂式) 할부계약(割賦契約)이다(제2조 제1호 본문, 시행령 제1조의2 제1항).

(2) 생명보험상품의 정의

생명보험상품이란 "위험보장을 목적으로 사람의 생존 또는 사망에 관하여 약정한 금전 및 그 밖의 급여를 지급할 것을 약속하고 대가를 수수하는 계약으로서 대통령령으로 정하는 계약"을 말한다(제2조 제1호 가목). 결국 생명보험상품의 범위는 시행령으로 정해지게 된다. 열거주의 방식이라고 할 수 있다. "대통령령으로 정하는 계약"은 "**생명보험계약과 연금보험계약(퇴직보험계약을 포함한다)**"을 말한다(시행령 제1조의2 제2항).

(3) 손해보험상품의 정의

손해보험상품은 "위험보장을 목적으로 우연한 사건([제3보험상품인] 질병·상해 및 간병은 제외한다)으로 발생하는 손해(계약상 채무불이행 또는 법령상 의무불이행으로 발생하는 손해를 포함한다)에 관하여 금전 및 그 밖의 급여를 지급할 것을 약속하고 대가를 수수하는 계약으로서 대통령령으로 정하는 계약"을 말한다(제2조 제1호 나목). 생명보험상품과 마찬가지로 열거주의 방식이다. "대통령령으로 정하는 계약"은 "**화재보험계약, 해상보험계약(항공·운송보험계약을 포함), 자동차보험계약, 보증보험계약, 재보험계약, 책임보험계약, 기술보험계약, 권리보험계약, 도난보험계약, 유리(glass)보험계약, 동물보험계약, 원자력보험계약, 비용보험계약, 날씨보험계약**"을 말한다(시행령 제1조의2 제3항).

(4) 제3보험상품의 정의

제3보험상품은 "위험보장을 목적으로 사람의 질병·상해 또는 이에 따른 간병에 관하여 금전 및 그 밖의 급여를 지급할 것을 약속하고 대가를 수수하는 계약으로서 대통령령으로 정하는 계약"을 말한다(제2조 제1호 다목). "대통령령으로 정하는 계약"은 "**상해보험계약, 질병보험계약, 간병보험계약**"을 말한다(시행령 제1조의2 제4항).

3. 보험업의 정의

보험업은 생명보험업, 손해보험업, 제3보험업으로 구분된다. 「보험업법」
이 정의하고 있는 각 보험업의 내용을 살펴보면 다음과 같다. 보험업이란
"보험의 인수(引受), 보험료 수수 및 보험금 지급 등을 영업으로 하는 것으
로서 생명보험업·손해보험업, 제3보험업"을 말한다(제2조 제2호). 생명보험
업이란 "생명보험상품의 취급과 관련하여 발생하는 보험의 인수, 보험료 수
수 및 보험금 지급 등을 영업으로 하는 것"을 말한다(제2조 제3호). 손해보험
업이란 "손해보험상품의 취급과 관련하여 발생하는 보험의 인수, 보험료 수
수 및 보험금 지급 등을 영업으로 하는 것"을 말한다. 제3보험업이란 "제3보
험상품의 취급과 관련하여 발생하는 보험의 인수, 보험료 수수 및 보험금 지
급 등을 영업으로 하는 것"을 말한다(제2조 제4호).

4. 보험업의 허가

(1) 보험 종목별 허가

보험업을 경영하려는 자는 보험 종목별로 금융감독당국으로부터 허가를 받
아야 한다(제4조 제1항). 은행업이나 금융투자업의 경우에는 인가제이나 보
험업의 경우는 허가제이다. **생명보험업의 보험 종목은 생명보험과 연금보험(퇴
직보험 포함)이다**(제4조 제1항 제1호). **손해보험업의 보험 종목은 화재보험, 해상
보험(항공·운송보험을 포함), 자동차보험, 보증보험,**[41] **재보험(再保險), 책임보험,
기술보험, 권리보험, 도난·유리·동물·원자력 보험, 비용보험, 날씨보험이다**(제4
조 제1항 제2호, 시행령 제8항 제1호). **제3보험업의 보험 종목은 상해보험, 질병
보험, 간병보험이다**(제4조 제1항 제3호).

다만 보험 종목별로 허가를 받도록 하고 있어(제4조 제1항), 생명보험회
사는 생명보험과 연금보험(퇴직보험 포함) 종목 전부 허가를 받거나 그 중 하

---

41) 채무자인 보험계약자가 채권자인 피보험자에게 계약상의 채무불이행 또는 법령상의 채
   무불이행으로 손해를 입힌 경우 보험자가 손해를 보상할 것을 약정하는 보험으로서 보
   증과 보험의 성격을 다 갖고 있다.

나만 허가를 받아 생명보험업을 영위할 수 있다. 손해보험회사도 마찬가지로 손해보험업의 보험 종목 전부를 허가받거나 일부만 허가받아 손해보험업을 영위할 수 있다. 그래서 손해보험 종목 전부를 허가받은 보험회사가 있는 반면에 보증보험만을 취급하는 보증보험회사가 있고, 재보험만 취급하는 재보험회사가 별도로 존재한다.

자본금 요건은 300억 원 이상인데, 다만 보험종목의 일부만을 취급하려는 경우에는 50억 원 이상의 범위에서 대통령령으로 자본금을 다르게 정할 수 있도록 하여(제9조 제1항, 시행령 제12조) 자본금 요건을 완화해 주고 있다. 특히 전화·우편·컴퓨터통신 등 통신수단을 이용하여 보험 모집을 하는 **인터넷전문보험회사**의 경우에는 자본금 요건이 더욱 완화되어 300억 원의 금액 또는 50억 원 이상으로 대통령령으로 정하는 금액의 3분의 2에 상당하는 금액이면 된다(제9조 제2항 제1호). 특히 2020년 12월 개정된 「보험업법」은 소규모·단기보험 등 위험이 낮은 보험만을 판매하는 **소액단기전문보험회사**에 대해서는 자본금 요건을 낮추어 10억 원 이상의 범위에서 대통령령으로 정하는 금액(현재 20억 원) 이상으로 하여(제4조 제2항 단서, 제9조 제2항 제2호, 시행령 제13조의2 제2항) 다양한 보험회사가 출현할 수 있도록 하였다. 이처럼 자본금 요건을 낮추어 줌으로써 소비자의 실생활 밀착형 소액·간단 보험만을 전문적으로 취급하려는 사업자가 소규모 자본금으로도 보험업에 쉽게 진입할 수 있도록 하였다는 점에서 의미 있는 진입 규제 완화 조치라고 평가할 수 있다.

그리고 **각 보험 종목별로 허가받은 자는 해당 보험 종목의 재보험 허가를 받은 것으로 본다**(제4조 제2항). 그래서 생명보험업 허가를 받은 생명보험회사는 생명보험의 재보험도 취급할 수 있게 된다.

(2) 생명보험업과 손해보험업의 겸영 금지와 예외

생명보험업과 손해보험업은 원칙적으로 겸영하지 못하므로(제10조) 생명보험회사는 생명보험업, 손해보험회사는 손해보험업만으로 허가받을 수 있다. 다만 생명보험업과 손해보험업 겸영 금지에는 다음과 같은 예외가 있다.

첫째, **생명보험의 재보험은 손해보험회사는 물론**(재보험은 손해보험 종목의 하나이다) **생명보험회사도 취급할 수 있다**(제10조 제1호). 그런데 생명보험의 재보험은 생명보험 허가를 받으면 해당 보험의 재보험은 허가받은 것으로 간주하므로(제4조 제2항), 이 조항이 없어도 생명보험회사가 생명보험의 재보험을 취급할 수 있을 것이다.

둘째, **제3보험의 재보험도 손해보험회사는 물론 생명보험회사도 영위할 수 있다**(제10조 제1호).

셋째, 다른 법령에 따라 겸영할 수 있는 보험 종목인 '**연금저축보험**'(「조세특례제한법」 제86조의2), '**퇴직연금보험**'(「근로자퇴직급여 보장법」 제29조 제2항), '**퇴직보험**'(법률 제7379호 「근로자퇴직급여 보장법」 부칙 제2조 제1항)은 **생명보험회사는 물론 손해보험회사도 모두 취급할 수 있다**(제10조 제2호, 시행령 제15조 제1항 제1호, 제2호). 다만 손해보험업의 보험 종목(재보험과 보증보험은 제외)의 일부만을 취급하는 보험회사는 이러한 연금저축보험, 퇴직연금보험, 퇴직보험을 취급할 수 없다(시행령 제15조 제1항 단서). 제3보험업만을 영위하는 보험회사도 이러한 퇴직연금보험 등을 취급할 수 없다(시행령 제15조 제1항 단서).

넷째, 일정한 요건을 충족하는 제3보험의 보험종목에 부가되는 보험도 생명보험회사와 손해보험회사가 취급할 수 있다(제10조 제3호).

(3) 제3보험업의 겸영

제3보험업만을 영위하는 회사도 있을 수 있으나 현재 제3보험회사는 없다. 대신에 제3보험업의 겸영을 금지하고 있지 않으므로 **생명보험회사와 손해보험회사가 제3보험업을 겸영할 수 있다.** 다만 **생명보험업 보험 종목 전부를 허가받은 생명보험회사와 손해보험업 보험 종목 전부**(다만 보증보험과 재보험은 제외한다)를 **허가받은 손해보험회사만이 제3보험업을 겸영할 수 있다**(제4조 제3항).

5. 겸영 업무 및 부수 업무

보험회사는 보험업 이외에도 겸영 업무와 부수 업무도 영위할 수 있다.

(1) 겸영 업무

보험회사가 겸영 업무를 영위하려면 「보험업법」상으로는 업무를 시작하고자 하는 날의 7일 전에 **금융감독당국에 사전 신고만** 하면 된다(제11조). 다만 해당되는 법령에서 인가·허가·등록 등이 필요한 겸영 업무의 경우에는 **별도의 인가·허가·등록이 필요**하다(제11조 제2호). 보험회사의 겸영 업무는 다음과 같다.

첫째, 대통령령으로 정하는 금융 관련 법령에서 정하고 있는 금융업무로서 해당 법령에서 보험회사가 할 수 있도록 한 업무이다(제11조 제1호). 그러한 겸영 업무로서는 「자산유동화에 관한 법률」에 따른 유동화자산의 관리 업무, 「한국주택금융공사법」에 따른 채권유동화자산의 관리 업무가 있다(시행령 제16조 제1항 제1호 내지 제3호). 이는 보험회사도 보유하고 있는 자산(대출 채권 등)을 유동화 할 필요가 있고 그러한 경우에는 보험회사가 자산보유자로서 기초자산의 관리 업무를 해야 하기 때문이다. 이외에도 「전자금융거래법」 제28조 제2항 제1호에 따른 전자자금이체 업무도 허용된 겸영 업무이다(시행령 제16조 제1항 제4호). 다만 "「전자금융거래법」 제2조 제6호에 따른 결제중계시스템의 참가기관으로서 하는 전자자금이체 업무와 보험회사의 전자자금이체 업무에 따른 자금정산 및 결제를 위하여 결제중계시스템에 참가하는 기관을 거치는 방식의 전자자금이체 업무"는 보험회사가 영위할 수 없다(시행령 제16조 제1항 제4호). 또한 보험회사는 신용정보법에 따른 본인신용정보관리업도 겸영 업무로서 영위할 수 있다(시행령 제16조 제1항 제5호).

둘째, 대통령령으로 정하는 금융업으로서 해당 법령에 따라 인가·허가·등록 등이 필요한 금융업무이다(제11조 제2호). 그러한 업무로는 자본시장법에 따른 **집합투자업, 투자자문업, 투자일임업, 신탁업, 집합투자증권에 대한 투자매매업, 집합투자증권에 대한 투자중개업,** 「외국환거래법」 제3조 제16호에 따른 **외국환 업무**, 「근로자퇴직급여 보장법」 제2조 제13호에 따른 **퇴직연금사업자의 업무**이다(시행령 제2항).

셋째, "그 밖에 보험회사의 경영건전성을 해치거나 보험계약자 보호 및 건전한 거래질서를 해칠 우려가 없다고 인정되는 금융업무로서 대통령령으로 정하는 금융업무"이다(제11조 제3호). '대통령령으로 정하는 금융업무'는 "다른 금융기관의 업무 중 금융위원회가 정하여 고시하는 바에 따라 그 업무의 수행 방법 또는 업무 수행을 위한 절차상 본질적 요소가 아니면서 중대한 의사 결정을 필요로 하지 아니한다고 판단하여 위탁한 업무"이다(시행령 제16조 제3항).

(2) 부수 업무

보험회사의 부수 업무 영위도 신고제이다. 부수 업무를 영위하고자 하는 날의 7일 전까지 금융감독당국에 신고하면 된다(제11조의2 제1항). "보험업에 부수하는 업무"라고 하고 있으므로 부수 업무의 범위는 신고를 받아 업무 처리를 하는 금융감독당국의 해석에 따라 결정된다. 금융감독당국도 신고받은 부수 업무에 대해 제한이나 시정 명령권을 행사할 수 있어(제11조의2 제2항) 이를 뒷받침하고 있다.

6. 자산 운용

(1) 자산 운용의 원칙과 규제

보험회사는 수입한 보험료인 자산을 운용하여 보험금 지급에 필요한 자금을 마련하고 보험회사의 운영 비용 등에 충당한다. 「보험업법」은 보험회사가 자산 운용을 함에 있어 "안정성·유동성·수익성 및 공익성이 확보"되도록 하고, "**선량한 관리자의 주의로써 그 자산을 운용하여야 한다**"는 원칙을 규정하고 있다(제104조). 「보험업법」은 보험회사가 자산 운용을 함에 있어 준수해야 할 여러 가지 규제 조항들을 두고 있다. 금지 또는 제한되는 자산 운용(제105조), 자산 운용의 방법 및 비율(제106조) 등의 규제를 하고 있다.

(2) 일반계정과 특별계정의 구분 관리

보험회사는 취급하는 보험 종목에 따라 일반계정과 특별계정으로 구분하여 관리하도록 하고 있다. **특별계정에 속하는 보험 종목은 연금저축보험, 퇴직연금보험, 퇴직보험, 변액보험**(즉 보험금이 자산 운용의 성과에 따라 변동하는 보험계약을 말한다)이다(제108조 제1항). **특별계정에 속하지 않는 보험 종목은 일반계정**에 속하게 된다. 특별계정과 일반계정의 자산 운용 비율도 차이를 두어 규제를 하고 있다(제106조). 그리고 특별계정 보험 종목의 경우도 해당 특별계정과 다른 특별계정을 구분하여 자산을 관리하도록 하고 있다(제108조 제2항).

7. 보험상품의 판매망

(1) 개   관

「보험업법」상 보험상품의 판매망(channel)은 4가지이다. 즉 **보험상품은 보험계약의 체결을 중개하거나 대리할 수 있는 보험 모집인**(제2조 제12호)을 통하여 판매되는데, 보험 모집인이 될 수 있는 자는 보험설계사, 보험대리점, 보험중개사, 보험회사의 임원(대표이사·사외이사·감사 및 감사위원은 제외) 또는 직원이다(제83조 제1항). 특히 은행도 보험대리점 업무를 겸영 업무로서 영위할 수 있는데(「은행법」 제28조, 시행령 제18조의2 제2항), 이것을 은행과 보험의 결합이라는 의미로 프랑스어의 은행(Banque)와 보험(Assurance)의 합성어인 '방카슈랑스'(bancassurance)라고 한다.[42]

(2) 보험설계사

보험설계사란 "**보험회사·보험대리점 또는 보험중개사에 소속되어 보험계약의 체결을 중개하는 자**(법인이 아닌 사단(社團)과 재단을 포함)로서 **금융감독당국**

---

42) 은행의 보험대리업에 관한 자세한 논의는 고동원, "은행 보험대리업 규제의 개선 과제,"「금융감독연구」제7권 제2호, 금융감독원, 2020. 10, 183–220면.

에 **등록된 자**를 말한다(제2조 제9호). 등록은 소속된 보험회사·보험대리점·
보험중개사가 하며(제84조 제1항), 파산선고를 받은 자 등 일정한 자는 등록
을 할 수 없다(제84조 제2항). 보험설계사는 원칙적으로 자기가 소속된 보험
회사·보험대리점·보험중개사 이외의 자를 위하여 보험 모집을 하지 못한다
(제84조 제2항).

(3) 보험대리점

보험대리점이란 "**보험회사를 위하여 보험계약의 체결을 대리하는 자**(법인이
아닌 사단과 재단을 포함한다)"로서 일정한 요건을 갖추어 **금융감독당국에 등록**
된 자를 말한다(제2조 제10호). 개인보험대리점과 법인보험대리점이 있으며,
업무 영역에 따라 생명보험대리점, 손해보험대리점, 제3보험대리점으로 구분
한다(시행령 제30조 제1항). **보험설계사나 보험중개사로 등록된 자는 보험대리점**
으로 등록하지 못한다(제87조 제2항 제2호).

금융기관 중 보험대리점으로 등록할 수 있는 금융기관은 은행, 자본시장법상
의 투자매매업자 또는 투자중개업자(즉 증권회사), 상호저축은행, 한국산업은행,
중소기업은행, 신용카드회사, 지역 농업협동조합, 농협은행이다(제91조 제1항, 시
행령 제40조 제1항). 다만 해당 설립 근거법에 따라 해당 금융기관이 보험대
리점 업무를 겸영 업무로 허용해야 보험대리점 업무를 영위할 수 있다고 해
석해야 할 것이다. 왜냐하면 해당 금융기관의 업무 범위는 기본적으로 해당
설립 근거법에 근거하고 있다고 보아야 하기 때문이다. 은행의 경우 보험대
리점 업무는 「은행법」상의 은행의 겸영 업무로 규정하고 있어(시행령 제18조
의2 제2항), 은행이 보험대리점 업무를 영위하는 데 문제는 없다.

그런데 보험대리점의 정의와 관련하여 검토해야 할 사항은 보험대리점
이 보험계약의 체결을 '중개'하는 업무도 포함하는지에 관한 것이다. 왜냐하
면 보험대리점은 「상법」상의 보험대리상(代理商)에 해당하는데, 「상법」은 보
험계약의 체결을 대리하는 자인 **체약(締約)보험대리상**뿐만 아니라 보험계약의
체결을 중개하는 자인 **중개보험대리상**도 인정하고 있기 때문이다. 즉 보험대
리점은 「상법」상의 독립된 상인인 대리상(제87조)에 해당하고, 이 중 보험대

리상(제646조의2)에 해당하는데, 「상법」은 일정한 상인을 위하여 "거래의 대리를 영업으로 하는 자"인 체약대리상과 "거래의 중개를 영업으로 하는 자"인 중개대리상으로 나누고 있어서(제87조), 보험대리상은 체약보험대리상과 중개보험대리상을 포함하게 된다. 따라서 「상법」상 보험대리상은 보험계약의 체결을 대리하는 업무뿐만 아니라 중개하는 업무도 영위할 수 있는데, 「보험업법」에 따르면 보험대리점은 보험계약의 체결을 대리하는 업무만을 영위할 수 있어서 보험계약의 체결을 중개하는 업무는 영위할 수 없다고 볼 여지도 있다. 이렇게 보면 실무상으로는 중개보험대리상이 대부분인 현실을 고려할 때, 실무와 법이 서로 괴리되는 문제가 있게 된다. 이런 점을 고려할 때 「보험업법」상의 보험대리점의 정의를 보험계약의 체결을 중개하는 자도 포함하도록 개정하는 것이 필요할 것이다.

그리고 중개보험대리상과 다음에 보는 '보험중개사'와의 차이점은 **중개보험대리상은 '특정한 자를 위하여'** 보험계약의 체결을 중개하는 자인 반면에 **보험중개사는 '다수의 불특정한 자'**를 위해서 보험계약의 체결을 중개하는 자라는 점이다. 이는 보험중개사는 상법상 '중개인'에 해당하는데, '중개인'은 "타인 간의 상행위의 중개를 영업으로 하는 자"이고(제93조), 중개보험대리상인 대리상은 "일정한 상인을 위하여 상업사용인이 아니면서 상시 그 영업부류에 속하는 거래의 대리 또는 중개를 영업으로 하는 자"(제87조)라고 하고 있기 때문이다.

(4) 보험중개사

보험중개사란 **"독립적으로 보험계약의 체결을 중개하는 자**(법인이 아닌 사단과 재단을 포함한다)"로서 일정한 요건을 갖추어 **금융감독당국에 등록된 자**를 말한다(제2조 제11호). 위에서 본 것처럼, 보험중개사는 불특정의 다수를 위해서 보험계약의 체결을 중개하는 자라는 점에서 특정 보험회사를 위하여 보험계약의 체결을 중개하는 자인 중개보험대리상과 차이가 있다. 보험중개사는 보험대리점과 마찬가지로 개인보험중개사와 법인보험중개사로 구분되며, 업무 영역에 따라 생명보험중개사, 손해보험중개사, 제3보험중개사로 나누어진다(시행령 제34조 제1항). **보험설계사나 보험대리점으로 등록된 자는 보험중개사로 등록할 수 없다**(제89조 제2항 제2호).

금융기관 중 보험중개사로 등록할 수 있는 금융기관은 은행, 자본시장법상의 투자매매업자 또는 투자중개업자(즉 증권회사), 상호저축은행, 한국산업은행, 중소기업은행, 신용카드회사, 지역 농업협동조합, 농협은행이다(제91조 제1항, 시행령 제40조 제1항). 보험대리점 업무와 마찬가지로 해당 금융기관의 설립 근거법에 보험중개사 업무가 겸영 업무로 허용되어야 보험중개사 업무를 영위할 수 있다.

은행의 경우 「은행법」이 보험대리점 업무와 달리 보험중개사 업무를 겸영 업무로 명시적으로 규정하고 있지 않아 논란이 될 수 있다. 왜냐하면 「은행법」은 겸영 업무로서 "대통령령으로 정하는 금융 관련 법령에서 인가·허가 및 등록 등을 받아야 하는 업무 중 대통령령으로 정하는 금융업무"와 "대통령령으로 정하는 법령에서 정하는 금융 관련 업무로서 해당 법령에서 은행이 운영할 수 있도록 한 업무"를 규정하고 있는데(제28조), 보험중개사 업무가 전자에 해당하는 것으로 보느냐 또는 후자에 해당하는 것으로 보느냐에 따라 달라지기 때문이다. 전자의 입장에서는 보험중개사 업무가 등록이 필요한 업무이므로 전자가 적용되어야 하고 따라서 보험중개사 업무가 "대통령령으로 정하는 금융업무"에 규정되어 있지 아니하므로 「은행법」상 은행은 보험중개사 업무를 겸영 업무로 영위할 수 없다는 결론이 된다. 후자의 입장에서는 해당 법령에서 은행이 영위할 수 있도록 한 업무라면 등록이나 인가·허가를 요하는 것과 상관이 없이 은행이 영위할 수 있다고 보아야 하므로 보험중개사 업무는 "대통령령으로 정하는 법령"인 「보험업법」(「은행법 시행령」 제18조의2 제1항, 제13조 제1항)에서 은행이 영위할 수 있다고 하므로 등록하여 영위할 수 있다는 결론이 된다. 후자로 해석하는 것이 타당하다고 본다. 보험대리점 업무가 은행에 허용되어 있다는 점을 고려할 때 같은 기능을 하는 보험중개사 업무를 영위할 수 없는 특별한 이유를 발견하기도 어렵다. 입법론적으로는 보다 명확히 하기 위하여 보험중개사 업무를 「은행법 시행령」이 정하는 겸영 업무로 추가하는 것이 필요하다.

Ⅵ. 「여신전문금융업법」

1. 개   관

여신전문금융회사(credit specialization finance company)는 예금을 수취하지 않고 주로 사채권(社債券)이나 어음 발행에 의하여 조달된 자금으로 대출 등 여신을 전문으로 하는 회사를 말한다. 여신전문금융회사에 적용되는 법은 1997년에 제정된 「여신전문금융업법」이다. 「여신전문금융업법」은 여신전문금융업을 신용카드업, 시설대여업(financing lease), 할부금융업(installment financing), 신기술사업금융업으로 분류하고 있다(제2조 제1호). 여신전문금융업을 영위하려면 주식회사이어야 하므로(제5조) 여신전문금융업자는 여신전문금융회사가 된다. 여신전문금융회사에는 신용카드회사, 시설대여회사, 할부금융회사, 신기술사업금융회사가 있게 된다. 물론 하나의 회사가 여러 여신전문금융업을 영위하는 것도 가능하다. 신용카드업을 영위하려면 금융감독당국으로부터 허가를 받거나 등록을 하여야 하고(제3조 제1항), 나머지 여신전문금융업을 영위하려면 금융감독당국에 등록하면 된다(제3조 제2항).

2. 신용카드업자

(1) 신용카드업

신용카드업을 영위하는 회사가 신용카드회사(credit card company)이다. 신용카드업자는 ① 신용카드 이용과 관련된 대금(代金)의 결제 업무, ② 신용카드의 발행 및 관리 업무, ③ 신용카드가맹점의 모집 및 관리 업무를 영위하는 자를 말한다(제2조 제2호). 다만, ②와 ③ 중 어느 하나를 영위해도 된다(제2조 제2호).

(2) 허가 또는 등록

신용카드업을 영위하려면 금융감독당국으로부터 허가를 받아야 하는데

(제3조 제1항 본문), 「유통산업발전법」에 따른 대규모 점포 운영자 및 "계약에 따라 같은 업종의 여러 도매·소매점포에 대하여 계속적으로 경영을 지도하고 상품을 공급하는 것을 업(業)으로 하는 자"는 금융감독당국에 등록만 하면 된다(제3조 제1항 단서, 제3항 제2호, 시행령 제3조 제2항).

(3) 겸영업자

은행 등 금융기관도 금융감독당국으로부터 허가를 받아 신용카드업을 겸영 업무로서 영위할 수 있다(제3조 제3항 제1호). 그러한 금융기관은 은행, 농협은행, 수협은행, 중소기업은행, 한국산업은행, 한국수출입은행, 종합금융회사, 상호저축은행중앙회, 신용협동조합중앙회, 새마을금고중앙회이다(시행령 제3조 제1항). 물론 해당 금융기관 설립 근거법에서 신용카드업이 겸영 업무로서 허용되어야 한다. 은행의 경우 은행법령에 신용카드업이 겸영 업무로 규정되어 있다(「은행법」 제28조, 시행령 제18조의2 제2항).

(4) 부대 업무 및 겸영 업무

신용카드회사는 신용카드업 이외에도 **부대(附帶) 업무로서 "신용카드회원에 대한 자금의 융통(融通)," "직불카드의 발행 및 대금의 결제," "선불카드의 발행·판매 및 대금의 결제"** 업무를 영위할 수 있다(제13조 제1항). 다만 등록을 하여 신용카드업을 영위하는 자(대규모 점포 운영자 등)는 이러한 부대 업무를 영위할 수 없다(시행령 제6조의5 제1항).

이외에도 신용카드회사는 여신전문금융회사로서 영업채권매입업(factoring, 기업이 물품과 용역을 제공함으로써 취득한 매출채권(어음을 포함)의 양수·관리·회수(回收) 업무), 대출(어음할인 포함) 업무, 신용카드업 및 그 부대업무·영업채권매입·대출 업무에 관련된 신용조사 및 그에 따르는 업무, 다른 금융기관이 보유한 채권(債權)의 매입 업무, 다른 금융기관이 보유한 채권(債權)을 근거로 발행한 유가증권의 매입 업무, 지급보증 업무, 신탁업무, 보험대리점 업무, 「자산유동화에 관한 법률」에 따른 유동화자산 관리 업무 등을 영위할 수 있다(제46조 제1항, 시행령 제16조 제1항, 제2항).

(5) 자금 조달

신용카드회사의 자금 조달은 "금융기관으로부터의 차입, 사채(社債)나 어음의 발행, 보유하고 있는 유가증권의 매출, 보유하고 있는 대출채권(貸出債權)의 양도, 「외국환거래법」에 따라 외국환업무취급기관으로 등록하여 행하는 차입 및 외화증권의 발행, 신용카드업 및 그 부대 업무·영업채권매입업·대출 업무와 관련하여 보유한 채권의 양도 및 그 보유한 채권을 근거로한 유가증권의 발행"으로 한다(제47조).

3. 시설대여업자

(1) 시설대여업

시설대여회사(financing lease company)는 시설대여업을 영위하는 회사이다. **시설대여업**은 "대통령령으로 정하는 물건(이하 "특정물건"이라 한다)을 새로 취득하거나 대여받아 거래상대방에게 대통령령으로 정하는 일정 기간 이상 사용하게 하고, 그 사용 기간 동안 일정한 대가를 정기적으로 나누어 지급받으며, 그 사용 기간이 끝난 후의 물건의 처분에 관하여는 당사자 간의 약정(約定)으로 정하는 방식의 금융"을 업(業)으로 하는 것을 말한다(제2조 제9호, 제10호). 「상법」상의 금융리스업(financing lease)(제168조의3)에 해당한다.

시설대여 물건은 "(i) 시설, 설비, 기계 및 기구, (ii) 건설기계, 차량, 선박 및 항공기, (iii) 위의 (i) 및 (ii)의 물건에 직접 관련되는 부동산 및 재산권, (iv) 중소기업에 시설대여하기 위한 부동산"이다(시행령 제2조 제1항). 그리고 **시설대여 물건의 소유권은 시설대여업자에게 있게 된다.** 시설대여 기간은 「법인세법 시행령」 제28조·제29조 및 제29조의2에 따른 내용 연수의 100분의 20에 해당하는 기간을 말하는데, 중소기업에 시설대여하기 위한 부동산의 경우는 3년이다(시행령 제2조 제4항).

(2) 등   록

시설대여업을 영위하려는 자는 일정한 요건을 갖추어 금융감독당국에 등록

하여야 한다(제3조 제2항). 신용카드업과 마찬가지로 **은행 등 금융기관도 등록하여 시설대여업을 겸영 업무로 영위**할 수 있다(제3조 제3항 제1호). 그러한 금융기관은 신용카드업과 마찬가지로 은행, 농협은행, 수협은행, 중소기업은행, 한국산업은행, 한국수출입은행, 종합금융회사, 상호저축은행중앙회, 신용협동조합중앙회, 새마을금고중앙회이다(시행령 제3조 제1항). 물론 해당 금융기관 설립 근거법에 시설대여업이 겸영 업무로 허용되어야 할 것이다. 은행의 경우에 시설대여업이 은행의 겸영 업무로 명시적으로 규정되어 있지 않아 논란이 제기될 수 있다. 앞서 보험중개사 업무의 경우에서 본 바와 같이, 시설대여업이 해당 금융 법령에서 인가·허가 또는 등록을 요하는 업무 중 「은행법 시행령」에서 은행이 겸영 업무로 영위하도록 하는 업무에 해당하는 것으로 본다면 「은행법 시행령」은 시설대여업을 은행이 영위할 수 있는 겸영 업무로 규정하고 있지 않아 은행이 시설대여업을 영위할 수 없다고 볼 수 있다. 반면에 시설대여업을 은행 겸영 업무의 또 다른 유형인 다른 금융 관련 법령에서 은행이 영위할 수 있도록 한 업무에 해당한다고 보면, 은행이 시설대여업을 영위할 수 있다고 보게 된다. 후자의 견해가 타당하다고 보이지만 보다 명확히 하기 위해서는 「은행법 시행령」이 정하는 겸영 업무로 규정하는 것이 필요하다. 특히 시설대여업도 대출 업무의 성격을 갖고 있는 것이라 대출 업무가 주 업무인 은행이 이를 취급하지 못할 이유도 없다는 점에서 더욱 그러하다.

(3) 연불판매업의 겸영

시설대여회사는 시설대여업 이외에도 **연불(延拂)판매업을 영위**할 수 있다(제28조, 제46조 제1항 제1호). 연불판매란 "**특정물건을 새로 취득하여 거래상대방에게 넘겨주고**, 그 물건의 대금·이자 등을 대통령령으로 정하는 일정한 기간 이상 동안 정기적으로 나누어 지급받으며, 그 물건의 소유권 이전 시기와 그 밖의 조건에 관하여는 당사자 간의 약정으로 정하는 방식의 금융"을 말한다(제2조 제11호).

연불판매와 시설대여의 차이점은 첫째, **시설대여의 경우에는 시설대여업**

자가 취득하거나 대여받은 물건도 가능하지만, 연불판매의 경우에는 시설대여업자가 취득한 물건만이 대상이라는 점이고, 둘째, 시설대여의 경우에는 계약 기간 종료 후 당사자 사이의 약정에 의해 시설대여 물건을 시설대여업자에게 반환할 수도 있고 시설대여이용자가 소유권을 취득할 수도 있지만, 연불판매의 경우에는 물건의 소유권이 물건 이용자에게 반드시 이전되어야 하고 그 이전 시기만 당사자 사이의 약정으로 정한다는 점이다.

(4) 기타 겸영 업무

이외에도 시설대여회사는 여신전문금융회사로서 영업채권매입업(factoring), 대출(어음할인 포함) 업무, 시설대여업·영업채권매입업·대출 업무에 관련된 신용조사 및 그에 따르는 업무, 다른 금융기관이 보유한 채권(債權) 매입 업무, 다른 금융기관이 보유한 채권(債權)을 근거로 발행한 유가증권의 매입 업무, 지급보증 업무, 신탁 업무, 보험대리점 업무,「자산유동화에 관한 법률」에 따른 유동화자산 관리 업무 등을 영위할 수 있다(제46조 제1항, 시행령 제16조 제1항, 제2항).

(5) 자금 조달

자금 조달 방법은 사채나 어음의 발행 등 신용카드회사의 자금 조달 방법과 같다(제47조).

4. 할부금융업자

(1) 할부금융업

할부금융회사(installment financing company)는 할부금융업을 영위하는 회사이다. 할부금융업이란 할부금융을 영업으로 하는 것을 말하는데(제2조 제12호), '할부금융'이란 "재화(財貨)와 용역의 매매계약(賣買契約)에 대하여 매도인(賣渡人) 및 매수인(買受人)과 각각 약정을 체결하여 매수인에게 융자한 재화와 용역의 구매자금을 매도인에게 지급하고 매수인으로부터 그 원리금(元利金)을 나누어 상환(償還)받는 방식의 금융"을 말한다(제2조 제3호). 구매자금이 매수인이 아닌 매도인에게 지급되어야 한다는 점이 특징이다. 「여신전문금융업법」은 이를 다시 확인하고 있다(제40조 제2항). 할부금융은 물건의 구매대금을 분할하여 상환한다는 점에서 시설대여 및 연불판매와 비슷하다. 그러나 할부금융의 경우 물건의 소유권이 물건의 매매계약 체결 시에 매수인에게 이전된다는 점이 시설대여의 경우에 당사자 약정에 의하여 계약 기간 종료 후 물건의 소유권이 시설대여이용자에게 이전될 수도 있고 물건이 시설대여업자에게 반환될 수도 있다는 점에서 차이가 있고, 연불판매의 경우에는 물건의 소유권이 반드시 물건 이용자에게 이전되지만 그 이전 시기가 당사자 사이에 약정에 의해 정해진다는 점에서 차이가 있다고 할 수 있다.

(2) 등   록

할부금융업을 영위하려면 일정한 요건을 갖추어 금융감독당국에 등록하여야 한다(제3조 제2항). 신용카드업이나 시설대여업과 마찬가지로 은행 등 금융기관도 금융감독당국에 등록하여 할부금융업을 겸영 업무로 영위할 수 있다(제3조 제3항 제1호). 그러한 금융기관은 은행, 농협은행, 수협은행, 중소기업은행, 한국산업은행, 한국수출입은행, 종합금융회사, 상호저축은행, 상호저축은행중앙회, 신용협동조합중앙회, 새마을금고중앙회이다(시행령 제3조 제1항). 앞서 본 신용카드업이나 시설대여업을 겸영할 수 있는 금융기관 이외에 추가로 상호저축은행도 할부금융업을 영위할 수 있다. 물론 해당 금융기관 설립 근거법에 할부금융업이 겸영 업무로 허용되어야 한다. 은행의 경우에 할부금융업이 은행의 겸영 업무로 규정되어 있지 않아, 은행이 할부금융업을 겸영 업무로서 영위할 수 있는지에 대한 논의는 앞서 본 시설대여업과 같다. 할부금융업도 기본적으로 대출 업무라는 점에서 은행이 영위하지 못할 이유가 없다.

(3) 겸영 업무

할부금융회사도 할부금융업 이외에도 여신전문금융회사로서 영업채권매입업(factoring), 대출(어음할인 포함) 업무, 할부금융업·영업채권매입업·대출업무에 관련된 신용조사 및 그에 따르는 업무, 다른 금융기관이 보유한 채권(債權) 매입 업무, 다른 금융기관이 보유한 채권(債權)을 근거로 발행한 유가증권의 매입 업무, 지급보증 업무, 신탁 업무, 보험대리점 업무, 「자산유동화에 관한 법률」에 따른 유동화자산 관리 업무 등을 영위할 수 있다(제46조 제1항, 시행령 제16조 제1항, 제2항).

(4) 자금 조달

자금 조달 방법은 사채나 어음의 발행 등 신용카드회사의 자금 조달 방법과 같다(제47조).

5. 신기술사업금융업자

(1) 신기술사업금융업

신기술사업금융회사(new technology business financing company)는 신기술사업금융업을 영위하는 여신전문금융회사이다. **신기술사업금융업은 "신기술사업자에 대한 투자, 신기술사업자에 대한 융자**, 신기술사업자에 대한 경영 및 기술의 지도, **신기술사업투자조합의 설립, 신기술사업투자조합 자금의 관리·운용"** 업무를 영위하는 회사를 말한다(제2조 제14호, 제41조 제1항). '신기술사업자'는 「기술보증기금법」 제2조 제1호에 따른 신기술사업자를 말하는데, "기술을 개발하거나 이를 응용하여 사업화하는 중소기업(「중소기업기본법」 제2조에 따른 중소기업) 및 대통령령으로 정하는 기업과 「산업기술연구조합육성법」에 따른 산업기술연구조합"을 말한다(제41조 제2항). '신기술사업투자조합'은 "신기술사업자에게 투자하기 위하여 설립된 조합으로서 (i) 신기술사업금융업자가 신기술사업금융업자 외의 자와 공동으로 출자하여 설립한

조합 또는 (ii) 신기술사업금융업자가 조합 자금을 관리·운용하는 조합"을
말한다(제41조 제3항).

(2) 등   록

신기술사업금융업을 영위하려면 일정한 요건을 갖추어 금융감독당국에 등록
하여야 한다(제3조 제2항). 신용카드업이나 시설대여업 및 할부금융업과 마
찬가지로 **은행 등 금융기관도 금융감독당국에 등록하여 신기술사업금융업을 겸
영 업무로 영위할 수 있다**(제3조 제3항 제1호). 그러한 금융기관은 은행, 농협
은행, 수협은행, 중소기업은행, 한국산업은행, 한국수출입은행, 금융투자업
자, 종합금융회사, 상호저축은행중앙회, 신용협동조합중앙회, 새마을금고중
앙회이다(시행령 제3조 제1항). 신용카드업이나 시설대여업 겸영 가능 금융기
관 이외에 금융투자업자가 추가되었다. 물론 해당 금융기관 설립 근거법에
신기술사업금융업이 겸영 업무로 허용되어야 한다. 은행의 경우에 신기술사
업금융업이 은행의 겸영 업무로 명시적으로 규정되어 있지 않아, 앞서 본 시
설대여업이나 할부금융업의 경우와 같은 논의가 제기될 수 있다. 신기술사
업금융업이 위험성이 높은 금융업이라 은행이 신기술사업금융업을 영위하는
것이 필요한지에 대해서는 논란이 제기될 수도 있으나 긍정적으로 검토할
필요가 있다.

(3) 겸영 업무

신기술사업금융회사도 여신전문금융회사이므로 여신전문금융회사에게
허용된 업무인 영업채권매입업(factoring), 대출(어음할인 포함) 업무, 신기술사
업금융업·영업채권매입업·대출 업무에 관련된 신용조사 및 그에 따르는 업
무, 다른 금융기관이 보유한 채권(債權) 매입 업무, 다른 금융기관이 보유한
채권(債權)을 근거로 발행한 유가증권의 매입 업무, 지급보증 업무, 신탁 업
무, 보험대리점 업무, 「자산유동화에 관한 법률」에 따른 유동화자산 관리 업
무 등을 영위할 수 있다(제46조 제1항, 시행령 제16조 제1항, 제2항).

(4) 자금 조달

자금 조달 방법은 사채나 어음의 발행 등 신용카드회사의 자금 조달 방법과 같다(제47조). 추가적으로 신기술사업금융회사는 정부 또는 대통령령으로 정하는 기금(基金)(공공자금관리기금, 신용보증기금 등)으로부터 신기술사업자에 대한 투자·융자에 필요한 자금을 차입하여 자금 조달을 할 수 있다(제42조). 그리고 신기술사업금융회사뿐만 아니라 신기술사업금융회사에 투자한 자, 신기술사업투자조합 및 그 조합원에 대하여 「조세특례제한법」에 따라 세제(稅制)상의 지원을 할 수 있도록 하여(제43조), 신기술사업금융업의 발전을 꾀하고 있다.

Ⅶ. 「상호저축은행법」

1. 개   관

상호저축은행(mutual savings bank)의 설립 근거법은 「상호저축은행법」이다. 상호저축은행은 1972년 긴급 경제 조치에 따라 사설(私設) 무진(無盡)회사나 서민금고 등 사(私)금융기관을 양성화시키기 위한 방안의 하나로서 「상호신용금고법」이 제정되면서 '상호신용금고'라는 명칭으로 설립되었다.[43] 즉 영세하고 부실한 사(私)금융기관들이 도산하면서 거래자에게 피해를 입히고 금융 질서를 문란하게 하는 문제가 발생하자, 이러한 사(私)금융기관을 양성화하여 업무를 합리적으로 규제하고 소규모 기업과 서민을 위한 서민금융기관으로 육성하기 위해 상호저축은행 제도를 도입한 것이다.[44] 상호저축은행은 지역 서민금융기관으로서 역할을 꾸준히 해 왔으나, 1997년 외환 위기 이후 영업 환경이 나빠지면서 많은 상호저축은행이 부실화되었다.

이에 따라 상호저축은행의 영업력 확장과 경쟁력 제고를 위한 정책이

---

43) 한국은행, 「한국의 금융제도」, 2011, 133면.
44) 위의 책, 133면.

시행되면서 2001년 법 명칭이 「상호신용금고법」에서 「상호저축은행법」으로 변경되었고, 상호도 상호신용금고에서 상호저축은행으로 바뀌어졌다. 영업 구역의 제한과 지점 설치 기준이 완화되었고, 업무 범위 및 동일인 여신 한도 확대 등의 조치가 이루어졌다. 그러나 이러한 영업력 확대 조치로 인하여 오히려 상호저축은행이 무리한 업무 확장을 하게 되면서 2011년 많은 상호저축은행들이 도산한 '상호저축은행 부실 사태'를 야기하게 되었다. 즉 규제 완화를 이용하여 상호저축은행들이 외형 확대와 함께 위험성이 높은 부동산 개발 사업금융(project financing) 대출에 과도하게 신용 공여를 하였다가 2008년 세계적 금융위기로 인하여 부동산 시장이 침체되면서 많은 상호저축은행들이 파산하게 된 것이다. 특히 **상호저축은행 대주주와 경영진의 도덕적 해이에 따른 부실 경영이 상호저축은행의 부실화 초래 원인의 하나라는 것이** 밝혀지고, 금융감독당국도 이러한 부실 경영에 대해서 철저한 감독을 못했다는 비판이 제기되면서 상호저축은행 부실 사태는 우리나라 금융사에 기록될 사건으로 남게 되었다.

2. 업무 범위

상호저축은행 업무를 영위하려면 금융감독당국으로부터 인가를 받아야 한다 (제6조). 상호저축은행이 영위할 수 있는 업무 범위는 "신용계(契) 업무,[45] 신용부금(賦金) 업무,[46] 예금 및 적금의 수입 업무, 자금의 대출 업무, 어음의 할인 업무, 내·외국환 업무, 보호예수 업무, 기업 합병 및 매수의 중개·주선 또는 대리 업무, 국가·공공단체 및 금융기관의 대리 업무, 상호저축은행중앙회를 대리하거나 그로부터 위탁받은 업무, 「전자금융거래법」에서 정

---

45) 신용계(契) 업무란 "일정한 계좌 수와 기간 및 금액을 정하고 정기적으로 계금(契金)을 납입하게 하여 계좌마다 추첨·입찰 등의 방법으로 계원(契員)에게 금전을 지급할 것을 약정하여 행하는 계금의 수입과 급부금의 지급 업무"를 말한다(「상호저축은행법」 제2조 제2호).

46) 신용부금 업무란 "일정한 기간을 정하고 부금(賦金)을 납입하게 하여 그 기간 중에 또는 만료 시에 부금자에게 일정한 금전을 지급할 것을 약정하여 행하는 부금의 수입과 급부금의 지급 업무"를 말한다(「상호저축은행법」 제2조 제3호).

하는 직불전자지급수단의 발행·관리 및 대금의 결제(상호저축은행중앙회의 업무를 공동으로 하는 경우만 해당), 「전자금융거래법」에서 정하는 선불전자지급수단의 발행·관리·판매 및 대금의 결제(상호저축은행중앙회의 업무를 공동으로 하는 경우만 해당), 자본시장법에 따라 금융감독당국의 인가를 받은 투자중개업·투자매매업 및 신탁업, 「여신전문금융업법」에 따른 할부금융업(거래자 보호 등을 위하여 재무건전성 등 대통령령으로 정하는 요건을 충족하는 상호저축은행만 해당), 위의 업무에 부대되는 업무, 기타 상호저축은행 설립 목적 달성에 필요한 업무로서 금융감독당국의 승인을 받은 업무"이다(제11조 제1항). 상호저축은행은 예금을 수입하고 대출 업무를 영위하고 있어서 「은행법」상의 은행에 해당하지만, 「은행법」은 상호저축은행을 은행으로 보지 않는다는 규정을 두어(제5조) 「은행법」 적용을 배제하고 있다. 그리고 「상호저축은행법」도 상호저축은행에 대하여는 「은행법」이 적용되지 않는다는 조항을 두어(제36조 제1항) 이를 확인하고 있다.

3. 영업 구역의 제한

상호저축은행은 주된 영업소인 본점이 소재한 지역에 한하여 영업을 할 수 있다. 그러한 지역 구분은 서울특별시, 인천광역시·경기도를 포함하는 구역, 부산광역시·울산광역시·경상남도를 포함하는 구역, 대구광역시·경상북도·강원도를 포함하는 구역, 광주광역시·전라남도·전라북도·제주특별자치도를 포함하는 구역, 대전광역시·충청남도·충청북도를 포함하는 구역이다(제4조 제1항). 다만, 예외적으로 "합병 상호저축은행 및 계약 이전을 받는 상호저축은행은 합병에 의하여 소멸되는 상호저축은행 또는 계약 이전을 하는 상호저축은행의 영업 구역을 해당 상호저축은행의 영업 구역으로 포함"시킬 수 있다(제4조 제2항).

4. 개인과 중소기업에 대한 최저 신용공여 비율 규제

"서민과 중소기업의 금융 편의를 도모"한다는(제1조) 상호저축은행의 설립 취지를 구현하기 위해서 **개인과 중소기업에 대한 최저 신용공여 비율을 규제하**고 있다. 상호저축은행의 영업 구역이 서울특별시 및 인천광역시·경기도를 포함하는 구역의 경우에는 개인 및 중소기업에 대한 신용공여 총 합계액은 신용공여 총액의 50% 이상을 유지하여야 하며, 그 이외의 영업 구역에 소재하는 상호저축은행은 그 비율이 40% 이상이어야 한다(제11조 제2항, 시행령 제8조의2 제1호).

5. 상호저축은행중앙회

상호저축은행을 회원으로 하는 상호저축은행중앙회는 법인으로 하며(제25조), "상호저축은행 간의 업무 협조와 신용질서의 확립 및 거래자 보호를 위한 업무, 상호저축은행으로부터의 예탁금 및 지급준비예탁금의 수입 및 운용, 상호저축은행에 대한 대출, 상호저축은행이 보유하거나 매출하는 어음의 매입, 상호저축은행에 대한 지급보증" 등의 업무를 수행한다(제25조의2).

Ⅷ. 상호금융업법

1. 개   관

회원을 대상으로 하는 금융업을 '상호금융업'이라고 하는데, 그러한 상호금융업을 영위하는 금융기관을 상호금융기관이라고 한다. **상호금융기관에는 신용협동조합, 지역 농업협동조합 및 축산업협동조합, 지구별 수산업협동조합, 지역 산림조합, 새마을금고가 있다.** 각각의 설립 근거법은 「신용협동조합법」, 「농업협동조합법」, 「수산업협동조합법」, 「산림조합법」, 「새마을금고법」이다.

2. 「신용협동조합법」

(1) 개   관

회원인 조합원을 대상으로 예탁금 및 적금을 수입하고 조합원에 대한 대출 업무를 취급하는 신용협동조합(credit union)에 대해 적용되는 법은 1972년에 제정된 「신용협동조합법」이다. **신용협동조합은 비영리법인으로서**(제2조 제1호) **금융감독당국으로부터 인가를 받아야 한다**(제7조 제1항). 그리고 신용협동조합을 회원으로 하는 신용협동조합중앙회가 설립되어 신용협동조합의 업무를 지도·감독하는 업무 등을 수행한다(제61조 제1항).

(2) 신용협동조합의 분류 및 조합원의 자격

1) 공동 유대에 따른 분류

신용협동조합의 "공동 유대는 행정구역·경제권·생활권 또는 직장·단체 등을 중심으로 하여 정관에서 정[하게 되는데]"(제9조 제1항), **지역 신용협동조합, 직장 신용협동조합, 단체 신용협동조합**이 있다.[47] **지역 신용협동조합**은 **"동일한 행정구역, 경제권 또는 생활권을 공동 유대"**로 하여 설립되는 조합(제2조 제8호)으로서, 공동 유대 구역은 "같은 시·군 또는 구에 속하는 읍·면·동"이다(시행령 제12조 제1항 제1호). **직장 신용협동조합은** 같은 직장을 공동 유대로 하여 설립되는데, 이 경우 "당해 직장의 지점·자회사·계열회사 및 산하기관을 포함"할 수 있다(시행령 제12조 제1항 제2호). **단체 신용협동조합**은 **"교회·사찰 등의 종교단체, 시장상인단체, 구성원 간에 상호 밀접한 협력관계가 있는 사단법인, 국가로부터 공인된 자격 또는 면허 등을 취득한 자로 구성된 같은 직종단체**로서 법령에 의하여 인가를 받은 단체"를 공동 유대로 하여 설립된다(시행령 제12조 제1항 제3호).

2) 조합원 자격

조합원이 될 수 있는 자는 원칙적으로 다음과 같다. 지역 신용협동조합원은 "공동 유대 안에 주소나 거소(居所)가 있는 자(단체 및 법인을 포함) 및 공동 유대 안에서 생업에 종사하는 자"이다(시행령 제13조 제1항 제1호). 직장 신용협동조합의 조합원은 해당 직장에 소속된 자이다(시행령 제13조 제1항 제2호). 단체 신용협동조합의 조합원은 해당 단체에 소속된 자이다(시행령 제13조 제1항 제2호). 다만 예외적으로 위의 자격 요건에 해당하지 않더라도 **조합**

---

47) 신용협동조합의 공동 유대 범위에 관한 자세한 논의는 고동원, "신용협동조합의 공동유대 범위 규제 개선 방안," 「신협연구」 제74호, 신협중앙회 신협연구소, 2020. 6, 3–30면.

원의 가족이나 해당 조합의 직원과 그 가족 등도 조합원이 될 수 있다(제11조 제2항, 시행령 제13조 제2항). 그리고 조합원의 자격은 제1회 출자금을 납입함으로써 취득한다(제11조 제1항). 조합의 최저 구성원 수는 100인이다(제11조 제2항).

(3) 업무 범위

신용협동조합은 신용 사업, 복지 사업, 조합원을 위한 공제 사업, 조합원을 위한 교육 사업 등을 영위할 수 있다(제39조 제1항). 이 중 금융업과 관련이 있는 신용 사업의 범위는 다음과 같다. "조합원으로부터의 예탁금·적금의 수납, 조합원에 대한 대출, 내국환, 국가·공공단체·[신용협동조합]중앙회 및 금융기관의 업무 대리, 조합원을 위한 유가증권·귀금속 및 중요 물품의 보관 등 보호예수(保護預受) 업무, 어음 할인, 「전자금융거래법」에서 정하는 직불전자지급수단의 발행·관리 및 대금의 결제([신용협동조합]중앙회의 업무를 공동으로 수행하는 경우로 한정한다), 「전자금융거래법」에서 정하는 선불전자지급수단의 발행·관리·판매 및 대금의 결제([신용협동조합]중앙회의 업무를 공동으로 수행하는 경우로 한정한다)" 업무이다(제39조 제1항 제1호).

그리고 신용협동조합은 새마을금고를 제외한 다른 상호금융기관과 달리 '준조합원' 제도를 운영하고 있지는 않다. 다만 비조합원에 대해서는 제한적으로 신용사업 등의 사업을 이용할 수 있도록 하고 있다. 즉 「신용협동조합법」은 "조합원의 이용에 지장이 없는 범위에서" 조합원이 아닌 자에게 신용사업 등 신용협동조합의 사업을 이용하게 할 수 있도록 허용하고 있어(제40조 제1항), 신용협동조합은 **제한적으로 비조합원을 상대로 예탁금 수입 및 대출업무 등을 영위**할 수 있다. 다만 대출 업무와 관련해서는 대출 한도 제한이 있어, 비조합원 및 다른 신용협동조합의 조합원에 대한 대출 및 어음 할인의 총액은 예외가 있기는 하지만 원칙적으로 당해 연도에 해당 신용협동조합이 새로이 취급하는 대출 및 어음 할인 총액의 3분의 1을 초과할 수 없도록 하고 있다(제40조 제1항, 시행령 제16조의2).

(4) 신용협동조합예금자보호기금

신용협동조합에 예탁한 예탁금·적금 등은 「예금자보호법」상의 예금 보호 대상이 아니므로 신용협동조합중앙회는 별도의 예금자보호기금을 만들어 운영하고 있다. 신용협동조합중앙회는 신용협동조합의 조합원(대출과 어음 할인을 받은 비조합원을 포함한다)이 납입한 예탁금 및 적금과 신용협동조합중앙회의 자기앞수표를 결제하기 위한 별단예금(別段預金) 등의 환급을 보장하기 위하여 **신용협동조합중앙회에 신용협동조합예금자보호기금을 설치·운영**하고 있다(제80조의2 제1항). 이 기금의 재원은 신용협동조합의 출연금(出捐金), 신용협동조합중앙회의 다른 회계로부터의 출연금·전입금 및 차입금, 정부나 한국은행 또는 금융기관으로부터의 차입금, 기금의 운용으로 발생하는 수입금 등으로 조성한다(제80조의3). **예탁금 등의 환급 보장 한도는 동일인에 대하여 5천만 원**이다(제80조의2 제4항, 시행령 제19조의8 제3항).

(5) 감독 기관

신용협동조합에 대한 감독 기관은 금융위원회이다(제83조 제1항). 금융감독원은 검사권을 갖고 있다(제83조 제2항).

3. 「농업협동조합법」

(1) 개   관

「농업협동조합법」의 적용을 받는 상호금융기관은 **지역 농업협동조합과 지역 축산업협동조합**이다. 「신용협동조합법」도 이러한 조합의 신용 사업에 대해서는 신용협동조합으로 본다고 규정하여(제95조 제1항 제1호) 상호금융기관임을 확인하고 있다.

(2) 지역 농업협동조합

지역 농업협동조합의 구역은 「지방자치법」 제2조 제1항 제2호에 따른 하나의 시·군·구에서 정관으로 정할 수 있는데, 생활권·경제권 등을 고려하여 농림축산식품부장관의 인가를 받은 경우에는 둘 이상의 시·군·구에서 정관으로 정할 수 있다(제14조). 지역 농업협동조합의 구역에 주소나 거소(居所) 또는 사업장이 있는 농업인을 조합원으로 하는 **지역 농업협동조합은 농림축산식품부장관의 인가를 얻어 설립**된다(제15조, 제19조).

지역 농업협동조합은 상호금융업인 신용 사업뿐만 아니라 경제 사업(조합원이 생산하는 농산물의 제조·가공·판매·수출 등의 사업을 말한다), 복지후생 사업, 교육·지원 사업 등을 영위한다(제57조). 신용 사업의 업무 범위는 "조합원의 예금과 적금의 수입(受入), 조합원에게 필요한 자금의 대출, 내국환, 어음할인, 국가·공공단체 및 금융기관의 업무 대리, 조합원을 위한 유가증권·귀금속·중요물품의 보관 등 보호예수(保護預受) 업무, 공과금·관리비 등의 수납 및 지급 대행, 수입인지·복권·상품권의 판매 대행" 업무이다(제57조 제1항 제3호). 조합원을 대상으로 예금의 수입과 대출 업무를 한다는 점에서 상호금융기관의 성격을 알 수 있다.

그리고 일정한 자격을 갖춘 자를 '**준조합원**'으로 인정하여 준조합원에게도 조합원과 동일하게 지역 농업협동조합의 사업을 이용할 수 있도록 하고 있다. 즉 "정관으로 정하는 바에 따라 지역 농업협동조합의 구역에 주소나 거소(居所)를 둔 자로서 그 지역 농업협동조합의 사업을 이용함이 적당하다고 인정되는 자"를 준조합원으로 할 수 있으며(제20조 제1항), 준조합원에 대하여는 정관으로 정하는 바에 따라 가입금과 경비를 부담하게 할 수 있고(제20조 제2항), 준조합원은 정관으로 정하는 바에 따라 지역 농업협동조합의 사업을 이용할 권리를 가지게 된다(제20조 제3항). 따라서 지역 농업협동조합은 정관이 정하는 바에 따라 준조합원을 대상으로 하여 예금 및 대출 업무 등 신용사업 업무를 영위할 수 있다. 더 나아가서 지역 농업협동조합의 경우 '조합원이 아닌 자,' 즉 비조합원에 대해서도 제한적으로 사업을 이용할 수 있도록 하고 있다. 즉 지역 농업협동조합은 "조합원이 이용하는 데에 지장이 없는 범위"에서 조합원이 아닌 자에게 그 사업을 이용하게 할 수 있도록 하고 있으며(제58조 제1항 본문), 다만 대출 업무 등 일정한 업무에 대해서는 정관으로 정하는 바에 따라 비조합원의 이용을 제한할 수 있도록 하고 있다(제58조 제1항 단서).

(3) 지역 축산업협동조합

지역 축산업협동조합의 구역은 행정구역이나 경제권 등을 중심으로 하여 정관으로 정하게 된다(제104조). 조합원은 지역 축산업협동조합의 구역에 주소나 거소(居所) 또는 사업장이 있는 자로서 축산업을 경영하는 농업인이어야 한다(제105조). **지역 축산업협동조합을 설립하려면 농림축산식품부장관의 인가를 받아야 한다**(제107조, 제15조). 지역 축산업협동조합도 신용 사업뿐만 아니라 경제 사업, 교육·지원 사업 등을 영위한다. 상호금융업인 신용 사업의 업무 범위는 지역 농업협동조합의 업무 범위와 같다(제106조 제3호).

지역 축산업협동조합도 지역 농업협동조합과 마찬가지로 준조합원 제도를 운영하고 있으며, 비조합원에 대해서도 "조합원이 이용하는 데에 지장이 없는 범위"에서 비조합원에게 사업을 이용할 수 있도록 허용하고 있다(제107조 제1항, 제20조, 제58조).

(4) 감독 기관

지역 농업협동조합과 축산업협동조합의 신용 사업에 대해서는 농림축산식품부가 금융위원회와 협의하여 감독한다(제162조 제1항). 감독 기관이 농림축산식품부인 것을 알 수 있다. 다만 **조합의 건전성 감독과 관련해서는 금융위원회가 감독권**을 갖는다(제162조 제3항). 이렇게 이중적인 감독 체계는 문제가 많다. 신용 사업 부문에 대해서는 금융위원회가 전적인 감독권을 행사할 수 있도록 하여야 한다. 검사와 관련해서는 농림축산부식품부장관이 필요한 경우에 금융위원회에 검사를 요청할 수 있도록 하고(제162조 제2항), 금융감독원도 검사권을 가지면서 그 검사권 일부를 농업협동조합중앙회에게 위탁할 수 있도록 하고 있어서(제162조 제5항), 누가 검사권을 갖고 있는지 분명하지 않다. 결국 금융위원회와 금융감독원이 검사권을 다 갖고 있다고 보아야 하는데, 현실적으로 금융감독 정책 기관인 금융위원회가 인력 부족 등 검사권을 수행하기가 어렵다는 점을 고려할 때 금융감독원으로 일원화해야 한다.

4. 「수산업협동조합법」

(1) 개   관

「수산업협동조합법」에 근거하여 설립되는 지구별[48] 수산업협동조합도 상호금융기관이다. 「신용협동조합법」도 지구별 수산업협동조합의 신용 사업에 대해서는 신용협동조합으로 본다고 규정하여(제95조) 이를 확인하고 있다. **지구별 수산업협동조합을 설립하려면 해양수산부장관의 인가를 받아야 한다**(제16조).

(2) 영업 구역 및 조합원 자격

지구별 수산업협동조합의 영업 구역은 해양수산부장관의 인가를 받은 경우를 제외하고는 "시·군의 행정 구역"에 따른다(제14조). 조합원은 지구별 수산업협동조합의 구역에 주소나 거소(居所) 또는 사업장이 있는 어업인이어야 한다(제20조).

(3) 업무 범위

지구별 수산업협동조합은 신용 사업 이외에 경제 사업, 공제 사업, 교육·지원 사업, 복지·후생 사업 등을 영위한다(제60조). 상호금융업에 속하는 신용 사업의 범위는 "조합원의 예금 및 적금의 수납 업무, 조합원에게 필요한 자금의 대출, 내국환, 어음 할인, 국가·공공단체 및 금융기관 업무의 대리, 조합원의 유가증권·귀금속·중요물품의 보관 등 보호예수 업무"이다(제60조 제1항 제3호).

그리고 지구별 수산업협동조합의 경우 일정한 자격을 갖춘 자를 '**준조합원**'으로 인정하여 준조합원에게는 조합원과 동일하게 조합의 사업을 이용할 수 있도록 허용하고 있다. 즉 "정관으로 정하는 바에 따라 지구별 수산업협동조합의 구역에 주소를 둔 어업인이 구성원이 되거나 출자자가 된 해양수산 관련 단체" 또는 "지구별 수산업협동조합의 사업을 이용하는 것이 적당

---

48) 「수산업협동조합법」은 '지역' 대신에 '지구별'이라는 용어를 사용하고 있다.

하다고 인정되는 자"를 준조합원으로 인정하고(제21조 제1항), 조합원과 동일하게 수산업협동조합의 신용사업 등 사업을 이용할 수 있도록 하고 있다(제21조 제3항). 따라서 준조합원을 대상으로 하여 한도 제한 없이 예탁금 수입 및 대출 업무 등을 영위할 수 있다. 이외에도 지구별 수산업협동조합은 비조합원에 대해서도 제한적으로 사업을 이용할 수 있도록 하고 있다. 즉 지구별 수산업협동조합은 "조합원의 이용에 지장이 없는 범위"에서 조합원이 아닌 자에게 그 사업을 이용하게 할 수 있도록 하면서(제61조 제1항), 대출 한도 금액을 제한하여(시행령 제20조의2 제1항) 제한적으로 이용할 수 있게 하고 있다.

(4) 감독 기관

지구별 수산업협동조합의 감독 기관은 해양수산부장관이다(제169조 제1항 본문). 다만 신용사업 부문에 대해서는 금융위원회와 협의하여 감독한다(제169조 제1항 단서). 그러나 **신용 사업의 건전성 감독 부문에 대해서는 금융위원회가 감독권**을 가진다(제169조 제4항). 앞서 농업협동조합의 감독권과 마찬가지로 신용 사업 부문에 대해서는 금융위원회가 감독권을 가질 수 있도록 일원화해야 한다. 해양수산부장관은 필요한 경우에 금융위원회에 검사를 요청할 수 있도록 하고 있는데(제169조 제2항), 금융위원회가 아닌 금융감독원에 요청하는 것이 타당하고, 금융감독원이 전적인 검사권을 행사할 수 있도록 해야 한다.

5. 「산림조합법」

(1) 개   관

「산림조합법」에 근거하여 설립된 지역 산림조합도 상호금융기관이다. 「신용협동조합법」도 지역 산림조합의 신용 사업에 대해서는 신용협동조합으로 본다고 규정하여(제95조) 이를 확인하고 있다. **지역 산림조합을 설립하려면 산림청장의 인가를 받아야 한다**(제14조 제1항).

(2) 영업 구역 및 조합원 자격

지역 산림조합의 구역은 특별자치시·특별자치도·시·군·구의 구역으로 한다(제13조). 조합원은 해당 구역에 주소나 산림이 있는 산림 소유자 또는 해당 구역에 주소나 사업장이 있는 임업인이다(제18조 제1항).

(3) 업무 범위

지역 산림조합도 신용 사업 이외에 경제 사업, 공제 사업, 교육·지원 사업, 복지·후생 사업, 산림경영 사업 등을 영위할 수 있다(제46조). 상호금융업에 해당하는 신용 사업은 "조합원의 예금과 적금의 수납, 조합원에게 필요한 자금의 대출, 내국환(內國換), 조합원의 유가증권·귀금속·중요 물품의 보관 등 보호예수 업무, 국가·지방자치단체 등의 공공단체와 금융회사 등의 업무 대행 업무"이다(제46조 제1항 제3호).

그리고 '**준조합원**' 제도를 두어 조합원과 동일하게 산림조합의 사업을 이용할 수 있도록 하고 있다. 즉 산림조합은 "정관으로 정하는 바에 따라 그 조합의 사업을 이용함이 적당하다고 인정되는 자"를 준조합원으로 할 수 있으며(제19조 제1항), 준조합원에 대하여 정관으로 정하는 바에 따라 가입금 및 경비를 부담하게 할 수 있고(제19조 제2항), 준조합원은 정관으로 정하는 바에 따라 조합의 사업을 이용할 권리를 가지게 된다(제19조 제3항). 따라서 산림조합은 준조합원을 대상으로 예금 및 대출 업무를 영위할 수 있다. 더 나아가서 산림조합은 비조합원에게도 제한적으로 산림조합의 신용사업 등의 사업을 이용하게 할 수 있도록 하고 있다. 즉 산림조합은 "조합원의 이용에 지장이 없는 범위"에서 조합원이 아닌 자에게 정관으로 정하는 바에 따라 산림조합의 사업을 이용하게 할 수 있으며(제51조 제1항), 「산림조합법」이나 시행령에서 특별히 한도 제한을 규정하지 않고 있다.

(4) 감독 기관

지역 산림조합에 대한 감독 기관은 산림청이다(제123조 제1항 본문). 다만 신용 사업의 건전성 감독에 대해서는 금융위원회가 감독권을 갖고 있다(제

123조 제1항 단서). 신용 사업에 대한 감독권을 금융위원회로 일원화하는 것이 필요하다. 산림청장이 검사권을 갖고 있으나, 필요한 경우에 금융감독원에 검사를 요청할 수 있도록 하고 있다(제123조 제3항). 그러나 금융감독원이 전적인 검사권을 갖도록 해야 할 것이다.

6. 「새마을금고법」

(1) 개 관

「새마을금고법」에 근거하여 설립된 새마을금고도 상호금융기관이다. 새마을금고도 회원을 대상으로 한 예탁금의 수입과 대출 업무 등 신용 사업을 영위하기 때문이다(제28조 제1항 제1호). **새마을금고를 설립하려면 행정안전부장관의 인가를 얻어 설립 등기를 하여야 한다**(제7조 제1항).

(2) 공동 유대의 범위

새마을금고는 비영리법인으로서 "동일한 행정구역, 경제권 또는 생활권을 업무 구역"으로 하여 설립된다(제2조 제1항, 제2항). **새마을금고의 구체적인 업무 구역은 정관에서 정해진다**(제9조 제1항). 공동 유대의 범위를 자치법규인 정관에서 정할 수 있다는 점에서 같은 상호금융기관인 신용협동조합이 법령에서 시·군·구에 한정되어 있는 점에 비해 훨씬 자율성이 강하다. 회원은 해당 새마을금고의 업무 구역에 주소나 거소(居所)가 있는 자 또는 생업에 종사하는 자로서 출자(出資) 1좌 이상을 현금으로 납입한 자이다(제9조 제1항).

(3) 업 무

새마을금고도 회원을 대상으로 하는 신용 사업 이외에 문화 복지 후생 사업, 지역 사회 개발 사업, 공제 사업 등을 영위한다(제28조). 신용 사업은 "회원으로부터 예탁금과 적금 수납, 회원을 대상으로 한 자금의 대출, 내국환(內國換)과 「외국환거래법」에 따른 환전 업무, 국가·공공단체 및 금융기관의 업무 대리, 회원을 위한 보호예수(保護預受)" 업무이다(제28조 제1항 제1호).

새마을금고는 신용협동조합을 제외한 다른 상호금융기관과 달리 준회원
제도를 운영하고 있지 않다. 그러나 비회원에 대해서는 제한적으로 새마을
금고의 사업을 이용할 수 있도록 하고 있다. 즉 새마을금고는 "회원의 이용
에 지장이 없는 범위"에서 비회원에게 사업을 이용하게 할 수 있도록 하고
있다(제30조). 따라서 새마을금고는 비회원을 대상으로 예금 수입 및 대출
업무를 영위할 수 있을 것이다. 다만 그 제한 범위에 대해서는 신용협동조합
의 경우와 달리 「새마을금고법」이나 시행령에서 구체적으로 규정하고 있지
않고 있어서 자율적으로 정할 수 있다고 볼 수 있을 것이다. 다만 "회원의
이용에 지장이 없는 범위"라고 하고 있기 때문에 비조합원에 대한 대출이나
예금 수입 규모가 조합원에 대한 대출이나 예금 수입 규모를 초과해서는 안
된다고 보아야 할 것이다.

(4) 예금자보호준비금

회원이 납입한 예탁금의 환급을 보장하기 위하여 **새마을금고중앙회에 예
금자보호준비금을 설치하여 운영**하고 있다(제71조). 예금자보호준비금은 새마
을금고의 회원(새마을금고의 사업을 이용하는 비회원을 포함)이 납입한 예탁금,
적금, 그 밖의 수입금과 새마을금고중앙회의 공제금, 자기앞수표를 결제하기
위한 별단예탁금에 대한 환급(還給)을 보장하기 위한 기금이다(제71조). 예금
자보호준비금의 재원(財源)은 새마을금고 및 새마을금고중앙회가 납입하는
출연금, 다른 회계에서 넘어온 전입금 및 차입금, 준비금의 운용에 의하여
생기는 수익금, 국가로부터의 차입금 등으로 조성된다(제72조). 예탁금 등의
보호 한도는 동일인에 대하여 5천만 원이다(시행령 제46조 제3항).

(5) 감독 기관

새마을금고에 대한 감독 기관은 **행정안전부**이다(제74조 제1항 본문). 다만
신용 사업에 대해서는 금융위원회와 협의하여 감독한다(제74조 제1항 단서).
**새마을금고의 신용 사업에 대한 건전성 감독권은 다른 상호금융기관과 달리 행정
안전부에게 있다**(제74조 제6항). 다만 **금융위원회와 협의**하여 정하도록 하고 있

는데(제74조 제6항), 금융에 관한 전문성이 없는 행정안전부가 효과적으로 새마을금고의 신용 사업을 잘 감독할 수 있는지 의문이다. 특히 행정안전부가 새마을금고의 신용 사업에 대한 건전성 감독권까지 갖고 있어 문제이다. 금융위원회가 새마을금고의 신용 사업에 관한 전적인 감독권을 가질 수 있도록 해야 한다. 더욱이 **새마을금고에 대한 검사권은 금융감독원이 아니라 회원의 연합체인 새마을금고중앙회가 갖고 있어**(제79조 제2항), 효율적인 검사가 이루어질 수 있는지 의문이다. 검사권을 금융감독원에 부여하도록 해야 할 것이다.

Ⅸ. 신용정보업법

1. 개   관

신용정보법은 신용정보의 제공과 이용에 관한 금융기반법의 내용도 담고 있지만 '신용정보업'에 관한 내용도 있어 금융업법의 성격도 갖고 있다. 2020년 2월 4일 신용정보법 개정(2020년 8월 5일 시행) 전에는 신용정보업이 신용조회업, 신용조사업, 채권추심업으로 되어 있었는데, 개정 신용정보법은 신용조회업을 세분화 하여 **개인신용평가업, 개인사업자신용평가업, 기업신용조회업**으로 나누었으며, **신용조사업**은 그대로 유지하고, 채권추심업이 신용정보업의 성격에 맞지 않는다는 점을 고려하여 신용정보업의 범위에서 제외하였다(제2조 제4호). 2020년 2월 개정 신용정보법은 신용정보업을 세분화하면서 자본금 요건 등의 완화 등 진입 요건을 낮추어 새로운 다양한 신용정보업자가 시장에 진출하도록 하여 신용정보업 시장의 성장과 활성화를 도모하고 있다. 신용정보업을 영위하려는 자는 **신용정보업 종류별로 금융감독당국의 허가를 얻어야 한다**(제4조 제2항). 허가 요건의 하나로서 "법인"이라고 하고 있어서(제5조 제1항) 반드시 회사 형태만이 요구되는 것은 아니다. 그래서 여기서는 개인신용평가업자, 개인사업자신용평가업자, 기업신용조회업자, 신용조사업자로 하기로 한다. 그리고 신용정보업과 관련하여 '신용정보'의 정의가 중요한데, 뒤의 신용정보기반법 서술 부분에서 언급하기로 한다.

2. 개인신용평가업자

(1) 개인신용평가업

개인신용평가업이란 "개인의 신용을 판단하는 데 필요한 정보를 수집하고 개인의 신용상태를 평가하여 그 결과(개인신용평점을 포함)를 제3자에게 제공하는 행위를 영업으로 하는 것"을 말하며(제2조 제8호), 금융감독당국의 허가를 받은 자를 개인신용평가업자라고 한다. 개인신용평가업자에는 전문개인신용평가업자도 있는데, 이는 일정한 제한된 개인신용정보(즉 금융거래 관련된 신용정보를 제외한 신용정보)만을 처리하는 개인신용평가업자를 말한다(제5조 제1항 단서, 시행령 제5조 제1항). 예를 들어, 이동통신회사가 휴대전화 요금 납부나 연체 실적 등을 기반으로 개인신용평가를 하는 영업이 이에 해당한다.

(2) 허   가

개인신용평가업을 영위하려면 금융감독당국으로부터 허가를 받아야 하는데, 신용정보법은 허가받을 수 있는 자를 제한하여 규정하고 있다. 즉 신용보증기금, 기술보증기금, 지역신용보증재단, 한국무역보험공사는 보증 업무 등 업무 수행상 개인신용평가 업무를 영위할 수밖에 없기 때문에 허가 신청 대상으로 규정하고 있으며, 이외에도 금융기관이나 신용정보업자가 100분의 50 이상 출자한 법인을 허가 신청 자격자로 규정하고 있다(제5조 제1항). 다만 전문개인신용평가업을 영위하는 경우에는 위의 요건이 적용되지 않아 일반 법인도 가능하다(제5조 제1항).

개인신용평가업의 허가를 받기 위한 요건은 인력과 전산 설비 등 물적 시설 요건, 사업계획의 타당성 및 건전성 요건, 대주주의 출자능력이나 재무상태 및 사회적 신용 요건, 전문성 요건, 임원 자격 요건, 자본금 내지 기본재산 요건(50억 원 이상) 등 일반적인 금융업 허가 요건이 적용된다(제6조 제1항, 제2항). 다만 전문개인신용평가업 허가를 받으려는 경우에는 최저 자본금이나 기본재산을 5억 원 또는 20억 원으로 해서 요건을 낮추어 주고 있다. 즉 전기요금이나 수도요금 납부 내역 등의 개인신용정보를 처리하는 전문개인신용평가업을 영위하려는 경우에는 자본금 내지 기본재산 요건이 20억 원이고, 나머지의 경우는 5억 원이다(제6조 제2항 제1호 단서 가목, 나목). 자본금 요건을 낮추어 줌으로써 진입이 용이하도록 하고 있음을 알 수 있다.

(3) 겸영 업무 및 부수 업무

신용정보법은 개인신용평가업자의 겸영 업무 및 부수 업무의 범위에 대해서도 규정하고 있어 본업인 개인신용평가업 이외에도 다양한 업무를 영위할 수 있도록 하여 수익을 높일 수 있도록 하고 있다. 특히 개인사업자신용평가업 등 다른 신용정보업도 겸영을 할 수 있도록 하고 있으며, 이외에도 채권추심업이나 본인신용정보관리업 등도 겸영 업무로서 영위할 수 있다(제11조 제2항, 시행령 제11조 제1항). 다만 겸영 업무를 영위하려면 미리 금융감독당국에 신고해야 한다(제11조 제1항).

부수 업무의 범위도 다양한데, 개인신용평점 등을 신용정보주체 본인에게 제공하는 업무나 본인인증 및 신용정보주체의 식별확인 업무 등을 규정하고 있다(제11조의2 제2항, 시행령 제11조의2 제1항). 부수 업무도 겸영 업무와 마찬가지로 금융감독당국에 미리 신고하도록 하고 있다(제11조의2 제1항). 신용정보법이 개인신용평가업 이외에도 다양한 겸영 업무 및 부수 업무를 영위할 수 있도록 하는 것은 개인신용평가업자의 경쟁력을 높일 수 있다는 점에서 바람직한 방향으로 생각된다. 다만 겸영 업무에 따른 이해상충이 발생할 수 있는지에 대한 검토를 통하여 내부정보 차단벽(소위 'chinese wall')의 설치 등 이해상충을 관리할 수 있는 체계를 만들어야 하는지에 대한 검토는 필요할 것이다.

3. 개인사업자신용평가업자

(1) 개인사업자신용평가업

신용정보법은 개인사업자신용평가업을 "개인사업자의 신용을 판단하는 데 필요한 정보를 수집하고 개인사업자의 신용 상태를 평가하여 그 결과를 제3자에게 제공하는 행위를 영업으로 하는 것"이라고 하고 있다(제2조 제8호의2 본문).

다만, 자본시장법 제9조 제26항에 따라 기업이나 기업이 발행한 증권에 대한 신용 평가 행위를 영업으로 하는 신용평가업은 제외하고 있다(제2조 제8호의2 단서). 이는 자본시장법에 따른 신용평가업이 기업에 대한 신용 평가도 포함되어 있어서 '개인사업자'와 '기업'의 범위가 명확하지 않을 수도 있는 부분이 있는데, 이를 고려하여 자본시장법에 따른 인가를 받은 신용평가회사는 신용정보법에 따른 개인사업자신용평가업 허가를 받지 않고 영업을 할 수 있도록 한 것이라고 이해할 수 있다. 그리고 평가 대상인 개인과 개인사업자를 구분하여 별도의 허가를 받도록 하고 있음을 알 수 있다.

(2) 허 가

개인사업자신용평가업 허가를 받을 수 있는 자도 제한되어 있다. 개인신용평가업자(다만 전문개인신용평가업자는 제외한다), 기업신용등급 제공 업무를 하는 기업신용조회업자, 신용카드회사, 금융기관이나 신용정보업자 또는 채권추심업자가 100분의 50 이상을 출자한 법인에 한정하고 있다(제5조 제2항). 허가 요건과 관련해서는 자본금 또는 기본재산이 50억 원 이상이어야 하는 요건 등 위에서 본 개인신용평가업 허가 요건과 동일한 허가 요건이 적용된다(제6조 제1항).

(3) 겸영 업무 및 부수 업무

신용정보법은 개인사업자신용평가업자가 다양한 겸영 업무 및 부수 업무를 영위할 수 있도록 하고 있으며, 미리 금융감독당국에 신고하도록 하고 있다(제11조 제1항, 제11조의2 제1항). 겸영 업무로서 다른 신용정보업, 채권추심업, 본인신용정보관리업 등을 영위할 수 있도록 허용하고 있으며(제11조 제3항, 시행령 제11조 제2항), 부수 업무로서 개인사업자의 신용 평가 결과를 해당 개인사업자에게 제공하는 업무 등을 규정하고 있다(제11조의2 제3항).

4. 기업신용조회업자

(1) 기업신용조회업

기업신용조회업이란 "기업정보조회 업무, 기업신용등급 제공 업무, 기술신용평가 업무를 영업으로 하는 것"을 말한다(제2조 제8호의3 본문). 다만, 자본시장법 제9조 제26항에 따른 신용평가업은 제외한다(제2조 제8호의3 단서). 신용정보법에 따른 기업신용조회업이 자본시장법에 따른 신용평가업에 해당할 수 있으므로 규제의 중복을 막기 위해 둔 조항으로 이해할 수 있다. 즉 자본시장법에 따른 신용평가업 인가를 받은 신용평가회사는 신용정보법에 따른 기업신용조회업 허가를 받지 않고 자본시장법에 따른 기업 신용평가업을 영위할 수 있게 된다.

신용정보법은 기업신용조회업을 기업정보조회 업무, 기업신용등급 제공 업무, 기술신용평가 업무 등 크게 3가지 분야로 나누고 있다. 우선 **기업정보조회 업무**는 "기업 및 법인인 신용정보주체의 거래 내용, 신용거래능력 등을 나타내기 위하여 기업신용등급과 기술신용정보를 제외한 신용정보를 수집하고, 이를 통합·분석 또는 가공하여 제공하는 업무"를 말한다(제2조 제8호의3 가목, 시행령 제2조 제10항). **기업신용등급 제공 업무**란 "기업 및 법인인 신용정보주체의 신용상태를 평가하여 기업신용등급을 생성하고, 해당 신용정보주체 및 그 신용정보주체의 거래상대방 등 이해관계를 가지는 자에게 제공하는 업무"를 말하며(제2조 제8호의3 나목), **기술신용평가 업무**란 "기업 및 법인인 신용정보주체의 신용상태 및 기술에 관한 가치를 평가하여 기술신용정보를 생성한 다음 해당 신용정보주체 및 그 신용정보주체의 거래상대방 등 이해관계를 가지는 자에게 제공하는 업무"를 말한다(제2조 제8호의3 다목).

그런데 '조회'라는 의미가 '어떤 사항을 알아본다'는 것이어서 '기업신용조회업'이 기업이나 법인의 신용을 평가 내지 분석하는 업무를 의미하는 정확한 용어인지 의문이다. 따라서 '기업신용평가업'이나 '법인신용평가업'이라는 용어를 쓰는 것이 바람직하다고 판단된다.

(2) 허   가

기업신용조회업을 3가지 부문으로 나누는 이유는 허가 요건의 차이를 두기 위한 것이라고 볼 수 있다. 우선 기업신용등급 제공 업무 또는 기술신용평가 업무를 영위하는 기업신용조회업의 허가를 받을 수 있는 자의 범위는 앞서 본 개인신용평가업 허가를 받을 수 있는 자와 동일하다. 다만 "기술신용평가업무의 특성, 법인의 설립 목적 등을 고려하여 대통령령으로 정하는 법인"인 특허법인 및 회계법인의 경우 기술신용평가 업무를 영위하는 기업신용조회업 허가를 받을 수 있는 것은 확실한데(제5조 제3항, 시행령 제5조 제3항), 기업신용등급 제공 업무를 영위할 수 있는 허가를 받을 수 있는 대상인지는 확실하지 않다. 왜냐하면 법문상으로는 "기술신용평가업무의 특성, 법인의 설립 목적 등을 고려하여 대통령령으로 정하는 법인"이라고 하고 있어서 기술신용평가 업무만 영위할 수 있다고 볼 여지도 있는 반면에, 허가 대상자의 범위에 "기업신용등급 제공 업무 또는 기술신용평가 업무를 하려는 자"로 규정하고 있어서 기업신용등급 제공 업무도 영위할 수 있다고 볼 여지가 있기 때문이다. 이를 명확하게 규정할 필요가 있을 것이다. 그리고 기업정보조회 업무만을 영위하는 기업신용조회업자의 경우는 추가로 「상법」에 따라 설립된 주식회사도 허가를 받을 수 있도록 하고 있다(제5조 제3항).

허가 요건도 위에서 살펴본 개인신용평가업의 허가 요건과 마찬가지의 요건이 적용되며, 다만 자본금 또는 기본재산은 기업정보조회 업무를 영위하는 기업신용조회업의 경우에는 5억 원 이상, 기업신용등급 제공 업무를 영위하는 기업신용조회업의 경우에는 20억 원 이상, 기술신용평가 업무를 영위하는 기업신용조회업의 경우에는 20억 원 이상이 되도록 하여(제6조 제1항) 차별화하고 있다. 기업정보조회 업무만을 취급하는 기업신용조회업자는 자본금 금액을 5억 원 이상으로 낮추어 주고 있어 진입 규제가 완화되어 있음을 알 수 있다.

(3) 겸영 업무 및 부수 업무

기업신용조회업자도 미리 금융감독당국에 신고하여 겸영 업무 및 부수 업무를 영위할 수 있다. 겸영 업무로서 기업신용조회업 외의 다른 신용정보업, 채권추심업, 본인신용정보관리업 등을 영위할 수 있으며(제11조 제4항, 시행령 제11조 제3항), 부수 업무로서 기업신용정보를 해당 본인이나 제3자에게 제공하는 업무 등 다양한 업무를 영위할 수 있다(제11조의2 제4항, 시행령 제11조의2 제2항).

5. 신용조사업자

(1) 신용조사업

신용조사업이란 "제3자의 의뢰를 받아 신용정보를 조사하고, 그 신용정보를 그 의뢰인에게 제공하는 행위를 영업으로 하는 것"을 말한다(제2조 제9호). 특정 의뢰인의 요청에 의해서 단순히 신용정보를 '조사'하고 그 결과를 해당 의뢰인에게만 수수료를 받고 제공한다는 점에서 대상자의 신용 '평가'를 하는 개인신용평가업 등 다른 신용정보업과 다른 점이라고 할 수 있다.

(2) 허   가

신용조사업을 영위하려는 경우에는 다른 신용정보업과 마찬가지로 허가를 받아야 하며, 허가를 받을 수 있는 자는 위에서 언급한 개인신용평가업 허가를 받을 수 있는 자와 같다(제5조 제1항). 허가 요건도 위의 개인신용평가업 허가 요건과 같은 요건이 적용되며, 다만 자본금 내지 기본재산 요건은 30억 원이다(제6조 제1항, 제2항, 시행령 제7조).

(3) 겸영 업무 및 부수 업무

신용조사업자도 다양한 겸영 업무 및 부수 업무를 영위할 수 있고, 미리 금융감독당국에 신고를 해야 한다(제11조 제1항, 제11조의2 제1항). 신용조사업자도 다른 신용정보업, 채권추심업, 「자산유동화에 관한 법률」에 따른 유동화자산 관리 업무를 겸영 업무로서 영위할 수 있고(제11조 제5항, 시행령

제11조 제4항), 부수 업무로서 부동산과 동산의 임대차 현황 및 가격조사 업무 등을 영위할 수 있다(제11조의2 제5항, 시행령 제11조의2 제3항).

6. 채권추심업자

채권추심업자는 2020년 2월 신용정보법 개정으로 신용정보업자의 범위에서 제외되었지만 신용정보법이 규정하고 있으므로 여기서 살펴보기로 한다. 채권추심업자는 채권추심업 영위에 대한 허가를 받은 자를 말하는데(제2조 제10호의2), **채권추심업**이란 "채권자의 위임을 받아 변제하기로 약정한 날까지 채무를 변제하지 아니한 자에 대한 재산조사, 변제의 촉구 또는 채무자로부터의 변제금 수령을 통하여 채권자를 대신하여 추심 채권을 행사하는 행위를 영업으로 하는 것"을 말한다(제2조 제10호). 채권추심업 허가를 받을 수 있는 자 및 허가 요건은 기본적으로 앞서 살펴본 신용정보업 허가 요건과 동일하다(제5조, 제6조). 채권추심업자도 겸영 업무로서 신용정보업이나 「자산유동화에 관한 법률」 제10조에 따른 유동화자산 관리 업무 등을 영위할 수 있으며(제11조 제7항), 부수 업무로서 채권자 등에 대한 채권관리시스템의 구축 및 제공 업무 등을 영위할 수 있다(제11조의2 제7항).

X. 「우체국예금·보험에 관한 법률」

우체국도 예금 업무와 보험 업무(생명보험과 상해보험 업무에 한한다)를 취급할 수 있다. 이와 관련된 법은 1982년에 제정된 「우체국예금·보험에 관한 법률」이다.

1. 예금 업무

우체국이 취급할 수 있는 예금은 요구불예금과 저축성예금이다(제11조). 우체국은 대출 업무는 영위할 수 없다. 우체국은 수취한 예금을 다음과 같이 운용한다. 즉 "금융기관에 예탁(預託), 재정자금에 예탁, 자본시장법에 따른 증권의 매매 및 대여, 자본시장법에 따른 자금중개회사를 통한 금융기관에 대여, 자본시장법에 따른 파생상품의 거래, 업무용 부동산의 취득·처분 및 임대"의 방법으로 운용하여(제18조 제1항) 수익을 예금자에게 돌려준다. **국가가 이자를 포함한 예금의 지급을 책임지므로**(제4조), 안정성이 높다.

2. 보험 업무

우체국이 취급할 수 있는 보험 업무는 생명보험 업무와 상해보험 업무에 한한다(제2조 제4호). 과학기술정보통신부장관은 필요한 경우에 재보험에 가입할 수 있다(제46조의2). **국가가 보험금 등의 지급을 책임**지므로(제4조), 보험금 지급이 보장되어 안정성이 높다.

3. 감독 기관

우체국에 대한 **감독 기관은 과학기술정보통신부**이다(제3조, 제3조의2). 과학기술정보통신부장관은 우체국 예금·보험 사업의 건전성 유지를 위하여 금융위원회와 협의하여 필요한 기준을 정하여 고시할 수 있다(제3조의2 제2항). 그리고 과학기술정보통신부장관은 필요한 경우에 금융위원회에 우체국에 대한 검사를 요청할 수 있다(제3조의2 제1항). 그러나 금융감독원에 검사 요청하는 것이 타당할 것이다. 그리고 감독권은 금융 전문성을 갖고 있는 금융위원회가 전적으로 행사할 수 있도록 해야 한다.

XI. 대부업법

1. 개   관

대부업자(貸付業者)는 주로 소액 자금으로 신용도가 낮은 자금 수요자에게 대출해주는 것을 업(業)으로 하는 자를 말한다. 대부업자와 대부업에 관한 규제법은 2002년에 제정된 대부업법이다. 2002년 대부업법 제정 전에는 대부업이 양성화가 되지 않아 많은 문제점이 나타났다. 이는 1997년 외환위기 이후 가계의 자금 수요 증가 등으로 대부업이 크게 성장하였는데도 불구하고 대부업을 영위하는 자의 불법적인 채권 추심 행위가 만연되고 높은 금리가 부과되면서 사회 문제화가 되었던 것이다. 따라서 이를 양성화하기 위하여 제정된 법이 대부업법이다. **대부업법은 대부업자 및 금전 대부를 중개하는 대부중개업자로 하여금 특별시장·광역시장·특별자치시장·도지사 또는 특별자치도지사**(이하 "시·도지사")(제12조 제1항)나 **금융감독당국에 등록**을 하도록 하여(제3조) 대부업 규제를 하고 있다. 또한 **대부업자의 대부 최고 이자율을 설정**하여(제8조) 과도한 금리가 부과되지 않도록 하여 이용자를 보호하기 위한 장치도 두고 있다. 또한 허위 광고의 금지 등 광고에 관한 규제도 하고 있다(제9조의3).

2. 대부업자 및 대부중개업자

(1) 대부업자

대부업자는 대부업을 영위하려고 하는 자로서 시·도지사나 금융감독당국에 등록을 한 자를 말한다(제3조 제1항, 제2항). 대부업자의 등록 요건으로 대부업자를 특별히 법인에만 한정하고 있지 않으므로 개인도 대부업자가 될 수 있다.

'대부업'이라 함은 "금전의 대부(어음할인·양도담보, 그 밖에 이와 비슷한 방법을 통한 금전의 교부를 포함한다)를 업(業)으로 하거나" "대부업의 등록을 한 대부업자 또는 여신금융기관으로부터 대부계약에 따른 채권을 양도받아 이를 추심하는 것을 업으로 하는 것"을 말한다(제2조 제1항). 즉 대부업의 범위에 **채권매입추심업**도 포함되어 있고, 대부업 등록을 하면 채권매입추심업도 영위할 수 있다. 대부업과 채권매입추심업의 겸업이 가능한 것이다. 물론 채권매입추심업만 별도로 영위할 수도 있을 것이다.

'여신금융기관'이란 "대통령령으로 정하는 법령에 따라 인가 또는 허가 등을 받아 대부업을 하는 금융기관"을 말한다(제2조 제4호). 따라서 은행이나 여신전문금융회사 등 대출 업무를 영위하는 금융기관도 대부업법상의 여신금융기관이 된다.

대부업법은 대부업의 정의에는 해당하나 대부업법 적용 필요성이 없는 경우를 시행령에 정해서 대부업법 적용을 배제하고 있다. 그러한 경우는 "사업자가 그 종업원에게 대부하는 경우, 「노동조합 및 노동관계조정법」에 따라 설립된 노동조합이 그 구성원에게 대부하는 경우, 국가 또는 지방자치단체가 대부하는 경우, 「민법」이나 그 밖의 법률에 따라 설립된 비영리법인이 정관에서 정한 목적의 범위에서 대부하는 경우"이다(시행령 제2조).

그리고 대부업의 정의에서 "금전의 대부를 업으로 하거나 ···"라고 하고 있으므로 은행이나 여신전문금융회사 등 대출 업무를 영위하는 금융기관도 대부업법상의 대부업을 영위하는 것으로 볼 수 있다. 그러나 대부업법은 대부업자를 "대부업의 등록을 한 자"라고 하고 있고(제2조 제1호 가목), 여신금융기관은 대부업의 등록 대상에서 제외하고 있으므로(제3조 제1항) 대부업법상의 대부업자에는 해당하지 않게 된다. 즉 **은행이나 여신전문금융회사 등 여신금융기관은 대부업을 영위하고 있지만 대부업자는 아니다.**

(2) 대부중개업자

대부중개업자는 대부중개업을 영위하려는 자로서 시·도지사나 금융감독당국에 등록을 한 자를 말한다(제3조 제1항, 제2항). 대부중개업은 "대부중개를 업으로 하는 것"을 말하는데(제2조 제2호), 대부중개업자는 "대부중개의 등록을 한 자"로 하고 있어(제2조 제3호) 등록된 업자만이 대부중개업자가 된다. 대부업법은 대부중개업자 등록 요건으로서 특별히 법인에만 한정하고 있지 않으므로 개인도 대부중개업자가 될 수 있다. 그리고 특별히 대부업자와 대부중개업자의 겸업을 금지하고 있지 아니하므로 대부업자가 대부중개업을 겸영할 수 있을 것이다.

3. 대부업 또는 대부중개업의 등록

(1) 시·도지사에 등록

대부업이나 대부중개업을 영위하려는 자는 영업소별로 해당 영업소를 관할하는 시·도지사에게 등록하여야 한다(제3조 제1항). 여신금융기관은 등록 대상이 아니다(제3조 제1항). 다만, 여신금융기관과 위탁계약 등을 맺고 대부중개업을 하는 자는 해당 위탁계약 범위에서는 등록할 필요가 없다(제3조 제1항 단서). 대부중개업을 하는 자는 법인이나 개인이 될 수 있는데, 개인인 경우 대출모집인이 그 예가 된다. 대부중개업을 하는 자가 법인인 경우에는 그 법인과 직접 위탁계약 등을 맺고 대부를 받으려는 자를 모집하는 개인(대출모집인이 해당된다)도 해당 위탁계약 범위에서는 등록할 필요가 없다(제3조 제1항 단서). 그리고 등록 유효 기간이 있어 등록일로부터 3년이며(제3조 제6항), 등록 갱신 신청을 하여 등록 기간을 연장할 수 있다(제3조의2).

(2) 금융감독당국에 등록

다만 규모가 큰 대부업자나 대부중개업자는 금융감독당국에 등록하여야 한다(제3조 제2항). 금융감독당국에 등록해야 하는 대부업자나 대부중개업자는 다음과 같다. "둘 이상의 특별시·광역시·특별자치시·도·특별자치도에서 영업소를 설치하려는 자, 대부채권 매입 추심을 업으로 하려는 자, 「독점규제 및 공정거래에 관한 법률」 제31조에 따라 지정된 상호출자제한기업집단에 속하는 자, 최대주주가 여신금융기관인 자, 법인으로서 자산규모 100억 원을 초과하는 범위에서 대통령령으로 정하는 기준에 해당하는 자" 등이다(제3조 제2항). 채권매입추심업을 겸영하는 대부업자나 채권매입추심업만을 영위하는 대부업자는 시·도지사가 아닌 금융감독당국에 등록해야 함을 알 수 있다. 그리고 등록 유효 기간이 있어 등록일로부터 3년이며(제3조 제6항), 등록 갱신 신청을 하여 등록 기간을 연장할 수 있다(제3조의2).

금융감독당국에 등록한 대부업자는 총자산 한도에 대한 규제를 받는 등 규제가 더 강하게 적용된다. 즉 금융감독당국에 등록한 대부업자는 총자산이 자기자본의 10배의 범위에서 대통령령으로 정하는 배수(倍數)에 해당하는 금액을 초과해서는 아니 된다(제7조의3). 즉 과도한 차입에 의존하여 대부업을 영위함으로써 부실화되는 것을 막기 위한 조치이다.

4. 최고 이자율 규제

대부업법은 대부업자에 대한 **최고 이자율을** 부과함으로써 대부업 이용자가 과도한 이자를 부담하는 것을 막고 있다. 그 대상은 개인이나 「중소기업기본법」 제2조 제2항에 따른 소기업에 해당하는 법인에 대부를 하는 경우이다(제8조 제1항). 최고 이자율은 연 100분의 27.9 이하의 범위에서 대통령령으로 정하는 율이다(제8조 제1항).[49] 그리고 최고 이자율을 산정할 때 "사례금, 할인금, 수수료, 공제금, 연체이자, 체당금(替當金) 등 그 명칭이 무엇이든 대부와 관련하여 대부업자가 받는 것"은 모두 이자로 간주하도록 하고 있다(제8조 제2항). 다만, 해당 거래의 체결과 변제에 관한 부대비용으로서 대통령령으로 정한 사항은 제외한다(제8조 제2항 단서). 또한 대부업자가 최고 이자율을 위반하여 대부계약을 체결한 경우 **최고 이자율을 초과하는 부분에 대한 이자계약**은 **무효가** 된다(제8조 제4항).

5. 감독 및 검사

대부업자와 대부중개업자에 대한 **감독 기관은 해당 영업소를 관할하는 시·도지사이다**(제12조 제1항). 시·도지사는 소속 공무원으로 하여금 대부업자와 대부중개업자를 검사하도록 할 수 있다(제12조 제2항). 다만 **금융감독당국에 등록한 대부업자나 대부중개업자에 대해서는 금융감독원이 검사할 수 있다**(제12조 제2항). 시·도지사는 등록한 대부업자나 대부중개업자에 대한 전문적인 검사가 필요한 경우로서 대통령령으로 정하는 경우에는 금융감독원장에게 대부업자나 대부중개업자에 대한 검사를 요청할 수 있다(제12조 제3항). "대통령령으로 정하는 경우"는 "매월 말을 기준으로 대부업자나 대부중개업자

---

49) 연 100분의 20을 말한다(대부업법 시행령 제5조 제2항).

의 월평균 대부금액의 잔액이 금융위원회가 정하는 금액을 초과하는 경우, 대부업자나 대부중개업자의 영업행위가 법령에 위반되는 경우, 동일인이 2 이상의 등록업체의 대주주인 경우 등 분사(分社) 등의 수단을 통하여 금융감독원장의 검사를 피하려는 의도가 있다고 의심되는 경우, 대부업자나 대부중개업자의 영업행위가 거래상대방에게 불이익을 줄 가능성이 크고 금융기관과 연계되어 있는 경우" 등이 해당한다(시행령 제7조 제5호).

XII. 대출형 P2P금융업법

1. 개   관

P2P금융(peer-to-peer financing)[50]이란 정보통신망에서 전산운영체계(platform)를 개설하여 운영하는 대출중개업자의 중개로 차입자인 자금수요자와 다수의 투자자인 자금제공자 사이에서 대출 거래나 증권 발행 거래가 이루어지는 금융을 말한다.[51] 다수의 투자자로부터 자금을 조달한다는 의미에서 'Crowd Funding'이라고 하기도 한다. 즉 은행 등 전통적인 금융기관의 중개 없이 금융기술 기업인 전산운영체계 개설·운영업자의 중개로 금융이 이루어진다는 점에서 금융기술(FinTech) 금융의 하나로 인정받고 있다. 우리나라에서도 2006년부터 대출형 P2P 거래가 시작되었으나 2016년부터 금융기술 산업의 성장에 따라 그 거래 규모가 급속히 증가된 바 있다.[52] 특히 정

---

50) 'Peer-to-Peer'를 뜻하는 P2P는 원래 전산과 관련된 용어로서 컴퓨터망에서 각 컴퓨터가 서로 다른 컴퓨터의 저장장치(server) 역할을 함으로써 중앙저장장치를 거치지 않고 직접 서로 파일 등을 공유하는 체계를 말한다(definition of peer to peer: denoting or relating to computer networks in which each computer can act as a server for the others, allowing shared access to files and peripherals without the need for a central server. <https://www.google.com/webhp?hl=en&gws_rd=ssl#hl=en&q=peer+to+peer>). 이것이 금융에 접목되면서 금융기관을 거치지 않고 정보통신망에서 당사자 사이에서 직접 금융 거래가 이루어지는 의미로 사용되는 것이다.

51) 자세한 사항은 고동원, "P2P 대출 거래의 유형과 법적 쟁점,"「P2P금융과 법」(금융기술법연구회 편), 박영사, 2019, 37면.

52) 위의 논문, 38면.

보통신망에서 거래가 이루어지므로 거래 비용이 절감되는 장점이 있고, 투자자도 높은 수익을 올릴 수 있어서 P2P금융업이 급격하게 성장하게 되었다. 이러한 P2P금융업에는 대출 거래가 이루어지는 '대출형 P2P금융업'이 있지만, 기업이 증권 발행을 통한 자금 조달을 하는 거래가 이루어지는 '증권형 P2P금융업'이 있다. 대출형 P2P금융업에 대해서는 2019년 11월 26일 제정되고 2020년 8월 27일부터 시행된 **온라인투자연계금융업법**이 근거 법률이 되고, 증권형 P2P금융업에 대해서는 증권 발행 거래라는 점에서 자본시장법에 법적 근거를 두고 있다. 여기서는 대출형 P2P금융업에 대해서 온라인투자연계금융업법의 주요 내용을 살펴보고, 다음 절에서는 증권형 P2P금융업에 대해서 자본시장법의 주요 내용을 살펴보기로 한다.

　우선 대출형 P2P금융업을 규제하는 온라인투자연계금융업법을 개관해 보면, 제1장 '총칙'에서는 정의 조항 및 다른 법률과의 관계, 제2장 '온라인투자연계금융업의 등록 등'에서는 등록 요건, 임원의 자격 요건, 상호 등에 관한 사항, 제3장 '영업행위규칙'에서는 온라인투자연계금융업자의 신의성실의무, 정보 공시 의무, 영업행위 관련 준수 사항, 겸영 업무 및 부수 업무의 범위와 업무 위탁, 내부통제기준과 이해상충의 관리, 광고 등에 관한 사항, 제4장 '온라인투자연계금융업'에서는 차입자 및 투자자에 대한 정보 확인, 투자자에게 제공해야 할 정보 관련 규제, 연계투자계약 및 연계대출계약의 체결, 투자금과 상환금의 관리, 연체대출채권의 관리 및 파산 절연, 대출한도 및 투자한도, 중앙기록관리기관, 원리금수취권의 양수도 등에 관한 사항, 제5장 '온라인투자연계금융업협회'에서는 법정 협회로서 조직 및 역할에 관한 사항, 제6장에서는 금융감독당국의 감독 및 검사에 관한 사항, 제7장에서는 벌칙에 관한 사항이 규정되어 있다.

2. 온라인투자연계금융업

　대출형 P2P금융업을 이해하기 위해서는 온라인투자연계금융업법에 규정된 '**온라인투자연계금융업**'의 정의를 살펴볼 필요가 있다. '온라인투자연계금융업'이란 "온라인투자연계금융을 업으로 하는 것"을 말하고(제2조 제2호), '온라인투자연계금융업자'란 온라인투자연계금융업의 등록을 한 자를 말한다 (제2조 제3호). 여기서 '**온라인투자연계금융**'은 "온라인플랫폼을 통하여 특정 차입자에게 자금을 제공할 목적으로 투자(이하 "**연계투자**"라 한다)한 투자자의 자금을 투자자가 지정한 해당 차입자에게 대출(어음할인·양도담보, 그 밖에 이와 비슷한 방법을 통한 자금의 제공을 포함한다. 이하 "**연계대출**"이라 한다)하고 그 연계대출에 따른 **원리금수취권**을 투자자에게 제공하는 것"을 말한다(제2 조 제1호).

여기서 "투자자의 자금을 투자자가 지정한 해당 차입자에게 대출하고" 라고 하고 있기 때문에 차입자에게 대출하는 자는 투자자가 아닌 온라인연 계금융업자가 되고, 그 대출 재원은 여러 투자자들로부터 투자된 자금이 된 다. 따라서 온라인투자연계금융업자는 투자자와 연계투자 계약을 체결하고 (제23조) 차입자와 연계대출 계약을 체결하게 된다(제24조). 그리고 투자자는 투자에 대한 대가로 연계대출에 따른 원리금수취권을 취득하게 된다. 여기 서 '**원리금수취권**'이란 "**온라인투자연계금융업자가 회수하는 연계대출 상환금을 해당 연계대출에 제공된 연계투자 금액에 비례하여 지급받기로 약정함으로써 투 자자가 취득하는 권리**"를 말한다(제2조 제4호). 따라서 투자자는 차입자와 직 접적인 계약 관계를 갖지 않게 되어 차입자에 대한 직접적인 상환 청구권을 가지 않게 된다.

이러한 구조를 소위 '간접대출형'이라고 한다. 이에 반해서 '직접대출형' 인 경우는 P2P중개업자가 단순히 차입자와 다수의 투자자 사이의 대출 거래 를 중개하는 역할을 하고, 투자자인 대출자가 직접 차입자에게 대출을 하는 구조(대출자와 차입자 사이에 금전소비대차계약이 체결된다)이다. 반면에 '간접 대출형'의 경우에는 P2P중개업자인 온라인투자연계금융업자가 대출 거래의 중개 역할뿐만 아니라 대출자(lender)의 역할도 수행하는 것이다. 대출형 P2P금융업의 전형적인 형태는 직접대출형인데 비해(영국의 경우가 그러하다), 우리는 간접대출형을 채택하고 있다.

3. 다른 법률과의 관계

온라인투자연계금융업과 온라인투자연계금융업자의 업무 범위를 볼 때, 은행 등 다른 금융기관들과 대부업자의 업무에 관련된 법률들에 저촉될 여지가 있으므로 온라인투자연계금융업법은 이들 금융기관에 관련되는 법률들의 적용을 배제하는 조항을 두고 있다. 우선 온라인투자연계금융업자가 불특정다수인인 투자자로부터 자금을 모집하여 대출하는 것을 영업으로 하기 때문에 「은행법」상 불특정다수인으로부터 예금을 받고 대출 업무를 하는 은행업(「은행법」 제2조)으로 볼 여지도 있어서 「은행법」의 적용을 배제하고 있으며, 더 나아가서 통화신용정책의 대상 기관이 되지 않도록 「한국은행법」의 적용도 배제하고 있다(제3조 제1항). 또한 온라인투자연계금융업자가 "온라인투자연계금융업을 하면서 차입자의 신용상태를 평가하여 그 결과를 투자자에게 제공하는 업무"를 영위할 수 있는데(제13조 제4호) 이 경우에는 신용정보법에 따른 신용평가업에 해당하므로 이에 따른 허가를 얻어야 하지만(제4조), 허가를 받지 않고 이러한 업무를 영위할 수 있도록 신용정보법 제4조의 적용을 배제하는 조항도 두고 있다(제3조 제2항). 그리고 투자자가 연계투자를 하는 경우에는 대부업법에 따른 대부업을 영위하는 것으로 볼 여지가 있으므로 대부업법 제3조를 배제하는 조항도 두고 있다(제3조 제3항). 더 나아가서 연계대출채권(債權)이나 원리금수취권이 자본시장법에 따른 금융투자상품, 구체적으로는 채무증권에 해당한다고 볼 여지도 있으므로 금융투자상품으로 보지 않는다는 규정도 두어(제3조 제4항) 해결하고 있다.

4. 온라인투자연계금융업자의 등록

온라인투자연계금융업을 영위하려면 금융감독당국에 일정한 요건을 충족해서 등록해야 한다(제5조). 등록 요건은 「상법」에 따른 주식회사일 것, 5억 원 이상의 자기자본을 갖출 것, 충분한 인력과 전산설비 및 그 밖의 물적 설비를 갖출 것, 사업계획이 타당하고 건전할 것, 임원 자격 요건을 충족할 것, 적절한 내부통제장치가 마련되어 있을 것, 대주주가 충분한 출자능력·건전한 재무상태 및 사회적 신용을 갖출 것, 건전한 재무상태 및 사회적 신용을 갖출 것 등이다(제5조 제1항 제1호 내지 제8호, 시행령 제3조).

5. 온라인투자연계금융업자의 업무

(1) 업무 범위

온라인투자연계금융업자가 영위할 수 있는 업무는 온라인투자연계금융업뿐만 아니라 "자기의 계산으로 하는 연계투자 업무, 원리금수취권 양도·양수의 중개 업무, 투자자에 대한 정보 제공을 목적으로 차입자의 신용상태를 평가하여 그 결과를 투자자에게 제공하는 업무, 연계대출채권의 관리 및 추심 업무, 관련된 업무로서 대통령령으로 정하는 업무(즉 차입자의 신용상태 평가를 위한 신용평가모형의 개발·운영 업무)"이다(제13조 제1호 내지 제6호, 시행령 제13조 제1항). 이외에도 대통령으로 정하는 겸영 업무를 영위할 수 있는데, 신용정보법 제2조 제9호의2에 따른 본인신용정보관리업, 자본시장법에 따른 금융투자업 중 금융위원회가 정하여 고시하는 업무, 「전자금융거래법」 제28조에 따른 전자금융업, 대출의 중개 및 주선 업무 등이 있다(제13조 제7호, 시행령 제13조 제2항). 또한 온라인투자연계금융업에 부수하는 업무로서 소유하고 있는 인력·자산 또는 설비를 활용하는 업무도 영위할 수 있다(제13조 제8호). 다만 겸영 업무와 부수 업무를 영위하려고 하는 경우에는 사전에 금융감독당국에 신고해야 한다(제14조).

(2) 업무 위탁

업무 위탁과 관련해서는 원칙적으로 업무 위탁을 금지하고 있다. 즉 온라인투자연계금융업자는 "온라인투자연계금융업과 직접적으로 관련된 필수적인 업무로서 대통령령으로 정하는 업무를 제3자(대통령령으로 정하는 자는 제외한다)에게 위탁"하는 것을 금지하고 있다(제15조 제항). 시행령이 정하고 있는 위탁이 금지되는 업무는 "준법감시인의 업무, 내부감사업무, 위험관리 업무, 차입자에 대한 정보의 사실 확인 및 신용위험의 분석·평가 업무, 연계대출계약의 심사·승인 및 계약의 체결·해지 업무, 투자자 모집·연계투자 계약 신청의 접수 및 계약의 체결·해지 업무" 등이다(시행령 제15조 제1항). 다만 온라인투자연계금융업자의 등록 취소, 해산 결의, 파산 선고 등으로 청산 절차를 밟는 경우에는 청산 업무를 처리 중인 자에게 이러한 위탁 금지되는 업무를 위탁할 수 있도록 허용하고 있다(시행령 제15조 제2항). 여기서 시행령이 정하고 있는 위탁 금지 업무를 제외한 나머지 업무는 위탁이 가능한지에 대한 문제가 있을 수 있다. 위탁이 가능하다고 보는 것이 타당하다고 판단되지만 그 반대의 주장도 제기될 수 있기 때문에 원칙적으로 위탁이 가능하다고 규정하면서 필수적인 업무 내지 본질적인 업무는 위탁할 수 없다고 규정하는 방식을 검토할 필요가 있다.

(3) 선대출 금지

온라인투자연계금융업자의 선(先)대출은 금지된다. 즉 온라인투자연계금융업자는 "차입자가 요청한 연계대출 금액에 상응하는 투자금의 모집이 완료되지 않은 경우에는 연계대출을 실행하는 것"이 금지된다(제12조 제2항).

(4) 제한된 자기계산 투자 허용

온라인투자연계금융업자는 자기가 실행할 연계대출에 자기계산으로 연계투자를 할 수 없는데, 일정한 엄격한 요건 아래에서는 예외적으로 허용된다(제12조 제4항). 즉 차입자가 신청한 연계대출 금액의 100분의 80 이상 모집되고(즉 모집 미달 금액이 20% 이하인 경우가 해당한다), 자기의 계산으로 한 연계투자 잔액이 자기자본의 100분의 100 이하라는 요건을 충족하는 경우에는 허용된다(제12조 제4항 제1호 내지 제3호). 이외에도 시행령은 자기계산 투자를 할 때 준수하여야 할 사항을 규정하여(시행령 제11조 제3항) 보다 엄격한 요건 아래에서 자기계산 투자를 하도록 하고 있다. 이렇게 자기계산 투자를 허용한 것은 모집 기간의 장기화 또는 투자금 모집 실패로 인하여 차입자가 제때에 자금 조달을 할 수 없게 되어 발생할 수 있는 손해를 방지하기 위한 것이라고 이해할 수 있다. 다만 자기계산 투자를 허용하는 경우 이해상충이 발생할 수 있기 때문에 엄격한 요건 아래에서 자기계산 투자가 이루어지도록 하고 있음을 알 수 있다.

6. 차입자 및 투자자 보호 장치

건전한 대출형 P2P금융업 시장을 육성하는 데 있어서 중요한 것이 당사자인 차입자와 투자자를 보호하는 장치를 마련하는 일이다. 그래서 온라인투자연계금융업법은 다음과 같은 투자자 보호 장치를 마련하고 있다.

(1) 차입자에 관한 정보 확인

투자자는 차입자의 신용 상태를 보고 투자를 결정하는 것이기 때문에 차입자에 대한 정보를 잘 파악하여 투자자에게 제공하는 것이 필요하다. 여기서 차입자의 범위는 제한이 없기 때문에 개인뿐만 아니라 법인 및 단체 등도 포함된다. 온라인투자연계금융업자는 차입자가 제공한 소득이나 재산상황 등에 관한 사항을 "확인"해야 한다. 즉 온라인투자연계금융업자는 "차입자의 연계대출 정보를 온라인플랫폼에 게시하기 전에 차입자의 소득·재산 및 부채상황 등에 관한 것으로서 대통령령으로 정하는 증명서류 등을 제출받아 그 **차입자의 소득·재산 및 부채상황 등 대통령령으로 정하는 내용에 관한 사항을 확인**"하여야 한다(제20조 제1항). "대통령령으로 정하는 내용"은 차입자의 소득·재산 및 부채 상황 이외에도 차입자의 신용등급·개인신용평점, 연계대출 채무의 변제능력, 해당 온라인투자연계금융업자로부터 받은 연계대출 잔액을 포함한다(시행령 제19조 제2항).

여기서 "확인"이라는 의미가 차입자가 제출한 증명 서류의 진실성까지 조사 확인해야 하는 것인지, 아니면 제출 서류가 제대로 구비되어 있는지를 확인하는데 그치는 것인지에 대해서는 명확하지 않은 점이 있지만, 진실성까지 확인하는 것이라고 보기에는 무리가 있을 것이다. 이는 온라인투자연계금융업자가 법령에 위반되는 행위를 하거나 그 업무를 소홀히 하여 이용자인 투자자나 차입자에게 손해를 발생시킨 경우에는 그 손해를 배상할 책임이 있기 때문에(제31조 제1항) 진실성까지 확인하라고 하는 것은 큰 부담이 될 수 있기 때문이다. 다만 제출 서류를 확인하지 않거나 확인 과정에서 과실이 있는 경우에는 손해배상책임을 질 수는 있을 것이다. 그리고 차입자의 신용등급 및 개인신용평점을 확인하도록 하고 있는데, 차입자가 제출해야 하는 서류 중의 하나가 신용평가회사로부터 받은 신용정보조회 결과 증명서이므로(시행령 제19조 제1항 제1호 나목) 신용정보법에 따른 신용평가회사가 신용평가를 한 결과인 신용등급이나 개인신용평점을 말한다고 보아야 할 것이다.

(2) 투자자에게 차입자에 관한 정보 제공

온라인투자연계금융업법은 온라인투자연계금융업자로 하여금 투자자가 투자를 결정하기 위해서 필요한 정보를 투자자에게 제공하도록 하고 있다. 제공해야 할 정보는 "차입자로부터 받은 증명서류에 따라 확인한 차입자에 관한 사항(차입자의 소득이나 재산 상황 및 신용등급 등), 대출예정금액 등 연계대출의 내용, 연계투자에 따른 위험, 수수료 및 수수료율, 이자소득에 대한 세금·세율, 연계투자 수익률·순수익률, 투자자가 수취할 수 있는 예상 수익률, 담보가 있는 경우에는 담보가치 등에 관한 사항" 등이다(제22조 제1항 제1호 내지 제11호). 또한 온라인투자연계금융업자는 연계투자에 관한 정보를 제공하는 경우에는 "투자자의 합리적인 투자판단 또는 해당 상품의 가치에 중대한 영향을 미칠 수 있는 사항을 누락하거나 거짓 또는 왜곡된 정보를 제공하여서는 아니 된다"라고 하여(제22조 제4항) 정확한 정보를 제공하도록 하고 있다. 이외에도 온라투자연계금융업자가 영위할 수 있는 업무로서 "투자자에 대한 정보 제공을 목적으로 차입자의 신용 상태를 평가하여 그 결과를 투자자에게 제공하는 업무"를 허용하고 있으므로(제13조 제4호), 온라인투자연계금융업자가 자체 평가한 신용등급도 차입자에 관한 사항으로서 투자자에게 제공할 수 있다고 볼 수 있을 것이다.

(3) 연계투자계약 및 연계대출계약의 체결 등

온라인투자연계금융업법은 온라인투자연계금융업자가 투자자와는 연계투자계약을 체결하고, 차입자와는 연계대출계약을 체결하도록 하면서, 계약내용에 포함되어야 할 사항 및 계약 체결 방식, 계약 서류의 교부 등에 관한 구체적인 사항을 규정하고 있다(제23조, 제24조). 또한 온라인투자연계금융업자가 사용하는 연계대출이나 연계투자와 관련된 개별 약관 또는 온라인투자연계금융협회의 표준약관에 대해서는 금융감독당국이 변경 명령권을 행사할 수 있도록 하여(제25조 제7항) 약관 통제를 통해서 간접적으로 투자자와 차입자를 보호할 수 있도록 하고 있다.

(4) 투자금 및 상환금의 외부 예치 또는 신탁

온라인투자연계금융업자와 투자자와의 연계투자계약은 용어는 '투자'계약이지만 실제로는 '원리금수취권매매계약'이라고 볼 수 있다. 즉 투자자는 온라인투자연계금융업자로부터 원리금수취권을 매입하기 위해 자금을 지급하는 것이다. 따라서 지급된 투자자의 자금은 온라인투자연계금융업자의 재산이 된다. 이 때 온라인투자연계금융업자가 파산하거나 회생절차가 개시되면 투자자는 자금을 회수할 가능성이 없어진다. 차입자의 상환금도 마찬가지이다. 온라인투자연계금융업자가 대출자의 지위를 가지므로 상환금은 온라인투자연계금융업자의 재산이 된다. 이 때 온라인투자연계금융업자가 파산하거나 회생절차가 개시되면 역시 투자자는 자금을 회수할 가능성이 없게된다.

따라서 투자자의 투자금과 차입자의 상환금을 보호할 장치가 필요하다. 그래서 온라인투자연계금융업법은 **투자금과 상환금을 은행 등 외부 기관에 별도로 예치(escrow) 또는 신탁(trust)하도록** 하고 있다. 즉 온라인투자연계금융업자로 하여금 투자자의 투자금과 차입자의 상환금을 자신의 고유재산 및 자기계산 연계투자금과 구분하도록 하면서 이를 은행 등 외부 기관에 예치또는 신탁하도록 하고 있다(제26조 제1항). 또한 예치 또는 신탁된 자금이 투자자의 재산이라는 점을 밝히도록 하고, 누구든지 이를 상계 또는 압류하지 못하도록 하면서, 양도 내지 담보로 제공할 수 없도록 하여(제26조 제2항, 제3항) 투자금 및 상환금이 안전하게 보호받을 수 있도록 하고 있다.

(5) 연계대출채권의 파산 절연

투자자의 투자금 상환 확보를 통해서 투자자를 보호하기 위한 중요한 조항은 연계대출채권(債權)에 대한 파산 절연 규정이다. 투자자의 투자금과 차입자의 상환금은 위에서 본 별도 예치 또는 신탁으로 보호가 될 수 있지만, 연계대출채권은 외부 예치가 가능하지 않아 이러한 보호를 받을 수 없다. 따라서 파산 절연 규정을 통해서 투자자를 보호하고 있다.

온라인투자연계금융의 구조상 온라인투자연계금융업자가 차입자에게 직접 대출하므로 차입자로부터 연계대출채권을 취득하게 된다. 온라인투자연계금융업법은 온라인투자연계금융업자에게 연계대출채권에 대한 관리 의무를 부여하고 있다. 즉 온라인투자연계금융업자로 하여금 "연계투자계약의 조건에 따라 연계대출채권의 원리금 상환, 연계대출채권에 대한 담보 등에 대하여 선량한 관리자의 주의로서 이를 관리"해야 할 의무를 부여하고 있으며(제27조 제1항), 연계대출채권을 그 외의 자산과 구분하고, 이를 연계대출상품별로 구분하여 관리하도록 하면서 장부도 별도로 작성하도록 하고 있다(제27조 제2항, 제3항).

그런데 투자자의 투자금 상환에 쓰이게 될 연계대출채권은 온라인투자연계금융업자의 재산이 되므로 **투자자는 연계대출채권에 대한 권리를 가질 수 없다. 원리금수취권을 매입한 투자자는 온라인투자연계금융업자에 대하여 채권적 권리를 가지는 것**에 불과하다. 따라서 온라인투자연계금융업자가 파산하게 되면 다른 채권자들과 같은 순위에서 안분 배당을 받을 수밖에 없다. 즉 투자자가 손실을 볼 가능성이 높다. 투자자를 보호할 필요가 발생하는 것이다.

그래서 온라인투자연계금융업법은 **연계대출채권에 대한 파산 절연 조항**을 두고 있다. 즉 "온라인투자연계금융업자가 파산하거나 회생절차가 개시되는 경우 **온라인투자연계금융업자의 연계대출채권은** 온라인투자연계금융업자의 **파산재단[을 구성하지 아니하며,]** 회생절차의 관리인이 관리 및 처분 권한을 가지는 **채무자의 재산을 구성하지 아니한다**"라고 규정하고 있다(제28조 제1항). 또한 연계대출채권이 강제집행, 「채무자 회생 및 파산에 관한 법률」에 따른 보전처분이나 중지명령 또는 포괄적 금지명령의 대상이 되지 아니하도록 하고(제28조 제2항), 기업구조조정 관리 절차에서도 연계대출채권은 관리 대상이 되는 재산을 구성하지 아니하도록 하여(제28조 제3항), 연계대출채권을 다른 채권자의 집행 절차로부터 분리시키고 있다.

더 나아가서 **투자자가 연계대출채권으로부터 제3자에 우선하여 변제받을 권리, 즉 우선변제권이 있음**을 명시하고(제28조 제4항), 온라인투자연계금융업자에 대한 회생절차 또는 기업구조조정 관리절차에 따라 채무의 면책·조정·변경이나 그 밖의 제한이 이루어지더라도 이러한 우선변제권에는 영향을 미치지 않도록 하고 있다(제28조 제6항). 이러한 조치들은 투자자들이 연계대출채권에 대해서 다른 채권자들보다 우선하여 변제받을 수 있는 권리를 제도적으로 보장하기 위한 것이다.

(6) 대출한도 및 투자한도 규제

온라인투자연계금융업법은 온라인투자연계금융업자의 대출한도(즉 차입자의 차입한도) 및 투자자의 투자한도 금액을 설정하여 규제하고 있다. 이렇게 대출한도 및 투자한도를 규제하는 것은 투자자가 손실을 보더라도 한도 설정된 소액의 투자 금액만큼만 손실을 본다는 점에서 투자자를 보호하는 장치로 볼 여지도 있으나, 한편으로는 금액을 제한함으로써 P2P금융업 시장 규모의 확대를 막는 측면도 있다는 점에서 한도 규제를 없애는 방안도 검토할 필요가 있다.

우선 **대출한도**에 대해서 살펴보면, 예외적인 경우를 제외하고 원칙적으로 온라인투자연계금융업자는 "동일한 차입자"에 대하여 자신이 보유하고 있는 총 연계대출채권 잔액의 100분의 10 이내에서 대통령령으로 정하는 한도를 초과하는 연계대출을 할 수 없도록 하고 있다(제32조 제1항). 이는 특정 차입자의 신용 위험에 과도하게 노출되는 것을 막아 투자자를 보호하려는 취지로 이해할 수 있다. 시행령은 온라인투자연계금융업자 자신이 보유하고 있는 총 연계대출채권 잔액의 100분의 7에 해당하는 금액과 70억 원 중 적은 금액을 초과할 수 없도록 하고 있다(시행령 제27조 제1항). 이 경우 70억 원이 대출한도가 될 수도 있는데, 이것이 법에서 "총 연계대출채권 잔액"에 비례한 금액으로 볼 수 있는지에 대해 의문이 제기될 수 있으므로 법이 위임한 범위를 넘어선 것이라는 지적이 있을 수 있다.

또한 **투자한도**에 대해서 살펴보면, 투자자의 투자목적, 재산상황, 투자경험, 연계투자 상품의 종류 및 차입자의 특성 등을 고려하여 대통령령으로 정하도록 하면서, 자본시장법 시행령 제10조 제3항 제17호에 따른 개인전문투자자에 대해서는 투자한도의 적용을 받지 않도록 하고 있다(제32조 제2항). 시행령을 보면, 법인 투자자에 대해서는 투자한도를 설정하지 않고 있지만, 개인 투자자에 대해서는 소득 금액을 기준으로 차별화하면서 동일한 차입자에 대한 연계투자 금액 한도(5백만 원 또는 소득금액이 1억 원을 초과하는 투자자인 경우 1천만 원)뿐만 아니라 전체 총 연계투자 금액 한도(5천만 원 또는 소득금액이 1억 원을 초과하는 투자자인 경우 1억 원)를 설정하여 규제하고 있다(시행령 제27조 제6항).

그리고 이러한 차입한도 및 투자한도를 준수하는지 확인이 필요한데, 이러한 역할을 담당하는 기관이 **중앙기록관리기관**이다(제33조). 중앙기록관리기관은 일정한 요건을 충족하여 금융감독당국으로부터 지정된 기관인데(시행령 제28조 제3항)(금융결제원이 지정되어 있다), 온라인투자연계금융업자로부터 차입자 및 투자자에 대한 정보를 제공받아 관리한다(제33조 제1항).

7. 금융기관 등의 연계투자에 대한 특례

은행 등 금융기관이 연계투자가 가능한지에 대한 논란이 제기될 수 있다는 점을 고려하여 온라인투자연계금융업법은 은행 등 금융기관과 대부업자가 연계투자가 가능하다는 법적 근거를 두면서, 그 해당 설립 근거 법령을 준수하도록 하고 있으며, 해당 근거 법령상 별도로 정하지 않는 경우에 한정하여 "차입자"에 대한 대출 또는 신용공여로 간주하도록 하여(제35조 제1항,

제2항, 제3항) 대출 내지 신용공여 규제를 회피할 수단으로 악용되지 않도록 하고 있다. 다만 은행 등 금융기관이 투자할 수 있는 한도를 설정하여 과도한 투자가 이루어지지 않도록 하고 있는데, 연계대출 모집 금액의 100분의 40 이내에서 대통령령으로 정하는 한도를 초과하지 않도록 하고 있으며, 이러한 투자 한도 규제를 받는 투자자의 범위에 법인투자자 및 전문투자자도 포함하도록 하고 있다(제35조 제1항 단서, 시행령 제30조 제1항, 제2항).

XIII. 증권형 P2P금융업법

1. 개   관

증권형 P2P금융업에 대한 법적 근거는 2016년 1월 25일부터 시행된 개정 자본시장법이다. 자본시장법은 증권 발행 기업이 정보통신망에서 다수 투자자를 대상으로 증권을 발행함에 있어 이를 중개하는 자를 **"온라인소액투자중개업자"**라고 해서 금융감독당국에 등록을 하도록 하는 등록제를 도입하면서 투자자 보호 장치를 둠으로써 제도화를 하였다. 물론 투자자의 투자 금액 한도 제한 및 증권 발행 금액 한도 등 여러 규제가 있어 이 시장이 활성화 되지 않고 있는 문제점은 있으나, 대출형 P2P금융업과 달리 빠르게 법제화가 된 것은 다행이다. 여기서는 자본시장법과 시행령에 규정된 내용을 중심으로 하여 증권형 P2P금융업에 대하여 살펴보기로 한다.

2. 온라인소액투자중개업자

온라인소액투자중개업자란 "온라인상에서 누구의 명의로 하든지 **타인의 계산으로** 증권 발행이 허용된 적격 발행인이 대통령령으로 정하는 방법으로 발행하는 **채무증권, 지분증권, 투자계약증권의 모집 또는 사모에 관한 중개**(이하 "온라인소액투자중개"라 한다)를 영업으로 하는 **투자중개업자**"를 말한다(제9조

제27항). "대통령령으로 정하는 방법"이란 "온라인소액투자중개업자의 인터넷 홈페이지[이동통신단말장치에서 사용되는 애플리케이션(Application), 그 밖에 이와 비슷한 응용프로그램을 통하여 온라인소액투자중개업자가 가상의 공간에 개설하는 장소를 포함한다]에 게재한 사항에 관하여 온라인소액증권발행인과 투자자 간, 투자자 상호 간에 해당 인터넷 홈페이지에서 의견의 교환이 이루어질 수 있도록 한 후에 채무증권, 지분증권 또는 투자계약증권을 발행하는 방법"을 말한다(시행령 제14조의4 제1항). 그리고 "모집 또는 사모에 관한 중개행위"는 새로 발행되는 증권에 대하여 "① 온라인소액증권발행인을 위하여 투자자에게 그 증권의 취득에 관한 청약을 권유하는 행위, ② 직접 또는 간접으로 온라인소액증권발행인과 그 증권의 모집 또는 사모를 분담하는 행위, 또는 ③ 투자자로부터 그 증권의 취득에 관한 청약을 받아 온라인소액증권발행인에게 전달하는 행위"를 말한다(시행령 제14조의4 제2항).

3. 온라인소액투자중개업의 등록제

온라인소액투자중개업을 영위하려는 자는 일정한 등록 요건을 충족하여 금융감독당국에 **등록**하여야 한다(제117조의3, 제117조의4). 온라인소액투자중개업자로 등록하면 금융투자업 인가를 받은 것으로 간주한다(제117조의4 제1항). 등록 요건으로서 「상법」에 따른 주식회사일 것, 5억 원 이상의 자기자본을 갖출 것, 사업계획이 타당하고 건전할 것, 투자자의 보호가 가능하고 그 영위하고자 하는 업을 수행하기에 충분한 인력과 전산설비 및 그 밖의 물적 설비를 갖출 것, 임원의 자격 요건을 충족할 것, 대주주가 충분한 출자능력과 건전한 재무상태 및 사회적 신용을 갖출 것, 건전한 재무상태와 건전한 사회적 신용을 갖출 것, 이해상충을 방지하기 위한 체계를 갖출 것 등이 있다(제117조의4 제2항). 이렇게 온라인소액투자중개업을 영위하려고 하는 자에 대해서 등록제를 채택한 것은 거짓이나 기타 사기의 방법으로 중개하는 자를 막을 수 있다는 점에서 투자자 보호 차원에서 바람직하다고 본다.

4. 증권 발행 기업의 제한 및 증권 발행 한도

(1) 증권 발행 기업의 제한

온라인소액투자중개를 통하여 증권을 발행할 수 있는 발행 기업의 범위는 제한되어 있다. 이는 소액으로 다수의 투자자로부터 자금을 조달하는 P2P금융 거래의 특성상 소규모 창업 혁신 기업이 이 시장을 활용하는 것이 필요하다는 정책적 판단에서 나온 것으로 이해된다. 그래서 자본시장법은 **창업기업이나 중소기업 등 규모가 작은 기업으로 제한**하고 있다. 구체적으로 보면, 「중소기업창업 지원법」에 따른 창업기업(다만 창업기업으로서 주권상장법인과 금융 및 보험업 그리고 여신금융업종 기업은 제외된다), 「벤처기업육성에 관한 특별조치법」에 따른 벤처기업 또는 「중소기업 기술혁신 촉진법」에 따른 기술혁신형 중소기업이나 경영혁신형 중소기업, 「중소기업기본법」에 따른 중소기업으로서 일정한 요건을 충족하는 기업, 「사회적기업 육성법」에 따른 사회적 기업 등이 해당한다(제9조 제27항, 시행령 제14조의5 제1항, 제2항). 그런데 이렇게 발행 기업의 종류를 제한할 필요가 있는지는 의문이다. 자금이 필요한 기업이라면 충분한 정보를 투자자에게 공시하고 자금을 조달할 수 있도록 발행 기업의 종류 제한을 없애는 것을 검토할 필요가 있다.

(2) 증권 발행 한도

온라인소액투자중개의 방법으로 1년 동안 30억 원 이하의 금액으로 증권을 발행하게 되면 금융감독당국에 제출해야 하는 증권신고서 제출 의무(제119조)나 소액공모 시의 공시 의무(제130조)가 면제된다(제117조의10 제1항, 시행령 제118조의15 제1항). 구체적으로 보면, "① 온라인소액투자중개를 통하여 모집하려는 증권의 모집가액과 해당 모집일부터 과거 1년 동안 이루어진 증권의 모집가액(해당 모집가액 중 채무증권의 상환액은 제외한다) 각각의 합계액이 30억 원 이하인 경우(이 경우 채무증권의 합계액은 15억 원을 그 한도로 한다)" 또는 ② "청약의 권유를 하는 날 이전 6개월 이내에 해당 증권과 같은 종류의 증권에 대하여 모집이나 매출에 의하지 아니하고 청약의 권유를 받은 자를 합산하는 경우에는 그 합산의 대상이 되는 모든 청약의 권유(해당 권유액 중 채무증권의 상환액은 제외한다) 각각의 합계액이 30억 원 이하인 경우(이 경우 채무증권의 합계액은 15억 원을 그 한도로 한다)"가 면제 사유에 해당한다(시행령 제118조의15 제1항 제1호, 제2호).

따라서 온라인소액투자중개의 방법을 통해서 자금 조달을 하려는 기업은 이러한 신고나 공시 의무의 면제를 받기 위해서 1년 동안 30억 이하의 금액으로 증권을 발행하려고 할 것이다. 즉 사실상 증권 발행 금액의 한도가 적용되는 셈이다. 그런데 증권 발행 기업이 사업 규모에 따라 1년에 30억 원을 초과해서 온라인소액투자중개의 방법을 이용하여 자금을 조달할 수요도 충분히 있을 수 있다는 점에서 발행 한도를 없애는 방안을 검토할 필요가 있다.

5. 투자자 보호 장치

(1) 투자 금액 한도 규제

자본시장법은 투자자 보호에 중점을 두고 있다. 우선 투자자의 투자 금액 한도를 설정하고 있다. 투자 금액 한도는 투자자의 전문성 및 위험 감수 능력 등을 고려하여 차등화하고 있다. 일반투자자의 경우 투자 금액 한도는 동일 발행 기업 당 5백만 원이며, 연간 총 투자 금액 한도는 1천만 원이다(제117조의10 제6항, 시행령 제118조의17 제4항). 다만 일정한 소득 요건을 충족하는 일반투자자(금융소득종합과세 대상자 및 사업소득과 근로소득을 합하여 1억 원 초과하는 자 등이 해당된다)의 경우에는 동일 발행 기업 당 1천만 원이며, 연간 총 투자 한도는 2천만 원이다(제117조의10 제6항, 시행령 제118조의17 제3항, 제4항). 그러나 금융기관이나 연기금 등 전문투자자 및 창업투자조합 등 투자전문가에 대해서는 이러한 투자 금액 한도가 적용되지 않는다(제117조의10 제6항, 시행령 제118조의17 제2항). 이렇게 투자 금액에 한도를 정한 이유가 증권 발행 기업이 투자 위험성이 높은 창업 기업이라는 점을 고려해서 투자자 보호를 위한 것이라고 보이지만, P2P금융 시장의 성장에는 장애가 될 수 있다. 따라서 투자 한도를 없애고 대신에 공시 제도를 강화하는 방안이 더 합리적인 규제일 수 있다.

(2) 투자자 재산 보관 또는 수탁 금지

온라인소액투자중개업자가 투자자의 재산을 보관하거나 예탁받는 것을 금지하고(제117조의8 제1항), 청약증거금은 은행이나 증권금융회사 등의 금융기관에 예치 또는 신탁하도록 하여(제117조의8 제2항) 투자자의 자금을 안전하게 보호하는 장치도 마련하고 있다.

(3) 발행인 및 대주주의 지분 매도 제한

증권 발행 기업이나 대주주가 일반 투자자를 유인한 후 보유 물량을 매도할 경우 다수의 소액 투자자들이 피해를 볼 가능성이 있는 점을 고려하여, **증권 발행 기업과 대주주가 증권을 발행한 후 1년 동안 보유한 지분을 매도하는 것을 금지**하고 있다(제117조의10 제5항, 시행령 제118조의17).

(4) 투자자의 증권 양도 제한

투자자는 온라인소액투자중개를 통하여 발행된 증권을 지체 없이 예탁결제원에 예탁하거나 보호예수를 해야 하며, 그 예탁일 또는 보호예수일부터 6개월간 해당 증권(증권에 부여된 권리의 행사로 취득하는 증권을 포함한다)**을 매도, 그 밖의 방법으로 양도하는 것이 금지**된다(제117조의10 제7항 본문). 이는 정보통신망에서 쌍방향 의사 소통을 통해 많은 정보를 취득한 1차 투자자에 비해 2차 투자자는 발행 기업에 대한 정보가 부족해서 투자 위험이 있기 때문에 양도 제한을 하고 있는 것이다. 다만 전문투자자나 대주주 또는 해당 증권 발행인(주권인 경우) 등에게 양도하는 것은 허용된다(제117조의10 제7항, 시행령 제118조의17 제5항).

(5) 증권 발행 취소

증권 청약 금액이 모집 예정 최소 금액에 미달한 경우 증권 발행을 취소하도록 하고 있는데, **증권 청약 금액이 모집 예정 금액의 80% 이하이면 증권 발행을 취소**하도록 하고 있다(제117조의10 제3항, 시행령 제118조의16 제5항). 그 이유는 투자 자금이 최소 모집 금액에 미달한다는 것은 투자자들이 발행 기업의 사업 전망 등을 신뢰하지 않는다는 것이어서 목표 금액의 자금을 조달하지 못하면 목표로 했던 사업의 수행도 어렵다는 점을 고려한 것이라고 볼 수 있다.

(6) 증권 취득 제한 및 경영 자문 금지

온라인소액투자중개업자는 투자자 사이에 이해 상충 문제가 발생하지 않도록 자신이 중개한 증권을 자기계산으로 취득하는 것이 금지되고, 증권의 발행 또는 그 청약을 주선 또는 대리하는 행위도 해서는 아니 되며, 증권 발행 기업에 대한 경영 자문도 해서는 아니 된다(제117조의7 제2항, 제3항).

6. 중앙기록관리기관

증권 투자 금액 한도 관리와 발행 금액 한도 관리를 위하여 중앙기록관리기관이 설치되어 운영되고 있다. **중앙기록관리기관은 온라인소액투자중개업자로부터 온라인소액증권발행인과 투자자에 대한 정보를 제공받아 관리하는 기관**이다(제117조의3 제1항). 온라인소액투자중개업자는 온라인소액증권발행인으로부터 증권의 모집 또는 사모의 중개에 관한 의뢰를 받거나 투자자로부터 청약의 주문을 받은 경우에는 의뢰 또는 주문의 내용 및 온라인소액증권발행인과 투자자에 대한 정보 등에 관한 자료를 지체 없이 중앙기록관리기관에게 제공하여야 한다(제117조의3 제1항). 한국예탁결제원이 중앙기록관리기관으로 지정되어 있다.

XIV. 전자금융업법

1. 개   관

앞서 살펴본 「전자금융거래법」은 금융거래법적인 내용도 규정하고 있지만 전자금융업자에 대한 규제 내용도 담고 있어서 금융업법의 성격을 갖고 있다고 할 수 있다. 최근 금융기술의 발전에 따라 금융기술 기업이 금융 분야로 많이 진출하고 있는데, 간편송금을 취급하는 '선불지급수단 발행·관리업자'가 전자금융업자로서 시장에서 차지하는 비중이 커짐에 따라 '동일 기능 동일 규제 원칙'에 따라 규제의 강도를 높여야 한다는 주장도 제기되고 있다. 특히 **거대정보기술기업(Big Tech)**이 금융업에 진출하면서 이러한 논의는 더욱 가속화되고 있다. 향후 전자금융업자의 성장을 지켜볼 필요가 있을 것이다. 여기서는 「전자금융거래법」에서 규정하고 있는 금융기관, 전자금융업자 및 전자금융보조업자에 대한 규제 내용과 비대면 금융거래가 늘어나면서 중요해지고 있는 금융 전산 보안(security)에 관한 내용을 살펴보기로 한다.

2. 전자금융업자

전자금융업을 영위하려면 금융감독당국으로부터 허가를 받거나 등록을 해야 한다(제2조 제4호). 다만 은행 등 금융기관은 허가나 등록을 받을 필요가 없다(제2조 제4호). 전자금융업자에는 전자화폐 발행·관리업자, 전자자금이체업자, 직불전자지급수단 발행·관리업자, 선불전자지급수단 발행·관리업자, 전자지급결제대행업자, 결제대금예치업자, 자금정산대행업자가 있다(제28조 제1항, 제2항, 시행령 제15조 제3항). 전자화폐 발행·관리업을 영위하려면 허가를 받아야 하고, 나머지는 등록을 하면 되고, 겸업이 가능하다(제28조 제1항, 제2항, 제35조). 허가 및 등록 요건은 제30조, 제31조 및 제32조에서 규정하고 있다.

(1) 전자화폐 발행·관리업자

전자화폐 발행·관리업자는 전자화폐를 발행하고 관리하는 것을 영업으로 하는 자를 말한다. '전자화폐'란 "이전 가능한 금전적 가치가 전자적 방법으로 저장되어 발행된 증표 또는 그 증표에 관한 정보"로서 "① 대통령령이 정하는 기준 이상의 지역 및 가맹점에서 이용될 것, ② 발행인(대통령령이 정하는 특수관계인을 포함한다) 외의 제3자로부터 재화 또는 용역을 구입하고 그 대가를 지급하는 데 사용될 것, ③ 구입할 수 있는 재화 또는 용역의 범위가 5개 이상으로서 대통령령이 정하는 업종 수 이상일 것, ④ 현금 또는 예금과 동일한 가치로 교환되어 발행될 것, ⑤ 발행자에 의하여 현금 또는 예금으로 교환이 보장될 것"의 요건을 모두 갖춘 것을 말한다(제2조 제15호). 전자화폐 발행·관리업자는 다른 전자금융업을 등록하고 겸업할 수 있다(제35조 제1항). 허가 요건으로서 50억 원 이상의 자본금 및 물적 시설 등의 요건을 갖추어야 한다(제30조, 제31조). 그런데 '전자화폐'의 용어와 관련하여 '화폐'라는 것은 화폐 발행에 대한 독점적 권한을 갖고 있는 중앙은행만이 발행하는 것(「한국은행법」 제47조)이라고 이해해야 한다는 점에서 중앙은행이 아닌 민간업자가 전자적으로 발행하는 것을 '전자화폐'라는 용어로 사용한 것은 적절하지 않다고 본다.

(2) 전자자금이체업자

전자자금이체를 영업으로 영위하는 자를 전자자금이체업자라고 한다. '**전자자금이체**'란 "지급인과 수취인 사이에 자금을 지급할 목적으로 금융기관 또는 전자금융업자에 개설된 계좌(금융기관에 연결된 계좌에 한한다)에서 다른 계좌로 전자적 장치에 의하여 지급인의 지급지시나 수취인의 추심지시(즉 "추심이체"를 말한다)의 방법으로 자금을 이체하는 것"을 말한다(제2조 제12호). 따라서 은행 등 금융기관은 자신의 계좌를 통해서 자금이체를 할 수 있지만, 금융기관이 아닌 전자금융업자는 독자적으로 자금이체를 수행할 수 없고 금융기관에 연결된 계좌를 통하여 자금이체를 해야 한다.

(3) 직불전자지급수단 발행·관리업자

직불전자지급수단 발행·관리업자는 직불전자지급수단의 발행·관리업을 영위하는 자를 말한다. '**직불전자지급수단**'이란 "이용자와 가맹점간에 전자적 방법에 따라 금융[기관]의 계좌에서 자금을 이체하는 등의 방법으로 재화 또는 용역의 제공과 그 대가의 지급을 동시에 이행할 수 있도록 금융[기관] 또는 전자금융업자가 발행한 증표(자금을 융통받을 수 있는 증표를 제외한다) 또는 그 증표에 관한 정보"를 말한다(제2조 제13호). 직불카드가 대표적이다.

(4) 선불전자지급수단 발행·관리업자

선불전자지급수단 발행·관리업자는 선불전자지급수단 발행·관리업을 영위하는 자를 말한다. '**선불전자지급수단**'이란 전자화폐를 제외하고 "이전 가능한 금전적 가치가 전자적 방법으로 저장되어 발행된 증표 또는 그 증표에 관한 정보"로서 "① 발행인(대통령령이 정하는 특수관계인을 포함한다) 외의 제3자로부터 재화 또는 용역을 구입하고 그 대가를 지급하는데 사용될 것 및 ② 구입할 수 있는 재화 또는 용역의 범위가 2개 업종(「통계법」 제22조 제1항의 규정에 따라 통계청장이 고시하는 한국표준산업분류의 중분류상의 업종을 말한다)이상일 것"이라는 요건을 모두 충족한 것을 말한다(제2조 제14호). 금전을 미리 충전하여 사용하는 교통카드 등이 대표적이다. 또한 우리가 친숙하게 이용하고 있는 카카오페이나 네이버페이도 바로 선불전자지급수단 발행·관리업자인 금융기술기업이 운영하는 간편송금 체계이다. 특히 **선불전자지급수단 보유자는 발행자와의 약정에 따라 선불전자지급수단을 타인에게 양도하거나 담보로 제공**할 수 있으며(제18조 제1항), 선불전자지급수단에 기록된 잔액의 환급을 청구하여 **현금으로 환급**받을 수 있다(제19조 제1항).

과거 금융기관의 전자자금이체의 경우에는 공인인증서와 보안카드 등의 사용이 의무화되어 있어서 불편했었는데, 이러한 전자자금이체와 차별화된 간편한 송금 체계를 개발하고자 했던 금융기술기업은 선불지급수단이 양도가 가능하고 현금으로 환급받을 수 있다는 점을 활용하여 선불지급수단 발행·관리업자로서 **간편송금** 체계를 만들어 내었다. 그 구조는 선불전자지급수단의 발행, 양도, 환급으로 이루어진다. 구체적으로 살펴보면,[53] ① 송금인이 송금을 요청하게 되면 ② 선불지급수단 발행·관리업자는 송금액에 상당하는 금액을 금융기관에 개설된 송금인의 계좌에서 선불지급수단 발행·관리업자의 계좌로 이체하도록 금융기관에 지시하고, ③ 선불지급수단 발행·관리업자는 선불지급수단을 송금인에게 발행한다. 그리고 ④ 선불지급수단 발행·관리업자는 송금인이 발행받은 선불전자지급수단을 수취인에게 양도한 것으로 처리한다. ⑤ 선불지급수단 발행·관리업자는 송금인의 요청에 따라 선불전자지급수단을 현금으로 환급하고, ⑥ 선불지급수단 발행·관리업자의 계좌에서 송금액에 해당하는 금액을 출금하여 수취인의 계좌에 입금한다. 좀 더 구체적으로 살펴보면, 선불지급수단의 발행은 송금인과 선불지급수단 발행·관리업자 사이의 자금이체로 이루어진다. 즉 통상적으로 사전에 송금인으로부터 추심이체 동의를 받아서 그 동의를 근거로 송금인의 선불전자지급수단 발행 요청에 따라 펌뱅킹(firm banking) 등의 방법을 통해 금융기관에 개설된 송금인의 계좌에서 선불지급수단 발행·관리업자의 계좌로 이체한다. 선불지급수단의 양도는 선불지급수단 발행·관리업자 내부의 원장에 양도가 이루어졌음을 기재함으로써 이루어진다. 환급은 송금인이 요청을 하거나 수취인이 요청을 하는 경우로 이루어지는데, 송금인이 환급 요청을 하는 경우에는 송금인이 수취인의 계좌번호를 입력하여 해당 계좌로 송금하도록 요청을 하게 되고, 수취인이 환급 요청을 하는 경우에는 송금인은 수취인의 계정만을 지정하여 송금하도록 요청하고 선불지급수단을 양도받은 수취인이 이를 환급 요청하게 된다. 즉 선불지급수단 발행·관리업자의 계좌에서 수취인의 계좌로 이체가 이루어지면서 환급이 된다. 간편 송금 체계의 구조를 요약하면, 자금의 이동은 송금인과 선불지급수단 발행·관리업자의 계좌 사이 및 선불지급수단 발행·관리업자의 계좌와 수취인의 계좌 사이에서 이루어지고, 송금인과 수취인 사이에서는 선불전자지급수단의 양도 및 양수

---

53) 이하의 설명은 송창훈, "핀테크 간편송금과 은행의 계좌이체는 법률적, 구조적으로 어떻게 다를까?," 「한은소식」, 한국은행, 2021. 5., 16−17면.

가 이루어지면서 이를 선불지급수단 발행·관리업자의 내부 원장에 기록하는 구조인 것이다.

3. 전자금융보조업자

「전자금융거래법」의 적용 대상이 되는 자는 전자금융보조업자도 포함된다. '**전자금융보조업자**'란 "금융[기관] 또는 전자금융업자를 위하여 전자금융거래를 보조하거나 그 일부를 대행하는 업무를 행하는 자 또는 결제중계시스템의 운영자로서 금융위원회가 정하는 자"를 말한다(제2조 제5호). 전자금융보조업자는 금융기관이나 전자금융업자를 보조하는 자이므로 「전자금융거래법」은 전자금융거래와 관련하여 전자금융보조업자의 고의나 과실은 금융기관 또는 전자금융업자의 고의나 과실로 간주하는 규정을 두고 있다(제11조제1항). 또한 금융기관 또는 전자금융업자가 전자금융보조업자의 고의나 과실로 인하여 발생한 손해에 대하여 이용자에게 그 손해를 배상한 경우에는 그 전자금융보조업자에게 구상할 수 있도록 하고 있다(제11조 제2항). 이용자도 금융기관 또는 전자금융업자와의 약정에 따라 금융기관 또는 전자금융업자에게 행하는 각종 통지를 전자금융보조업자에게 할 수 있으며, 이 경우 전자금융보조업자에게 한 통지는 금융기관 또는 전자금융업자에게 한 것으로 간주하고 있다(제11조 제3항).

4. 금융 전산 보안

「전자금융거래법」은 금융 전산 보안에 관한 규정도 두고 있다. 금융기술의 발전에 따라 비대면 금융거래가 많아지면서 전산 보안의 중요성이 커지고 있다. 「전자금융거래법」과 시행령 및 「전자금융업감독규정」은 전산 보안에 관한 사항을 규정하고 있는데, 향후 그 중요성을 고려할 때 별도의 법률을 제정하는 방안을 검토할 필요가 있을 것이다.

금융 전산 보안 관련 규제가 적용되는 기관은 은행 등 금융기관, 전자금융업자 및 전자금융보조업자이다. 우선 금융기관·전자금융업자 및 전자금융보조업자는 **안전성 및 신뢰성을 확보해야 할 의무**가 있는데, "전자금융거래의 안전성과 신뢰성을 확보할 수 있도록 전자적 전송이나 처리를 위한 인력, 시설, 전자적 장치, 소요 경비 등의 정보기술부문, 전자금융업무 및 「전자서명법」에 의한 인증서의 사용 등 인증 방법에 관하여 금융위원회가 정하는 기준을 준수"하여야 한다(제21조 제2항). 그리고 금융기관 또는 전자금융업자는 전자금융업무 및 그 기반이 되는 정보기술부문 보안을 총괄하여 책임질 **정보보호최고책임자(Chief Information Security Officer: CISO)를 지정**하여야 한다(제21조의2 제1항). 또한 금융기관 및 전자금융업자는 전자금융거래의 안전성과 신뢰성을 확보하기 위하여 **전자금융기반시설에 대한 취약점 분석·평가**를 하고 그 결과를 금융감독당국에 보고하여야 한다(제21조의3 제1항). 금융기관 및 전자금융업자는 전자적 침해 행위로 인하여 전자금융기반시설이 교란되거나 마비되는 등의 **침해사고**가 발생한 때에는 금융감독당국에 지체 없이 이를 알려야 하며(제21조의5 제1항), 침해사고가 발생하면 그 원인을 분석하고 피해의 확산을 방지하기 위하여 필요한 조치를 하여야 한다(제21조의5 제2항). 그리고 금융기관·전자금융업자 및 전자금융보조업자는 전자금융거래기록을 생성하여 5년의 범위 안에서 대통령령이 정하는 기간 동안 보존하여야 하며(제22조 제1항), 보존 기간이 경과하고 금융거래 등 상거래관계가 종료된 경우에는 5년 이내에 전자금융거래기록(신용정보법에 따른 신용정보는 제외한다)을 파기하여야 한다(제22조 제2항).

XV. 금융소비자법

1. 개 관

2020년 3월 24일 제정되고 2021년 3월 25일부터 시행된 금융소비자법은 2008년 세계적 금융위기 이후 금융소비자 보호 강화 움직임과 더불어 그동안 크고 작은 금융사고가 발생하면서 금융소비자 보호 강화 필요성이 제기되면서 제정된 법률이다. 종전에 자본시장법, 「은행법」, 「보험업법」 등에 규정되었던 금융소비자 보호에 관련된 규정들을 금융소비자법에 이관하면서 추가적으로 금융소비자 보호를 강화하기 위한 여러 새로운 제도를 도입하고 있다. 예를 들어, 금융소비자의 위법계약 해지권(제47조)이라든지 금융감독 당국의 금융상품 판매 제한 명령권(제49조 제2항) 등이 새로 도입된 제도이다. 금융소비자법은 금융상품판매업자나 금융상품자문업자가 금융상품을 판매하거나 금융상품 자문을 제공하는 영업 행위를 하는 경우에 적용되는 적합성 원칙이나 설명 의무 등 영업행위 규칙이나 청약철회권(제46조) 및 위법계약 해지권 등을 규정해서 금융소비자를 보호하기 위한 장치를 마련하고 있다. 특히 '동일 기능 동일 규제 원칙'의 적용을 통해 금융기관의 유형에 상관없이 동일한 기능을 수행하고 있는 금융상품판매업자나 금융상품자문업자에게는 동일한 규제를 적용하고 있는 것도 의미가 있다고 할 수 있다. 이하에서는 금융소비자법이 규정하고 있는 내용을 살펴보기로 한다.

2. 법 적용 대상

금융소비자법은 '금융상품'을 판매하는 '금융상품판매업자'의 금융상품 판매 행위나 금융상품에 대한 '자문'을 제공하는 '금융상품자문업자'의 금융자문 행위에 대하여 적용되는 법률이다. 따라서 규제 대상이 되는 금융상품의 범위와 금융상품판매업 및 금융상품자문업에 대한 이해가 필요하다. 이하에서 자세히 살펴본다.

(1) 금융상품의 분류

금융소비자법은 **금융상품**을 4가지 유형으로 분류하여 규제의 대상이나 정도를 달리하고 있는데, 예금성 상품, 대출성 상품, 투자성 상품, 보장성 상품으로 분류하고 있다(제3조). **예금성 상품**은 「은행법」에 따른 예금, 「상호저축은행법」에 따른 예금, 「신용협동조합법」에 따른 예탁금 등이 포함된다(제3조 제1호, 시행령 제3조 제1항). **대출성 상품**은 「은행법」에 따른 대출, 「상호저축은행법」에 따른 대출, 「여신전문금융업법」에 따른 신용카드·시설대여·연불판매·할부금융, 「신용협동조합법」에 따른 대출, 대부업법에 따른 대부, 온라인투자연계금융업법에 따른 연계대출 등이 해당한다(제3조 제2호, 시행령 제3조 제2항). **투자성 상품**은 자본시장법에 따른 금융투자상품·신탁계약·투자일임계약, 온라인투자연계금융업법에 따른 연계투자 등이 해당한다(제3조 제3호, 시행령 제3조 제3항). **보장성 상품**은 「보험업법」에 따른 보험상품, 「신용협동조합법」에 따른 공제상품 등이 해당한다(제3조 제4호, 시행령 제3조 제4항).

(2) 금융상품판매업과 금융상품판매업자

'**금융상품판매업**'이란 "이익을 얻을 목적으로 계속적 또는 반복적인 방법으로 [금융상품을 판매하는] 행위"로서 '금융상품직접판매업'과 '금융상품판매대리·중개업'을 말한다(제2조 제2호). '**금융상품직접판매업**'이란 "자신이 직접 계약의 상대방으로서 금융상품에 관한 계약의 체결을 영업으로 하는 것 또는 자본시장법 제6조 제3항에 따른 투자중개업"을 말하며, '**금융상품판매대리·중개업**'이란 "금융상품에 관한 계약의 체결을 대리하거나 중개하는 것을 영업으로 하는 것"을 말한다(제2조 제2호 가목, 나목). 금융상품을 제조한 자가 직접 판매하는 경우는 금융상품직접판매업이 되고, 다만 투자중개업의 경우는 중개 행위를 하지만 금융상품직접판매업으로 분류하고 있음을 알 수 있다. 이외에 금융상품의 계약 체결을 대리 또는 중개하는 영업은 금융상품판매대리·중개업에 해당한다.

그리고 규제 대상이 되는 기관인 '**금융상품판매업자**'는 금융상품판매업을 영위하는 자를 말하는데, 해당 금융업법에서 금융상품판매업에 해당하는 업무에 대하여 인가나 허가를 받거나 등록을 한 금융기관뿐만 아니라 금융소비자법 제12조 제1항에 따라 금융상품판매업의 등록을 한 자를 말한다(제2조 제3호). 금융상품판매업자에는 금융상품직접판매업을 영위하는 자인 '**금융상품직접판매업자**'와 금융상품판매대리·중개업을 영위하는 자인 '**금융상품판매대리·중개업자**'가 있다(제2조 제3호 가목, 나목). 은행의 경우 「은행법」에 따른 인가를 받아 예금 및 대출 업무를 영위할 수 있는데(「은행법」 제2조 제1

항 제1호, 제8조), 은행이 직접 고객과 예금 계약이나 대출 계약을 체결하게 되면 이는 금융상품 직접 판매 행위가 되므로 금융상품직접판매업자가 된다. 즉 금융상품 제조업자가 금융상품직접판매업자가 되는 것이다. 그리고 은행이 보험상품을 판매 대리 또는 중개하는 보험상품대리업[소위 '방카슈랑스'(bancassurance)을 말한다]을 영위하는 경우 은행은 '금융상품판매대리·중개업자'의 지위를 가지게 된다.

(3) 금융상품자문업과 금융상품자문업자

'**금융상품자문업**'이란 "이익을 얻을 목적으로 계속적 또는 반복적인 방법으로 금융상품의 가치 또는 취득과 처분 결정에 관한 자문에 응하는 것"을 말하는데(제2조 제4호 본문), 다만 "불특정 다수인을 대상으로 발행되거나 송신되고, 불특정 다수인이 수시로 구입하거나 수신할 수 있는 간행물·출판물·통신물 또는 방송 등을 통하여 조언을 하는 것"은 제외된다(법 제2조 제4호 단서 가목). 이것은 자본시장법에서 유사투자자문업을 투자자문업에서 제외하는 것(자본시장법 제6조 제7항, 제101조 제1항)과 같은 취지로 볼 수 있다. 또한 "그 밖에 변호사, 변리사, 세무사가 해당 법률에 따라 자문 업무를 수행하는 경우 등 해당 행위의 성격 및 금융소비자 보호의 필요성을 고려하여 금융상품자문업에서 제외할 필요가 있는 것으로서 대통령령으로 정하는 것"도 제외하고 있다(제2조 제4호). 이것은 변호사, 변리사, 세무사 등 전문가가 해당 법률에서 허용된 자문을 하는 과정에서 금융 관련 자문을 할 가능성이 있어서 이를 제외하기 위한 것이다.

'**금융상품자문업자**'란 금융상품자문업을 영위하는 자로서 금융업법에서 금융상품자문업에 해당하는 업무에 대하여 인가나 허가를 받거나 등록을 한 금융기관 및 금융소비자법 제12조 제1항에 따라 금융상품자문업의 등록을 한 자를 말한다(제2조 제5호). 예를 들어, 자본시장법에 따라 투자자문업 등록을 한 투자자문업자가 금융상품자문업자의 지위를 갖게 된다. 그리고 금융상품판매업자와 이해관계를 갖지 않는 '독립금융상품자문업자'(제12조 제2항 제6호)는 금융소비자법에 따라 금융상품자문업의 등록을 한 자에 해당한다.

(4) 금융소비자

보호 대상이 되는 '**금융소비자**'는 "금융상품에 관한 계약의 체결 또는 계약 체결의 권유를 하거나 청약을 받는 것에 관한 금융상품판매업자의 거래 상대방 또는 금융상품자문업자의 자문 업무의 상대방인 전문금융소비자 또는 일반금융소비자"를 말한다(제2조 제8호). '**일반금융소비자**'란 전문금융소비자가 아닌 금융소비자를 말하고(제2조 10호), '**전문금융소비자**'란 "금융상품에 관한 **전문성 또는 소유 자산 규모 등에 비추어 금융상품 계약에 따른 위험감수능력이 있는 금융소비자**"를 말하는데(제2조 제9호), 금융소비자법과 시행령은 전문금융소비자에 해당하는 자를 열거하여 규정하고 있다(시행령 제2조 제10항). 국가, 한국은행, 은행이나 증권회사 등 금융기관, 주권상장법인, 공법인 등이 해당되며, 투자성 상품의 경우 일정한 자산이나 소득 요건 또는 금융 전문성을 가진 개인도 해당된다(제2조 제9호, 시행령 제2조 제10항). 다만 주권상장법인이나 개인전문투자자 등 대통령령으로 정하는 전문금융소비자가 일반금융소비자와 같은 대우를 받겠다는 의사를 금융상품판매업자 또는 금융상품자문업자에게 서면으로 통지해서 금융상품판매업자나 금융상품판매업자가 이에 동의한 경우에는 해당 금융소비자는 일반금융소비자로 간주한다(제2조 제9호 단서). 즉 전문투자자 중에서 개인전문투자자 등 일정한 전문투자자는 일반금융소비자로 전환하여 투자자 보호를 받을 수 있도록 하고 있는 것이다.

3. 금융상품판매업자 및 금융상품자문업자에 대한 진입 규제

금융소비자법은 금융상품판매업이나 금융상품자문업을 영위하려는 자에게 금융감독당국에 대한 **등록 의무**를 부여하는 진입 규제를 설정하고 있다. 즉 금융상품판매업이나 금융상품자문업을 영위하려는 자는 금융상품직접판매업자, 금융상품판매대리·중개업자 또는 금융상품자문업자별로 예금성 상품, 대출성 상품, 투자성 상품 및 보장성 상품 중 취급할 금융상품의 범위를 정하여 금융감독당국에 등록하여야 한다(제12조 제1항 본문). 다만, 등록을 하지 않고 영업을 할 수 있는 경우가 있는데, ① 해당 금융업법에서 금융상품판매업이나 금융상품자문업에 해당하는 업무에 대하여 인가나 허가를 받거나 등록을 한 경우나 ② 해당 금융업법에서 금융상품판매업이나 금융상품자문업에 해당하는 업무에 대하여 해당 법률에 따른 인가나 허가를 받지 않거나 등록을 하지 아니하여도 업무를 영위할 수 있도록 규정한 경우가 해당한다(제12조 제1항 단서). 예를 들어, 은행의 경우 은행 예금 상품이나 대출 상품의 계약을 고객과 체결하는 직접 판매의 경우에는 「은행법」에서 은행업 인가를 받아 이러한 업무를 영위할 수 있으므로 금융소비자법에 따른 등록을 할 필요가 없으며, 자본시장법에 따른 투자자문업자도 자본시장법에 따라 투자자문업 등록을 해야 하므로 금융소비자법에 따른 등록을 할 필요가 없게 된다.

금융상품직접판매업자 또는 금융상품자문업자로 등록하려는 자는 일정한 등록 요건을 충족해야 하는데, 인력과 전산 설비, 그 밖의 물적 설비 요건, 등록하려는 업무별로 일정한 금액 이상의 자기자본 요건, 건전한 재무상태와 사회적 신용 요건, 임원의 자격 요건 등을 갖추어야 한다(제12조 제2항, 시행령 제5조). 다만 금융상품자문업자로 등록하려는 자는 추가적으로 금융상품판매업자와 이해관계를 갖지 않는 자이어야 하는데, ① 금융상품판매업(투자일임업은 제외)과 대통령령으로 정하는 금융업(금융투자업 등)을 겸영하지 아니할 것, ② 금융상품판매업자(투자일임업자는 제외)와 「독점규제 및 공정거래에 관한 법률」 제2조 제12호에 따른 계열회사 또는 대통령령으로 정하는 관계가 있는 회사가 아닐 것, ③ 임직원이 금융상품판매업자의 임직원 직위를 겸직하거나 그로부터 파견받은 자가 아닐 것 등의 요건을 모두 충족해야 한다(제12조 제2항 제6호, 시행령 제5조 제5항, 제6항). 이러한 금융상품자문업자를 '독립금융상품자문업자'라고 한다(제27조 제3항 제1호).

4. 영업행위 규칙

금융소비자법은 금융상품판매업자가 금융상품의 판매 행위를 하거나 금융상품자문업자가 금융 자문 행위를 할 때 금융소비자를 보호하기 위한 영업행위 규칙을 정하고 있는데, 기본원칙뿐만 아니라 적합성 원칙, 적정성 원칙, 설명 의무, 불공정거래행위의 금지, 부당권유행위의 금지, 금융상품 광고 관련 준수 의무 등 6가지 원칙을 규정하고 있다. 이 중 중요한 영업행위 규칙인 **적합성 원칙, 적정성 원칙 및 설명 의무는 일반금융소비자에게만 적용**된다. 그만큼 일반금융소비자가 전문금융소비자에 비하여 금융 전문성이나 위험 감수 능력 면에서 떨어지기 때문에 일반금융소비자를 보호하기 위해서 둔 규정이라고 할 수 있다. 이하에서는 기본원칙 및 6가지 유형의 영업행위 규칙에 대하여 살펴본다.

(1) 기본원칙

금융소비자법은 금융소비자법을 해석하거나 적용하는 데 있어서 "**금융소비자의 권익을 우선적으로 고려**"하도록 하는 규정을 둠으로써(제13조 제1항) 금융소비자법이 금융소비자를 보호하기 위한 법률임을 선언하고 있다. 또한 금융상품판매업자나 금융상품자문업자의 신의성실 원칙도 규정하여, "금융상품 또는 금융상품자문에 관한 계약의 체결, 권리의 행사 및 의무의 이행"에 있어서 **신의성실 원칙**에 따라 하도록 하고 있다(제14조 제1항). 그리고 금융상품판매업자나 금융상품자문업자의 **업무 공정성 수행 의무**도 부여하여 금융상품판매업이나 금융상품자문업을 영위할 때 "업무의 내용과 절차를 공정히" 하도록 하고 있으며, 더 나아가 **금융소비자 이익 우선 의무**도 부여하여 "정당한 사유 없이 금융소비자의 이익을 해치면서 자기가 이익을 얻거나 제3자가 이익을 얻도록 해서는 아니 된다"는 규정도 두고 있다(제14조 제2항). 이외에도 **차별 금지** 조항도 두고 있는데, 금융상품판매업자나 금융상품자문업자는 "금융상품 또는 금융상품자문에 관한 계약을 체결하는 경우 정당한 사유 없이 성별·학력·장애·사회적 신분 등을 이유로 계약 조건에 관하여 금융소비자를 부당하게 차별해서는 아니 된다"고 규정하고 있다(제15조). 다소 추상적인 규정이기는 하지만 이러한 기본원칙을 규정함으로써 금융상품판매업자나 금융상품자문업자가 영업을 수행하는데 있어서 금융소비자 보호

에 중점을 두어 영업을 할 것을 주문하고 있다는 점에서 의미가 있다고 할
수 있다.

(2) 적합성 원칙

적합성 원칙이란 금융상품판매업자가 금융상품 계약 체결을 권유하거나
금융상품자문업자가 자문에 응하는 경우 투자 목적·재산 상황 및 투자 경
험 등 일반금융소비자에 관한 정보를 고려하여 그 **일반금융소비자에게 적합하
지 아니하다고 인정되는 금융상품 계약의 체결을 권유하거나 자문에 응해서는 아
니 된다는 원칙**을 말한다(제17조 제2항, 제3항). 적합성 원칙은 일반금융소비
자에게만 적용된다. 적합성 원칙은 일반금융소비자에게 적합한 금융상품 계
약 체결을 권유하거나 자문을 하는 적극적 의무가 아니고, 적합하지 않은 금
융상품의 계약 체결을 권유하지 않거나 자문에 응하지 않을 소극적 의무라
고 할 수 있다. 적합성 원칙은 금융상품판매업자의 금융상품 판매 권유와 관
련되어 적용되는 원칙이므로 금융상품판매업자의 금융상품 계약 체결 권유
없이 금융소비자 스스로 금융상품 계약 체결을 하려고 하는 경우에는 적합
성 원칙은 적용되지 않는다.

이러한 적합성 원칙이 적용되는 금융상품은 변액보험 등의 보장성 보험
상품, 투자성 상품, 운용 실적에 따라 수익률 등의 변동 가능성이 있는 예금
성 상품, 대출성 상품이다(제17조 제2항). 적합성 원칙은 대출성 상품을 제외
한 금융상품이 손실 가능성이 있는 금융상품이라 일반금융소비자가 이러한
상품의 위험을 제대로 파악하고 이해할 수 있는지를 먼저 파악한 후 적합하
지 않은 금융상품의 계약 체결을 권유하지 않도록 하거나 자문에 응하지 않
도록 하는 취지라고 이해할 수 있다. 그러나 대출성 상품의 경우에는 이미
대출 심사를 하면서 차입자의 상환 능력 등의 신용을 파악하므로 굳이 적합
성 원칙을 적용할 필요가 있는지는 의문이다.

(3) 적정성 원칙

적정성 원칙은 금융상품판매업자가 보장성 상품, 투자성 상품 및 대출성

상품에 대하여 일반금융소비자의 투자 목적·재산 상황 및 투자 경험 등을 고려하여 **해당 금융상품이 그 일반금융소비자에게 적정하지 아니하다고 판단되는 경우에는 그 사실을 알리고, 그 일반금융소비자로부터 서명이나 녹취 등의 방법으로 확인을 받아야 한다**는 원칙을 말한다(제18조). 적정성 원칙도 일반금융소비자에게만 적용된다. 이러한 적정성 원칙이 적용되는 금융상품의 범위는 대통령령이 자세히 규정하고 있는데, 변액보험 등의 보장성 상품, 파생상품 및 파생결합증권, 자본시장법 시행령이 규정하고 있는 고난도금융투자상품·고난도투자일임계약 및 고난도금전신탁계약, 주택이나 증권 등을 담보로 하는 대출성 상품 등이 해당한다(시행령 제12조 제1항). 그런데 대출성 상품의 경우 대출을 할 때 상환 능력 등 대출 심사를 하므로 굳이 적정성 원칙을 적용할 필요가 있는지는 의문이다. 적합성 원칙이나 설명 의무는 금융상품판매업자가 금융상품 계약 체결을 권유하는 경우에 적용되는 원칙이지만, 적정성 원칙은 금융상품 계약 체결 권유가 없더라도 일반금융소비자가 스스로 금융상품 계약 체결을 하려고 하는 경우에 적용된다는 점에서 차이가 있다. 또한 적합성 원칙이나 설명 의무는 금융상품판매업자 및 금융상품자문업자 모두에게 적용되지만, 적정성 원칙은 금융상품판매업자에게만 적용된다는 점도 차이점이다.

(4) 설명 의무

설명 의무는 중요한 영업행위 규칙 중의 하나이다. 설명 의무란 금융상품판매업자나 금융상품자문업자가 일반금융소비자에게 계약 체결을 권유하거나 자문에 응하는 경우 및 일반금융소비자가 설명을 요청하는 경우 **금융상품에 관한 "중요한 사항"**(일반금융소비자가 특정 사항에 대한 설명만을 원하는 경우 해당 사항으로 한정한다)**을 일반금융소비자가 이해할 수 있도록 설명하여야 한다**는 원칙을 말한다(제19조 제1항). 이러한 설명 의무는 일반금융소비자에게만 적용된다. 그리고 금융상품판매업자나 금융상품자문업자는 설명에 필요한 설명서를 일반금융소비자에게 제공하여야 하며, 설명한 내용을 일반금융소비자가 이해하였음을 서명, 기명날인, 녹취 등의 방법으로 확인을 받아야 한다(제19조 제2항). 또한 금융상품판매업자나 금융상품자문업자가 설명을 할 때 일반금융소비자의 "합리적인 판단 또는 금융상품의 가치에 중대한 영향을 미칠 수 있는 사항(즉 중요한 사항)을 거짓으로 또는 왜곡(불확실한 사항에 대하여 단정적 판단을 제공하거나 확실하다고 오인하게 할 소지가 있는 내용을 알리는 행위를 말한다)하여 설명해서는 아니 되며, 중요한 사항을 빠뜨려서는 아니 된다"(제19조 제3항). 따라서 **설명 의무의 범위에는 금융상품의 중요한 사항을 설명해야 하는 의무뿐만 아니라 설명을 할 때 중요한 사항을 거짓 또는 왜곡하여 설명해서는 아니 된다는 것까지 포함**한다.

설명 의무 대상이 되는 금융상품의 "중요한 사항"은 금융소비자법과 시행령이 자세히 규정하고 있는데, 보장성 상품의 경우 상품의 내용, 보험료, 보험금의 지급제한 사유 및 지급절차, 위험보장의 범위 등이 포함되며, 투자성 상품의 경우에는 상품의 내용, 투자에 따른 위험, 상품의 위험등급 등이 포함되고, 예금성 상품의 경우 상품의 내용, 이자율, 수익률 등이 포함되며, 대출성 상품의 경우 금리 및 변동 여부, 중도상환수수료 부과 여부·기간 및 수수료율, 상환 방법에 따른 상환 금액·이자율·시기, 저당권 등 담보권 설정이나 실행 등에 관한 사항, 대출계약의 해지에 관한 사항 등이 포함된다(제19조 제1항, 시행령 제13조). 따라서 설명 대상이 되는 중요한 사항에 대해서는 금융소비자법과 시행령을 자세히 살펴볼 필요가 있다. 다만 예금성 상품의 경우 원금이 보장되는 특성을 고려할 때 굳이 설명 의무 대상으로 할 필요가 있는지는 재검토할 필요가 있을 것이다.

한편 금융상품판매업자나 금융상품자문업자가 이러한 설명 의무를 위반하여 일반금융소비자에게 손해를 발생시킨 경우에는 **손해를 배상할 책임을 지는데, 금융상품판매업자나 금융상품자문업자가 고의 및 과실이 없음에 대한 증명**을 하도록 하고 있어서(제44조 제2항) 일반금융소비자의 입증 책임 부담을 덜어 주고 있다. 특히 투자성 상품의 경우에는 금융상품판매업자나 금융상품자문업자인 금융투자업자가 설명 의무를 위반하여 금융소비자에게 손해를 입힌 경우에는 자본시장법상 손해액의 '추정' 규정이 적용되어(자본시장법 제48조 제2항),[54] 금융소비자는 손해액을 증명하지 않아도 된다.

(5) 불공정영업행위의 금지

금융소비자법은 영업행위 규칙의 하나로서 불공정영업행위의 금지 규정도 두고 있다. 즉 **금융상품판매업자나 금융상품자문업자는 우월적 지위를 이용하여 금융소비자의 권익을 침해하는 불공정영업행위를 하는 것을 금지**하고 있다(제20조). 그 대상이 되는 금융상품은 대출성 상품에 적용되며, 자세한 불공정영업행위의 유형은 금융소비자법과 시행령이 규정하고 있다(제20조, 시행령 제15조).

(6) 부당권유행위의 금지

금융소비자법은 금융상품판매업자가 금융상품 계약 체결을 권유하거나 금융상품자문업자가 자문에 응하는 경우에는 **부당한 권유 행위를 하는 것을 금지**하고 있다(제21조). 이러한 부당 권유 행위로는 "불확실한 사항에 대하여 단정적 판단을 제공하거나 확실하다고 오인하게 할 소지가 있는 내용을 알리는 행위, 금융상품의 내용을 사실과 다르게 알리는 행위 또는 금융상품의 내용을 사실과 다르게 알리는 행위" 등이 포함되며, 부당 권유 행위의 자세한 유형은 금융소비자법 및 시행령이 규정하고 있다(제21조, 시행령 제16조). 이러한 부당 권유 금지 행위 대상이 되는 상품은 모든 유형의 금융상품이 해당된다.

(7) 금융상품의 광고 관련 준수 의무

금융소비자법은 금융상품판매업자나 금융상품자문업자가 **업무에 관한 광고를 하거나 금융상품에 관한 광고를 할 때 준수해야 할 기준에 관한** 사항도 규정하고 있다(제22조). 즉 금융상품에 관한 광고를 하는 경우에는 "금융소비자가 금융상품의 내용을 오해하지 아니하도록 명확하고 공정하게 전달"해야 하는 원칙이라든지(제22조 제2항), 금융상품의 광고에 들어가야 할 사항

---

54) "금융투자상품의 취득으로 인하여 일반투자자가 지급하였거나 지급하여야 할 금전등의 총액에서 그 금융투자상품의 처분, 그 밖의 방법으로 그 일반투자자가 회수하였거나 회수할 수 있는 금전등의 총액을 뺀 금액은 제1항에 따른 손해액으로 추정한다"(자본시장법 제48조 제2항).

(제22조 제3항) 및 부당한 광고 유형 행위 등을 규정하고 있다(제22조 제4항). 그 밖에 자세한 광고 규제 내용에 대해서는 금융소비자법 시행령이 규정하고 있다(제17조 내지 제21조). 그리고 금융소비자법은 업무나 금융상품에 관한 광고를 해서는 안 되는 자도 규정하고 있는데, 금융상품판매업자나 금융상품자문업자가 아닌 자가 광고를 하는 것이 금지되며, 금융상품판매업자 중에서 금융상품판매대리·중개업자도 금융상품직접판매업자가 허용한 경우를 제외하고(다만 투자성 금융상품에 대해서는 허용할 수 없다)는 금융상품에 관한 광고를 하는 것이 금지된다(제22조 제1항). 다만 금융업협회 또는 금융상품판매업자나 금융상품자문업자를 자회사나 손자회사로 두고 있는 금융지주회사는 업무나 금융상품에 관한 광고를 할 수 있으며(제22조 제1항 단서), 광고를 하는 경우에는 금융소비자법이 규정하고 있는 광고 기준을 준수해야 한다(제22조 제2항). 그리고 금융상품판매업자에는 금융상품직접판매업자도 포함되므로 금융상품을 제조한 금융상품직접판매업자도 해당 금융상품에 관한 광고를 할 수 있을 것이다.

5. 일반금융소비자의 청약철회권

금융소비자법은 **일반금융소비자가 금융상품 계약의 청약을 한 후 일정 기간 이내에 그 청약을 철회할 수 있는 권리**를 부여하고 있다(제46조). 일반금융소비자에게만 청약 철회를 부여하고 있고 전문금융소비자에게는 이러한 권리가 인정되지 않는다. 청약 철회가 인정되는 금융상품은 보장성 상품, 투자성 상품 및 대출성 상품에 한정되는데, 그 범위는 시행령이 정하고 있으며(제46조 제1항, 시행령 제37조 제1항), 금융상품자문에 관한 계약도 해당한다(제46조 제1항). 청약 철회 기간은 금융상품에 따라 다른데, 대출성 상품의 경우 계약서류를 제공받은 날로부터 14일 이내이고, 투자성상품이나 금융상품자문의 경우에는 계약서류를 제공한 날로부터 7일 이내이며, 보장성 상품의 경우는 보험증권을 받은 날부터 15일과 청약을 한 날부터 30일 중 먼저 도래하는 기간 이내이다(제46조 제1항 제1호 내지 제3호). 청약을 철회하게 되면 금융상품판매업자나 금융상품자문업자는 일반금융소비자로부터 받은 금전·재화 등을 반환하게 되며(제46조 제3항), 청약의 철회에 따른 손해배상 또는 위약금 등 금전의 지급을 일반금융소비자에게 청구할 수 없다(제46조 제4항).

6. 금융소비자의 위법계약 해지권

금융소비자법이 새로이 도입한 제도로서 금융소비자에게 위법계약 해지권을 부여하고 있다. 즉 **금융상품판매업자나 금융상품자문업자가 적합성 원칙(제17조 제3항), 적정성 원칙(제18조 제2항), 설명 의무(제19조 제1항, 제3항), 불공정영업행위 금지(제20조 제1항) 또는 부당권유행위 금지(제21조)를 위반하여 "대통령령으로 정하는 금융상품"에** 관한 계약을 체결한 경우, 금융소비자는 "5년 이내의 대통령령으로 정하는 기간" 내에 서면 등으로 해당 계약의 해지를 요구할 수 있으며(제47조 제1항), **금융상품판매업자나 금융상품자문업자가 "정당한 사유 없이" 금융소비자의 계약 해지 요구를 따르지 않는 경우 금융소비자는 해당 계약을 해지할 수 있다**(제47조 제2항). 그리고 금융상품 계약이 해지된 경우 금융상품판매업자나 금융상품자문업자는 수수료, 위약금 등 계약의 해지와 관련된 비용을 요구할 수 없도록 하고 있다(제47조 제3항). 적합성 원칙이나 설명 의무 등 영업행위 규칙을 위반한 경우에 위법계약 해지권을 인정하고 있다는 점에서 그만큼 금융상품판매업자나 금융상품자문업자가 이러한 영업행위 규칙을 잘 준수할 것을 요구하는 취지라고 이해할 수 있다. 그리고 금융상품 계약을 체결한 이후에 해당 계약을 해지할 수 권리를 금융소비자에게 부여한다는 점에서 금융소비자의 보호를 강화하기 위한 제도라고 할 수 있다.

'해지'는 계속적 계약의 효력을 장래에 향하여 소멸하게 하는 법률행위인데, 계약의 효력을 소멸시키는 점에서 '해제'와 동일하나, 계속적 계약 관계에서만 해당되고 소급효가 없다는 점에서 해제와 차이가 있다.[55] 해지의

---

55) 송덕수, 「신민법강의」 제9판, 박영사, 2016, 1340면.

효과를 발생시키는 의사표시인 해지권은 당사자 사이의 계약이나 법률 규정에 의해서 발생하는데(민법 제543조), 법률의 규정에 의하여 발생하는 해지권을 '법정해지권'이라고 한다. 따라서 **금융소비자법이 규정하고 있는 이러한 위법계약 해지권은 법률에서 규정하고 있는 것이어서** '법정해지권'이라고 할 수 있다.

이러한 위법계약 해지권의 대상이 되는 "대통령령으로 정하는 금융상품"은 "금융소비자와 금융상품직접판매업자 또는 금융상품자문업자 간 계속적 거래가 이루어지는 금융상품 중 금융위원회가 정하여 고시하는 금융상품"을 말하는데(시행령 제38조 제1항), 해지권의 법적 성격을 반영한 조문이라고 할 수 있다. 그리고 "대통령령으로 정하는 기간"은 금융소비자가 계약 체결에 대한 위반 사항을 안 날부터 1년 이내의 기간을 말하는데, 그 해당 기간은 계약체결일부터 5년 이내의 범위에 있어야 한다(시행령 제38조 제2항). 또한 금융소비자의 계약 해지 요구를 따르지 않아도 되는 "정당한 사유"는 "위반 사실에 대한 근거를 제시하지 않거나 거짓으로 제시한 경우, 계약 체결 당시에는 위반 사항이 없었으나 금융소비자가 계약 체결 이후의 사정 변경에 따라 위반 사항을 주장하는 경우, 또는 금융소비자의 동의를 받아 위반 사항을 시정한 경우" 등이 해당한다(시행령 제38조 제4항). 비록 정당한 사유의 범위에 대해서 시행령이 정하고 있으나, 여전히 그 기준이 구체적이지 않다는 점에서 위법계약 해지권 행사 요건에 해당하는지 여부와 관련하여 금융상품판매업자 및 금융상품자문업자와 금융소비자 사이에 분쟁이 발생할 여지가 크다고 본다. 따라서 해지권 행사 요건 해당 여부를 결정하는 독립적인 기구를 관련 금융업협회나 금융감독당국에 설치하여 운영하는 방안도 검토해볼 수 있을 것이다.

7. 금융감독당국의 금융상품 판매 제한 명령권

금융소비자법이 새로이 도입한 제도로서 금융소비자의 보호를 강화하기 위해서 **금융소비자에게 피해를 입힐 가능성이 있는 금융상품에 대해서 판매를 제한하거나 금지할 수 있는 권한을** 금융감독당국에게 부여하고 있다. 즉 금융감독당국은 "금융상품으로 인하여 금융소비자의 재산상 현저한 피해가 발생할 우려가 있다고 명백히 인정되는 경우로서 대통령령으로 정하는 경우"에는 그 금융상품을 판매하는 금융상품판매업자에 대하여 "해당 금융상품 계약 체결의 권유 금지 또는 계약 체결의 제한·금지"를 명할 수 있다(제49조 제2항). 여기서 '대통령령으로 정하는 경우'란 "투자성 상품, 보장성 상품 또는 대출성 상품에 관한 계약 체결 및 그 이행으로 인해 금융소비자의 재산상 현저한 피해가 발생할 우려가 있다고 명백히 인정되는 경우"를 말한다(시행령 제40조 제2항). 금융상품 판매 제한권이 발동될 수 있는 사유를 구체적으로 규정하는 것이 쉽지 않고 그럴 필요도 없을 것이다. 결국은 금융감독당국이 적절히 판단하여 금융소비자에게 피해를 입히거나 입힐 가능성이 있는 금융상품에 대해서 개입할 수 있는 권한을 부여하고 있다고 이해할 수 있다. 금융소비자를 보호하기 위한 강력한 제도라는 점에서 제도 도입의 타당성이 있다고 할 수 있다.

8. 금융 분쟁 조정 제도

(1) 개   관

금융소비자법은 금융 분쟁 조정(調停) 제도에 관한 내용도 규정하고 있다. 금융감독원이 금융 분쟁 조정 업무를 수행한다는 점에서 종전에는 금융감독기구법에 규정되어 있었으나, 금융 분쟁 조정 제도가 금융소비자 피해에 대한 사후적 구제 제도라는 점을 고려해서 금융소비자법에 이관하여 규정한 것이다. 우선 **분쟁 조정이란 소송 이외의 방법으로 분쟁을 해결하는 대체적 분쟁 해결 수단(alternative dispute resolution: ADR)의 한 방법이다.** 분쟁 당사자 모두가 조정자가 제시한 조정안을 수락하면, 그 조정안이 재판상 화해(和解) 또는 「민법」상 화해 계약의 효력(「민법」 제732조)이 발생하는 분쟁 해결 수단이다. 조정 제도는 소송에 비하여 비용이 절감되고 소요 기간도 단축할 수 있어 소액 분쟁의 경우에 많이 이용되는데, 금융 분쟁 사건의 경우 다수의 금융소비자가 관련된 소액 사건이 많다는 점에서 금융 분쟁 조정 제도를 이용할 실익이 크다. 이런 점에서 금융 분쟁 조정 제도가 금융소비자 피해에 대한 사후적 구제 장치의 하나로 인정되고 있는 것이다.

(2) 금융분쟁조정위원회

금융감독원이 금융 분쟁 조정 업무를 수행하며, 금융감독원 내에 설치된 **금융분쟁조정위원회**가 금융 분쟁 조정 사건을 최종 심의·의결한다(제33조). 분쟁 조정 대상은 금융기관과 금융소비자 및 그 밖의 이해관계인 사이에 발생하는 금융 분쟁에 관한 사항이다(제33조). 금융기관은 금융감독원의 검사 대상 금융기관인 은행, 금융투자회사(증권회사, 자산운용회사 등), 보험회사 등을 말한다(금융감독기구법 제38조). 그리고 금융소비자뿐만 아니라 '이해관계인'도 금융 분쟁 조정 신청을 할 수 있는데(제36조 제2항 본문), 어떠한 자가 '이해관계인'인지에 대하여 규정하고 있지 않아 이해관계인의 범위와 관련해서 논란이 제기될 여지가 있다. 금융소비자법에 이를 명확하게 규정할 필요가 있을 것이다.

금융분쟁조정위원회는 위원장 1인을 포함하여 35인 이내의 위원으로 구성되며(제34조 제1항), 위원장은 소속 부원장 중에서 금융감독원장이 지명하는 자가 되고(제34조 제2항), 조정 위원은 금융감독원장이 소속 부원장보 중에서 지명하는 자와 일정한 자격 요건을 갖춘 외부 전문가 중에서 위촉하는 자로 구성된다(제34조 제3항).

(3) 금융 분쟁 조정 절차

금융기관 또는 금융소비자 및 이해관계인이 분쟁 조정 신청을 하면 금융감독원 원장은 먼저 당사자에게 통지하고 합의할 것을 권고할 수 있다(제36조 제2항 본문). 다만 분쟁 조정을 신청한 내용이 분쟁 조정 대상으로서 적합하지 아니하다고 금융감독원 원장이 인정하는 경우 또는 법령이나 객관적인 증명 자료 등에 따라 합의 권고 절차 또는 조정 절차를 진행할 실익이 없는 경우 등의 사유에 해당하는 경우에는 합의를 권고하지 아니하거나 금융분쟁조정위원회에 회부(會付)하지 아니할 수 있다(제36조 제2항 단서). 당사자 사이에 합의가 성립되지 아니한 때에는 사건은 금융분쟁조정위원회에 회부되어(제36조 제3항), 조정 절차에 들어가게 된다. 금융 분쟁 조정의 신청은 시효 중단의 효력이 있게 되며(제40조 제1항), 양 당사자가 조정안을 수락한 경우나 분쟁 조정이 이루어지지 아니하고 조정 절차가 종료된 경우에는 시효가 새로이 진행한다(제40조 제3항). **분쟁 당사자가 통지된 조정안을 수락하는 경우 당해 조정안은 재판상 화해와 동일한 효력이 있다**(제39조). 재판상 화해는 확정 판결과 동일한 효력이 있기 때문에(「민사소송법」 제220조), 집행력, 형성력 및 기판력(既判力)이 발생하게 된다.

(4) 소송 절차의 중지

금융소비자법은 **분쟁 조정이 신청된 사건에 대하여 신청 전 또는 신청 후 소송이 제기되어 소송이 진행 중일 때에는 수소법원(受訴法院)은 분쟁 조정이 있을 때까지 소송 절차를 중지할 수 있도록 하는 제도**(제41조 제1항)를 새로이 도입하고 있다. 이는 금융소비자가 금융 분쟁 조정 신청을 한 경우에 상대방 당사자인 금융기관이 소송을 제기하면 금융 분쟁 조정 절차가 중지되는데, 이렇게 되면 상대적으로 약자인 금융소비자가 금융 분쟁 조정 절차를 이용하여 분쟁 해결을 할 수 없게 되어 불리하게 되는 점을 시정하기 위해서 도입된 제도라고 이해할 수 있다. 즉 금융 분쟁 조정 신청 전이나 후에 소송이 진행되는 경우에 해당 법원은 먼저 조정 절차를 거칠 것을 요구할 수 있는 것이다. 금융 분쟁 조정 제도의 실효성을 높이기 위한 제도라고 볼 수 있다. 물론 법원이 소송 절차를 중지하지 않게 되면 당연히 해당 사건의 분쟁 조정 절차는 중지되어 종료된다(제41조 제2항).

(5) 소액분쟁사건에 대한 소송 제기의 제한

금융소비자법은 일정한 **소액분쟁사건에 대하여 금융 분쟁 조정 절차가 개시된 경우에는 조정안을 제시받기 전에는 금융기관이 소송을 제기할 수 없도록 하는 제도**(제42조 제1항)도 새로이 도입하였다. 즉 소액분쟁사건에 대해서는 금융 분쟁 조정 절차를 거치고 나야 소송을 제기할 수 있도록 하고 있어서

약자인 금융소비자를 보호하기 위한 제도라는 것을 알 수 있다. 금융기관만 구속하기 때문에 금융소비자가 금융 분쟁 조정 절차 중에 소송을 제기하는 것은 상관이 없다. 그 대상이 되는 소액분쟁사건의 요건은 **일반금융소비자가 분쟁 조정을 신청한 사건이어야 하고, 조정을 통하여 주장하는 권리나 이익의 가액이 2천만 원 이내이어야 한다**(제42조 제1항, 시행령 제36조). 이 제도 역시 금융 분쟁 조정 제도의 실효성을 높여 금융소비자를 보호하기 위한 것이라고 이해할 수 있다.

(6) 독립된 금융 분쟁 조정 기구의 설립 방안

한편, 금융 분쟁 조정을 주관하는 기관이 중립성과 전문성을 가져야 신뢰성이 있고 효율적인 금융 분쟁 제도를 구축할 수 있다는 점에서 향후 **금융감독기관이 수행하는 금융 분쟁 조정 기능을 분리하여 별도의 독립된 금융 분쟁 조정 기구를 만드는 것이 필요**하다.[56] 그래야 금융기관이나 금융소비자로부터 신뢰받는 금융 분쟁 조정 제도가 운영될 수 있기 때문이다. 영국이나 호주의 경우 별도의 금융 분쟁 조정 기구를 두어 운영하고 있는데,[57] 우리도 이러한 기구가 필요하다. 더 나아가서 대체적인 분쟁 해결 수단의 하나로서 '중재'(arbitration) 기능도 독립된 금융 분쟁 조정 기구에 부여하여 중재를 통한 금융 분쟁 해결을 도모하는 것도 필요하다.

9. 손해배상책임

금융소비자법은 금융상품판매업자나 금융상품자문업자의 손해배상책임 규정도 두고 있다. 즉 금융상품판매업자나 금융상품자문업자가 "고의 또는 과실로 [금융소비자]법을 위반하여 금융소비자에게 손해를 발생시킨 경우에

---

56) 자세한 논의는 고동원, "금융 분쟁 조정 제도의 개선을 위한 입법 과제,"「입법과 정책」 제3권 제1호, 국회 입법조사처, 213. 6, 63–89면.

57) 금융감독기관의 산하 기관으로서 독립된 기구인 영국의 금융분쟁조정기구(Financial Ombudsman Service) <https://www.financial-ombudsman.org.uk> 및 호주의 독립된 금융분쟁조정기구(Australian Financial Complaints Authority) <https://www.afca.org.au> 가 금융 분쟁 조정 업무를 담당하고 있다.

는 그 손해를 배상할 책임이 있다"는 일반 규정을 두고 있다(제44조 제1항). 설령 이러한 조항이 없더라도 「민법」에 따른 불법행위책임(제750조)을 물을 수 있으므로 이 조항은 큰 의미가 없다고 할 수 있다. 그리고, 앞서 언급한 것처럼 설명 의무를 위반하여 금융소비자에게 손해를 발생시킨 경우에는 고의나 과실에 대한 입증 책임을 금융상품판매업자나 금융상품자문업자에게 지우고 있어(제44조 제2항) 의미가 있다. 즉 금융소비자법은 "금융상품판매업자등이 [설명 의무]를 위반하여 금융소비자에게 손해를 발생시킨 경우에는 그 손해를 배상할 책임을 진다. 다만, 그 금융상품판매업자등이 고의 및 과실이 없음을 입증한 경우에는 그러하지 아니하다"라고 규정하고 있다(제44조 제2항). 원래 손해를 입은 금융소비자가 가해자인 금융상품판매업자나 금융상품자문업자의 고의나 과실이 있음을 증명해야 하나, 설명 의무 위반인 경우에는 그러한 입증 책임을 전환시키고 있는 것이다. 이외에 앞서 본 것처럼 자본시장법에 따르면 금융상품판매업자나 금융상품자문업자인 금융투자업자가 투자성 상품과 관련한 설명 의무를 위반한 경우에는 손해액 추정 규정(자본시장법 제48조 제2항)이 적용되어 금융소비자가 손해액을 증명할 필요가 없게 된다.

또한 금융소비자법은 **금융상품직접판매업자의 금융상품판매대리 · 중개업자와 연대 손해배상책임** 조항도 두어 금융소비자를 두텁게 보호하기 위한 장치를 두고 있다. 즉 금융상품직접판매업자는 금융상품계약체결 등의 업무를 대리 · 중개한 금융상품판매대리 · 중개업자(「보험업법」 제2조 제11호에 따른 보험중개사는 제외한다) 또는 「보험업법」 제83조 제1항 제4호에 해당하는 임원 또는 직원(즉 보험상품을 판매하는 임직원을 말한다)이 대리 · 중개 업무를 할 때 금융소비자에게 손해를 발생시킨 경우에는 그 손해를 배상할 책임을 지도록 하고 있다(제45조 제1항). 다만 금융상품직접판매업자가 금융상품판매대리 · 중개업자 및 보험상품 판매 임직원의 "선임과 그 업무 감독에 대하여 적절한 주의를 하였고 손해를 방지하기 위하여 노력한 경우"에는 이러한 연대 손해배상책임을 지지 않는다(제45조 제1항).

XVI. 유사수신행위규제법

1. 개   관

유사수신행위규제법은 **금융업 인가·허가를 받지 않거나 등록·신고를 하지 않고 금융기관의 수신(受信) 행위와 유사한 행위를 하는 것을 규제하기 위한 법이**다. 즉 금융업자가 아닌 자가 원금을 보장해줄 것을 약정하면서 예금이나 적금 또는 출자금 등의 수신 행위를 하는 것을 규제하기 위한 법이다. 통상 높은 수익을 보장해주겠다고 하면서 자금을 유치하는 영업 행위가 해당된다.

2. 유사수신행위의 유형

(1) 요   건

유사수신행위에 해당하려면 우선 "다른 법령에 따른 인가·허가를 받지 아니하거나 등록·신고 등을 하지 아니한" 행위를 해야 한다(제2조 본문). 일반적으로 금융기관은 감독당국으로부터 해당 금융업을 영위하기 위해서 인가 또는 허가를 얻거나 등록이나 신고를 해야 한다. 따라서 이러한 인가·허가 등을 얻지 않고 하는 행위가 해당한다. 또한, "불특정 다수인으로부터 자금을 조달하는 것을 업(業)으로 하는 행위로서 다음 각 호의 어느 하나에 해당하는 행위"인 4가지 유형의 행위에 해당하여야 한다(제2조 본문). 여기서 해석상의 문제가 제기된다. "각 호의 행위"인 4가지 유형의 행위를 예시적인 것으로 볼 것이냐 아니면 한정적인 것으로 볼 것이냐의 문제이다. 즉 하나의 예시로 보아 그 밖의 다른 유형의 행위도 유사수신행위에 해당한다고 볼 것이냐 아니면 4가지 유형의 행위에 한정한다고 볼 것이냐의 문제이다. 그런데 문구가 "… 로서 … 해당하는 행위"라고 하고 있으므로 한정적인 것으로 보는 것이 타당할 것이다. 따라서 **4가지 유형의 어느 하나에 해당하는 행위만 규제 대상 행위로 보아야 할 것이다.** 그리고 "업(業)으로 하는 행위"라고 하고 있는데 법이 특별히 정의를 하고 있지 않기 때문에 판례가 드는 '영리성, 계속성, 반복성'의 요소[58]를 갖추어야 할 것이다.

(2) 유사수신행위

유사수신행위규제법이 규정하는 4가지 유형의 유사수신행위는 다음과 같다(제2조).

1) "장래에 출자금의 전액 또는 이를 초과하는 금액을 지급할 것을 약정하고 출자금을 받는 행위"
2) "장래에·원금의 전액 또는 이를 초과하는 금액을 지급할 것을 약정하고 예금·적금·부금·예탁금 등의 명목으로 금전을 받는 행위"
3) "장래에 발행가액(發行價額) 또는 매출가액 이상으로 재매입(再買入)할 것을 약정하고 사채(社債)를 발행하거나 매출하는 행위"
4) "장래의 경제적 손실을 금전이나 유가증권으로 보전(補塡)하여 줄 것을 약정하고 회비 등의 명목으로 금전을 받는 행위"

위의 행위에 해당하는지 여부는 형식적으로 판단해야 할 것이다. 예를 들어, 차입 행위를 생각해 볼 수 있다. 차입 행위도 빌린 금액 전액 및 이자를 장래에 지급한다는 점에서 두 번째 유형의 유사수신행위에 해당할 수 있다고 볼 여지가 있지만, 예금이나 적금 등의 명목으로 금전을 받는 행위가 아니고 차입 행위라는 점에서 유사수신행위에 해당한다고 보기는 어려운 것이다.

3. 유사수신업 표시·광고 및 금융업 유사 상호 사용 금지

(1) 유사수신업의 표시나 광고 금지

유사수신행위를 하기 위하여 불특정 다수인을 대상으로 하여 그 영업에 관한 표시 또는 광고(「표시·광고의 공정화에 관한 법률」에 따른 표시 또는 광고를 말함)를 하는 행위도 금지된다(제4조).

---

58) 대법원 2012. 7. 12. 선고 2012도4390 판결; 대법원 2012. 3. 29. 선고 2011도1985 판결; 대법원 2008. 10. 23. 선고 2008도7277 판결.

(2) 금융업 유사 상호 사용 금지

유사수신행위를 하기 위하여 그 상호(商號) 중에 '금융업'으로 인식될 수 있는 명칭을 사용하는 것도 금지된다(제5조). 그러한 명칭으로 시행령이 들고 있는 것은 "금융 또는 파이낸스, 자본 또는 캐피탈, 신용 또는 크레디트, 투자 또는 인베스트먼트, 자산운용 또는 자산관리, 펀드·보증·팩토링 또는 선물, 앞에서 열거한 명칭과 같은 의미를 가지는 외국어 용어(그의 한글표기 용어를 포함)"가 있다(시행령 제2조).

4. 벌　　칙

유사수신행위를 한 자는 5년 이하의 징역 또는 5천만 원 이하의 벌금이 부과된다(제6조 제1항). 또한 유사수신업 표시 또는 광고 행위 금지 규정에 위반한 경우에도 2년 이하의 징역 또는 2천만 원 이하의 벌금에 부과된다(제6조 제2항).

XVII. 「금융지주회사법」

1. 개　　관

금융지주회사(financial holding company)는 주식이나 지분의 소유를 통하여 금융업을 영위하는 회사, 즉 자회사(subsidiary)를 지배하여 경영·관리하는 것을 주된 사업으로 하는 회사를 말한다. 금융지주회사 산하에 자회사가 있게 되고, 또 자회사 산하에 손자회사(孫子會社), 그리고 증손회사(曾孫會社)가 있는 구조가 된다. 금융지주회사 체제를 통하여 대형화와 겸업화를 추구할 수 있기 때문에 2000년 10월 「금융지주회사법」을 제정하여 금융지주회사 제도를 도입하였다. 그래서 대부분의 주요 은행은 금융지주회사 체제를 유지하고 있다.

지주회사 체제는 지주회사가 자회사 지배 이외에 직접 사업을 영위할 수 있는지 여부에 따라 **순수지주회사와 사업지주회사로 구분**할 수 있는데, 우리나라는 금융지주회사가 자회사 지배와 경영 관리 업무만 수행하는 순수지주회사 체제를 채택하고 있다(제15조).

금융지주회사는 은행지주회사(bank holding company)**와 비은행지주회사**(non-bank holding company)로 나눌 수 있는데, 은행을 포함한 다른 금융업종 회사를 자회사로 두는 금융지주회사를 은행지주회사라고 하고, 은행을 제외한 금융업종 회사만을 자회사로 두는 금융지주회사를 비은행지주회사라고 한다(제2조 제1항 제5호, 제6호의2). 은행지주회사와 비은행지주회사의 차이점 중의 하나는 **은행지주회사의 경우**에는 비금융주력자(즉 산업자본인 비금융업종 회사)의 은행지주회사 주식 소유 제한이 적용되는 '**은산**(銀產) **분리 원칙**'이 적용되는 데 반하여(제8조의2), 비은행지주회사의 경우에는 '은산 분리 원칙'이 적용되지 않는다는 점이다. 비은행지주회사는 다시 **보험지주회사와 금융투자지주회사**로 나누어지는데, 보험지주회사는 보험회사를 포함한 금융업종 회사를 자회사로 두는 금융지주회사를 말하며, 금융투자지주회사는 금융투자업자를 포함한 금융업종 회사를 지배하면서 보험회사·상호저축은행·증권금융회사·종합금융회사를 지배하지 아니하는 금융지주회사를 말한다(제2조 제1항 제6호의3, 제6호의4).

2. 금융지주회사의 정의

(1) 서   설

금융지주회사의 정의는 다음과 같다. "**주식**(지분을 포함한다)**의 소유를 통하여 금융업을 영위하는 회사**(이하 "금융기관"이라 한다) 또는 금융업의 영위와 밀접한 관련이 있는 회사를 대통령령이 정하는 기준에 의하여 **지배**(이하 "지배"라 한다)하는 것을 **주된 사업**으로 하는 회사"를 말하는데(제2조 제1호 본문), 다음의 요건을 모두 갖추어야 한다. 즉 "(i) **1개 이상의 금융기관을 지배**할 것, (ii) **자산 총액이 대통령령으로 정하는 기준 이상일 것**, (iii) **금융위원회의**

인가를 받을 것”이다(제2조 제1호 가목, 나목, 다목). 즉 인가를 받지 못하거나 받지 않으면 「금융지주회사법」상 금융지주회사가 아니다. 물론 인가를 받지 아니하면 형사 처벌 대상이 되므로(제70조 제1항 제1호) 인가를 받아야 하겠지만, 인가를 받지 않는 지주회사는 「금융지주회사법」 적용은 받지 않게 된다.

(2) 주식과 지분

단순히 ‘주식’이라고 하고 있기 때문에 의결권 없는 주식도 포함한 주식을 뜻한다고 보아야 할 것이다. 또한 ‘지분’을 포함한다고 하고 있어서 주식을 발행하지 않는 회사인 「상법」상의 합자회사, 합명회사, 유한회사, 유한책임회사의 형태도 자회사로 둘 수 있다. 그리고 “… 회사”라고 하고 있어서 지분으로 표시되지만 회사가 아닌 조합(「상법」상의 합자조합이나 익명조합 등)은 자회사로 둘 수 없다고 보아야 할 것이다.

(3) ‘금융업’의 범위

“금융업을 영위하는 회사”에서 ‘금융업’의 범위는 상당히 넓다. “「통계법」 제22조 제1항의 규정에 의하여 통계청장이 고시하는 한국표준산업분류에 의한 금융 및 보험업”을 말하는데(시행령 제2조 제1항), 우리가 일반적으로 알고 있는 제도권 금융기관(즉 인가나 허가를 받거나 등록을 한 금융기관) 이외에도 일반 투자회사나 전당포 등도 포함되는 넓은 범위이다. “금융업의 영위와 밀접한 관련이 있는 회사”는 “(i) 금융업을 영위하는 회사(이하 “금융업종 회사”라 한다)에 대한 전산·정보처리 등의 용역의 제공 회사, (ii) 금융업종 회사가 보유한 부동산 기타 자산의 관리 회사, 금융업과 관련된 조사·연구 회사, 자본시장법에 따라 설립된 기관전용 사모집합투자기구(private equity fund: PEF)의 재산 운용 등 그 업무집행사원이 행하는 업무 영위 회사”를 말한다(시행령 제2조 제2항). 이러한 회사도 자회사로 둘 필요성이 있는데, 한국표준산업분류에 의한 ‘금융 및 보험업’에 포함되지 않아서 별도로 둔 규정이다.

(4) '지배'의 기준

"대통령이 정하는 기준에 의한 지배"는 회사가 단독으로 또는 특수관계자와 합하여 계열회사의 '최다출자자'가 되는 것을 말한다(시행령 제2조 제3호). 다만, 회사가 소유하는 주식이 각각의 특수관계자가 소유하는 주식보다 적은 경우는 최다출자자 요건을 충족하지 못한다(시행령 제2조 제3호 단서). 특수관계자는 "「독점규제 및 공정거래에 관한 법률 시행령」 제11조 제1호 및 제2호에 규정된 자"를 말하며, 계열회사란 "「독점규제 및 공정거래에 관한 법률」 제2조 제3호의 규정에 따른 계열회사"를 말한다(시행령 제2조 제3호). 여기서 '최다출자자'의 의미와 관련해서 2개의 투자자가 있다고 할 때 어느 회사가 50%, 다른 투자자가 50% 출자할 때 해당 회사를 과연 최다출자자로 볼 수 있는지 해석상 논란이 제기될 수 있다.

(5) '주된 사업'의 의미

"주된 사업"의 의미는 "직전 사업연도 결산일 기준(또는 해당 사업연도에 새로 설립되었거나 합병 또는 분할·분할합병·물적분할을 한 회사의 경우에는 각각 설립등기일·합병등기일 또는 분할등기일 기준)"(이하 "기준일")으로 "회사가 소유하고 있는 자회사(외국법인은 제외)의 주식(지분 포함) 가액의 합계액이 해당 회사의 자산 총액의 100분의 50 이상인 것"을 말한다(시행령 제2조 제4호). 즉 자회사 전체의 총 주식 가액이 금융지주회사 자산 총액의 50% 이상이 되어야 한다는 것을 의미한다.

(6) 자산 총액의 기준

"자산 총액이 대통령령으로 정하는 기준"은 "기준일 현재의 대차대조표에 표시된 자산 총액이 1천억 원 이상일 것"을 말한다(시행령 제2조 제5항). 즉 자산 총액이 1천억 원 미만인 규모가 작은 회사는 정책적으로 금융지주회사의 정의에서 배제하여 규제하지 않겠다는 취지이다.

3. 금융지주회사의 다른 회사 주식 소유 기준

(1) 금융지주회사의 자회사 주식 소유 기준

금융지주회사가 자회사를 지배하기 위해서는 자회사의 최다출자자가 되어야 한다고 했는데, 그러면 최다출자자가 되기 위해서는 최소한 어느 정도의 주식을 소유해야 할까? 30%의 주식을 소유하면서도 최다출자자가 되어도 지배한다고 볼 수 있을까? 어느 회사가 다른 비상장회사의 주식 30%를 소유한 상태에서 최다출자자가 되어 금융지주회사와 자회사의 관계가 된 경우에 계속 30%를 유지해도 자회사를 지배한다고 볼 수 있을까? 이 경우에「금융지주회사법」은 그 기준을 50%로 설정하고 있다. 물론 주식이 분산되어 있는 주권상장법인(즉 상장회사)의 경우에는 그 기준을 30%로 낮추어주고 있다. 즉 **금융지주회사는 원칙적으로 자회사의 주식을 해당 자회사의 발행주식 총수의 100분의 50 이상 소유하여야 한다**(제43조의2 제1항). 다만 **자회사가 주권상장법인이거나 출자자 사이의 출자 지분 변동이 어려운 '공동출자법인'인 경우에는 100분의 30 이상 소유하면 된다**(제43조의2 제1항). 물론 이러한 주식 소유 기준에는 예외가 있다. 즉 "금융지주회사 요건에 해당하게 된 당시에 자회사의 주식을 주식 소유 기준 미만으로 소유하고 있는 경우로서 금융지주회사 요건에 해당하게 된 날부터 2년 이내인 경우"나 "자회사가 아닌 회사가 자회사에 해당하게 되고 이러한 주식 소유 기준에는 미달한 경우로서 해당 회사가 자회사에 해당하게 된 날부터 1년 이내인 경우" 등에는 이러한 50%나 30% 기준을 충족시키지 않아도 된다(제43조의2 제1항 단서). 첫 번째의 경우는 금융지주회사가 되고 나서 자회사 주식 소유 기준 충족을 2년 유예시켜주는 셈이다. 두 번째 경우는 어느 회사를 자회사로 편입할 때 주식 소유 기준 충족을 1년 유예시켜주는 것이다.

이러한 **금융지주회사의 자회사 주식 소유 기준은 자회사가 손자(孫子)회사의 주식을 소유하는 경우 및 손자회사가 증손(曾孫)회사의 주식을 소유하는 경우에도 적용**된다(제43조의3).

(2) 금융지주회사의 자회사 아닌 회사의 주식 소유 한도

그러면 금융지주회사는 자회사의 주식만 소유해야 하는가? 금융지주회사도 자산 운용 차원에서 다른 회사에 투자할 수도 있지 않을까? 「금융지주회사법」은 이런 경우에 5%까지 소유할 수 있도록 허용하고 있다. 즉 **금융지주회사는 자회사가 아닌 회사의 발행 주식 총수의 5% 이내에서는 소유할 수 있다**(제44조 제1항). 다만 **주식 소유가 5% 이내라 하더라도 그 대상 회사가 금융지주회사의 계열회사인 경우에는** 금융지주회사는 자회사 외의 계열회사의 주식을 소유할 수 없으므로(제6조의4), **그 해당 주식은 소유할 수 없게 된다**(제44조 제1항 단서). 예를 들어, 甲금융지주회사가 乙회사의 주식을 4% 소유한 상태에서 甲금융지주회사의 임원이 乙회사의 임원을 겸임하게 되면 乙회사는 甲금융지주회사의 계열회사가 되는데(공정거래법 제2조 제2호, 시행령 제3조 제2호 다목), 이 경우에는 4% 주식을 처분해야 하는 것이다.

그리고 자회사가 아닌 회사의 주식을 5% 이내에서 소유할 때 그 대상 회사는 금융업종 회사이거나 비금융업종 회사이건 상관이 없이 5%까지 소유할 수 있는 것인가? 「금융지주회사법」 제6조의3이 "금융지주회사는 이 법에 특별한 규정이 없는 한 비금융회사의 주식을 소유하여서는 아니 된다"라고 하고 있어서, 이 규정의 적용을 받아서 그 대상 회사가 비금융회사인 경우에는 아예 5%도 취득할 수 없는 것이 아닌가 하는 의문이 제기되기 때문이다. 즉 5% 소유를 허용하고 있는 제44조가 "이 법에 특별한 규정"으로 볼 수 있는가라는 해석의 문제이다. 특히 제44조가 "제6조의3에도 불구하고"라는 명시적인 문구가 없어 논란이 제기될 수 있다. 검토해보면, 금융지주회사가 비금융회사의 주식을 소유할 수 없도록 하고 있는 것은 '금산 분리 원칙'에 따른 규제인바, 5%까지 소유하는 것은 '금산 분리 원칙'을 훼손할 만한 주식 취득이라고 보기도 어렵고, 5%까지는 금융지주회사가 자산 운용 차원에서 다른 회사의 주식을 취득하는 것을 허용하고 있는 취지로 볼 때 설령 그 대상 회사가 비금융업종 회사라 할지라도 수익성 있는 투자라면 굳이 허용하지 않을 이유는 없기 때문에, **비금융업종 회사라 할지라도 5%까지는 소유할 수 있다고 보는 것이 타당할 것이다.**

4. 금융업종 회사와 금융지주회사의 지배 관계 제한

금융지주회사는 금융업종 회사(외국의 법령에 의하여 설립된 금융업종 회사를 포함)와 "대통령령이 정하는 지배 관계"에 있어서는 아니 된다(제7조 제1항). 여기서 "대통령령이 정하는 지배관계"란 "[금융업종 회사]가 「독점규제 및 공정거래에 관한 법률 시행령」 제3조에 따른 기준에 의하여 **사실상 금융지주회사의 사업 내용을 지배하는 것**"을 말한다(시행령 제5조의3). 이것은 '기업집단'의 관계, 즉 계열회사의 관계를 말한다. 따라서 **금융업종 회사와 금융지주회사는 계열회사 관계를 가져서는 안 된다**는 의미이다. 여기서 금융업종 회사는 앞서 본 것처럼 한국표준산업분류상의 '금융 및 보험업'을 영위하는 회사를 말한다.

다만 예외가 있다. 즉 첫째, "금융지주회사가 다른 금융지주회사와 지배 관계에 있는 경우"이다(제7조 제1항 제1호). 즉 **중간 금융지주회사를 인정**하는 것이다. 이는 금융지주회사도 금융업종 회사에 포함되기 때문에 이러한 예외 조항을 둔 것이다. 둘째, "투자회사·기관전용 사모집합투자기구 또는 투자목적회사가 금융지주회사와 지배관계에 있는 경우"이다(제7조 제1항 제2호). 셋째, "경영 능력, 규모 및 건전성 등을 감안하여 대통령령으로 정하는 외국 [금융업종 회사](외국의 법령에 따라 설립되어 외국에서 금융업을 영위하는 자를 말한다)로서 금융위원회가 인정한 자가 금융지주회사와 지배관계에 있는 경우"이다(제7조 제1항 제3호). 즉 **일정 규모가 큰 외국 금융업종 회사는 국내 금융지주회사를 지배할 수 있다**는 것을 말한다.

5. 손자회사, 증손회사 및 고손회사

(1) 서   설

금융지주회사가 자회사 외에 손자(孫子)회사와 증손(曾孫)회사를 두게 되면 금융지주회사 체제를 이용한 문어발식 확장이 될 수 있다. 이것을 막기 위해 「금융지주회사법」은 손자회사의 **업종(業種)을 제한**하고 있으며, 증손회사도 아주 제한적인 업종을 허용하고 있다. 또한 **고손(高孫)회사를 원칙적으로 둘 수 없도록** 하고 있다.

(2) 손자회사의 업종

손자회사의 업종은 다음과 같이 제한된다. 즉 "당해 자회사의 업무와 연관성이 있는 금융기관으로서 대통령령이 정하는 금융기관"과 "금융업의 영위와 밀접한 관련이 있는 회사로서 대통령령이 정하는 회사"만 손자회사로 둘 수 있다 (제19조 제1항 제1호, 제2호). 첫 번째 "대통령령이 정하는 금융기관"은 (i) 외국에서 설립된 금융업종 회사, (ii) "자회사가 영위할 수 있는 업무 중 법령에 의한 인가·허가 등을 요하지 아니하는 업무를 영위"하는 금융업종 회사, (iii) 자회사가 은행 또는 종합금융회사인 경우에는 신용정보업자, 신용카드업자, 신탁업자, 장내파생상품만 취급하는 투자매매업자·투자중개업자, 투자문업자, 투자일임업자, 집합투자업자, (iv) 자회사가 투자매매업자·투자중개업자인 경우에는 집합투자업자, 투자자문업자, 투자일임업자 및 투자매매업자·투자중개업자, (v) 자회사가 보험회사인 경우에는 집합투자업자이다 (시행령 제15조 제1항). 두 번째의 대통령령으로 정하는 회사는 (i) 금융기관에 대한 전산·정보처리 등의 용역의 제공 회사, (ii) 금융기관이 보유한 부동산 기타 자산의 관리 회사, (iii) 금융업과 관련된 조사·연구 회사, (iv) 자본시장법에 따라 설립된 기관전용 사모집합투자기구의 재산 운용 등 업무집행사원(general partnership: GP)이 행하는 업무 영위 회사를 말한다(시행령 제15조 제2항).

한편 보험지주회사의 자회사인 보험회사나 다른 금융기관이 손자회사를 두는 경우에는 별도의 특례 규정이 적용되어 다르게 규제된다(제25조 제1항, 제2항). 금융투자지주회사의 자회사인 금융투자업자가 손자회사를 두는 경우에도 마찬가지이다(제31조).

(3) 증손회사의 업종

금융지주회사의 손자회사도 원칙적으로 증손회사를 둘 수 없도록 하고 있다 (제19조 제2항). 다만 외국에서 설립된 금융업종 회사나 금융업의 영위와 밀접한 관련이 있는 회사를 증손회사로 둘 수 있도록 하여(제19조 제2항 제1호), 아주 제한적으로 허용하고 있다. 그리고 "손자회사가 될 당시에 지배하고 있던 회사의 경우로서 손자회사에 해당하게 된 날부터 2년 이내인 경우"
와 "주식을 소유하고 있는 계열회사가 아닌 회사가 계열회사에 해당하게 되
어 지배하게 된 경우로서 해당 회사가 계열회사에 해당하게 된 날부터 1년
이내인 경우"에만 일시적으로 다른 회사를 지배하는 것을 허용하고 있다(제
19조 제2항 제2호, 제3호).

한편 보험지주회사의 자회사인 보험회사 또는 다른 금융기관의 지배를
받는 손자회사가 증손회사를 두는 경우에는 별도의 특례 규정이 적용되어
다르게 규제된다(제26조 제1항, 제2항). 금융투자지주회사의 자회사와 손자회
사가 금융투자업자인 경우에 그 손자회사가 증손회사를 두는 경우에도 마찬
가지로 특례 규정이 적용되어 다르게 규제된다(제32조 제1항).

(4) 고손회사

금융지주회사의 증손회사도 원칙적으로 고손(高孫)회사를 둘 수 없다(제19조
제3항). 다만 일시적으로 다른 회사를 지배하는 경우에만 예외적으로 허용하
고 있다. 즉 "증손회사가 될 당시에 지배하고 있던 회사인 경우로서 증손회
사에 해당하게 된 날부터 2년 이내인 경우"와 "주식을 소유하고 있는 계열
회사가 아닌 회사가 계열회사에 해당하게 되어 지배하게 된 경우로서 해당
회사가 계열회사에 해당하게 된 날부터 1년 이내인 경우"가 해당된다(제19조
제3항 제1호, 제2호). 그러나 금융지주회사의 자회사인 금융투자업자가 지배
하는 손자회사가 지배하는 외국 증손회사는 외국 금융업종 회사나 금융업의
영위와 밀접한 관련이 있는 회사를 고손회사로 둘 수 있도록 예외적으로 허
용하고 있다(제19조의2 제1항). 그리고 고손회사가 금융투자업자인 경우에는
다시 외국 금융업종 회사 등을 지배할 수 있도록 허용하여 그 범위를 넓혀
주고 있다(제19조의2 제2항). 한편 금융투자지주회사의 고손회사인 금융투자
회사의 경우에는 제한적으로 다른 회사의 발행 주식 총수를 소유하는 조건
등으로 다른 회사를 지배할 수 있도록 하고 있다(제32조 제3항).

6. 동일인의 은행지주회사 주식 보유 제한

은행지주회사에 대해서는 '은산 분리 원칙'이 적용된다. 즉 은행지주회사의 주식을 소유할 수 있는 자를 제한하고 있다. 이는 「은행법」에서 적용되는 '은산 분리 원칙'의 내용과 동일하다. 왜냐하면 은행지주회사가 은행을 자회사로 두고 있으므로 금융지주회사 차원에서 '은산 분리' 규제를 하고 있는 것이다. 즉 비금융주력자가 아닌 동일인(즉 금융주력자인 동일인)은 원칙적으로 전국은행지주회사(전국은행을 자회사로 두고 있는 은행지주회사를 말한다)의 의결권 있는 발행 주식 총수의 10%를 초과해서 보유할 수 없다(제8조 제1항). 동일인 및 비금융주력자의 범위도 「은행법」상의 동일인 및 비금융주력자의 범위와 같다(제2조 제7호, 제8호). 다만 10%를 초과해서 보유하고자 하는 경우에는 일정한 요건을 충족하여 금융감독당국의 승인을 얻어야 한다(제8조 제3항). 지방은행지주회사(즉 지방은행을 자회사로 두고 있는 은행지주회사)의 경우 그 기준은 15%이다(제8조 제1항, 제3항). 비금융주력자인 동일인의 경우에는 원칙적으로 전국은행을 자회사로 두고 있는 은행지주회사의 의결권 있는 발행 주식 총수의 4%를 초과해서 보유할 수 없으며, 10%까지는 의결권을 행사하지 않는 조건으로 해서 재무 건전성 등 일정한 요건을 충족하여 금융감독당국의 승인을 얻어 보유할 수 있다(제8조의2 제1항, 제2항). 지방은행지주회사의 경우에는 원칙적으로 15%까지만 보유할 수 있다(제8조의2 제1항).

7. 고객 정보의 제공 및 관리

금융지주회사 체제의 장점 중의 하나는 금융지주회사 소속 금융기관(금융지주회사 포함) 사이에는 **고객의 금융거래정보나 개인신용정보**를 고객의 동의 없이도 공유할 수 있다는 점이다. 2014년 신용카드사의 고객 정보 유출 사고가 발생하기 전에는 그러한 고객 정보 공유는 금융상품의 판매 권유 등 영업 목적으로도 가능하였으나, 현재는 **신용위험 관리 등 내부 경영 관리 목적**

으로만 **가능**하도록 제한하고 있다(제48조의2). 고객 정보의 공유 대상 회사는 금융지주회사, 자회사, 손자회사, 증손회사가 해당된다(제48조의2 제1항, 제4조 제1항 제2호, 제45조 제1항). 고객의 "금융거래정보"는 금융실명법상의 금융거래정보를 말한다(제4조 제1항). 즉 예금 거래 정보 등이 포함된다(금융실명법 제2조 제3호). 금융실명법상 금융기관이 고객의 금융거래정보를 타인에게 제공하려면 고객의 동의를 얻어야 하는데(제4조 제1항), 「금융지주회사법」은 고객의 동의 없이도 고객의 금융거래정보를 공유할 수 있도록 허용하고 있는 것이다. 대출 거래 정보 등 개인신용정보도 마찬가지이다. 신용정보법상 금융기관이 개인신용정보를 제3자에게 제공하려면 원칙적으로 해당 개인의 동의를 얻어야 하는데(제32조), 「금융지주회사법」은 그 예외를 두고 있는 것이다.

그리고 고객의 동의 없이 고객 정보를 공유할 수 있도록 함에 따라 고객 정보 관리가 제대로 되지 못할 수도 있어 「금융지주회사법」은 해당 금융기관으로 하여금 그 소속 임원 중에서 1인 이상을 고객 정보를 관리할 자, 즉 **고객정보관리인으로 임명**하도록 하여(제48조의2 제6항), 고객 정보를 엄격하게 관리하도록 하고 있다.

한편, 이러한 고객 정보의 공유를 내부 경영 관리 목적으로만 한정한 것에 대해서는 논란이 많다. 금융지주회사 체제의 큰 장점 중의 하나가 금융지주회사 소속 금융기관 사이에서 고객의 동의 없이도 고객의 정보를 영업 목적으로 이용할 수 있도록 하는 것인데, 이렇게 제한함으로써 그 장점을 구현할 수 없다는 비판이 제기된다.

XVIII. 금융기관지배구조법

1. 개   관

2016년 8월 1일부터 시행된 지배구조법은 은행, 금융투자업자(증권회사, 자산운용회사, 신탁회사 등), 보험회사 등 주요 금융기관의 경영지배구조에 관하여 적용되는 법이다.[59] 종전에 각 금융기관 설립 근거법에 규정되었던 내용을 이 법에 통합하여 규정한 것이다. 2008년 세계적 금융위기 이후 금융기관의 경영지배구조 강화 추세를 반영하고 금융기관 사이에 경영지배구조 규제의 통일성을 도모하기 위해서 통합법으로 제정된 것이다. **적용 대상 금융기관은 은행, 금융투자업자, 종합금융회사, 보험회사, 상호저축은행, 여신전문금융회사, 금융지주회사이다**(제2조 제1호). 이 법의 주요 내용은 **이사, 감사, 집행임원, 업무집행책임자 등 임원의 자격 요건 및 겸직 제한 등에 관한 사항, 사외이사의 자격 요건 및 선임에 관한 사항, 이사회의 구성 및 운영에 관한 사항, 이사회 내 위원회**(임원후보추천위원회, 감사위원회, 위험관리위원회, 보수위원회 등)**의 구성 및 운영에 관한 사항, 내부통제 및 위험 관리에 관한 사항, 대주주의 건전성 유지에 관한 사항**(대주주 변경 승인 및 최대주주 자격 심사 등) 등이다.

2. 임원 자격 요건

(1) 임원의 범위

지배구조법 적용 대상이 되는 '임원'은 이사, 감사, 집행임원, 업무집행책임자이다(제2조 제2호). **이사 및 감사는 금융기관 주주총회에서 선임된 등기이사와 감사를 말한다**(「상법」 제312조, 제317조 제2항 제8호). 이사는 사내(社內)이사, 사외(社外)이사 및 그 밖에 "상시적인 업무에 종사하지 아니하는 이사"인 비상임이사를 말한다(제2조 제3호). **사외이사란 "상시적인 업무에 종사하지 아니하는 이사"로서 지배구조법에 규정된 절차**(사외이사후보추천위원회의 추천 절차 등)**에 따라 선임되는 사람을 말한다**(제2조 제4호). **따라서 비상임이사는 사외이사가 아니면서 상시적인 업무에 종사하지 아니하는 자를 말하게 된다.**

집행임원은 「상법」상의 집행임원을 말하는데(제2조 제2호), 「상법」은 집행임원에 대한 정의 조항을 두지 않고 있으나, 등기된 이사가 아니면서 회사의 주요 업무를 집행하는 자인 사장, 부사장, 전무, 상무이사 등이라고 할 수

---

59) 금융기관의 경영지배구조에 관한 자세한 논의는 고동원, "금융기관 경영지배구조의 현안과 법제도적 개선 과제," 「경희법학」 제53권 제2호, 경희대학교 법학연구소, 2018. 6, 157 – 189면.

있다. 「상법」은 주식회사가 집행임원을 두는 것을 강제하지 않고 있어서(「상법」 제408조의2 제1항), 주식회사인 금융기관은 「상법」상의 집행임원을 두지 않을 수도 있다. 그래서 지배구조법은 등기된 이사가 아니면서 주요 업무를 집행하는 사람인 사장, 부사장, 부행장 등을 '업무집행책임자'로 규정하면서 규제 대상으로 하고 있다. 즉 지배구조법은 **업무집행책임자를 "등기된 이사가 아니면서 사장, 부사장, 부행장, 전무, 상무이사 등의 명칭을 사용하면서 업무를 집행하는 자"**라고 하여(제2조 제5호), 자격 요건 등의 적용을 받도록 하고 있다.

(2) 임원의 자격 요건

금융기관의 임원은 업무 집행에 있어서 중요한 역할을 하는 자이므로 일정한 자격을 갖추게 할 필요가 있다. 그래서 지배구조법은 임원의 자격 요건에 대하여 그 결격(缺格) 요건을 규정하고 있다. 즉 미성년자·피성년후견인·피한정후견인, 파산 선고를 받고 아직 복권되지 아니한 자, 금고 이상의 형사 처벌을 받고 그 집행이 끝나지 아니한 자 등은 금융기관 임원이 될 수 없다(제5조 제1항).

(3) 사외이사의 자격 요건

사외이사는 금융기관의 경영진과 대주주를 견제하는 중요한 역할을 한다. 사외이사가 이러한 역할을 충실히 수행하기 위해서는 **독립성과 전문성이 요구된다.** 그래서 지배구조법은 사외이사의 독립성과 전문성을 갖추도록 요구하고 있다. 최대주주나 주요주주의 영향력을 받지 않고 독립성을 갖추어 사외이사의 역할을 수행할 수 있도록 "해당 금융회사의 최대주주 및 그의 특수관계인(최대주주 및 그의 특수관계인이 법인인 경우에는 그 임직원을 말한다), 주요주주 및 그의 배우자와 직계존속·비속(주요주주가 법인인 경우에는 그 임직원을 말한다)"은 사외이사가 될 수 없도록 하고 있다(제6조 제1항 제1호, 제2호). 또한 해당 금융기관 경영진의 영향으로부터 독립성을 유지하기 위해 "해당 금융회사 또는 그 계열회사의 상근(常勤) 임직원 또는 비상임이사이거나 최근 3년 이내에 상근 임직원 또는 비상임이사이었던 사람"이나 "해당 금융회사 임원의 배우자 및 직계존속·비속"도 사외이사가 될 수 없도록 하고 있다(제6조 제1항 제3호, 제4호). 그리고 사외이사의 전문성을 확보하기 위해서 전문성 요건도 규정하고 있다. 즉 사외이사는 "금융, 경제, 경영, 법률, 회계 등 분야의 전문지식이나 실무경험이 풍부한 사람으로서 대통령령으로 정하는 사람"이어야 한다(제6조 제2항).

3. 이사회의 구성과 운영

(1) 이사회의 구성

금융기관 이사회에는 사외이사를 3인 이상 두어야 하며(제12조 제1항), 사외이사가 총 이사수의 과반수가 되어야 한다(제12조 제2항). 다만 시행령으로 정하는 금융기관의 경우에는 사외이사가 총 이사 수의 4분의 1 이상이 되면 된다(제12조 제2항 단서). 이는 사외이사가 본래의 역할인 경영진과 대주주를 견제하는 역할을 충실히 수행할 수 있도록 하기 위함이다. 다만 금융지주회사의 완전자회사나 완전손자회사 및 완전증손회사는 경영의 투명성 등 시행령이 정하는 일정한 요건에 해당하는 경우에는 사외이사를 두지 않을 수도 있다(제23조 제1항). 완전자회사는 금융지주회사가 발행 주식 총수를 소유하는 회사를 말하며, 완전손자회사는 자회사가 발행 주식 총수를 소유하는 회사를 말하며, 완전증손회사는 손자회사가 발행 주식 총수를 소유하는 회사를 말한다(제23조 제1항).

이사회 의장도 원칙적으로 사외이사 중에서 선임하도록 하고 있다(제13조 제1항). 이것 또한 사외이사가 이사회에서 주도적인 역할을 할 수 있도록 하기 위함이다. 다만 이사회가 사외이사가 아닌 자를 이사회 의장으로 선임하는 경우에는 이사회는 그 사유를 공시하고, 사외이사를 대표하는 자인 선임사외이사를 별도로 선임하여(제13조 제2항), 선임사외이사가 사외이사 전원으로 구성되는 사외이사회를 소집 및 주재할 수 있도록 하는 등(제13조 제3항) 사외이사가 아닌 의장을 견제할 수 있도록 하고 있다.

(2) 이사회 내 위원회 구성

1) 개   관

지배구조법은 이사회가 효율적으로 운영할 수 있도록 이사회 내 산하 위원회를 별도로 두도록 의무화하고 있다. 위원회는 「상법」 제393조의2에 따른 이사회 내 위원회를 말한다(제16조 제1항). 이사회 내 위원회이므로 이사로만 구성된다. 금융기관이 의무적으로 두어야 하는 위원회는 임원후보추천위원회, 감사위원회, 보수위원회, 위험관리위원회이다(제16조 제1항). 그리고 감사위원회를 제외한 위원회의 과반수는 사외이사이어야 하며, 사외이사가 위원회 대표이어야 한다(제16조 제3항, 제4항).

한편, 이사회 내 위원회를 설치하지 않아도 되는 경우가 있다. 즉 금융지주회사의 완전자회사나 완전손자회사 및 완전증손회사는 경영의 투명성 등 지배구조법 시행령이 정하는 일정한 요건에 해당하는 경우에는 이사회 내 위원회를 설치하지 않을 수 있다(제23조 제1항). 다만 완전자회사 등이 감사위원회를 설치하지 아니한 경우에는 상근감사를 두어야 한다(제23조 제2항).

2) 임원후보추천위원회

임원후보추천위원회가 추천하는 대상 임원은 사외이사, 대표이사, 대표집행임원, 감사위원에 한한다(제17조 제1항). 임원후보추천위원회는 3명 이상의 위원으로 구성된다(제17조 제2항). 임원후보추천위원회에서 추천받은 사람 중에서 주주총회나 이사회에서 해당 임원을 선임하여야 하므로(제17조 제3항), 이러한 추천 절차를 거치지 않고 선임된 해당 임원은 그 자격을 상실하게 된다.

3) 감사위원회

감사위원회는 3인 이상의 이사로 구성되며, 이 중 1인 이상은 대통령령이 정하는 회계 또는 감사 전문가이어야 한다(제19조 제1항). 이는 감사위원회의 전문성을 확보하기 위하여 둔 규정이다. 감사위원회의 3분의 2 이상은 사외이사이어야 한다(제19조 제2항). 이는 감사위원회가 경영진이나 대주주의 영향을 받지 않고 독립성을 갖고 그 역할을 충실히 수행할 수 있도록 하기 위함이다. 감사위원은 이사회 내 위원회이므로 원칙적으로 이사회가 선임하여야 하나, 감사위원회의 독립성을 확보하도록 하기 위하여 **특별히 주주총회가 감사위원을 선임하고 해임하도록** 하고 있다(제19조 제6항). 물론 임원후보추천위원회의 추천을 받아야 한다(제19조 제4항).

4) 위험관리위원회

위험관리위원회는 "위험관리의 기본방침 및 전략 수립, 금융회사가 부담 가능한 위험 수준 결정, 적정투자한도 및 손실허용한도 승인, 위험관리기준의 제정 및 개정"에 관한 사항을 심의·의결한다(제21조).

5) 보수위원회

보수위원회는 대통령령이 정하는 임직원의 보수와 관련한 "보수의 결정 및 지급 방식에 관한 사항, 보수 지급에 관한 연차보고서의 작성 및 공시에 관한 사항"에 관한 사항을 심의·의결한다(제22조 제1항).

4. 내부 통제 및 위험 관리

(1) 내부 통제

금융기관은 신뢰성이 중요하다. 금융사고가 발생하면 금융기관의 신뢰성에 손상이 간다. 금융기관의 신뢰성을 유지하기 위해서 내부 통제 장치가 필요하다. 지배구조법은 금융기관으로 하여금 내부 통제 장치를 갖추도록 하여 금융사고가 발생하지 않도록 하고 있다. 즉 **금융기관은 '내부통제기준'을 마련하고 임직원으로 하여금 이를 준수하도록** 하고 있다(제24조 제1항). 내부통제기준이라 함은 "법령을 준수하고, 경영을 건전하게 하며, 주주 및 이해관계자 등을 보호하기 위하여 금융회사의 임직원이 직무를 수행할 때 준수하여야 할 기준 및 절차"를 말한다(제24조 제1항). 더 나아가서 "내부통제기준의 준수 여부를 점검하고 내부통제기준을 위반하는 경우 이를 조사하는 등 내부통제 관련 업무를 총괄하는 사람"인 준법감시인을 1인 이상 두도록 하여(제25조 제1항), 내부 통제가 잘 작동이 될 수 있도록 하고 있다. 준법감시인은 규모가 작은 일정한 금융기관을 제외하고는 사내이사나 업무집행책임자 중에서 선임하도록 하여(제25조 제2항), 그 지위를 높임으로써 준법감시인이 그 역할을 충실히 잘 수행할 수 있도록 하고 있다. 준법감시인의 임기는 2년 이상이 되도록 하고 **준법감시인의 임면은 반드시 이사회 의결을 거치도록 함으로써**(제25조 제3항, 제4항), 금융기관 대표이사 등 경영진의 압력을 받지 않고 그 업무를 충실히 수행할 수 있도록 하고 있다. 왜냐하면 준법감시인 임면권이 금융기관 대표이사에게 있는 경우에는 아무래도 임면권자의 '눈치'를 볼 수밖에 없어 독립적인 업무 수행을 하는 데 어려움이 있을 수 있기 때문이다.

(2) 위험 관리

금융기관의 위험 관리도 중요하다. 위험 관리를 잘 하지 못하면 금융기관 건전성에 심각한 위협을 초래할 수 있다. 특히 2008년 세계적 금융위기는 금융기관의 위험 관리 중요성을 다시금 일깨워준 사건이다. 그래서 지배구조법은 금융기관 위험 관리에 관한 규정을 두고 있다. 즉 금융기관은 "자산의 운용이나 업무의 수행, 그 밖의 각종 거래에서 발생하는 위험을 제때에 인식·평가·감시·통제하는 등 위험 관리를 위한 기준 및 절차"인 '위험관리기준'을 마련하여야 한다(제27조 제1항). 그리고 금융기관은 위험을 점검하고 관리하는 자인 **위험관리책임자를 1명 이상 두어야 한다**(제28조 제1항). 위험관리책임자는 준법감시인과 마찬가지로 규모가 작은 일정한 금융기관을 제외하고 **사내이사나 업무집행책임자 중에서 임명**하도록 하고, 임기는 2년 이상이 되도록 하며, **위험관리책임자의 임면은 이사회의 의결을 거치도록 함으로써**(제28조 제2항), 위험관리책임자가 독립성을 갖고 그 임무를 충실히 수행할 수 있도록 하고 있다.

5. 대주주 변경 승인

(1) 대주주 변경 승인 대상 금융기관의 범위

지배구조법은 **금융기관의 '대주주' 변경에 대해 금융감독당국의 승인을 얻도록 하고 있다**(제31조 제1항). 즉 금융기관의 대주주가 되고자 하는 자는 금융 관련 법령을 위반하지 않는 등 대통령령에서 정하는 요건을 충족하여 미리 금융감독당국의 승인을 얻어야 한다(제31조 제1항). 다만, 지배구조법 적용 대상 금융기관 중 은행, 은행지주회사, 상호저축은행은 제외되는데(제31조 제1항), 그 이유는 각 설립 근거 법률에 별도의 대주주 변경 승인 제도가 있기 때문이다. 그리고 자본시장법에 따른 투자자문업자 및 투자일임업자, 그리고 「여신전문금융업법」에 따른 시설대여업자·할부금융업자·신기술사업금융업자의 경우는 승인이 아닌 사후 보고 사항으로 하여 규제하고 있다(제31조 제5항). 따라서 지배구조법상의 대주주 변경 승인 대상이 되는 금융기관은 자본시장법에 따른 투자매매업자·투자중개업자·신탁업자·종합금융회사, 보험회사, 신용카드회사, 비은행지주회사가 해당된다(제31조 제1항, 제2조 제1호).

(2) 변경 승인 대상 대주주의 범위

변경 승인 대상이 되는 '대주주'의 범위는 우선 '최대주주' 및 그 최대주주의 특수관계인(대통령으로 정하는 특수관계인을 말함)인 주주를 포함하고, "최대주주가 법인인 경우에는 그 법인의 중요한 경영사항에 대하여 사실상 영향력을 행사하고 있는 자로서 대통령령으로 정하는 자"를 포함한다(제31조 제1항). "대통령령으로 정하는 자"는 "최대주주인 법인의 최대주주(최대주주인 법인의 주요 경영사항을 사실상 지배하는 자가 그 법인의 최대주주와 명백히 다른 경우에는 그 사실상 지배하는 자를 포함한다) 및 최대주주인 법인의 대표자"를 말한다(시행령 제26조 제1항). 지배구조법상 최대주주는 "금융회사의 의결권 있는 발행주식(출자지분을 포함) 총수를 기준으로 본인 및 그와 대통령령으로 정하는 특수관계인이 누구의 명의로 하든지 자기의 계산으로 소유하는 주식(출자지분을 포함)(그 주식이나 출자지분과 관련된 증권예탁증권을 포함한다)을 합하여 그 수가 가장 많은 경우의 그 본인"을 말한다(제2조 제6호 가목). 즉 최대주주는 전체 주주를 말하는 것이 아니라 기준이 되는 본인만을 의미한다는 점을 유의해야 한다.

또한 변경 승인 대상이 되는 대주주의 범위에는 '주요주주'도 포함된다(제31조 제1항, 제2조 제6호 나목). 주요주주는 "누구의 명의로 하든지 자기의 계산으로 금융회사의 의결권 있는 발행주식 총수의 100분의 10 이상의 주식(출자지분을 포함하며, 그 주식이나 출자지분과 관련된 증권예탁증권을 포함한다)을 소유한 자"이거나 "**임원**(업무집행책임자는 제외한다)**의 임면(任免) 등의 방법으로 금융회사의 중요한 경영사항에 대하여 사실상의 영향력을 행사하는 주주로서 대통령령으로 정하는 자**"를 말한다(제2조 제6호 나목, 시행령 제4조). 즉 주요주주가 변경되면 승인 대상이 되는 것이다.

6. 최다출자자에 대한 주기적 적격성 심사

지배구조법은 금융감독당국으로 하여금 금융기관의 "**최대주주 중 최다출자자 1인**"이 대주주 변경 승인 요건 중 지배구조법 시행령으로 정하는 적격성 유지 요건을 충족하는지를 주기적으로 심사하도록 하고 있다(제32조 제1항). 적용대상 금융기관은 앞서 본 지배구조법에 따른 대주주 변경 승인 대상이 되는 금융기관이다(제32조 제1항). 즉 은행, 은행지주회사, 상호저축은행, 투자자문업자·투자일임업자, 시설대여업자, 할부금융업자, 신기술사업금융업자는 제외된다. 적격성 유지 심사 대상이 되는 자는 금융기관의 "**최대주주 중 최다출자자 1인**"이다(제32조 제1항). 여기서 **최다출자자가 개인인 경우에는 바로 해당 개인이 최다출자자로서 심사 대상이 된다.** 만약 **최다출자자 1인이 법인인 경우에는 그 법인의 최대주주 중 최다출자자 1인**을 말하며, 그 최다출자자 1인도 법인인 경우에는 최다출자자 1인이 개인이 될 때까지 같은 방법으로 선정한다(제32조 제1항). 다만, 법인 간 순환출자 구조인 경우에는 최대주주 중 대통령령으로 정하는 최다출자자 1인으로 한다(제32조 제1항).

여기서 주의해야 할 점은 **지배구조법에서 최대주주의 정의는 본인 및 그 특수관계인이 합하여 그 주식 소유 수가 가장 많은 경우의 그 본인만을 말하므로**(제2조 제6호 가목), **최대주주란 1인 주주만을 말한다**는 것이다. 즉 **최대주주의 범위에 특수관계인이 포함되지 않는다.** 따라서 "최대주주 중 최다출자자 1인"이라는 의미는 최대주주인 본인이 개인인 경우는 바로 해당 본인이 최다출자자 1인이 된다. 즉 이 경우는 최대주주가 최다출자자가 되는 셈이다. 그런데 통상 우리가 '… 중'이라고 하면 여러 개 있는 것을 전제로 하는 것으로 이해하는데, 이러한 점에서 보면 "최대주주 중 최다출자자 1인"이라 하면 최대주주에 여러 주주(예를 들어 최대주주를 구성하는 일원 중의 하나인 특수관계인인 주주 등)가 있는데 그중에서 가장 많은 출자를 한 자를 의미하는 것으로 이해하게 된다. 그러나 지배구조법상의 "최대주주 중 최다출자자 1인"은 그렇게 읽히기가 어려우므로 타당한 문구는 아니다.

금융감독당국은 최다출자자가 적격성 요건을 충족하지 못한다고 인정하는 경우에는 해당 최다출자자에게 적격성 요건을 충족하기 위한 조치 등을 이행할 것을 명령할 수 있다(제32조 제3항). 그리고 금융감독당국은 최다출자자가 금융 관련 법령에 위반하여 금고(禁錮) 1년 이상의 형을 받아 형이 확정된 경우 등에는 5년 이내의 기간으로서 대통령령이 정하는 기간 내에는 해당 금융기관의 의결권 있는 발행 주식 총수의 100분의 10 이상에 대해서는 의결권을 행사할 수 없도록 명령할 수도 있다(제32조 제5항).

제 3 장   금융기반법

03 금융기반법

I. 총 설

금융규제법의 영역 중에는 금융기관이 금융업을 영위하고 금융 거래가 원활히 잘 이루어지는 데 필요한 제도적 기반 마련과 관련된 사항을 규정하는 법들인 금융기반법이 있다. 금융감독기구법이 대표적이다. 금융업을 영위하는 금융기관이 제대로 영업을 하여 파산하지 않도록 감시하고 금융이용자가 피해를 보지 않도록 잘 감시하는 기관이 필요한데, 바로 그러한 역할을 하는 기관이 금융감독기관이다. 금융 산업에서 금융감독기관의 존재는 필수적인데, 금융 산업이 강한 규제 산업임을 알 수 있는 예이다. 금융감독기구의 설립과 운영에 관한 법이 바로 금융감독기구법이며 대표적인 금융기반법의 하나이다. 또한 화폐를 발행하고 통화량을 조절하는 통화신용정책을 수행하는 중앙은행에 관한 법인 「한국은행법」도 금융기반법의 중요한 영역이다. 그리고 금융기관이 파산할 때 예금자에게 예금보험금을 지급하고 부실금융기관의 정리 업무를 담당하는 예금보험기구 등 예금보험 제도의 운영에 관한 법인 「예금자보호법」도 금융기반법의 영역이 된다. 증권 및 파생상품거래소, 한국예탁결제원, 금융투자상품거래청산업자 등 자본시장의 기반을 형성하는 기관의 설립과 운영에 관한 법인 자본시장법도 중요한 금융기반법의 영역이다. 신용보증기금, 기술보증기금, 지역 신용보증재단 등 신용보증 기관의 설립과 운영에 관한 법률들도 금융업 영위에 필요한 보증을 제공한 다는 점에서 금융기반법의 영역으로 분류할 수 있다.

부실금융기관을 효율적으로 정리하는 데 필요한 여러 가지 제도적 기반 을 규정하고 있고, 금융기관의 비금융업종 회사를 지배하는 것을 금지하는 소위 '금융자본의 산업자본 지배 금지'에 관한 사항을 담고 있는 구조개선법 도 금융기반법의 영역으로 분류할 수 있다. 금융복합기업집단의 내부통제, 위험관리 및 건전성 관리 등에 관한 사항을 규정하고 있는 금융복합기업집 단법도 금융기반법으로 분류할 수 있다. 개인신용정보의 이용과 더불어 이 를 보호하기 위한 제도적 장치에 관한 사항을 담고 있는 신용정보법도 금융 기반법의 영역이다. 부실 자산의 효율적 정리와 관련된 법인 부실자산정리 법도 마찬가지이며, 금융 실명 거래와 비밀 보장에 관련되는 금융실명법과 자금세탁 방지 관련 법률들도 건전한 금융 거래가 이루어질 수 있도록 하기 위한 제도적 장치를 만들고 있다는 점에서 금융기반법의 영역으로 분류할 수 있다. 저소득층 등 서민에 대한 금융 지원을 목적으로 하여 설립된 서민 금융진흥원과 채무 조정 업무를 수행하는 신용회복위원회에 대하여 규정하 고 있는 서민금융법도 서민 금융 지원에 관한 사항을 규정하고 있어서 금융 기반법의 영역으로 분류할 수 있다. 금융기관의 외국환 업무뿐만 아니라 외 환(外換) 거래와 관련한 신고나 허가 등의 규제에 사항을 담고 있는 「외국환 거래법」도 외환규제법으로서 넓은 의미에서 금융기반법의 영역으로 분류할 수 있다.

II. 금융감독기구법

1. 개   관

금융감독기구법은 **금융감독 기능을 수행하는 금융위원회 및 금융감독원의 설립과 운영에 관한 내용을** 담고 있다. 2008년 2월 29일부터 시행된 현행 금융감독기구법은 종전 「금융감독기구의 설치 등에 관한 법률」(1998. 4. 1. 시행)을 전면 개정한 법률이다. 합의제 의결 행정 기구인 금융위원회는 금융감독당국의 지위뿐만 아니라 '금융정책당국'의 지위도 겸하고 있다. 금융감독원은 무자본 특수법인으로서 금융위원회의 지시를 받아 금융감독 업무, 특히 금융기관 검사 및 제재 업무를 담당하는 금융감독기관이다. 이렇게 **금융감독기구 체제는 2개의 기관이 금융감독 기능을 수행하는 수직적인 이원화된 구조**로 되어 있어 많은 비판을 받고 있다. 감독의 중복과 두 기관 사이의 원활한 업무 협조의 부재 등 감독의 비효율성이 나타나고 있기 때문이다. **금융분쟁 조정은 금융감독원 내에 설치된 금융분쟁조정위원회가 담당**하고 있다. 그리고 금융위원회 산하 위원회로서 증권선물위원회가 있는데, **증권선물위원회는 자본시장의 불공정거래 조사와 기업 회계 기준 및 회계 감리(監理)에 관한 사무를 담당**한다.

2. 금융위원회

(1) 구 성

금융정책과 금융감독에 관한 사무를 수행하는 금융위원회는 국무총리 소속인 중앙행정기관이다(제3조). **금융위원회는 국무총리 소속 기관이지만 그 권한에 속하는 사무를 독립적으로 수행한다**(제3조 제2항). 금융위원회는 9인의 위원으로 구성되는 **합의제 의결 기구**이다(제4조). 9인의 위원은 4인의 당연직 위원(기획재정부 차관, 금융감독원 원장, 예금보험공사 사장, 한국은행 부총재)과 5인의 임명직 위원(위원장, 부위원장, 금융전문가인 상임위원 2인, 비상임 민간위원 1인)이다(제4조 제1항, 제2항, 제3항). **금융위원회 위원장은 국무총리의 제청(提請)으로 대통령이 임명하는데, 국회 인사 청문 절차를 거쳐야 한다**(제4조 제2항). 임명직 위원의 임기는 3년이다(제6조 제1항). 그리고 금융위원회의 사무를 처리하기 위하여 사무처를 두어(제15조 제1항) 금융위원회의 업무를 보좌하도록 하고 있다. 그래서 통상 금융위원회 조직이라고 하면 사무처도 포함하는 것으로 이해한다.

(2) 소관 사무

금융위원회의 소관 사무는 금융정책과 금융감독에 관한 사무이다. 구체적인 소관 사무는 다음과 같다. "(i) 금융에 관한 정책 및 제도에 관한 사항, (ii) 금융기관 감독 및 검사·제재(制裁)에 관한 사항, (iii) 금융기관의 설립, 합병, 전환, 영업의 양수(讓受)·양도(讓渡) 및 경영 등의 인가·허가에 관한 사항, (iv) 자본시장의 관리·감독 및 감시 등에 관한 사항, (v) 금융소비자의 보호와 배상 등 피해 구제에 관한 사항, (vi) 금융중심지의 조성 및 발전에 관한 사항, (vii) 위의 (i)에서 (vi)의 사항에 관련된 법령 및 규정(規程)의 제정·개정 및 폐지에 관한 사항, (viii) 금융 및 외국환업무 취급기관의 건전성 감독에 관한 양자(兩者) 간 협상, 다자(多者) 간 협상 및 국제협력에 관한 사항, (ix) 외국환업무취급기관의 건전성 감독에 관한 사항"이다(제17조). 위의 (i)에 관한 사항이 금융정책에 관한 사항으로 분류할 수 있다. 예를 들어, 금융지주회사 제도를 도입할 것인지에 관한 사항이 금융정책에 관한 사항이 되고, 이러한 금융정책은 법이나 시행령 또는 시행규칙의 제정이나 개정에 의해 구현된다. 즉 금융위원회는 금융 관련 법률의 제·개정안을 국회에 제출할 수 있으며, 시행령인 대통령령과 시행규칙인 총리령(금융위원회는 국무총리 소속 행정기관이어서 독자적인 부령(部令) 제정권은 없다)의 제·개정을 위한 사무를 수행한다. 그리고 금융감독 기능은 위의 (ii), (iii), (iv) 또는 (vii)에 규정되어 있듯이 관련 감독규정(規程)의 제·개정이나 인·허가 또는 금융기관 검사를 통해서 구현된다. 특히 금융위원회는 금융기관 검사도 소관 사무로 규정되어 있어 금융감독원이 수행하고 있는 금융기관 검사 기능(제37조)과 중복 및 충돌이 발생할 수 있는 문제점이 있다. 물론 현재 금융위원회는 금융기관 검사 업무를 직접 수행하고 있지 않지만 법적으로는 검사 업무를 수행할 수 있는 권한을 갖고 있어 문제의 소지가 있다.

3. 증권선물위원회

(1) 구   성

금융위원회 산하에 두는 **증권선물위원회**는 위원장을 포함한 5인의 위원으로 구성되는데, 위원장은 금융위원회 부위원장이 겸임하며, 위원장을 제외한 1인은 상임위원이고, 나머지 3인은 비상임위원이다(제20조 제1항, 제2항). 증권선물위원회는 자본시장의 불공정거래 조사 및 기업 회계 감리 사무를 주로 담당하므로 전문성이 요구된다. 따라서 **위원은 금융, 증권, 파생상품, 회계 분야의 전문성을 갖춘 위원이어야 한다**는 자격 요건이 규정되어 있다(제20조 제2항).

(2) 소관 사무

증권선물위원회의 소관 사무는 다음과 같다. "(i) 자본시장의 불공정거래 조사, (ii) 기업회계의 기준 및 회계 감리에 관한 업무, (iii) 금융위원회 소관 사무 중 자본시장의 관리·감독 및 감시 등과 관련된 주요 사항에 대한 사전 심의, (iv) 자본시장의 관리·감독 및 감시 등을 위하여 금융위원회로부터 위임받은 업무"이다(제19조). (i) 및 (ii)의 업무는 증권선물위원회의 고유 업무로서 증권선물위원회 의결로 최종 결정된다. 자본시장의 불공정거래 조사 업무는 내부자 거래나 시세(時勢) 조종 행위(주가 조작) 등에 관한 조사 업무를 말한다.

4. 금융감독원

금융감독원은 금융기관 검사 및 제재 업무를 주로 수행한다(제24조 제1항). 금융감독원은 **무자본 특수법인**이다(제24조 제2항). 그래서 **공법상의 영조물법인**(營造物法人)에 해당한다. 즉 정부 기구는 아니다. 금융감독원의 집행 간부로서 원장 1명, 부원장 4명 이내, 부원장보 9명 이내와 감사 1명을 두도록 하고 있다(제29조 제1항). **원장은 금융위원회의 의결을 거쳐 금융위원회 위원장의 제청으로 대통령이 임명**한다(제29조 제2항). 금융감독원의 주요 업무는 (i) 금융기관의 업무 및 재산 상황에 대한 검사 업무, (ii) 금융기관 검사 결과와 관련한 금융기관 제재 업무이다(제37조). 이외에도 금융감독원은 금융 분쟁 조정 담당 기관으로서 금융 분쟁 조정 업무도 수행한다(금융소비자법 제33조). 그 법적 근거는 2020년 3월 제정된 금융소비자법인데, 종전에는 금융감독기구법이 규정하고 있었다.

5. 금융기관 및 임직원 제재 제도

금융감독기관은 감독 대상 기관인 금융기관 및 그 임직원에 대하여 **제재**(制裁, sanctions or enforcement action) 조치를 할 수 있는 권한도 갖고 있다. 제재 조치 사유에 대해서는 「은행법」이나 자본시장법 등 개별 관련 법률이 규정하고 있어 법적 근거를 확보하고 있지만(「은행법」 제53조, 제54조, 자본시장법 제422조 등), 제재 절차와 관련된 사항은 법률이 아닌 금융감독기관이 제정한 감독규정(「금융기관 검사 및 제재에 관한 규정」) 및 감독규정시행세칙(「금융기관 검사 및 제재에 관한 규정 시행세칙」)에 정해져 있어 제재 절차의 남용 가능성이 존재한다. 금융감독기관이 내리는 제재 조치는 행정법상 **'침익적'(侵益的) 행정처분**에 해당한다. 즉 제재 대상자의 권리가 침해되는 행정행위이다. 따라서 제재 기관인 금융감독기관이 이러한 제재권을 남용하게 되면 제재 대상자인 금융기관 및 그 임직원의 권리가 침해된다. **제재 대상자의 권리 보장을 위해서 제재 절차의 공정성과 투명성을 확보할 필요가 있는 이유이다.** 그런데 우리는 이러한 제재 절차의 공정성과 투명성 면에서 미흡하다고 평가할 수 있다. 예를 들어, 「행정절차법」에서 보장된 청문 절차(제22조 제1항)가 거의 이용되지 않고 있으며, 제재 조치 결정에 관한 심의를 하는 기구인 금융감독원 내부의 '제재심의위원회'의 위원장과 위원 일부가 금융감독기관 소속 직원으로 구성되어 있어(「금융기관 검사 및 제재에 관한 규정 시행세칙」 제55조 제1항) 공정성을 확보하기가 어려운 상태에 있다.

금융기관 임직원에 대한 제재 조치는 헌법상 국민의 기본권을 제한하는 중대한 조치이다. 일정한 중대한 제재 조치를 받은 자는 일정 기간 동안 금융기관의 임원으로 종사할 수 없거나(지배구조법 제8조 제1항) 벌금 또는 과

태료 부과 조치나 감봉 조치에 의해 재산상의 손해를 입게 된다. 즉 이러한 제재 조치는 제재 대상자의 직업 선택의 자유를 제한하거나 재산권을 침해하는 조치이다. 이런 점에 비추어 볼 때 제재 절차의 공정성과 투명성을 확보할 수 있는 제재 제도의 마련이 필요하다.[1)

우선 **제재 절차에 관한 자세한 사항을 법률에 규정**해야 할 것이다. 금융감독기구 설치에 관련된 법률에 제재 절차에 관한 사항을 반영할 필요가 있다. 현재 금융감독기관이 제정한 감독규정에 제재 절차를 규정한 것은 제재권자가 이를 남용할 가능성이 높기 때문에 법률에 규정하여 국회의 통제를 받도록 해야 한다. 이렇게 해야 제재 절차의 공정성과 투명성을 갖추어 궁극적으로는 제재 대상자의 권리를 보호할 수 있게 된다.

또한 제재 대상자가 의견을 진술할 수 있는 **청문 절차를 의무화**해야 할 것이다. 즉 제재 대상자가 청문을 신청하는 경우에는 금융감독기관은 반드시 청문을 개최하도록 해야 한다. 청문을 주재하는 **청문주재관은 법률 전문가의 자격 요건**을 갖추도록 해서 청문주재관의 전문성을 높일 필요가 있다. 청문주재관의 숫자는 제재 조치 건 수를 고려해서 정하도록 한다. 청문 절차는 당사자의 비밀 보호를 위해서 필요한 경우를 제외하고는 원칙적으로 공개하도록 해야 한다. 청문주재관의 제재 조치 결정은 제재 대상자가 이의를 제기하지 않는 한 확정된 제재 조치가 되도록 한다.

그리고 **금융감독기관 내부에 '제재위원회'를 설치**하여 제재 대상자가 청문주재관이 내린 제재 결정에 이의를 신청한 사건을 다시 심의하는 권한을 부여할 필요가 있다. 현재 이의 신청은 제재 조치를 내린 해당 금융감독기관(금융감독원이나 금융위원회)에게 하도록 하고 있는데(「금융기관 검사 및 제재에 관한 규정」제37조), 이미 해당 금융감독기관 자신이 내린 제재 조치를 다시 변경할 가능성은 거의 없다는 점에서 현행 이의 신청 제도는 거의 유명무실하다고 할 수 있다. 외부 위원 전원으로 구성되어 독립성을 갖춘 제재위원회가 청문

---

1) 제재 절차의 개선 방안에 관한 자세한 논의는 고동원, "금융기관 임직원 제재 절차의 공정성과 투명성 확보를 위한 법제 개선 방안,"「성균관법학」제24권 제1호, 성균관대학교 법학연구원, 2012. 3, 281−311면.

주재관이 내린 제재 조치에 대하여 다시 심의하는 것이므로 공정성과 독립성을 보장받을 수 있다. 이런 절차를 취함으로써 제재 대상자의 권리를 충분히 보장할 수 있게 된다. 제재위원회 위원의 적극적 자격 요건도 규정하여 제재위원회의 전문성을 높일 수 있도록 함으로써 제재 결정이 신뢰를 받을 수 있도록 해야 한다.

더 나아가서 금융기관 임직원에 대한 제재 조치 종류도 신분상의 제재 조치보다는 금전적 제재 위주로 변경하고, 중대한 법규 위반 행위에 대해서만 제재를 하는 방안으로 변경할 필요가 있다. 특히 중대한 법규 위반 사항인 경우에는 일정 기간 금융기관 업무에 종사할 수 없도록 하는 '**금융업 종사 금지 명령**'(Prohibition Order) 조치 제도를 도입할 필요가 있다. 물론 현재 임원에 대한 문책경고 이상이나 직원에 대한 감봉 요구 이상 등 중한 제재 조치를 받은 금융기관 임직원은 금융기관의 임원으로 취업하는 것이 일정 기간(3년 내지 5년) 금지되고 있는데(지배구조법 제5조 제1항 제7호, 시행령 제7조 제2항), 제도를 개편해서 중대한 법규 위반인 경우에만 금융업 취업 금지 명령 대상이 되도록 하면서 취업 금지 기간을 늘리고(예를 들어, 10년의 기간) 금융기관 임원뿐만 아니라 직원으로도 종사하지 못하도록 할 필요가 있다.

6. 금융감독기구 체제의 개편 과제

2개의 금융감독기구가 '수직적으로' 이원화된 체제는 많은 비효율성을 나타내고 있다. 2개의 금융감독기구가 서로 협조해야 하는데 태생적으로 그렇게 하기가 어려운 구조이어서 문제이다. 금융감독기구법상 금융위원회는 금융감독원을 지도 · 감독할 수 있는 권한을 갖고 있어(제18조) 상하 관계에 있기 때문에 상호 협조가 원만하게 이루어질 수 없는 근본적인 한계를 갖고 있다. 또한 금융감독기관이 금융기관 검사 및 감독을 통하여 파악된 시장의 문제점을 감독규정(監督規程)에 반영하여 개선이 이루어져야 하는데, 현행 체제에서는 금융위원회가 감독규정 제 · 개정권을 갖고 있어 금융감독원이 수행한 검사 및 감독에서 나타난 문제점을 즉각적으로 감독규정에 반영하는 것이 어렵다. 비효율성이 나타나는 사례이다. 다른 나라의 예를 보더라도 이렇게 수직적으로 금융감독기구가 나누어져 있는 나라를 찾아보기가 어렵다. 금융감독기구의 일원화가 필요한 것이다. 그래서 **정부가 금융정책 기능을 담당하고, 독립성을 갖춘 특수공법인(公法人)인 금융감독기구가 금융감독 기능을 맡는 것이** 바람직하다.[2)]

한편 금융감독기구 체제 개편과 관련하여 대두되는 쟁점은 기능형 금융감독기구 체제인 **쌍봉형(twin peaks) 금융감독기구 체제**로 가야하는지에 관한 문제이다. 즉 금융감독기구를 건전성 감독기구와 영업행위(business conduct) 감독기구로 나누어서 운영할 필요가 있느냐의 문제이다.[3)] 2008년 세계적 금융위기 발생 이후 금융 규제 강화 차원에서 금융소비자 보호를 더 강화하기 위해서 금융소비자 보호 기능을 하는 영업행위 감독 전담 금융감독기구를 설치해야 한다는 움직임이 있다. 호주, 뉴질랜드, 영국 등이 이러한 쌍봉형 금융감독기구 체제를 도입하여 운영하고 있다.

Ⅲ. 중앙은행법

1. 개   관

1950년 제정된 「한국은행법」은 중앙은행인 한국은행의 설립 근거법이다.[4)] 대부분의 국가는 중앙은행 제도를 운영하고 있다. **중앙은행은 통화량을 조절하여 물가 안정을 도모하는 것을 주요 정책 목표로 하는 '통화신용정책'**

---

2) 금융감독기구 체제의 문제점과 개편 방향에 대한 자세한 논의는 고동원, "현행 금융감독기구 체제의 문제점과 개편 방향," 「성균관법학」 제24권 제2호, 성균관대학교 법학연구원, 2012. 6, 441－475면.
3) 자세한 논의는 고동원, "쌍봉형(Twin Peaks) 금융감독기구 체제 도입 논의의 검토," 「성균관법학」 제25권 제1호, 성균관대학교 법학연구원, 2013. 3, 137－161면.
4) 한국은행의 조직 및 기능에 관한 자세한 논의는 고동원, "한국은행의 조직 및 기능과 그 법적 문제점에 관한 고찰," 「성균관법학」 제21권 제1호, 성균관대학교 법학연구원, 2009. 4, 629－665면.

(monetary policy)을 수행하는 기관이다. 즉 중앙은행은 화폐를 발행할 수 있는 **독점적 발권력**을 갖고 있어서 통화량 조절을 통한 통화신용정책을 수행할 수 있는 것이다. 이외에도 **중앙은행은 지급결제 제도의 총괄 및 감시 기능을 통하여 지급결제 제도의 효율화 및 안정성을 유지하는 것을 주요 정책 목표로 삼기도 한다.** 특히 2008년 세계적 금융위기 이후 거시건전성(macro – pruden – tial) 정책을 통한 금융 안정(financial stability) 문제가 중요해지면서 **중앙은행의 정책 목표에 '금융 안정'이 추가되고 있는데,** 우리나라도 2011년 「한국은행법」을 개정하여 한국은행의 목적 조항에 금융 안정 책무를 추가하였다(제1조 제2항).

한국은행은 무자본 특수법인으로서(제2조), **공법상의 '영조물법인'**(營造物法人)에 해당한다. 특히 「한국은행법」은 한국은행이 정치권이나 정부의 영향력을 받지 않고 통화신용정책을 중립적으로 수행할 수 있도록 하기 위해서 중립성에 관한 조항을 두고 있다(제3조). 즉 제3조는 "한국은행의 통화신용정책은 중립적으로 수립되고 자율적으로 집행되도록 하여야 하며, 한국은행의 자주성은 존중되어야 한다"라고 규정하고 있다. 물론 선언적인 규정이지만 한국은행의 독립성을 보장하기 위한 중요한 역할을 하는 조항임에는 틀림없다.

2. 금융통화위원회

통화신용정책은 한국은행 내에 설치된 최고 의사 결정 기구인 금융통화위원회를 통하여 심의·의결된다(제12조, 제28조). 금융통화위원회는 7인의 위원으로 구성되는데, **한국은행 총재와 부총재, 5인의 상임위원으로 구성**된다(제13조 제1항, 제4항). **금융통화위원회 의장은 한국은행 총재가 맡고 있다**(제13조 제2항). 금융통화위원회 위원의 임기는 한국은행 부총재(3년)를 제외하고는 모두 4년이다(제15조, 제33조 제2항, 제36조 제2항). **금융통화위원회 의장인 한국은행 총재는 국무회의 심의와 국회 인사 청문을 거쳐 대통령이 임명한다**(제33조 제1항).

3. 통화신용정책의 수립과 집행

중앙은행의 통화신용정책은 크게 **공개시장운영**[5] 정책(open market opera-tion policy), **대출 정책**(loan and discount policy), **지급준비금 정책**(reserve requirement policy)을 통하여 수행된다. 한국은행도 이러한 수단을 통하여 통화신용정책을 수행하는데, 이 중 공개시장운영 정책이 주요 통화량 조절 정책 수단으로 이용되고 있다.

(1) 공개시장운영 정책

공개시장운영 정책은 은행 등 금융기관을 대상으로 하는 공개시장에서 금융기관을 상대로 하여 국·공채를 매매하거나 '한국은행통화안정증권'을 발행 또는 **환매(還買)**함으로써 통화량을 조절하는 통화신용정책 수단이다(제68조, 제69조). 한국은행은 은행 등 금융기관을 상대로 하여 국채 또는 원리금 상환을 정부가 보증한 유가증권을 매매하거나, 통화안정증권의 발행 및 환매를 통하여 공개시장운영 정책을 수행하고 있다(제68조, 제69조). 즉 한국은행이 금융기관에게 통화안정증권을 발행하거나 한국은행이 보유하는 국·공채를 금융기관에게 매도하면 공개시장에서 통화가 한국은행으로 흡수되어 그만큼 통화량이 줄어들게 되며, 반대로 한국은행이 금융기관에게 발행한 통화안정증권을 환매하거나 금융기관이 보유하는 국·공채를 매입하게 되면 그만큼 공개시장에 통화가 공급되어 통화량이 늘어나게 된다.

(2) 대출 정책

중앙은행은 은행의 은행이다. 즉 은행을 상대로 하여 대출을 한다는 의미이다. 중앙은행은 은행에게 대출을 해주면서 대출 금리를 변경하거나 대출 규모를 조절함으로써 은행의 신용 공급 규모를 간접적으로 조절하여 통화량을 조절한다. 이것을 대출 정책이라고 한다. 대출 금리를 낮추거나 대출 규모를 늘리

---

5) 「한국은행법」은 "공개시장조작"이라고 하고 있는데(제68조 제1항), "조작"이라는 용어가 부정적 의미를 포함하고 있어 좋은 용어는 아니다. 향후 법 개정 시 용어를 변경할 필요가 있고 그래서 여기서는 '운영'이라는 용어를 쓴다.

면 은행의 신용 공급 규모가 커지면서 통화량이 늘어나게 되고, 반대로 대출 금리를 올리거나 대출 규모를 축소하면 통화량이 줄어들게 되는 이치이다.

한국은행의 대출 정책은 그 형식에 따라 **어음 재할인과 증권 담보 대출**로 나누어진다. 어음 재할인은 은행이 할인한 어음(약속어음, 환어음)을 한국은행이 재할인을 함으로써 은행에게 대출이 이루어지는 방식이다(제64조 제1항 제1호). 증권 담보 대출은 은행이 보유하고 있는 어음, 국채, 정부보증채, 통화안정증권을 담보로 하는 대출 방식이다(제64조 제1항 제2호).

(3) 지급준비금 정책

지급준비금 정책은 은행으로 하여금 예금이나 금융채(은행이 발행하는 채권) 등 채무의 일정 비율에 해당하는 금액을 지급준비금으로 중앙은행에 의무적으로 예치하게 하고, 지급준비금의 최저율인 지급준비율의 조정을 통하여 통화량을 조절하는 정책이다(제56조, 시행령 제12조의2). 지급준비율을 낮추게 되면 그만큼 은행이 공여할 수 있는 신용 공급 규모가 커져 통화량이 늘게 되고, 반대로 지급준비율을 높이게 되면 그만큼 통화량이 줄게 된다. 원래 지급준비금 정책은 예금자 보호 목적으로 도입된 것이나, 이렇게 통화량을 조절하는 기능도 수행하게 된다. 지급준비금 정책의 대상 금융기관은 일반은행뿐만 아니라 한국수출입은행을 제외한 특수은행(중소기업은행, 한국산업은행, 농협은행, 수협은행)도 포함된다(제56조, 시행령 제12조의2).

4. 화폐 발행

한국은행은 중앙은행으로서 **법정 화폐(legal tender)인 한국은행권(券)(즉 지폐(紙幣))뿐만 아니라 주화(鑄貨)(즉 동전(銅錢))를 발행할 수 있는 독점적 권한**을 갖고 있다(제47조, 제48조, 제53조). 한국은행은 정부의 승인을 얻어 금융통화위원회가 정하는 바에 따라 한국은행권(券)을 발행할 수 있다(제49조). '법정화폐'는 **법으로 강제통용력을 부여받아 통용되는 화폐**로서 '법화'(法貨)라고 하기도 한다. '강제통용력'이란 의미는 거래 당사자가 특별히 지급수단에 대해서 별도의 합의를 하지 않는 경우에 법화가 지급수단으로 사용이 되면 결제가 완결되어 채권채무 관계가 해소된다는 의미로 이해할 수 있다.[6]

한편, 최근 전자금융기술이 발전하면서 중앙은행이 전자적인 형태로 발행하는 **중앙은행전자화폐**(central bank digital currency: CBDC) 도입에 관한 논의가 있다. 중앙은행이 발행하는 화폐이므로 법화로 인정하는데 문제가 없을 것이다. 우리나라뿐만 아니라 세계 주요국들도 관심을 갖고 준비를 하고 있다. 현금을 대체할 수 있는 중앙은행전자화폐의 발행은 지급결제 체계 등 여러 면에서 우리 일상생활에 큰 영향을 미칠 가능성이 있다. 향후 한국은행이 중앙은행전자화폐를 발행하려면 관련 법률인 「한국은행법」에 그 발행 근거를 두어야 하고, 현금과 달리 익명성이 보장되지 않는 점에서 중앙은행전자화폐 보유자의 개인정보 보호 문제 등 검토해야 할 법적 문제도 꽤 있다. 향후 관심을 갖고 연구가 이루어질 필요가 있는 분야이다.

5. 지급결제 제도의 총괄 및 감시 기능

한국은행은 "지급결제(支給決濟) 제도의 안전성과 효율성"을 도모하기 위하여 지급결제 제도(즉 한국은행금융결제망)의 운영·관리 업무를 수행한다(제81조 제1항). 지급결제의 의미에 대해 「한국은행법」은 정의를 내리고 있지 않지만, **지급**(payment)과 **결제**(settlement)의 2단계를 의미한다고 할 수 있다. 지급은 현금, 수표나 어음 또는 카드의 제시나 계좌 이체를 통해 수취인에게 지급하는 것을 말하고, 결제는 비현금 지급수단에 의한 지급에 따라 발생하는 은행 사이의 채권과 채무를 상계(相計) 처리하고(이것을 **청산**(清算, clearing)이라 한다) 청산 후 남은 차액을 한국은행 당좌계정 사이에 이체를 통해 채권 채무 관계를 종료시키는 것을 말한다.[7]

한국은행은 은행 사이의 거액 자금 이체 거래를 실시간으로 처리할 뿐만 아니라 은행을 통한 소액 자금 이체 거래에 따른 은행 사이의 채권 채무 관계를 최종 결제하는 '**한국은행금융결제망**'(BOK-Wire+)을 운영하고 있다.[8]

---

6) 한국은행 법규실, 「한국은행법 해설」, 2012. 4, 218면.
7) 한국은행, 「한국의 금융제도」, 2011, 303면.

한국은행은 지급결제 제도의 원활한 운영과 관리를 위하여 **한국은행이 운영하는 지급결제 제도**에 참가하는 금융기관에 대하여 필요한 자료의 제출을 요구할 수 있다(제81조 제4항). 또한 한국은행은 **한국은행 이외의 기관이 운영하는 지급결제 제도의 운영기관**에 대하여 관련 자료의 제출을 요구할 수 있는 권한이 있다(제81조 제3항). 그러한 운영기관이 운영하는 지급결제 제도는 ① 금융결제원이 운영하는 어음 교환·타행환(他行換) 및 전자금융공동망 등의 지급결제 제도, ② 한국예탁결제원이 운영하는 주식·채권 기관투자자 결제 제도, ③ 한국거래소와 한국예탁결제원이 운영하는 유가증권시장 결제 제도 및 코스닥시장 결제 제도, ④ 한국거래소가 운영하는 파생상품시장 결제 제도, ⑤ '지속연결결제국제은행'(Continuous Linked Settlement Bank International: CLS은행)이 운영하는 외환 결제 제도가 있다.[9]

6. 금융기관에 대한 자료 제출 요구권 및 공동 검사권

한국은행은 통화신용정책을 효율적으로 잘 수행하기 위해서는 통화신용정책의 대상 금융기관에 대한 경영 상태를 잘 파악할 필요가 있다. 이는 한국은행이 중앙은행으로서 긴급한 자금이 필요한 금융기관에게 자금을 대출하는 **최종대출자(lender of last resort) 기능**을 수행하기 위해서도 필요하다. 이를 위해서 가장 바람직스러운 것은 통화신용정책 대상 금융기관에 대한 검사권을 활용하여 금융기관의 경영 상태를 파악하는 것이다. 그러나 우리나라는 금융기관에 대한 검사권이 금융감독원에 있어서, 한국은행이 단독으로 검사권을 수행하는 것은 금융기관에게 검사 부담을 주기 때문에 실시하기가 쉽지 않다. 그래서 대안으로 실시되는 것이 **금융감독원과 같이 하는 공동 검사 및 금융감독원에게 하는 검사 요청** 제도이다(제88조). 이외에도 한국은행은 직접 검사는 하지 못하지만 통화신용정책 대상 금융기관에 대하여 자료 제출을 요구할 수 있는 권한을 갖고(제87조), 금융기관 경영 실태를 파악하고 분석하는 업무를 수행하고 있다.

---

8) 위의 책, 66면.
9) 위의 책, 66면.

7. 외국환 관련 업무

한국은행은 1961년 「외국환관리법」(현재의 「외국환거래법」)이 제정되기 전에는 외환 정책의 수립과 집행 및 외국환 관리 등 외환 정책 업무를 담당하였으나, 현재는 「한국은행법」에 따른 **외국환 업무를 수행할 수 있을 뿐이다** (제82조). **외환 정책 권한은 기획재정부**가 갖고 있다. 한편 외국환 업무와 관련해서 적용되는 「외국환거래법」에 따르면, 한국은행은 기획재정부장관이 한국은행에게 위탁한 외국환업무취급기관에 대한 건전성 규제 업무(외화예금지급준비금 관리, 외화자금 조달 및 운용 관리, 외국환포지션 관리 업무) 및 외국환 거래에 대한 신고·허가 업무 등을 수행할 수 있다(제23조, 시행령 제37조). 이외에도 한국은행은 「외국환거래법」상의 외국환 업무인 "외국환의 매매 및 파생상품 거래, 외화자금 및 외국환 보유와 운용, 국내 금융기관으로부터 예금 수입, 외국의 금융기관이나 국제금융기구 등으로부터 외화예금 수입 업무, 귀금속의 매매 업무" 등을 수행할 수 있다(「외국환거래규정」 제2-14조).

Ⅳ. 예금보험법

1. 개   관

1995년에 제정된 「예금자보호법」은 예금보험 제도를 운영하고 부실 금융기관을 정리하는 역할을 수행하는 예금보험공사(Korea Deposit Insurance Corporation: KDIC)에게 적용되는 법이다. 1996년 6월에 설립된 예금보험공사는 처음에는 은행만을 대상으로 하는 예금보험 제도를 운영했으나, 1997년 12월 법 개정으로 금융권별로 나누어져 있던 예금보험기금이 예금보험공사 내의 예금보험기금으로 통합되면서 현재는 은행(한국수출입은행을 제외한 특수은행 포함)뿐만 아니라 증권회사(투자매매업자·투자중개업자), 보험회사(재보험회사와 보증보험회사는 제외), 종합금융회사, 상호저축은행 및 상호저축은행중앙회를 대상으로 예금보험 제도가 운영되고 있다(제2조 제1항 제1호). 예금보험 제도에 가입한 금융기관(이하 "부보(附保)금융기관")이 파산한 경우 등에 예금보험금이 지급되는데, 예금보험금 지급 한도는 예금자당 5천만 원이다(제32조 제2항, 시행령 제18조).

2. 보호 대상 금융상품

예금보험의 보호 대상이 되는 금융상품은 다음과 같다. ① 은행의 경우 예금·적금·부금(賦金) 등으로 조달한 자금과 **원본 보전이 되는 금전신탁 상품**, ② 증권회사의 경우 **고객 예탁금**과 원본 보전이 되는 금전신탁 상품, ③ 보험회사의 경우 **수입 보험료**(변액보험계약에서 보험회사가 보험금 등을 최저 보증하기 위하여 받은 금전 포함)와 원본 보전이 되는 금전신탁 상품, ④ 종합금융회사의 경우 어음을 발행하여 조달한 금전과 불특정 다수인을 대상으로 자금을 모아 이를 유가증권에 투자하여 그 수익금을 지급하는 금융상품(즉 Cash Management Account: CMA)으로 조달한 금전, ⑤ 상호저축은행의 경우 **계금(契金)·부금·예금 및 적금** 등으로 조달한 금전, ⑥ 상호저축은행중앙회의 경우 자기앞수표를 발행하여 조달한 금전이 해당된다(제2조 제2호). 다만 양도성예금증서, 환매조건부채권(債券)의 매도로 조달한 자금, 은행·증권회사·종합금융회사·상호저축은행이 발행한 채권, 기업어음(CP), 재보험계약이나 보증보험계약에 의하여 수입한 보험료 등은 보호 대상에서 제외된다(시행령 제3조).

3. 예금보험기금 및 예금보험기금채권상환기금

예금보험공사에는 2개의 기금이 설치되어 있다. 첫째는 **부보금융기관이 납부하는 보험료 등으로 조성되어 보험금 지급에 사용되는 '예금보험기금'**이 있고(제24조), 둘째는 1997년 외환 위기 이후 부보금융기관을 구조 조정하는 과정에서 발생한 **예금보험기금의 채무**(2002. 12. 31.까지 발생한 것에 한한다)를 정리하기 위하여 설치된 '예금보험기금채권(債券)상환기금'이 있다(제26조의3). 예금보험기금채권상환기금은 2003년 1월 1일 기준 예금보험기금에 속하는 자산과 부채 및 그 밖의 권리 의무를 포괄 승계하였는데(부칙 제9조), 공적자금상환기금으로부터의 출연금이나 부보금융기관의 특별기여금 등으로 조성된 자금으로 보험금 지급이나 예금보험기금채권(2002. 12. 31. 이전에 발행된 채권에 한함)의 원리금 상환 등에 사용되며, 2027년 12월 31일까지 청산하게 되어 있다(부칙 제10조).

4. 부보금융기관 공동 검사 및 자료 제출 요구권

예금보험공사는 예금보험 제도를 효율적으로 운영하기 위해 부보금융기관의 경영 상태를 파악할 필요가 있다. 이를 위해서 예금보험공사는 부보금융기관 및 당해 부보금융기관을 자회사나 손자회사로 두는 금융지주회사에 대하여 그 **업무 및 재산 상황에 관련된 자료의 제출을** 요구할 수 있다(제21조 제1항). 그리고 예금보험공사는 일정한 경우(부보금융기관이 부실 우려가 있다고 인정되는 경우 등)에는 해당 부보금융기관이나 금융지주회사의 **업무 및 재산 상황을 조사**할 수 있는 권한도 있다(제21조 제5항). 또한 예금보험공사는 부보금융기관이나 금융지주회사에 대한 검사권을 갖고 있지 않기 때문에 검사권을 갖고 있는 금융감독원에게 부보금융기관 검사를 요청하거나 금융감독원과 같이 하는 공동 검사를 요청할 수 있는 권한도 있다(제21조 제3항).

5. 손해배상청구권 대위(代位) 행사

1997년 외환 위기 이후 금융 구조 조정 과정에서 예금보험공사는 부실 부보금융기관에 대하여 공적 자금을 투입하였는데, 이러한 투입된 공적 자금을 최대한 회수하기 위해 **예금보험공사에게 손해배상청구권의 대위(代位) 행사**를 할 수 있도록 하였다. 예금보험공사는 자금을 지원한 '부실 부보금융기관'이나 '부실 우려 부보금융기관'에게 '부실 관련자'에 대하여 손해배상청구를 하도록 요구할 수 있고, 당해 부실 부보금융기관 등이 이에 응하지 아니한 때에는 **부실 부보금융기관 등을** 대위하여 '부실 관련자'에 대하여 **손해 배상 청구**를 할 수 있다(제21조의2).

6. 부실 부보금융기관의 정리

예금보험공사의 중요한 업무 중의 하나는 **부실 부보금융기관의 정리** (resolution) **업무**이다. 우선 예금보험공사는 '부실 부보금융기관'이나 '부실 우려 부보금융기관' 또는 당해 부보금융기관을 자회사나 손자회사로 두는 금융지주회사를 당사자로 하는 합병이나 영업 양도·양수 또는 제3자에 의한 인수를 알선(斡旋)할 수 있다(제36조). 또한 예금보험공사는 금융위원회에게 부실 부보금융기관에 대한 **계약 이전의 명령**이나 **파산 신청** 등 필요한 조치를 취할 것을 요청할 수 있다(제36조의2). 이외에도 예금보험공사는 금융위원회의 승인을 얻어 부실 부보금융기관의 영업 또는 계약을 양수하거나 정리 업무를 수행하기 위한 주식회사인 정리금융기관을 설립하여(제36조의3) 정리 업무를 수행할 수 있다.

더 나아가서 예금보험공사는 부실 부보금융기관의 합병이 원활히 이루어질 수 있도록 하거나 부실 부보금융기관의 재무 구조 개선이 필요한 경우 등에는 해당 부실 부보금융기관에게 자금 지원을 하여(제38조), 부실 부보금융기관이 회생(回生)할 수 있도록 도와줄 수 있다. 이 경우 예금보험공사는 **자금 지원을 받은 부보금융기관과 경영 정상화 계획의 이행을 위한 서면 약정을** 체결하여야 한다(제38조의5 제2항). 이는 자금 지원을 받은 부실 부보금융기관이 경영 정상화 계획을 제대로 이행할 수 있도록 하는 장치이다.

Ⅴ. 자본시장기반법

자본시장법은 자본시장의 기반에 관련된 증권 및 장내파생상품 거래소, 예탁결제기구, 금융투자상품거래청산업자에 관한 사항을 규정하고 있다. 이런 점에서 자본시장법은 금융기반법의 성격도 갖고 있다. 또한 2016년 3월 22일 제정되고 2019년 9월 16일 시행된 전자등록법은 주식이나 사채 등의 전자등록과 이를 관리하는 전자등록기관 및 계좌 간 대체의 전자등록에 의한 권리 이전 등에 관하여 규정하고 있는데, 이런 점에서 전자등록법도 자본시장기반법의 영역에 포함될 수 있을 것이다.

1. 거 래 소

(1) 개   관

자본시장법상 '거래소'란 "증권 및 장내파생상품의 공정한 가격 형성과 그 매매, 그 밖의 거래의 안정성 및 효율성을 도모하기 위하여 … **금융위원회의 허가를 받아 금융투자상품시장을 개설하는 자**"를 말한다(제8조의2 제2항). '금융투자상품시장'은 "**증권 또는 장내파생상품의 매매를 하는 시장**"을 말한다 (제8조의2 제1항). 이렇게 **거래소란 자본시장에서 증권 또는 장내파생품의 매매가 이루어지는 시장을 개설하여 운영하는 자**라 할 수 있다. 이외에도 **대체거래소**(alternative trading system: ATS)로서 **'다자간매매체결회사'**가 있다. 다자간매매체결회사란 "정보통신망이나 전자정보처리장치를 이용하여 동시에 다수의 자를 거래상대방 또는 각 당사자로 하여 [경쟁매매의 방법 등]의 매매가격의 결정 방법으로 증권시장에 상장된 주권이나 대통령령으로 정하는 증권의 매매 또는 그 중개·주선이나 대리 업무를 하는 투자매매업자 또는 투자중개업자"를 말한다(제8조의2 제5항). 즉 증권회사이지만 거래소 역할을 한다는 점에서 대체거래소라고 한다. 다자간매매체결회사는 다자간매매체결 업무를 함에 있어서 매매체결대상상품 및 다자간매매체결회사에서 거래에 참가하는 자에 관한 사항 등에 대하여 대통령령으로 정하는 일정한 업무 기준을 준수하여야 한다(제78조). 거래소 및 다자간매매체결회사가 자본시장의 기반을 형성하는 역할을 한다는 점에서 근거법인 자본시장법도 금융기반법으로 분류할 수 있다.

(2) 허 가 제

2013년 자본시장법 개정에 의하여 종전 거래소 설립에 대한 법정주의가 폐지되고 허가제가 도입되었다. 따라서 복수의 거래소가 설립될 수 있는 법적 근거가 마련되었다. 금융투자상품시장을 개설하거나 운영하려는 자는 금융투자상품의 범위와 거래소 회원(즉 증권회사)을 구성 요소로 하는 "시장 개설 단위의 전부나 일부를 선택"하고 요건을 갖추어 단위별로 하나의 거래소 허가를 받아야 한다(제373조의2). 현재 **허가를 받은 거래소는 한국거래소(Korea Exchange: KRX)**가 있다.

(3) 업　　무

거래소는 정관이 정하는 바에 따라 다음과 같은 업무를 수행한다. 즉 "① 거래소시장의 개설·운영에 관한 업무, ② 증권 및 장내파생상품의 매매에 관한 업무, ③ **증권 및 장내파생상품의 거래**(다자간매매체결회사에서 이루어지는 거래를 포함)에 따른 매매 확인, 채무 인수, 차감, 결제증권·결제품목·결제금액의 확정, 결제 이행 보증, 결제 불이행에 따른 처리 및 결제 지시에 관한 업무, ④ 장내파생상품의 매매 거래에 따른 품목 인도 및 대금 지급에 관한 업무, ⑤ 증권의 상장에 관한 업무, ⑥ 장내파생상품 매매의 유형 및 품목의 결정에 관한 업무, ⑦ 상장법인의 신고·공시에 관한 업무, ⑧ 증권 또는 장내파생상품 매매 품목의 가격이나 거래량이 비정상적으로 변동하는 거래 등 대통령령으로 정하는 이상 거래의 심리(審理)및 회원의 감리(監理)에 관한 업무, ⑨ 증권의 경매 업무, ⑩ **거래소시장 등에서 이루어지는 매매와 관련된 분쟁의 자율 조정**(당사자의 신청이 있는 경우에 한한다)에 관한 업무, ⑪ 거래소시장의 개설에 수반되는 부대 업무"이다(제377조 제1항).

이 중에서 ③번 항목은 청산(clearing) 업무를 말하는데, **거래소는 증권 및 장내파생상품 거래에 대해서 청산 업무를 수행**할 수 있다는 것을 말한다. ④번 항목은 결제(settlement) 업무를 말하는데, 장내파생상품에 대해서는 거래소가 청산 업무 이외에 결제 업무까지 할 수 있다는 것을 말한다. 따라서 증권에 대해서는 거래소는 결제 업무를 수행할 수는 없다. 증권에 대한 결제 업무는 한국예탁결제원이 수행한다(제296조 제1항).

(4) 시장감시위원회

거래소는 불공정 거래를 감시하고 거래소 회원(즉 증권회사)이 거래소 업무 관련 규정(規程)을 잘 준수하는지 감리하는 역할도 수행한다. **거래소 내에 설치된 시장감시위원회가 이 역할을 수행한다. 시장감시위원회는 시장 감시,** 이상 거래의 심리, 거래소 회원(즉 증권회사)에 대한 감리, 증권시장과 파생상품시장 사이의 연계 감시, 분쟁의 자율 조정 업무를 수행한다(제402조 제1항).

2. 한국예탁결제원

(1) 개   관

한국예탁결제원(Korea Securities Depository: KSD)은 **증권의 집중 예탁, 계좌 간 대체(代替), 증권 매매 거래에 따른 결제 업무**를 영위하는 기관이다(제294조 제1항). 자본시장법에 근거하여 설립된 기관이므로 설립 법정주의에 따른 것이다(제294조 제1항). 한국예탁결제원은 법인으로 설립되므로(제294조 제2항) **특수공법인**으로 분류할 수 있다. 이처럼 한국예탁결제원은 자본시장에서 증권 유통의 원활화를 위한 업무를 수행한다는 점에서 금융 기반의 조성 역할을 한다고 할 수 있고, 이런 점에서 이에 적용되는 자본시장법은 금융기반법으로 분류할 수 있다.

(2) 업   무

한국예탁결제원은 정관이 정하는 바에 따라 다음과 같은 업무를 수행한다. 즉 "① 증권 등의 집중 예탁 업무, ② 증권 등의 계좌 간 대체 업무, ③ **증권시장 밖에서 증권 등의 매매 거래**(다자간매매체결회사에서 증권의 매매거래는 제외)**에 따른 증권 등의 인도와 대금의 지급**에 관한 업무, ④ 외국 예탁결제기관과 계좌 설정을 통한 증권 등의 예탁, 계좌 간 대체 및 매매 거래에 따른 증권 등의 인도와 대금의 지급에 관한 업무"이다(제296조 제1항). 여기서 "증권 등"이라 함은 "증권과 그 밖에 대통령령을 정하는 것"을 말하는데

(제296조 제1항), "대통령령으로 정하는 것"은 원화 양도성예금증서이다(시행령 제310조). 그리고 ③번 항목은 증권시장 밖에서 이루어지는 증권 결제 (settlement) 업무를 의미한다. 또한 한국예탁결제원은 전자등록법에 따른 **전자등록기관으로서 증권시장에서 매매거래**(다자간매매체결회사에서의 증권의 매매거래를 포함)에 **따른 증권 인도 및 대금 지급 업무**를 영위할 수 있다(제297조). 즉, 증권시상에서 이루어지는 증권 결제 업무를 말한다.

이외에도 한국예탁결제원은 **겸영 업무로서** 금융위원회의 승인을 받은 업무나 자본시장법과 다른 법령에서 한국예탁결제원의 업무로 규정한 업무를 영위할 수 있다(제294조 제3항 제2호). 또한 한국예탁결제원은 부수 업무로서 "① 증권 등의 보호예수 업무, ② 예탁증권 등의 담보 관리에 관한 업무, ③ 집합투자업자·투자일임업자와 집합투자재산을 보관·관리하는 신탁업자 사이에서 이루어지는 집합투자재산의 취득·처분 등에 관한 지시 등을 처리하는 업무"를 영위할 수 있다(제296조 제2항).

(3) 증권예탁 제도

증권의 권리 관계 변동(양도나 질권 설정 등)은 증권의 교부에 의해 이루어진다(「민법」 제508조, 제523조, 제330조, 「상법」 제336조 참조). 다량으로 빈번하게 이루어지는 증권 거래에서 일일이 증권을 교부한다는 것은 번거로운 일이 아닐 수 없다. 그래서 고안된 제도가 **증권예탁(預託) 제도**이다. 즉 증권의 수수(授受)에 갈음하여 **계좌 사이의 대체(代替) 기재에 의해 증권의 권리 관계가 확정**될 수 있도록 발행 증권을 한국예탁결제원에 맡기는 제도가 증권예탁 제도이다.

한국예탁결제원에 예탁할 수 있는 '증권 등'은 한국예탁결제원이 지정한다(제308조). 한국예탁결제원에 증권 등을 예탁하고자 하는 자는 한국예탁결제원에 계좌를 개설하여야 한다(제309조 제1항). **계좌를 개설한 자인 예탁자** (증권회사가 해당된다)는 **자기가 소유하고 있는 증권 등**을 한국예탁결제원에 예탁할 수 있을 뿐만 아니라 **투자자로부터 예탁받은 증권 등**을 투자자의 동의를 얻어 한국예탁결제원에 예탁할 수 있다(제309조 제2항). 이 경우 한국예탁결제원은 **예탁자계좌부**를 작성·비치하는데, 예탁자의 자기소유분과 투자자의 예탁분이 구분될 수 있도록 하여야 한다(제309조 제3항). 투자자로부터 예탁받은 증권 등을 한국예탁결제원에 예탁하는 예탁자인 증권회사는 **투자자계좌부**를 작성·비치해야 한다(제310조 제1항).

자본시장법은 "투자자계좌부와 예탁자계좌부에 기재된 자는 각각 그 증권 등을 점유하는 것으로 본다"(제311조 제1항)라고 하고, "투자자계좌부 또는 예탁자계좌부에 증권 등의 양도를 목적으로 계좌 간 대체의 기재를 하거나 질권 설정을 목적으로 질물(質物)인 뜻과 질권자를 기재한 경우에는 증권 등의 교부가 있었던 것으로 본다"(제311조 제2항)라고 하여 **계좌부 기재로서 증권 등의 권리 관계 변동이 확정되도록 그 효력을 부여하고 있다.**

3. 금융투자상품거래청산업자

(1) 개   관

2008년 세계적 금융위기 발생의 원인 중의 하나가 위험성이 높은 장외파생상품 거래(특히 신용부도교환(CDS) 등 신용파생상품 거래)에 대한 규제가 잘 작동이 되지 않은 것이라는 비판이 제기됨에 따라 장외 파생상품 거래에 대한 규제를 강화해야 한다는 주장이 제기되었다. 이에 따라 새로 도입된 제도가 **중앙청산기관**(central counterparty: CCP) **제도와 장외 파생상품 거래정보보관기관**(trade repository: TR) **제도**이다. 즉 중앙청산기관 제도는 1:1로 이루어지는 장외 파생상품 거래에도 제3자인 중앙청산기관이 개입된 거래가 이루어지도록 함으로써 장외 파생상품 거래의 위험성을 줄여 보고자 하는 것이다. 또한 장외 파생상품 거래정보보관기관은 장외 파생상품 거래에 대한 정보를 집중 보관·관리하는 기관을 말하는데, 장외 파생상품 거래에 대한 집중된 정보가 없어 그 거래 규모를 파악할 수 없었던 것도 2008년 세계적 금융위기 발생의 하나의 원인이라는 비판이 제기되면서 이에 대응하여 설치된 기관이다. 우리나라도 이러한 국제적인 추세를 반영하여 2013년 자본시장법 개정으로 **금융투자상품거래청산업자 제도**를 도입하여 중앙청산기관 제도를 실시하고 있으며, **금융투자상품거래청산업자가 장외 파생상품 거래정보보관기관의 역할을 수행**하도록 하고 있다(제323조의3, 제323조의16).

(2) 인 가 제

자본시장법은 인가제를 채택하고 있다. **금융투자상품거래청산업을 영위하고자 하는 자는 인가 요건을 갖추어 금융감독당국으로부터 인가를 받아야 한다**(제323조의3 제1항). 주식회사이어야 하고 일정한 자기자본을 갖출 것 등을 인가 요건으로 규정하고 있다(제323조의3 제2항). 현재 한국거래소가 인가를 받아 있다.

'금융투자상품거래청산업'이란 "금융투자업자 및 대통령령으로 정하는 자(이하 "청산대상업자"라 한다)를 상대방으로 하여 청산대상업자가 대통령령으로 정하는 금융투자상품의 거래(이하 "청산대상거래"라 한다)를 함에 따라 발생하는 채무를 채무인수, 경개(更改), 그 밖의 방법으로 부담하는 것을 영업으로 하는 것"을 말한다(제9조 제25항). 이러한 대통령령으로 정하는 청산대상 거래는 아래 (4)에서 보는 **청산 의무 대상 거래인 원화금리교환(swap) 거래 이외에 기타 장외 파생상품 거래, 장외 증권 거래, 상장증권(채무증권 제외)의 위탁매매 거래가 해당**된다(시행령 제14조의2 제2항). 그리고 대통령령으로 정하는 청산대상업자는 국가, 한국은행, 일반은행, 특수은행, 보험회사, 외국 금융투자업자가 해당된다(시행령 제14조의2 제1항).

(3) 업 무

금융투자상품거래청산회사는 정관이 정하는 바에 따라 다음과 같은 업무를 수행한다. 즉 "① 청산대상거래의 확인 업무, ② 청산대상거래에 따른 채무의 채무인수, 경개, 그 밖의 방법에 따른 채무 부담 업무, ③ 청산대상거래에서 발생하는 다수의 채권 및 채무에 대한 차감 업무, ④ 결제목적물·결제금액의 확정 및 결제기관에 대한 결제 지시 업무, ⑤ 결제불이행에 따른 처리 업무"이다(제323조의10).

(4) 청산 의무 대상 거래의 범위

금융투자상품거래청산회사를 통해서 의무적으로 청산하여야 하는 거래는 "대통령령으로 정하는 장외파생상품의 매매 및 그 밖의 장외거래"이다(제166조의3). 대통령령으로 정하는 거래는 "원화로 표시된 원본액에 대하여 일정한 기간 동안 고정 이자와 변동 이자를 장래의 특정 시점마다 원화로 교환할 것을 약정하는 거래로서 기초자산, 거래의 만기 등에 관하여 금융위원회가 정하여 고시하는 요건을 충족하는 장외 파생상품거래"를 말하는데(시행령 제186조의3 제2항), 이는 **원화금리교환(swap) 거래**를 말한다.

(5) 청산 의무 대상 거래 당사자

금융투자상품거래청산회사를 통해서 의무적으로 청산하여야 하는 거래의 당사자는 그 일방 당사자인 금융투자업자와 그와 청산 대상 거래를 하게 되는 거래 상대방인 다른 금융투자업자 및 외국 금융투자업자이다(제166조의3, 시행령 제186조의3 제1항).

(6) 청산 방법

자본시장법은 금융투자상품거래청산회사가 금융투자업자와 거래 상대방인 다른 금융투자업자 및 외국 금융투자업자와의 청산 거래에 따른 채무를 **채무인수, 경개(更改), 그 밖의 방법으로 부담하는 방법**으로 하도록 하고 있다(제166조의3).

(7) 거래정보보관기관

자본시장법은 금융투자상품거래청산회사로 하여금 거래정보보관기관의 역할을 하도록 하고 있다(제323조의16). 보관·관리해야 하는 거래 정보의 범위는 청산 의무 거래 및 그 밖에 대통령령으로 정하는 거래 정보이다(제323조의16). "대통령령으로 정하는 거래 정보"는 "① 장외파생상품의 거래, ②

증권의 장외 거래인 환매(還買)조건부 매매, 증권의 대차(貸借) 거래 및 그 외의 채무증권의 거래, ③ 수탁자인 투자중개업자와 위탁자인 금융투자업자 또는 국가·한국은행·은행·보험회사·외국 금융투자업자 등 사이의 상장증권(채무증권은 제외한다)의 위탁매매 거래"이다(시행령 제318조의9, 제14조의2 제2항). 즉 청산 의무 대상 거래 이외에도 여러 장외 거래에 관한 정보를 보관·관리하도록 하고 있다. 그리고 이러한 보관·관리하는 거래 정보는 금융감독당국에 보고하도록 하고 있다(제323조의16 제2항).

4. 전자등록기관 및 전자등록 제도

(1) 개   관

주식이나 사채 등의 전자등록에 관하여 규정하고 있는 전자등록법은 **한국예탁결제원을 전자등록기관으로 허가받은 것으로 간주하는** 부칙 조항(제8조)을 두고 있어서 한국예탁결제원은 자본시장법에 따른 예탁결제기관의 지위와 전자등록법에 따른 전자등록기관의 지위를 겸하게 된다. 전자등록기관은 "주식 등의 전자등록, 전자등록계좌의 개설·폐지·관리, 전자등록계좌부의 작성·관리에 관한 업무" 등을 영위한다(제14조 제1항). 전자등록 대상이 되는 "주식 등"은 주식, 사채, 국채, 지방채, 특수채, 수익권(受益權) 등인데(제2조), 포괄주의 방식이 아닌 열거주의 방식을 취하고 있다. 다만 전자등록법이 열거하고 있는 증권상의 권리와 "비슷한 권리로서 그 권리의 발생·변경·소멸이 전자등록계좌부에 전자등록되는 데에 적합한 것으로서 대통령령으로 정하는 권리"도 포함하도록 함으로써(제2조 제1호) 열거주의에서 발생할 수 있는 단점을 보완할 수 있도록 하고 있다. 여기서 전자등록 대상이 되는 것은 '증권' 그 자체가 아니라 "증권에 표시될 수 있거나 표시되어야 할 권리"라는 점을 유의할 필요가 있다. 그래서 전자등록법은 '증권 등'이라는 표현을 사용하지 않고 증권상의 권리를 나타내는 "주식 등"이라는 용어를 사용하고 있다. 예를 들어, 주권이 아닌 주식이고, 사채권(券)이 아닌 사채인 것이다. 이런 점에서 법 약칭도 '전자증권법'이 아닌 '전자등록법'으로 하는 것이 타당할 것으로 본다. 그리고 **전자등록**은 "주식 등의 종류, 종목, 금액, 권리자 및 권리 내용 등 주식 등에 관한 권리의 발생·변경·소멸에 관한 정보를 **전자등록계좌부에 전자적 방식으로 기재하는 것**"을 말한다(제2조 제2호). 특히 **상장 주식 등은 의무적으로 전자등록**을 하도록 하고 있어 실무에서는 전자등록법이 상당히 중요하게 되었으므로 전자등록법의 내용을 잘 파악할 필요가 있다. 이하에서는 전자등록기관을 포함하여 전자등록법의 주요 내용을 살펴보기로 한다.[10]

(2) 전자등록기관의 업무 등

1) 허가제

전자등록기관은 "주식 등의 전자등록에 관한 제도의 운영"을 위하여 허가받은 자이다(법 제2조 제6호). 전자등록법은 전자등록기관에 대한 **허가제**를 채택하고 있다(법 제5조). 한국예탁결제원은 허가를 받은 기관으로 보기 때문에(부칙 제8조) 한국예탁결제원은 별도의 허가 없이 전자등록기관이 될 수 있지만, 전자등록법은 허가제를 취하면서 다른 전자등록기관도 출현할 수 있는 것을 예정하고 있다. 허가권자는 금융위원회 및 법무부장관의 복수로 되어 있는데(제5조 제1항), 이는 전자등록 제도가 주식이나 사채에도 적용되므로 주식이나 사채에 관한 일반법인 「상법」이 적용되어(제356조의2) 「상법」을 관할하고 있는 법무부장관에게도 허가권을 준 것으로 이해된다. 그러나 복수 허가권자는 이례적인 것이고, 두 허가 기관이 의견이 다를 때 발생할 수 있는 문제 및 검사와 감독의 중복 등 여러 가지 점에서 비효율적인 문제가 발생할 수 있으므로 금융위원회로 단일화해야 할 것이다. 허가권자는 주식 등의 범위를 구성 요소로 하여 업무 단위의 전부 또는 일부를 선택하여 전자등록기관 허가를 할 수 있다(제5조 제1항). 즉 전자등록업 허가의 내용에 따라 전자등록업의 업무 범위가 달라진다. 예를 들어, 전자등록기관은 주식과 사채에 대해서만 전자등록업 허가를 받을 수도 있다.

---

10) 전자등록 제도에 대한 자세한 논의는 고동원, "주식 등의 전자등록 제도 도입에 따른 관련 법제의 개선 방안."「예탁결제」제109호, 한국예탁결제원, 2019. 5, 5−41면.

2) 지배구조

전자등록법은 전자등록기관의 임원의 선임이나 자격 요건 등 지배구조에 관한 규제도 하고 있다. 특이점은 허가권자인 금융위원회가 법무부장관과 협의하여 전자등록기관의 주주총회에서 선임된 대표이사의 해임을 요구할 수 있다는 점이다(제13조 제4항). 전자등록기관이 「상법」상의 주식회사인데 주주들이 선임한 대표이사를 감독기관이 해임할 수 있도록 한 것은 비합리적인 규제이므로 폐지할 필요가 있다.

3) 업　무

전자등록기관의 업무는 고유 업무, 겸영 업무 및 부수 업무로 나눌 수 있다. 고유 업무는 **주식 등의 전자등록, 전자등록계좌의 개설 · 폐지 · 관리, 전자등록계좌부의 작성 · 관리에 관한 업무**, 전자등록주식 등에 대한 권리 행사의 대행에 관한 업무 등이다(제14조 제1항). 겸영 업무로서는 주식 등의 명의개서 대행 업무 및 주식 등의 대차의 중개 또는 주선 업무 등이다(제14조 제3항). 부수 업무로서는 전자등록 주식 등의 담보 관리에 관한 업무와 집합투자재산의 취득 · 처분 등에 관한 지시 등을 처리하는 업무 등이다(제14조 제2항).

(3) 계좌관리기관

전자등록법은 전자등록기관과 더불어 전자등록 제도를 운영하는 기관 중의 하나로서 계좌관리기관을 두도록 하고 있다. **계좌관리기관**은 고객계좌부(즉 주식 등의 권리자가 계좌관리기관에 개설한 계좌부)에 따른 주식 등의 전자등록에 관한 업무를 수행하는 기관을 말하는데(제19조, 제20조 제1항), 주로 증권회사나 은행 등 금융기관이 해당된다.

(4) 전자등록 관련 계좌의 개설 및 계좌부의 작성

전자등록법은 전자등록과 관련하여 개설해야 하는 계좌 및 해당 계좌별로 장부(帳簿)인 계좌부(計座簿)에 대한 규정을 두고 있다. **고객계좌, 계좌관리기관등 자기계좌, 고객관리계좌, 발행인관리계좌**가 있고, 거기에 대응한 계좌부가 있다. 고객계좌와 계좌관리기관등 자기계좌를 **전자등록계좌**라고 하며, 거기에 대응한 계좌부를 **전자등록계좌부**라고 한다. '**고객계좌**'는 주식 등의 소유자나 질권자 등 권리자가 되려는 자가 계좌관리기관에 개설하는 계좌를 말한다(제22조 제1항). '**고객관리계좌**'는 계좌관리기관이 고객계좌부에 전자등록된 주식 등의 총수량 또는 총금액을 관리하기 위하여 전자등록기관에 개설하는 계좌를 말한다(제23조 제3항). 예를 들어, A계좌관리기관에 개설된 甲고객계좌부에 삼성전자 보통주 200주가 기록되어 있고, 乙고객계좌부에 삼성전자 보통주 주식 300주가 기록되어 있다면, A계좌관리기관이 전자등록기관에 개설한 고객관리계좌부에는 A계좌관리기관 삼성전자 보통주 500주가 기록되는 것이다. '**계좌관리기관등 자기계좌**'는 주식 등의 권리자가 되려는 계좌관리기관이나 법률에 따라 설립된 기금 등(즉 "계좌관리기관등")이 전자등록기관에 개설하는 계좌를 말한다(제23조). 따라서 계좌관리기관등을 제외한 일반 권리자는 계좌관리기관에 계좌를 개설하고, 계좌관리기관이 전자등록기관에 고객관리계좌를 개설하여 관리하도록 하는 이중 구조 방식을 채택하고 있음을 알 수 있다. '**발행인관리계좌**'는 전자등록주식 등을 발행하려는 자이거나 이미 주권 등이 발행된 주식 등의 권리자에게 전자등록의 방법으로 주식 등을 보유하게 하거나 취득하게 하려는 자인 발행인이 전자등록기관에 개설하는 계좌를 말한다(제21조).

(5) 전자등록의 절차

앞서 본 것처럼, **전자등록**은 "주식 등의 종류, 종목, 금액, 권리자 및 권리 내용 등 주식 등에 관한 권리의 발생·변경·소멸에 관한 정보를 **전자등록계좌부에 전자적 방식으로 기재하는 것**"을 말한다(제2조 제2호). 주식 등의 전자등록 신청을 할 수 있는 자는 원칙적으로 발행회사나 권리자이다(제24조 제1항). 신청은 전자등록법에 특별한 규정이 없으면 발행회사나 권리자 단독으로 한다(제24조 제2항). 주식 등을 전자등록하는 경우는 2가지이다. 첫째는 전자등록의 방법으로 주식 등을 새로 발행하려는 경우이고, 둘째는 이미 주권 등이 발행된 주식 등을 전자등록하려는 경우이다.

모든 주식 등을 전자등록으로 강제화할지 아니면 필요한 일부 주식 등에 대해서면 전자등록할지 여부에 대한 정책적 판단이 필요한데, 전자등록법은 후자의 방법을 채택하고 있다. 주식 등의 전자등록에 비용이 수반되는 점 등을 고려하여 완전 의무화를 하고 있지는 않다. 다만 전자등록법은 **의무적으로 전자등록을 해야 하는 주식 등의 범위**를 규정하고 있는데, **(i) 상장 주식 등, (ii) 투자신탁의 수익권 또는 투자회사의 주식, (iii) 그 밖에 대통령령으로 정하는 주식 등**으로 한정하고 있다(제25조 제1항, 시행령 제18조). 즉 의무적으로 전자등록을 해야 하는 주식 등을 제외하고는 발행회사가 임의적으로 전자등록 여부를 결정할 수 있다.

그리고 발행회사가 전자등록기관에게 주식 등의 전자등록을 신청하면 자동적으로 전자등록이 되는 것은 아니다. 전자등록법은 전자등록 여부를 결정할 수 있는 권한을 전자등록기관에게 부여하고 있다(제25조 제4항). 전자등록 신청 대상인 주식 등이 전자등록에 적합하지 않을 수 있기 때문이다. 예를 들어, 양도가 제한되거나 양도가 금지되는 주식 등이 있을 수도 있기 때문에 전자등록기관이 전자등록 여부를 판단하도록 하고 있다. 물론 전자등록법은 전자등록을 거부할 수 있는 사유를 규정하고 있어(제25조 제6항), 전자등록기관이 전자등록 거부에 대한 재량권을 남용할 여지를 없애고 있다.

(6) 전자등록의 효력 등

1) 전자등록의 효력

전자등록법은 전자등록 주식 등의 권리 관계의 효력에 관한 중요한 조항도 두고 있다. 첫째, 전자등록계좌부에 전자등록된 자는 해당 주식 등에 대하여 **전자등록된 권리를 적법하게 가지는 것으로 '추정'**한다(제35조 제1항). 즉 권리추정력을 부여하고 있다. 따라서 실제 주식 등이 발행되지 않았으면 설령 전자등록이 되어 있더라도 이러한 추정은 깨지게 될 것이다. 둘째, **전자등록 주식 등을 양도하는 경우에는 계좌 간 대체의 전자등록**을 하여야 그 효력이 발생한다(제35조 제2항). 주권 등의 교부에 갈음하는 효력을 부여하고 있는 권리 이전적(移轉的) 효력을 부여하고 있다. 셋째, 전자등록 주식 등을 질권의 목적으로 하는 경우에는 **질권 설정의 전자등록을 해야 입질(入質)의 효력이 발생**한다(제35조 제3항). 이 경우 「상법」에 따른 주식의 등록질(登錄質)의 경우(제340조 제1항) 질권자의 성명을 주권에 기재하는 것에 대해서는 그 성명을 전자등록계좌부에 전자등록하는 것으로 갈음한다(제35조 제3항 후단). 넷째, 전자등록 주식 등의 신탁은 해당 주식 등이 신탁재산이라는 사실을 전자등록함으로써 제3자에게 대항할 수 있다(제35조 제4항). 즉 제3자에 대한 대항력을 규정하고 있다. 다섯째, **전자등록 주식 등의 선의(善意) 취득**에 관한 규정도 두고 있다. 즉, "선의로 중대한 과실 없이 전자등록계좌부의 권리 내용을 신뢰하고 소유자 또는 질권자로 전자등록된 자는 해당 전자등록 주식 등에 대한 권리를 적법하게 취득"한다(제35조 제5항).

2) 계좌 간 대체의 전자등록에 의한 주식 등의 양도

전자등록 주식 등의 양도는 계좌 간 대체(對替)의 전자등록 방식으로 해야 한다(제35조 제2항). 주식 등의 양도의 효력 발생 요건이다. 즉 전자등록 주식 등의 양도를 위하여 계좌 간 대체를 하려는 자는 해당 주식 등이 전자등록된 전자등록기관(계좌관리기관등 자기계좌에 해당하는 경우) 또는 계좌관리기관에게 계좌 간 대체의 전자등록을 신청해야 한다(제30조 제1항).

3) 질권 설정 및 말소의 전자등록

전자등록 주식 등에 질권을 설정하거나 말소하려는 자는 해당 주식 등이 전자등록된 전자등록기관 또는 계좌관리기관에 질권 설정 또는 말소의 전자등록을 신청해야 한다(제31조 제1항). 이러한 신청을 받은 전자등록기관 또는 계좌관리기관은 지체 없이 해당 주식 등이 질물(質物)이라는 사실과 질권자를 질권설정자의 전자등록계좌부에 전자등록하는 방법으로 해당 전자등록 주식 등에 질권 설정 또는 말소의 전자등록을 해야 한다(제31조 제2항).

4) 신탁재산이라는 사실의 표시 및 말소의 전자등록

전자등록 주식 등에 대하여 신탁재산이라는 사실을 표시하거나 그 표시를 말소하려는 자는 해당 주식 등이 전자등록된 전자등록기관 또는 계좌관리기관에 신탁재산이라는 사실의 표시 또는 말소의 전자등록을 신청해야 한다(제32조 제1항).

(7) 전자등록 주식 등에 대한 권리 행사

전자등록 제도에서는 주권이 발행되지 않고 전자적인 방법으로 권리 이전이 된다는 점을 고려하여 전자등록법은 전자등록 주식 등의 소유자가 그 권리를 행사하기 위한 여러 제도적 장치를 두고 있다. 첫째는 **소유자명세통지** 제도이다. 이는 전자등록기관이 전자등록 주식 등의 소유자에 관한 명세를 발행회사에게 통지해 주어 이를 토대로 발행회사가 주주명부나 사채원부 등을 작성 관리하도록 하는 제도이다(제37조). 둘째는 **소유자증명서발행** 제도이다. 이는 전자등록 주식 등의 소유자가 자신의 권리를 행사하기 위해서(예를 들어, 주주인 경우 주주대표소송 등 소수주주권 행사를 위해서) 전자등록기관에게 자신이 소유자임을 증명하는 문서를 발행해 달라고 요청하고, 이러한 요청에 따라 전자등록기관이 해당 소유자에게 개별적으로 소유자증명서를 발행하는 제도이다(제39조). 소유자증명서 발행 제도는 증권예탁 제도에서 실질주주증명서에 대응하는 것으로 볼 수 있다. 셋째, **소유내용통지** 제도이다. 이는 전자등록기관이 전자등록 주식 등의 소유자의 요청에 의하여 소유 내용을 발행인에게 직접 통지하는 제도이다(제40조). 소유자증명서와 같은 기능을 수행하지만 전자등록기관이 직접 발행인에게 소유 내용을 통지한다는 점에서 다르다.

이외에도 전자등록 주식 등의 권리자는 배당금이나 원리금의 수령 또는 신주인수권 행사를 전자등록기관을 통하여 할 수 있는데(제38조), 권리자가 직접 발행회사에게 행사하는 것보다 전자등록기관을 통하여 권리를 행사하는 것이 간편하고 효율적이기 때문이다. 또한 전자등록 주식 등의 권리자가 전자등록계좌부에 등록된 자신의 권리 내용을 정보통신망 등을 통하여 열람 등을 할 수 있도록 하여 권리자가 언제든지 자신의 권리를 확인할 수 있는 제도도 있다(제41조).

(8) 초과분에 대한 해소 의무

고객계좌부에 등록된 사항과 고객관리계좌부에 등록된 사항이 다른 경우가 발생할 수 있다. 즉 계좌관리기관의 "고객계좌부에 전자등록 주식 등의 종목별 총수량 또는 총금액"과 계좌관리기관이 전자등록기관에 개설한 "고객관리계좌부에 기록된 전자등록 주식 등의 종목별 총수량 또는 총금액"이 차이가 있을 수 있다. 전자등록법은 전자가 후자를 초과하는 경우에는 계좌관리기관으로 하여금 지체 없이 그 초과분을 해소하도록 하고 있다(제42조 제1항). 이러한 초과분 해소 의무는 전자등록기관에게도 적용되어 계좌관리기관등 자기계좌부와 고객관리계좌부에 차이가 있는 경우에 그 초과분을 해소해야 한다(제40조 제2항). 그러한 초과분이 해소되지 않는 경우에 그 초과분에 대한 책임은 계좌관리기관이나 전자등록기관이 진다. 즉 해소되지 아니한 초과분에 해당하는 전자등록 주식 등에 대하여 지급되는 원리금이나 배당금 등은 계좌관리기관 또는 전자등록기관이 지급해야 한다(제42조 제4항). 그리고 초과분 해소의 의무를 이행한 계좌관리기관 또는 전자등록기관은 각각 해당 초과분 발생에 책임이 있는 자에게 구상권(求償權)을 행사할 수 있다(제42조 제5항).

Ⅵ. 금융산업구조개선법

1. 개　관

종전의 「금융기관의 합병 및 전환에 관한 법률」을 전면 개정하여 1997년 1월 제정된 구조개선법은 법 명칭에서도 알 수 있듯이 금융기관의 구조개선을 지원하기 위한 법이다. 즉 부실 금융기관을 효율적으로 정리하기 위한 여러 가지 조치 내용과 금융기관의 청산 및 파산 절차에 대한 특례 조항들을 두고 있다. 또한 금융기관의 합병 및 전환을 지원하기 위한 여러 가지 특례 조항도 두고 있다. 이외에도 2008년 금융위기 이후에 금융 안정을 위한 자금 지원의 필요성이 대두되어 이를 위한 금융안정기금의 설치와 운용에 관한 조항들도 들어 있다. 특히 "금융기관을 이용한 기업결합의 제한," 즉 소위 '금융자본의 산업자본 지배' 금지에 관한 내용(제24조)도 들어 있어 실무적으로는 상당히 중요한 법이다. 그런데 구조개선법 목적 조항에 금융기관을 이용한 기업결합의 제한에 관한 내용이 들어가 있지 않고 법 명칭에도 부합하지 않아 향후 이러한 내용은 구조개선법에서 분리하여 별도의 법으로 제정하는 것이 필요하다.

2. 금융기관의 합병 및 전환에 대한 특례

구조개선법은 금융기관의 합병 및 전환을 촉진하기 위하여 여러 가지 특례 조항을 두고 있다. 물론 해당 금융기관의 설립 근거법에 근거하여 금융기관이 합병을 할 수도 있으나, 구조개선법은 **금융기관 합병 및 전환에 관한 절차의 간소화 특례 규정**을 두고 있어 구조개선법에 따른 합병을 하는 편이 유리하다. 즉 구조개선법은 "금융기관이 [구조개선법]에 따른 합병 및 전환을 하려면"이라고 하고 있어서(제4조), 구조개선법에 따른 합병 및 전환이 강제적이지 않음을 나타내고 있다. 물론 구조개선법에 따른 합병 및 전환을 하려면 금융감독당국의 인가를 받아야 한다(제4조).

합병 시 주주총회 절차의 간소화(예를 들어, 주주총회 소집 통지 시 「상법」상은 주주총회일로부터 14일 전에 주주에게 통지해야 하나, 구조개선법에 따르면 7일 전에 소집 통지 가능), **자본 감소 및 주식 병합 절차의 간소화, 합병 또는 전환에 따른 종전 금융기관의 업무 계속** 등에 관한 특례가 적용된다(제5조, 제5조의2, 제9조).

3. 부실 금융기관에 대한 조치

(1) 적기시정조치 제도

구조개선법은 **적기시정조치**(prompt corrective action: PCA)에 관한 조항도 두고 있다. 즉 금융위원회는 "금융기관의 자기자본비율이 일정 수준에 미달하는 등 재무 상태가 [금융위원회가 미리 정한] 기준에 미달하거나 거액의 금융사고 또는 부실채권의 발생으로 금융기관의 재무 상태가 [금융위원회가 미리 정한] 기준에 미달하게 될 것이 명백하다고 판단되면 **금융기관의 부실**

화를 예방하고 건전한 경영을 유도하기 위하여 해당 금융기관이나 그 임원에 대하여 [자본 증가나 자본 감소, 영업의 전부 또는 일부 정지, 제3자에 의한 금융기관 인수, 계약의 이전 등]의 사항을 권고·요구 또는 명령하거나 그 이행 계획을 제출할 것을 명하여야 한다"라고 규정하고 있다(제10조 제1항). 즉 금융감독당국이 부실화 가능성이 있는 금융기관에게 일정한 시정 조치를 미리 취하여 해당 금융기관이 부실화로 이어지지 않도록 하는 제도라고 할 수 있다.

(2) 정부 지원과 계약 이전 명령

구조개선법은 부실 금융기관에 대한 정부나 예금보험공사의 출자 지원에 관한 근거 조항도 두어(제12조), 부실 금융기관을 효율적으로 정리할 수 있도록 하고 있다. 특히 부실 금융기관을 인수할 때 많이 이용되는 **금융거래 계약 이전**(purchase and assumption: P&A)에 관한 조항을 두어 **계약 이전에 의한 효율적인 부실 금융기관 정리**가 될 수 있도록 하고 있다. 즉 "금융위원회에 의한 계약 이전의 결정이 있는 경우 그 결정 내용에 포함된 계약에 의한 부실 금융기관의 권리와 의무는 계약 이전의 결정이 있는 때 계약 이전을 받는 금융기관이 승계한다"라는 조항을 두어(제14조의2 제1항) 계약 이전 결정의 법률적 효력을 규정하고 있다.

4. 금융기관의 파산 및 청산 절차에 대한 특례

주식회사 형태를 취하고 있는 금융기관이 파산 절차에 들어가게 되면 일반 기업과 마찬가지로 「채무자의 회생 및 파산에 관한 법률」이 적용된다. 구조개선법은 특별히 「채무자의 회생 및 파산에 관한 법률」의 적용을 배제하는 조항을 두고 있지 않고 있지 않지만, 파산관재인 선임과 파산 신청에 대한 특례 조항(제15조, 제16조)을 두고 있다.

파산은 회사의 해산 사유 중의 하나이다. '**해산**'이라 함은 회사의 법인격이 소멸되는 원인이 되는 사실을 말하는데, 주식회사의 해산 사유는 파산 이외에도 "회사 존립기관의 만료 기타 정관으로 정한 사유의 발생, 회사의 합병, 법원의 명령 또는 판결, 회사의 분할 또는 분할합병, 주주총회의 특별결의"가 있다(「상법」 제517조). 또한 회사가 해산하게 되면 합병이나 분할 또는 분할합병의 경우를 제외하고는 청산 절차를 거쳐야 하는데(「상법」 제531조 제1항), 청산 절차는 「상법」이 적용된다. 다만 파산의 경우에는 파산관재인이 「채무자의 회생 및 파산에 관한 법률」에 따라 처리하게 되므로 「상법」이 규정한 청산 절차를 따를 여지가 없다.[11] **'청산'** 절차는 회사의 채권 추심과 채무 변제 및 잔여재산의 분배 등(「상법」 제542조, 제254조) 회사의 재산을 정리한 후에 회사의 법인격을 소멸시키는 절차를 말한다. 주식회사 형태를 취하는 금융기관도 청산 절차를 거치게 되면 「상법」이 적용된다.

　　구조개선법은 금융기관이 파산하거나 청산할 때 「채무자의 회생 및 파산에 관한 법률」이나 상법의 일부 조항을 배제하는 특례 규정을 두어 금융기관의 특성을 고려한 파산 절차나 청산이 이루어질 수 있도록 하고 있다. 즉 파산의 경우 법원이 관리위원회의 의견을 들어 파산관재인을 선임하는데(「채무자의 회생 및 파산에 관한 법률」 제355조 제1항), **금융기관이 파산 절차에 들어가는 경우에는 금융전문가나 예금보험공사 임직원 중에서 파산관재인을 선임**할 수 있도록 하고 있다(제15조). 청산의 경우에도 원래 주식회사의 이사가 청산인이 되는데(「상법」 제531조 제1항), 구조개선법은 **금융전문가나 예금보험공사 임직원 중에서 청산인을 선임**할 수 있도록 하고 있다(제15조). 또한 금융기관에 대한 파산 신청은 금융감독당국인 금융위원회도 할 수 있도록 하고 있다(제16조).

5. 금융시장의 안정 조치

　　구조개선법은 **금융안정기금 설치 근거 조항**도 두고 있다(제23조의2). 2008년 세계적 금융위기를 겪으면서 금융 안정을 도모하기 위해서 선제적인 자금 지원의 필요성이 대두되어 금융안정기금을 설치하게 되었다. 즉 "시장 상황의 급격한 변동에 대응하여 [구조개선법]에 따른 자금 지원을 효율적으로

---

11) 이철송, 「회사법강의」 제29판, 2021, 180면.

함으로써 금융의 중개 기능 제고와 금융시장의 안정에 이바지하기 위하여"
금융안정기금을 한국산업은행에 설치하고 있다(제23조의2). 이 기금은 금융
기관의 출연금, 기업의 출연금, 한국은행으로부터 차입금, 금융안정기금채권
발행 자금 등으로 조성되며(제23조의2 제2항), 자금을 지원받으려는 금융기관
은 2014년 12월 31일까지 신청하도록 함으로써 현재는 자금 지원을 추가로
할 수 없는 상태에 있다. 그런데 금융안정기금을 관리하는 업무를 한국산업
은행이 수행하는 것이 정책금융 업무를 담당하는 한국산업은행의 성격에 비
추어 볼 때 타당한지가 의문이다. 오히려 예금보험 업무와 부실 금융기관 정
리 업무의 수행으로 금융안정 기능을 수행하는 예금보험공사가 금융안정기
금 관리 업무를 담당하는 것이 합리적이라고 본다.

6. 금융체계상 중요한 금융기관에 대한 자체정상화계획 및 부실 정리계획의 수립

(1) 개   관

2008년 세계적 금융위기는 대형 금융기관이라고 볼 수 있는 '체제적으로
중요한 금융기관'(systemically important financial institutions: SIFIs)이 부실하
면 이것이 '체제적 위험'(systemic risk)을 초래할 수 있다는 것을 보여주었다.
이에 따라 금융안정위원회(Financial Stability Board: FSB) 등 국제적 금융감독
기준 제정 기구들은 체제적으로 중요한 금융기관의 부실로 인하여 금융시장
이 체제적 위험으로 연결되지 않도록 하는 규제 개선 방안을 모색하였는데,
이것이 바로 체제적으로 중요한 금융기관에 대한 효율적인 정리(resolution)
체계를 마련하는 방안이었다. 특히 2008년 세계적 금융위기를 겪으면서 공
적 자금 투입에 의한 금융기관 구제 조치(bail-out)가 국민의 세금으로 부실
금융기관을 지원해준다는 비판이 제기되면서 새로운 규제 체계가 필요하다
는 주장이 제기되었다. 이에 따라 금융안정위원회는 2011년 「금융기관의 효
율적인 정리 제도를 위한 핵심원칙」(Key Attributes of Effective Resolution
Regimes for Financial Institutions)을 발표하여 회원국으로 하여금 이를 반영

한 법제를 마련할 것을 제시한 바 있다.

핵심원칙은 크게 3가지 원칙을 제시하고 있다.[12] 첫째는 **정상화계획 (recovery plan) 및 부실정리계획(resolution plan)의 사전 작성** 제도이다. 이는 체제적으로 중요한 금융기관의 자체 정상화계획과 부실정리계획을 미리 작성해둔 후 그러한 상황이 발생할 때 금융시장에 영향을 미치지 않고 금융기관이 자체적으로 정상화하거나 정리를 효율적으로 할 수 있는 체계를 구축하기 위함이다. 둘째는 **'채권자손실분담' 제도(bail-in)**이다. 즉 공적 자금 지원에 의한 부실 금융기관 구제 대신에 해당 금융기관의 채권자들이 일정한 손실을 분담하도록 하는 제도이다. 셋째는 **기한 전(前) 계약 종료권(early termination rights) 행사의 일시 정지(temporary stay)** 제도이다. 파생상품 거래 등 일정한 금융거래를 체결한 경우에 해당 금융기관이 파산 등에 의하여 정리 절차에 들어가면 거래 상대방이 이러한 계약을 기한 전에 종료시킬 수 있는데, 이러한 기한 전 계약 종료권 행사가 오히려 체제적 위험을 더 증가시켰다는 비판이 제기되면서 기한 전 계약 종료권 행사를 일정 기간 정지할 수 있는 권한을 정리당국(resolution authority)에게 부여하는 제도이다. 이러한 3가지 핵심원칙 중 정상화계획 및 부실정리계획 작성 의무와 기한 전 계약 종료권 행사의 일시 정지 제도는 2020년 12월 29일 개정되고 2021년 6월 30일부터 시행된 개정 구조개선법에 반영되었고, 채권자손실분담 제도는 아직 반영되지 않은 상태이다. 이하에서는 구조개선법에 규정된 내용을 살펴보기로 한다.

(2) 금융체계상 중요한 금융기관의 선정

금융위원회는 "금융기관의 기능과 규모, 다른 금융기관과의 연계성 및 국내 금융시장에 미치는 영향력" 등을 고려하여 금융기관(그 자회사를 포함한다) 중 매년 "국내 금융시스템 측면에서 중요한 금융기관"인 **"금융체계상 중요한 금융기관"을 선정하여야 한다**(제9조의2 제1항). 구조개선법은 '체제' 대신

---

12) 자세한 논의는 고동원, "체제적으로 중요한 금융기관(SIFI)의 효율적인 정리 제도 구축 방안," 「금융감독연구」 제6권 제1호, 금융감독원, 2019. 4, 1-41면.

에 '체계'라는 용어를 사용하고 있다. "선정하여야 한다"라고 하고 있으므로 금융당국의 재량권이 없고 의무 사항이 된다. 그리고 '매년마다' 선정하도록 하고 있다.

선정 대상이 되는 금융기관은 일반은행, 금융지주회사 중 은행지주회사, 특수은행인 농협은행 및 수협은행이 해당된다(시행령 제5조의4 제1항). 선정 기준은 ① 금융기관의 기능과 관련해서는 "개별 금융기관의 결제 업무 및 고객 자산 관리 등을 통한 금융시스템 유지에 관한 사항," ② 금융기관의 규모와 관련해서는 "개별 금융기관의 자산 규모 및 거래 규모 등에 관한 사항," ③ 다른 금융기관과의 연계성과 관련해서는 "개별 금융기관의 재무적 위험 또는 손실이 다른 금융기관으로 전이될 가능성에 관한 사항," ④ 국내 금융시장에 미치는 영향력과 관련해서는 "개별 금융기관의 가계 대출 및 외화 차입 등이 금융시장의 안정성에 미치는 영향에 관한 사항"을 고려하게 된다(시행령 제5조의4 제2항). 그리고 금융위원회는 금융체계상 중요한 금융기관을 선정한 경우 지체 없이 해당 금융기관에 그 사실을 통보하도록 함으로써(제9조의2 제2항) 통지 의무를 부여하고 있다.

그런데 구조개선법은 금융위원회의 선정에 대해 해당 금융기관이 이의 신청을 할 수 있는 절차에 관해 규정하고 있지 않아 해당 금융기관이 이의 제기를 할 수 있는지 여부가 명확하지 않다. 특히 선정 기준에 정성적인 평가 요소가 들어가 있어서 이를 둘러싸고 다툼이 있을 수 있다는 점에서 이의 신청 절차를 둘 필요가 있을 것이다. 물론 행정심판 제기나 법원에 소송 제기를 통해서 선정을 다툴 수는 있겠지만, 그 전에 해당 금융기관이 선정에 대한 이의 제기를 할 수 있는 절차에 관한 사항을 규정함으로써 선정 대상 금융기관이 충분히 방어할 수 있는 기회를 줄 필요가 있을 것이다. 왜냐하면 선정된 금융기관은 자체정상화계획의 작성 의무가 부여되고, 부실정리계획이 확정되면 이에 따라야 하는 등 여러 가지 부담을 지고 있어서 침익적(侵益的) 행정처분에 해당한다고 볼 수 있어 이에 대한 구제책이 필요하기 때문이다.

(3) 자체정상화계획

1) 자체정상화계획의 작성 및 제출 의무

금융체계상 중요한 금융기관으로 선정된 금융기관은 **"경영 위기상황에 대비하여 자체적으로 건전성을 회복하기 위한 자구 계획"**인 '자체정상화계획'을 작성할 의무가 있게 된다(제9조의3 제1항). 금융체계상 중요한 금융기관으로 선정된 금융기관은 그 선정 통보를 받은 날부터 3개월 이내에 금융감독원 원장에게 자체정상화계획을 제출하여야 한다(제9조의3 제2항). 자체정상화계획에는 "자본 적정성 및 재무 건전성의 확보, 인력구조 및 조직구조의 점검·개선, 사업구조의 평가 및 핵심사업의 추진, 지배구조의 평가 및 개편" 사항 등이 포함되어야 한다(시행령 제5조의5 제1항). 그리고 자체정상화계획의 제출 이후 "영업 또는 조직 구조의 변동 등 중대한 사항이 변경된 경우"에는 지체 없이 그 변경 내용을 반영한 자체정상화계획을 금융감독원 원장에게 다시 제출하도록 하고 있다(제9조의3 제3항).

2) 자체정상화계획의 평가

금융감독원 원장은 제출받은 자체정상화계획을 지체 없이 예금보험공사에 송부하고, 해당 자체정상화계획에 대한 평가보고서를 작성하여야 한다(제9조의4 제1항). 금융감독원 원장은 자체정상화계획을 제출받은 날부터 3개월 이내에 금융위원회에 자체정상화계획 및 평가보고서를 제출하여야 한다(제9조의4 제2항). 금융감독원 원장은 평가보고서를 작성하기 위하여 필요한 범위에서 금융체계상 중요한 금융기관의 업무 및 재산 상황과 관련된 자료의 제출을 요구할 수 있으며, 요구를 받은 금융기관은 정당한 사유가 없으면 이에 따라야 한다(제9조의4 제3항).

3) 자체정상화계획 및 평가보고서의 승인

자체정상화계획 및 평가보고서를 제출받은 금융위원회는 제출받은 날부터 2개월 이내에 금융위원회 내부에 두고 있는 '심의위원회'의 심의를 거치고, 그 심의 결과를 고려하여 자체정상화계획에 대한 승인 여부를 최종 결정하게 된다(제9조의7 제1항).

4) 자체정상화계획에 따른 조치

선정된 금융체계상 중요한 금융기관은 자체정상화계획에 기재된 경영위기 상황이 발생한 경우 해당 자체정상화계획에 따른 조치를 할 의무가 있는데, 다만 해당 자체정상화계획에 따른 조치를 이행하지 못할 불가피한 사유가 있는 경우에는 예외를 허용하고 있다(제9조의9 제1항). 그러한 불가피한 사유의 인정 여부는 최종적으로 승인권자인 금융위원회가 판단하게 될 것이다. 조치를 완료한 금융체계상 중요한 금융기관은 금융위원회에 그 이행 결과를 제출하여야 한다(제9조의9 제3항).

(4) 부실정리계획

1) 부실정리계획의 수립

금융체계상 중요한 금융기관에 대한 부실정리계획은 예금보험공사가 작성하고 금융위원회가 승인하는 체제로 되어 있다. 예금보험공사는 금융감독원 원장으로부터 자체정상화계획을 송부받은 날부터 6개월 내에 해당 금융체계상 중요한 금융기관이 **"자체적으로 건전성을 회복하기 불가능한 경우에 대비하기 위하여 해당 금융체계상 중요한 금융기관을 체계적으로 정리하기 위한 계획"**인 '부실정리계획'을 수립하여 금융위원회에 제출하여야 한다(제9조의5 제1항). 부실정리계획의 작성 의무는 해당 금융기관이 아니고 부실 금융기관 정리 담당 기관인 예금보험공사에게 있는데, 이는 부실 금융기관을 정리하는 절차이므로 객관성을 갖는 제3자가 작성하도록 하는 것이 타당하다는 점을 반영한 것이다. 그리고 예금보험공사는 부실정리계획 수립을 위하여 필요한 범위에서 구체적인 범위를 정하여 금융감독원 원장에게 금융체계상 중요한 금융기관의 업무 및 재산 상황과 관련된 자료의 제공을 요청할 수 있으며, 이 경우 요청을 받은 금융감독원 원장은 이에 따르도록 하고 있다(제9조의5 제2항).

2) 부실정리계획의 승인

부실정리계획을 제출받은 금융위원회는 제출받은 날부터 2개월 이내에 심의위원회의 심의를 거치고, 그 심의 결과를 고려하여 부실정리계획에 대한 승인 여부를 최종 결정하게 된다(제9조의7 제1항).

3) 장애 요인의 해소 의무

금융위원회는 심의위원회의 심의 결과 등을 고려하여 금융체계상 중요한 금융기관의 정리 시 예상되는 장애 요인 등을 평가하고, 금융체계상 중요한 금융기관에 특정 장애 요인의 해소를 요구할 수 있으며, 이 경우 해당 금융기관은 금융위원회가 정하는 기간 내에 필요한 조치를 이행하고 그 결과를 금융위원회에 제출하여야 한다(제9조의8 제1항).

(5) 심의위원회 설치 및 운영

자체정상화계획 및 부실정리계획의 심의 등을 위하여 금융위원회에 자체정상화계획 및 부실정리계획 심의위원회를 별도로 두어 운영하도록 하고 있다(제9조의6). 심의위원회는 위원장 1명을 포함하여 5명 이내의 위원으로 구성하며, 위원의 임기는 2년이다(시행령 제5조의6 제1항, 제3항). 위원장은 금융위원회 위원 중에서 금융위원회 위원장이 지명하며, 심의위원회 위원은 금융 분야의 전문가 중에서 금융위원회 위원장이 위촉한다(시행령 제5조의6 제2항).

(6) 적격금융거래에 대한 기한 전 계약 종료권 행사의 일시 정지 명령 조치

1) 도입 배경

앞서 간단히 언급한 것처럼, 2008년 세계적 금융위기를 겪으면서 일정한 금융거래에 인정되는 거래 상대방의 기한 전 계약 종료권 행사가 오히려 체제적 위험을 더 초래했다는 사실을 깨닫게 되면서 이에 대한 제도 개선 방안이 제시되었다. 거래 상대방의 기한 전 계약 종료권 행사를 허용한 이유가 체제적 위험을 방지하기 위한 것인데, 오히려 체제적 위험을 더 증가시켰다는 결과가 나타난 것이다. 즉 특정 금융기관이 정리 절차에 들어가게 되는 경우 거래 상대방이 기한 전에 계약 종료권을 행사하여 채권과 채무를 **일괄 정산(close-out netting)**하게 되면 개별 금융기관의 위험이 체제적 위험으로 연결되지 않는다는 것이 기한 전 계약 종료권 행사를 인정하게 된 이유였다. 우리나라도 「채무자 회생 및 파산에 관한 법률」에 해당 금융기관에 대하여 회생 절차가 개시되거나 파산 선고가 된 경우에 **파생상품거래 등 일정한 요건을 충족하는 '적격금융거래'에 대해서는 거래 상대방이 기한 전 계약 종료권을 행사하는 것을 인정하고 있다**(제120조 제3항, 제336조). 그러나, 앞서 지적한 것처럼, 기한 전 계약 종료권 행사의 결과 오히려 거래 상대방의 거래 위험이 더 높아지고 해당 금융기관의 가치 하락으로 체제적 위험이 더 높아졌다는 점이 2008년 세계적 금융위기를 겪으면서 인식되면서, 개선 방안으로 제시된 것이 기한 전 계약 종료권 행사의 일시 정지 명령 제도이다. 즉 정리당국이 기한 전 계약 종료권을 일시적으로 정지시키는 명령을 내리고, 그 정지 기간 동안에 해당 계약을 제3자에게 이전하여 계약이 계속 이행될 수 있도록 하여 체제적 위험이 커지는 것을 막기 위한 제도이다. 구조개선법은 이러한 일시 정지 명령 제도를 반영하여 규정하고 있다.

2) 금융위원회의 일시 정지 조치

일시 정지 명령 제도의 대상이 되는 금융기관은 '금융체계상 중요한 금융기관'에 한정된다. 금융체계상 중요한 금융기관이 정리 절차에 들어가게 될 때(즉 **부실금융기관으로 결정되거나 적기시정조치를 명령받은 경우**) 해당 금융기관이 체결한 **'적격금융거래'**(「채무자 회생 및 파산에 관한 법률」 제120조 제3항에 따른 적격금융거래를 말한다) 계약에 의거하여 적격금융거래가 종료 및 정산(netting)되어야 하는 경우에, 금융위원회는 그러한 적격금융거래 계약의 상대방에 대하여 적격금융거래의 종료 및 정산을 **최대 2영업일의 범위에서** 대통령령으로 정하는 기간 동안 정지(stay)시킬 수 있다(제14조의9 제1항). 대통령령이 정하는 기간은 "일시정지 결정의 효력이 발생한 때부터 다음 영업일 자정까지"이다(시행령 제5조의10). 일시 정지 명령이 내려지는 정리 절차에 들어가는 경우를 구조개선법은 부실금융기관으로 결정되거나 적기시정조치를 명령받은 경우로 규정하고 있음을 알 수 있다. 적격금융거래의 범위는 "일정한 금융거래에 관한 기본적 사항을 정한 하나의 기본계약"에 근거하여 통화나 유가증권 또는 이자율 등을 기초자산으로 하는 파생금융거래, 현물환거래, 유가증권의 환매거래, 유가증권의 대차거래 및 담보콜거래, 위의 거

래가 혼합거래 등을 말한다(「채무자 회생 및 파산에 관한 법률」 제120조 제3
항). 그리고 금융위원회는 적격금융거래의 종료 및 정산을 정지하는 결정을
한 경우에는 지체 없이 그 내용을 정보통신망 게시판에 게시하고 관보 또는
일간신문 중 하나 이상에 공고하도록 하여(제14조의9 제2항), 이를 알리도록
하고 있다.

3) 정지 기간 이후의 거래 종료 및 정산의 금지 사유

그러나 거래 종료 및 정산이 정지된 적격금융거래가 ① "[구조개선법]
에 따라 정부 등의 출자를 통하여 자본금이 증가하는 금융체계상 중요한 금
융기관에 해당 적격금융거래의 잔여분이 있는 경우" 또는 ② 구조개선법에
따라 해당 금융체계상 중요한 금융기관에 대하여 계약 이전(purchase and
assumption: P&A)의 결정이 된 경우에는 적격금융거래의 상대방은 정지 기
간이 종료되더라도 부실금융기관의 지정이나 적기시정조치의 명령 조치를
사유로 하여 그 거래의 종료 및 정산을 할 수 없도록 하고 있다(제14조의9
제3항)

VII. 금산분리법

1. 개   관

구조개선법은 금융기관이 다른 회사의 의결권 있는 주식을 취득하려고 할
때 일정한 한도를 초과하게 되는 경우에는 금융감독당국의 승인을 얻도록 하는
조항을 두고 있다(제24조). 특히 금융기관이 비금융업종 회사의 의결권 있는 주
식을 "사실상 지배"하는 수준으로 취득할 수 없도록 함으로써 금융기관의 비금융
업종 회사 지배를 금지하고 있다(제24조). 금융자본의 산업자본 지배 금지라는
내용이라고 설명이 되고, 금융자본과 산업자본의 분리에 관한 법, 즉 금산분
리법(金産分離法)의 영역이라고 할 수 있다. 관련되는 조문은 "제6절 금융기
관을 이용한 기업결합의 제한" 부분의 제24조, 제24조의2 및 제24조의3이
다. 제24조는 1997년 1월 13일 종전 「금융기관의 합병 및 전환에 관한 법률」

을 전면 개정하여 구조개선법을 제정(1997년 3월 1일 시행)할 때 신설된 조항
이다. 이후 2007년 1월 26일 개정(2007년 4월 27일 시행)되어 법 위반 주식에
대한 금융감독당국의 처분 명령권이 신설되고, 사후 승인 제도를 도입하는
등 제도 개선이 이루어졌으며,[13] 2016년 3월 승인 한도를 좀 더 세분화 하
는 법 개정이 이루어졌다. 조문이 복잡하고 실무적으로도 중요한 사항이라
잘 알아둘 필요가 있기 때문에 여기서 보다 자세히 설명하기로 한다.[14] 그리
고, 앞서 지적한 것처럼 이러한 금산분리에 관련되는 내용이 구조개선법에
규정된 것은 구조개선법의 목적과 내용에 비추어 맞지 않으므로 분리하여
별도의 법률로 제정하는 방안을 검토해야 할 것이다.

2. 금융감독당국의 사전 승인 대상 행위

우선 금융기관의 다른 회사 주식 취득 행위가 금융감독당국의 사전 승
인 대상이 되는지 여부를 파악할 필요가 있다.

(1) 사전 승인 대상이 되는 주식 취득 행위

금융감독당국의 승인 대상이 되는 주식 취득 행위는 다음 4가지이다(제
24조 제1항 제1호 내지 제4호).

① 동일계열 금융기관이 다른 회사의 의결권 있는 발행 주식 총수의
   20% 이상을 소유하게 되는 경우
② 동일계열 금융기관이 다른 회사의 의결권 있는 발행 주식 총수의
   5% 이상 소유하면서 동일계열 금융기관 또는 동일계열 금융기관이
   속하는 기업집단이 당해 회사를 **사실상 지배하는 것으로** 인정되는 경

---

13) 구조개선법 제24조의 신설 배경과 개정 논의 과정에 대한 자세한 설명은 전성인, "구조
   개선법의 제정과 운용(運用)의 역사," 「BFL」 제16호(서울대학교 금융법센터, 2006. 3),
   17-28면.
14) 이하는 "「금융산업의 구조 개선에 관한 법률」 제24조의 쟁점 분석과 개선 과제," 「금융
   연구」 제20권 제1호(한국금융학회·한국금융연구원, 2006. 6) 및 "개정 「금융산업의 구
   조 개선에 관한 법률」 제24조의 법적 검토와 개선 방향," 「비교사법」(한국비교사법학
   회, 2007. 12)에 게재된 내용을 토대로 정리한 것이다.

우로서 대통령령이 정하는 경우

③ 동일계열 금융기관이 다른 회사의 의결권 있는 발행주식 총수의 **10% 이상을 소유하면서** 동일계열 금융기관이나 동일계열 금융기관이 속하는 기업집단이 당해 회사를 **사실상 지배하는 것으로 인정**되는 경우로서 대통령령으로 정하는 경우

④ 동일계열 금융기관이 다른 회사의 의결권 있는 발행주식 총수의 **15% 이상을 소유하면서** 동일계열 금융기관이나 동일계열 금융기관이 속하는 기업집단이 당해 회사를 **사실상 지배하는 것으로 인정**되는 경우로서 대통령령으로 정하는 경우

③과 ④는 2016년 3월 29일 개정법(시행은 2016년 9월 30일)에서 추가된 것인데, 종전 5% 이상에서 10%와 15%의 중간 단계를 더 두고 있다. 이렇게 추가적인 승인 단계를 둔 이유는 종전에는 동일계열 금융기관이 금융감독당국의 승인을 받아 다른 회사의 의결권 있는 주식을 5% 이상 소유하게 되면 20%까지는 추가적인 승인 없이도 다른 회사의 주식을 소유할 수 있어 금융감독당국의 통제가 미치지 못하였는데, 이러한 문제를 시정하기 위해서 추가적인 승인 단계를 만든 것이다. 그리고 **승인 대상이 되는 주식은 의결권 있는 주식만 해당**한다는 점을 유의해야 한다.

(2) '사실상 지배'의 정의

위의 ②, ③, ④에서 "사실상 지배하는 것으로 인정되는 경우로서 대통령령으로 정하는 경우"는 동일한데, 시행령은 "(i) 주식 소유 비율이 제1위에 해당하거나 또는 (ii) 주식의 분산도로 보아 주주권 행사에 의한 지배 관계가 형성되는 것"이라고 하고 있다(시행령 제6조 제2항). 즉 제24조의 '사실상 지배'라는 의미는 당해 회사의 최대주주이거나 또는 "주주권 행사에 의한 지배관계가 형성되는 것"을 말하는 것으로 이해할 수 있다. 그런데 "주주권 행사에 의한 지배관계가 형성되는 것"이 무엇인지에 대하여 법 및 시행령이 별도로 규정하고 있지 않아, 이 의미에 대해서는 논란이 있을 수 있고 자세한 논의는 뒤에서 한다.

(3) '동일계열 금융기관'의 범위

'동일계열 금융기관'은 "금융기관 및 그 금융기관과 같은 기업집단에 속하는 금융기관"을 말하며(제24조 제1항 본문), '기업집단'은 「독점규제 및 공정거래에 관한 법률」 제2조 제11호에 따른 기업집단을 말한다(제24조 제2항).

(4) '다른 회사'의 범위

제24조는 "다른 회사"라고 하고 있기 때문에, 해석상 **조합 형태인 경우**(「민법」상의 조합이나 「상법」상의 익명조합 또는 합자조합)**에는 적용되지 않는 것**으로 보아야 한다. 그러나 조합의 지분을 취득하는 경우에도 규제 대상으로 할 필요가 있으므로 명시적으로 포함하는 문구를 두어야 할 것이다. 또한 주식회사가 발행하는 '주식'이라고만 되어 있어 출자지분으로 표시되는 상법상의 유한회사나 합자회사의 출자지분[15]을 취득할 때도 승인 대상이 되는지 논란이 있을 수 있다. 주식회사와 달리 취급할 필요가 없다는 점에서 **주식의 범위에 출자지분이 포함된다고 해석**하는 것이 타당할 것이다. 보다 명확히 하기 위해서 '출자지분'이는 문구를 추가하는 것이 필요하다. 그리고 외국회사가 포함되는지에 대해서도 논란이 제기될 수 있으나, 금융기관의 산업자본 지배 문제가 국내 회사에 대한 지배 문제에서 생기는 점을 고려할 때 국내 회사로 한정하는 것이 타당하다고 보여진다. 이것도 명확히 규정할 필요가 있다.

(5) 발행 주식의 범위

다른 회사 발행 주식의 범위에 대해서도 논란이 있을 수 있다. 즉 의결권 있는 주식의 범위에 '「상법」상의 의결권이 제한되는 주식'과 '특별법에 의해서 의결권이 제한되는 주식'도 포함할 수 있는지가 쟁점이 될 수 있다. 「상법」 제344조의3 제1항은 정관 규정에 의한 종류주식으로서 '의결권이 없

---

15) "[주식]회사는 다른 회사의 무한책임사원이 되지 못한다"라는 「상법」 제173조 규정에 의하여 주식회사 형태의 금융기관이 합명회사의 출자지분을 취득하지 못하기 때문에 합명회사는 대상이 되지 않을 것이다.

는 주식'과 '의결권이 제한되는 주식'을 구분하고 있다. '의결권이 제한되는 주식'은 일정한 사항에 대해서만 의결권이 없는 주식(예를 들어, 이사 선임 시에만 의결권이 없는 주식)이나 특정한 안건에만 의결권이 있는 주식을 말한다. 특별법에 의해서 의결권이 제한되는 주식은 의결권 있는 주식으로 발행되었으나 관련 법에 따라 일시적으로 의결권 행사를 할 수 없는 주식을 말한다. 예를 들어, 「독점규제 및 공정거래에 관한 법률」 제11조에 따른 의결권 행사를 할 수 없는 주식이나 「은행법」 제16조에 의하여 은행 주식 보유 한도를 초과하여 보유한 주식이 해당된다.

이러한 논란의 문제를 해소하기 위해서 구조개선법은 발행 주식의 범위에 대하여 금융감독당국이 고시로 정할 수 있도록 근거 조항을 두고 있다(제24조 제9항). 금융감독당국이 정한 기준에 따르면, '의결권 있는 주식'의 범위는 "「상법」 제344조의3 제1항에 의한 **의결권 없는 주식을 제외한 발행 주식**"이다(「은행업감독규정」 제54조의2 제1항, 「금융투자업규정」 제2-14조 제2항, 「보험업감독규정」 제5-13조의3 제1항). 그렇다면 해석상 「**상법**」 **제344조의3 제1항에 의한 의결권이 제한되는 주식은 승인 대상 여부를 판단할 때 의결권이 있는 주식의 범위에 포함**된다고 보아야 할 것이다. 그리고 **특별법에 의하여 의결권을 행사할 수 없는 주식도 해석상 의결권 있는 주식의 범위에 포함된다고** 보아야 할 것이다. 그러나 「상법」상의 의결권이 제한되는 주식도 의결권이 '있는' 주식은 아니라는 점에서 의결권 있는 주식의 범위에서 제외하는 것이 타당할 것이다. 또한 특별법에 의하여 의결권을 행사할 수 없는 주식도 의결권이 없으므로 의결권 있는 주식의 범위에서 제외하는 것이 타당할 것이다.

그리고 의결권이 없는 주식인 경우에도 정관의 규정에 의하여 의결권이 부활되는 때에는 의결권 있는 주식으로 보는 것이 타당할 것이다. 다만 이 경우 언제 승인을 취득해야 하는지와 관련하여 논란이 있을 수 있다. 의결권이 부활하기 전에 미리 승인을 얻는 방법도 생각해 볼 수가 있으나, 의결권이 부활될지 여부를 미리 알기가 쉽지 않다는 점에서 사후 승인을 받도록 하는 방법이 타당할 것으로 보이는데, 2년 내지 3년 정도의 유예 기간을 두고 그 기간 동안 의결권 부활 상태가 계속 유지되는 경우 사후 승인을 받도록 하는 방법을 고려할 수 있을 것이다.

(6) 집합투자기구나 특정금전신탁을 통한 주식 소유의 경우

동일계열 금융기관이 다른 회사의 주식을 직접 소유하지 않고 집합투자기구나 특정금전신탁을 통하여 간접적으로 소유하는 것도 승인 대상 주식의 범위에 포함할지 여부도 쟁점이 될 수 있다. 즉 동일계열 금융기관이 집합투자기구를 통하여 주식을 취득하는 경우 주식 소유자는 집합투자기구가 되는데, 수익자는 동일계열 금융기관이 된다. 이 경우 다수의 투자자가 있는 집합투자기구의 경우에는 수익자를 특정하기가 어렵기 때문에 쟁점이 되지 않겠지만, 집합투자기구의 수익자가 1인인 단독집합투자기구의 경우가 문제될수 있다. 특정금전신탁의 경우도 마찬가지이다. 특정금전신탁상품은 위탁자인 수익자가 신탁재산의 운용을 지시하는 상품이라 주식 소유자는 신탁회사이지만 실제 수익자는 위탁자이므로 쟁점이 될 수 있다.

금융위원회가 고시한 감독규정(監督規程)은 이러한 쟁점을 해결하고 있다. 동일계열 금융기관이 사모단독집합투자기구 또는 공모단독집합투자기구, 특정금전신탁을 통해 다른 회사의 주식을 간접적으로 소유한 경우에 이를 수익자인 당해 동일계열 금융기관이 소유한 것으로 보도록 규정하고 있다. 즉 (i) "동일계열 금융기관이 수익자 또는 주주인 사모단독집합투자기구(사모집합투자기구로서 그 수익자 또는 주주가 각각 1인인 투자신탁 또는 투자회사를 말한다) 및 공모단독집합투자기구(사모단독집합투자기구가 아닌 투자신탁 또는 투자회사로서 그 수익자 또는 주주가 각각 1인인 투자신탁 또는 투자회사를 말한다)[16]가 소유한 다른 회사의 주식"이나 (ii) **"동일계열 금융기관이 신탁회사에 위탁한 특정금전신탁 자금으로 신탁회사가 취득한 다른 회사의 주식"** 또는 **"동일계열 금융기관이 신탁회사에 위탁한 다른 회사의 주식"**도 동일계열 금융기관이

---

16) 2013년 자본시장법이 개정되면서, 투자자 수가 1인인 단독집합투자기구는 더 이상 설정될 수 없게 되었다. 왜냐하면 자본시장법 제6조 제5항의 '집합투자' 정의에서 종전의 "2인 이상에게 투자를 권유하여"에서 "2인 이상의 투자자로부터"로 변경하였기 때문이다. 다만 개정법 시행 당시에 등록한 1인 단독집합투자기구에 대해서는 예외를 두었기 때문에(자본시장법 부칙 제8조), 기존에 존재하던 단독집합투자기구만이 여기에 해당된다.

소유한 주식 수에 합산하게 된다(「은행업감독규정」 제54조의2 제3항, 「금융투자
업규정」 제2-14조 제4항, 「보험업감독규정」 제5-13조의3 제3항).

3. 사전 승인의 기준

(1) 개   관

제24조 제1항은 금융감독당국의 승인 기준을 시행령에서 정하도록 하고
있는데, 승인 기준, 즉 승인 요건은 2가지이다. 첫째, 당해 주식 소유가 '금융
업종에 속하는 회사가 아닌 다른 회사,' 즉 '비금융업종 회사'를 '사실상 지배'하기
위한 것이 아닐 것, 그리고 둘째, 당해 주식 소유가 관련 시장에서의 경쟁을 실
질적으로 제한하지 아니할 것(시행령 제6조 제1항, 법 제24조 제6항)이다. 이렇
게 해석되는 이유는 제24조 제1항 본문이 "대통령령으로 정하는 기준"이라
고 하고 있고, 이에 따른 시행령 제6조 제1항은 그 승인 기준을 법 제24조
제6항에 규정된 심사 기준으로 한다고 하고 있어서 결국 제24조 제6항의 심
사 기준이 승인 기준이 되기 때문이다. 즉 위 2가지 요건을 모두 충족시켜야
금융감독당국이 승인을 해 줄 수 있다. 그리고 여기서 **'금융업종에 속하는 회
사'**[17]는 통계청장이 고시하는 한국표준산업분류에 의한 "금융 및 보험업"을 영위
하는 회사(제24조 제6항 제1호 가목) 등을 말하는데, 그 범위가 넓어서 인가받
지 않는 투자회사 등도 포함된다. 따라서 '금융업종에 속하는 회사가 아닌
다른 회사'라는 것은 넓은 범위의 금융업종 회사 이외의 회사, 즉 '비금융업
종 회사'를 말한다고 할 수 있다.

제24조가 규정하는 승인 기준의 의미를 생각해보면, 동일계열 금융기관

---

17) 여기서 '금융업종에 속하는 회사'는 (i) 통계청장이 고시하는 한국표준산업분류에 의한
   '금융 및 보험업'을 영위하는 회사, (ii) 「사회기반시설에 대한 민간투자법」 제8조의2의
   규정에 따라 주무관청에 의하여 지정을 받은 민간투자대상사업을 영위하는 회사(다만,
   「법인세법」 제51조의2 제1항 제9호에 해당하는 회사(사회간접자본시설 등에 투자하는
   '프로젝트금융투자회사'를 말하며, 본점 외의 영업소를 설치하지 아니하고 직원과 상근
   임원을 두지 아니할 것 등의 요건을 갖추어야 한다)에 한함), (iii) 「신용정보의 이용 및
   보호에 관한 법률」에 따른 신용정보업 등 당해 금융기관의 업무와 직접적인 관련이 있
   거나 그 금융기관이 효율적인 업무 수행을 위하여 필요한 사업을 영위하는 회사를 말
   한다(구조개선법 제24조 제6항 제1호 가목, 나목, 다목).

(또는 해당하는 경우에는 그 소속 기업집단을 포함한다)은 비금융업종 회사를 '사실상 지배'하는 수준의 주식을 소유할 수 없고, 또한 관련 시장에서 경쟁을 실질적으로 제한하는 수준의 주식을 소유할 수도 없다는 것이 된다. 이것을 다시 풀어보면, 첫째, **동일계열 금융기관은 금융업종 회사를 사실상 지배하는 것은 가능**하며, 다만 이 경우에 금융감독당국 승인을 얻어야 하는 요건에 해당하면 승인을 얻어야 하는데, 관련 시장에서의 경쟁을 제한하지 않는 조건을 충족시켜야 한다는 의미가 되며, 둘째, **동일계열 금융기관은 비금융업종 회사의 주식을 사실상 지배하지 않는 수준으로는 소유할 수 있다**는 것(이 경우에도 금융감독당국의 승인을 얻어야 하는 경우 또는 그렇지 않은 경우가 있다)을 의미한다. 물론 관련 시장에서의 경쟁을 실질적으로 제한하지 않는 조건을 충족해야 한다.

(2) '사실상 지배'의 요건

1) 쟁   점

금융감독당국의 승인 심사 기준을 정하고 있는 제24조 제6항 제1호의 "[비금융업종] 회사를 사실상 지배하기 위한 것이 아닐 것"의 요건과 관련하여 '사실상 지배'의 요건이 무엇인지에 대하여 제24조 제6항 제1호가 정의하고 있지 않아 해석상 논란이 있을 수 있다.

법 및 시행령상 '사실상 지배'를 언급하고 있는 부분은 금융감독당국의 승인 대상의 하나인 제24조 제1항 제2호, 제3호, 제4호가 각각 규정하고 있는 "… 당해 회사를 사실상 지배하는 것으로 인정되는 경우로서 대통령령으로 정하는 경우…"에서만 찾아볼 수 있다. 따라서 이 규정을 근거로 삼는 것인데, 물론 이에 대해서는 제24조 제6항이 제24조 제1항 제2호, 제3호, 제4호가 규정하고 있는 '사실상 지배'의 정의 조항을 준용한다는 명시적인 규정을 두고 있지 않은 상태에서 이 정의 조항을 준용한다는 것이 문제가 있을 수 있다는 주장도 있을 수 있으나, 그렇게 하지 않을 경우 제24조 제6항 제1호의 '사실상 지배'의 기준을 정할 수가 없는 문제가 발생하기 때문에 그렇게 볼 수밖에는 없다.

그렇다면 사실상 지배의 기준은 제24조 제1항 제2호, 제3호, 제4호가 규정하고 있는 "… 당해 회사를 사실상 지배하는 것으로 인정되는 경우로서 대통령령으로 정하는 경우…"로 보아야 하고, 대통령령으로 정하는 경우는 시행령 제6조 제2항이 규정하고 있으므로 "(i) **주식 소유 비율이 제1위에 해당하거나 또는 (ii) 주식의 분산도로 보아 주주권 행사에 의한 지배관계가 형성**"될 것을 의미하게 된다. 여기서 (i)의 의미는 최대주주라는 것은 쉽게 이해할 수 있는데, (ii)의 경우가 문제이다. 법이나 시행령은 이에 관해 정의를 하고 있지 않아 더욱 문제이다.

2) "주주권 행사에 의한 지배관계 형성"의 의미

"주식의 분산도로 보아 주주권 행사에 의한 지배관계가 형성될 것"이라는 의미는 결국 해석의 문제가 될 수밖에 없다. 이와 같은 비슷한 용어를 쓰고 있는 「독점규제 및 공정거래에 관한 법률」상의 '기업집단'의 정의에서 사용하고 있는 "사실상 그 사업내용을 지배하는 회사의 집단"(제2조 제2항)의 기준을 참고할 수 있다. 「독점규제 및 공정거래에 관한 법률 시행령」은 구체적으로 "회사의 경영에 대하여 지배적인 영향력을 행사하는 회사"를 기업집단의 범위에 포함되는 계열회사로 포섭하고 있는데(제3조 제2호), 그중의 하나가 "동일인이 다른 주요 주주와의 계약 또는 합의에 의하여 대표이사를 임면하거나 임원의 100분의 50이상을 선임하거나 선임할 수 있는 회사" 또는 "동일인이 직접 또는 동일인 관련자를 통하여 당해 회사의 조직 변경 또는 신규 사업에의 투자 등 주요 의사결정이나 업무집행에 지배적인 영향력을 행사하고 있는 회사"라고 하고 있으므로 이러한 기준을 사실상 지배 기준으로 유추 적용하는 것을 생각할 수 있다.

또한 「은행법」상 대주주의 정의에서 "은행의 주요 경영사항에 대하여 사실상 영향력을 행사하는 자로서 … 단독으로 또는 다른 주주와의 합의·계약 등으로 은행장 또는 이사의 과반수를 선임한 주주 또는 경영전략, 조직변경 등 주요 의사결정이나 업무집행에 지배적인 영향력을 행사한다고 인정되는 자로서 [금융감독당국이] 지정한 자"라고 하고 있으므로(제2조 제1항 제1호, 시행령 제1조의6) 이것을 참조할 수도 있다. 따라서 "주주권 행사에 의한

지배관계가 형성되는 것"은 다른 회사의 대표이사나 임원의 과반수를 임면하거
나 또는 회사의 주요 의사 결정이나 업무 집행에 지배적인 영향력을 행사하는 관
계라고 해석할 수 있을 것이다.

　3) 사실상 지배 기준에서 5%를 고려해야 하는지의 문제

　　한편, '사실상 지배' 기준을 판단함에 있어 5% 요건을 고려하느냐 여부
에 따라 사실상 지배의 기준은 다음과 같이 2가지로 나누어지게 된다. 5%
기준을 삼는 이유는 법 제24조 제1항의 금융감독당국의 승인 요건 중 제2호
의 "5% 이상 소유하면서 사실상 지배하는 경우"라고 하고 있어서, 사실상
지배의 기준을 5%와 연결시킬 수 있기 때문이다.

　　첫 번째는 5% 요건을 고려하지 않고 보는 것이다. 즉 5% 미만이라도
사실상 지배의 경우가 있을 수 있다는 점을 생각하는 것이다. 이 경우에 '사
실상 지배'라는 것은 5%에 상관없이 시행령 제6조 제2항이 규정하는 (i) 주
식 소유 비율이 제1위에 해당하거나 또는 (ii) 주식의 분산도로 보아 주주권
행사에 의한 지배관계가 형성될 것을 의미하게 된다. 즉 2가지 요건 중 어느
하나에 해당하게 되면 '사실상 지배'가 된다. 이렇게 보면, 주식 소유 비율에
관계없이 최대주주이거나 또는 주주권 행사에 의한 지배관계가 형성되면 사
실상 지배하는 것이 된다. 따라서 5% 미만이라도 사실상 지배할 수 있는 가
능성이 있게 된다. 즉 4%라 하더라도 비금융업종 회사를 사실상 지배하면
(즉 최대주주가 되거나 주주권 행사에 의한 지배관계가 형성되면) 비금융업종 회
사의 주식을 취득할 수 없다는 결론이 된다. 반대로 4%라 하더라도 비금융
업종 회사를 사실상 지배하지 않으면(즉 최대주주도 아니고 주주권 행사에 의한
지배관계가 형성되지 않으면) 의결권 있는 주식 4% 소유는 가능하게 된다. 그
런데 이러한 해석의 문제점은 제24조가 5% 이상이 되는 경우에만 승인 대
상이 되도록 규정하고 있어, 승인 대상이 되지 않는 5% 미만인 경우에 사실
상 지배 여부 판단을 할 필요가 있는지에 대한 의문 제기가 된다는 점이다.

　　두 번째 해석은 5% 기준을 같이 고려하여 판단하는 것이다. 즉 동일계
열 금융기관이 비금융업종 회사의 의결권 있는 발행 주식 5% 이상을 소유
하면서 사실상 지배하는 경우(즉 최대주주가 되거나 주주권 행사에 의한 지배관
계가 형성되는 경우)에만 사실상 지배가 되는 것으로 보는 것이다. 이렇게 되

는 경우는 우선 5% 미만으로 소유하고 있으면 설령 최대주주가 되거나 주
주권 행사에 의한 지배관계가 형성되더라도 사실상 지배에 해당하지 않게
된다. 특히 제24조 제1항 본문이 "···다음 각 호의 어느 하나에 해당하는
행위를 하려면···금융위원회의 승인을 받아야 한다"라고 하고 있고, 제2호
가 "다른 회사의 의결권 있는 발행주식 총수의 100분의 5 이상을 소유하고
···"라고 하고 있어서 결국 5% 이상의 경우에만 금융감독당국의 승인 대상
이 되므로 사실상 지배의 기준도 5% 이상인 경우에만 고려해야 한다는 해
석이 가능하다. 따라서 동일계열 금융기관은 비금융업종 회사의 의결권 있
는 발행 주식의 5% 미만까지는 최대주주나 주주권 행사에 의한 지배 관계
와 상관없이 소유할 수 있게 된다.

검토해보면, 5% 미만까지는 사실상 지배한다고 보기는 어렵다고 본다.
특히 제24조 제1항이 의결권 있는 주식 5% 미만인 경우에는 승인 대상이
되지 않는다고 규정하고 있는 점에서 **5% 미만의 소유는 비금융업종 회사이건
금융업종 회사이건 상관없이 사실상 허용하고 있다고 해석하는 것이 합리적이라**
는 점에서 더욱 그러하다. 이런 점에서 5% 기준을 고려한 해석, 즉 5% 이상
이면서 사실상 지배하는 경우로 해석하는 것이 타당하다고 본다.

4. 정리: 구조개선법상 금융감독당국의 승인이 필요한 경우와 필요 하지 않은 경우

이상을 정리해보면, 동일계열 금융기관이 금융업종 회사의 주식을 소유
하는 경우와 비금융업종 회사 주식을 소유하는 경우에 있어서 금융감독당국
의 승인을 얻어야 하는 경우와 그렇지 않은 경우로 나누어 살펴볼 수 있다.

(1) 금융업종 회사의 주식을 소유하는 경우

동일계열 금융기관이 금융업종 회사의 주식을 소유하는 경우에 있어서
금융감독당국의 승인이 필요한 경우와 그렇지 않은 경우를 다음과 같이 나
누어 볼 수 있다. **금융감독당국의 승인이 필요한 경우는 (i) 동일계열 금융기관**

이 금융업종 회사의 의결권 있는 주식 20% 이상을 소유하는 경우, 또는 (ii) 동일계열 금융기관이 금융업종 회사의 의결권 있는 주식을 5% 이상 20% 미만으로 소유하면서 동일계열 금융기관 또는 그 소속 기업집단이 최대주주가 되거나 또는 주주권 행사에 의한 지배관계가 있는 경우이다. 물론 10% 초과인 경우와 15% 초과인 경우에 별도의 추가 승인이 필요한 것은 앞서 본 것처럼 2016년 법 개정에 의해 당연히 요구된다.

반면에 금융감독당국의 승인이 필요하지 않게 되는 경우는 (i) 동일계열 금융기관이 금융업종 회사의 의결권 있는 주식을 5% 이상 20% 미만으로 소유하는 경우에 동일계열 금융기관 또는 그 소속 기업집단이 최대주주가 아니면서 주주권 행사에 의한 지배관계가 형성되지 않는 경우 또는 (ii) 동일계열 금융기관이 금융업종 회사의 의결권 있는 주식을 5% 미만으로 소유하는 경우가 된다. (ii)의 경우에는 동일계열 금융기관이 금융업종 회사의 최대주주가 되거나 주주권 행사에 의한 지배관계가 형성되더라도 금융감독당국의 승인 없이 소유할 수 있게 된다. 즉 (ii)의 경우에는 사실상 지배 기준에 있어서 5%를 고려하는지 여부에 상관없이 5% 미만이 되면 금융감독당국의 승인 없이 소유할 수 있게 된다. 다시 말해서, 5%를 고려하여 사실상 지배를 판단하는 입장의 경우에는 5% 미만이 되면 설령 최대주주가 되거나 주주권 행사에 의한 지배관계가 있어도 '사실상 지배'에 해당하지 않게 되고(왜냐하면 사실상 지배는 5% 이상 소유하는 경우에만 적용되기 때문이다), 이 경우는 금융감독당국의 승인 대상에 해당하지 않게 되어 승인 없이 소유할 수 있게 된다. 설령 5%를 고려하지 않고 사실상 지배를 판단하는 입장의 경우에도 여전히 5% 미만이 될 때 금융업종 회사를 사실상 지배하더라도 주식 소유가 가능하므로 금융감독당국의 승인 없이 소유할 수 있게 된다.

(2) 비금융업종 회사의 주식을 소유하는 경우

비금융업종 회사에 대해서는, 위에서 언급한 것처럼, 동일계열 금융기관은 비금융업종 회사를 '사실상 지배'하지 아니하는 수준으로는 당해 회사의 주식을 소유할 수 있으므로, 이 경우에 금융감독당국 승인이 필요한 경우와 그렇지 않은 경우를 다음과 같이 나누어 볼 수 있다. 우선 **금융감독당국의 승인이 필요한 경우**는 동일계열 금융기관이 비금융업종 회사의 의결권 있는 주식 **20% 이상 소유하면서 동일계열 금융기관 또는 그 소속 기업집단이 당해 회사를 사실상 지배를 하지 않는 경우**(즉, 예를 들어, 30% 소유하면서 최대주주가 아니면서 주주권 행사에 의한 지배관계가 없는 경우)이다.

반면에 금융감독당국의 승인이 필요 없는 경우는 (i) 동일계열 금융기관이 비금융업종 회사의 의결권 있는 주식을 **5% 이상 20% 미만으로 소유하면서 사실상 지배하지 않는 경우**(예를 들어, 15% 소유하면서 최대주주가 아니면서 주주권 행사에 의한 지배관계가 없는 경우) 또는 (ii) 사실상 지배 기준에 있어서 5% 기준을 고려하여 보는 입장의 경우는(즉 사실상 지배라는 것은 5% 이상 소유하면서 사실상 지배를 하는 경우), **동일계열 금융기관이 비금융업종 회사의 의결권 있는 주식을 5% 미만으로 소유하는 경우**(이 경우는 사실상 지배에 해당하지 않기 때문이다)이다. 즉, 5% 미만으로 소유하고 있는 경우(예를 들어, 4%)에는 최대주주가 되거나 주주권 행사에 의한 지배관계가 형성되더라도 소유할 수 있는 것이다. 만약 사실상 지배 기준에 있어서 5% 기준을 고려하지 않는 입장의 경우에는 비금융업종 회사의 의결권 있는 주식 5% 미만으로 소유하고 있더라도 최대주주이거나 주주권 행사에 의한 지배 관계가 형성되는 경우에는 해당 주식을 소유할 수 없고, 5% 미만으로 소유하고 있더라도 최대주주가 아니면서 주주권 행사에 의한 지배권 행사가 없는 경우에만 금융감독당국의 승인 없이 소유할 수 있게 된다.

5. 구조개선법상의 승인이 적용되지 않는 경우

(1) 개   관

구조개선법상의 승인 요건에 해당하더라도, 당해 금융기관의 설립 근거가 되는 법률에 의하여 "인가·승인 등"을 얻은 경우에는 구조개선법상의 금융감독당국 승인을 요하지 않는다(제24조 제1항 단서). 즉 어차피 해당 설립 근거법에 의해서 승인이나 인가 등을 받으므로 굳이 구조개선법에서 이중으로 승인받을 필요가 없다는 점을 반영한 규정이다. 검토해볼 수 있는 법들은 「은행법」, 「보험업법」, 자본시장법, 「여신전문금융업법」, 「상호저축은행법」 이 있다.

(2) 은행의 경우

「은행법」상 은행은 다른 회사의 의결권 있는 주식 15%까지는 아무런 신고 나 승인 없이 취득할 수 있다(제37조 제1항). 이는 15%까지는 자산 운용 차원 에서 허용해주는 것이고, 그러므로 그 대상 회사는 금융업종 여부에 상관없 이 비금융업종 회사도 해당된다. 그러나 다른 회사의 의결권 있는 주식 15% 를 초과하는 경우에는 이를 자회사(子會社)라고 하고 규제를 하고 있다(제37조 제2항). 우선 자회사가 되는 회사가 「은행업감독규정」 제49조가 열거하는 금융 업종 회사(예를 들어 은행, 증권회사, 보험회사, 상호저축은행 등 일반적인 금융기관이 해당된다)인 경우에는 별도의 금융감독당국의 승인 없이 주식을 취득할 수 있다. 그리고 자회사가 되는 회사가 비금융업종 회사의 경우는 기업 구조 조정의 촉진 을 위하여 필요한 경우로서 금융감독당국의 승인을 얻은 경우에만 주식을 취득할 수 있다(제37조 제2항). 은행이 기업 구조 조정 과정에서 기업에 대출해 준 대출 채권을 주식 출자로 전환하는 경우가 해당한다.

그렇다면 이러한 경우에 구조개선법과 「은행법」상의 승인 여부를 검토 할 필요가 있다. 우선 구조개선법 제24조 제1항 단서가 적용되어 「은행법」상의 승인을 얻어 주식을 취득할 수 있는 경우는 구조 조정 목적으로 비금융업종 회사 의 의결권 있는 주식을 15% 초과하여 취득할 때가 해당된다. 이 경우는 구조 개선법상의 승인이 필요 없게 된다. 다만 「은행법」상 이러한 구조 조정 목 적 이외에는 은행은 비금융업종 회사를 자회사로 둘 수 없기 때문에 이 경우 에는 구조개선법상으로도 원천적으로 승인을 받을 수는 없을 것이다.

다음으로 금융업종 회사를 자회사로 두는 경우이다. 즉 「은행법」상 금 융업종 회사의 의결권 있는 주식 15%를 초과하여 소유하는 경우에는 별도의 금 융감독당국의 승인은 필요 없다. 이 경우에 구조개선법 제24조 제1항 단서가 적용될지 여부에 대해서 견해가 나누어질 수 있다. 즉, 일정한 한도를 넘는 경우에 금융감독당국의 승인이 필요 없다는 것은 인가나 승인을 받은 것으로 간주할 수 있다는 점과 해당 설립 근거법에서 금융감독당국의 승인이 필요하지 않은 경우에는 당연히 구조개선법상의 승인도 필요 없다는 점을 들어 제24조 제1항 단서 조항을 적용해야 한다는 견해가 있을 수 있다. 그러나 해당 설립 근거법의 주식 소유 규제 목적과 구조개선법상의 주식 소유 규제 목적이 다르다는 점(즉, 해당 설립 근거법은 자산 건전성 규제 차원에서 하는 규제이고, 구조개선법은 금융기관을 이용한 지배력 확장 방지 목적의 규제라는 점)과 제24조 제1항 단서가 명시적으로 개별 설립 근거법상의 인가나 승인을 얻은 경우로 한정하여 규정하고 있으므로 인가나 승인을 얻지 않은 경우까지 포함하기에는 문리적인 해석상 어렵다는 점을 고려할 때, **해당 금융기관 설립 근거법에서 금융감독당국의 승인을 요하지 않는 경우에는 구조개선법 제24조 제1항 단서가 적용되지 않아 제24조 제1항 본문에 따라 구조개선법상의 별도 승인을 얻어야 한다고 보는 것이 타당할 것이다.**

또한 은행이 다른 회사의 의결권 있는 주식 15%까지 소유하는 경우에도 「은행법」상은 승인이 필요 없는데, 이 경우는 구조개선법 제24조 제1항 단서가 적용되지 않기 때문에 구조개선법 제24조 제1항 본문이 적용되어 승인 대상 여부를 판단하여야 하고, 이는 앞에서 본 분석 내용이 적용될 것이다.

(3) 보험회사의 경우

「보험업법」상도 보험회사는 다른 회사의 의결권 있는 주식 15%까지는 아무런 승인 없이 취득할 수 있으며(제109조), 15%를 초과하는 경우에는 그 해당 회사를 자회사로 정의하면서(제2조 제18호) 승인이나 신고를 통해 주식을 취득할 수 있도록 하고 있다(제115조 제1항). 구체적으로 보험회사는 금융업종에 속하는 회사를 금융감독당국의 승인을 얻거나 금융감독당국에 "승인에 갈음하는" 신고를 하여 자회사로 둘 수 있다(제115조 제1항). "승인에 갈음하는" 신고를 통하여 자회사로 둘 수 있는 경우는 그 대상 회사가 보험업의 영위와 밀접한 관련이 있는 업무로서 「보험업법 시행령」이 정하는 업무를 영위하는 회사이다(제115조 제1항 단서). 그러한 업무를 영위하는 회사는 **보험 수리(數理) 업무**

또는 손해사정(查定) 업무 등을 영위하는 회사를 말한다(시행령 제59조 제1항). 그 외의 금융업(구조개선법상의 금융기관이 경영하는 금융업) 및 신용정보업 등에 속하는 업종에 속하는 회사를 자회사로 두는 경우에는 금융감독당국의 승인을 받아야 한다(제115조 제1항). 그러나 「보험업법」상 보험회사가 국내 비금융업종 회사를 자회사로 둘 수 있는 규정이 없어서 보험회사는 국내 비금융업종 회사의 의결권 있는 주식 15%를 초과하여 소유할 수 없다고 보아야 할 것이다.

따라서 보험회사가 다른 회사의 의결권 있는 주식을 취득할 때 「보험업법」상 금융감독당국의 승인을 얻는 경우에는 구조개선법 제24조 제1항 단서가 적용되어 구조개선법상의 별도의 승인을 얻을 필요는 없을 것이다. 하지만 신고의 경우에는 견해가 나누어질 수 있다. 우선 '신고'이므로 구조개선법상의 "인가·승인 등"에 포함되지 않아서 구조개선법 제24조 제1항 단서가 적용될 여지가 없어 구조개선법상의 별도의 승인을 얻어야 한다는 견해가 있을 수 있다. 반대로 「보험업법」 제115조가 신고를 "승인에 갈음"한다고 하고 있으므로 결국 신고도 승인으로 볼 수 있기 때문에 구조개선법 제24조 제1항 단서가 적용되어 금산법상의 승인이 필요 없고 「보험업법」에 따른 신고로써 자회사를 둘 수 있다고 보는 견해가 있을 수 있다. 검토해보면, 신고는 승인은 아니지만 「보험업법」이 신고를 "승인으로 갈음"한다는 문구를 쓰고 있으므로 해석상 승인으로 간주하여 구조개선법상의 승인 절차는 필요 없다고 보는 것이 합리적인 해석이라고 본다.

한편, 보험회사가 다른 회사의 의결권 있는 주식 15%까지 소유할 때는 「보험업법」상 승인이 필요 없으므로(제109조) 구조개선법 제24조 제1항 본문이 적용되어 승인 대상 여부를 앞에서 분석한 내용대로 적용하면 될 것이다.

(4) 금융투자회사의 경우

금융투자회사의 경우에는 자본시장법상 금융투자회사의 다른 회사 출자와 관련하여 특별히 금융감독당국의 승인 등을 요구하는 규정은 없으므로 제24조 제1항 단서가 적용될 여지가 없고, 따라서 구조개선법상의 승인 대상에 해당하는 경우에는 구조개선법상의 승인을 얻어야 할 것이다. 「금융투자업규정」도 금융투자회사의 구조개선법 제24조에 따른 출자 승인의 요건 등에 관해 규정하고 있어(제2-14조), 이를 확인하고 있다.

(5) 여신전문금융회사의 경우

신용카드회사 등 여신전문금융회사의 경우에는 「여신전문금융업법」상 다른 회사의 주식 소유에 대하여 특별히 규제하는 규정이 없으므로 구조개선법 제24조가 바로 적용될 것이다. 이는 「여신전문금융업법」제52조 제2항이 구조개선법 제24조가 여신전문금융회사에 적용된다고 명시적으로 규정하고 있는 점에 비추어 볼 때 그러하다.

(6) 상호저축은행의 경우

「상호저축은행법」도 상호저축은행의 다른 회사 주식 취득에 대한 특별한 규정이 없으므로 구조개선법이 적용되어 구조개선법 제24조에 따른 승인 대상 여부를 판단하면 될 것이다.

6. 추가 주식 취득 시의 금융감독당국의 재승인과 기준

(1) 재승인 사유

2007년 구조개선법이 개정되기 전에는 금융감독당국의 승인을 얻은 후 다시 추가로 주식을 취득하는 경우(예를 들어, 승인을 얻어 다른 회사의 의결권 있는 주식 25%를 취득한 후 추가로 3%를 취득하여 28%를 취득하는 경우)에 금융감독당국의 승인을 다시 받아야 하는지에 대하여 논란이 제기되었는데, 2007년 개정 구조개선법은 일정 한도 초과 시에 금융감독당국의 승인을 다시 받도록 하여 이를 해결하고 있다. 즉, **25% 또는 33% 초과할 때마다 다시 금융감독당국의 승인을 얻도록** 하고 있다(제24조 제5항).

예를 들어, 동일계열 금융기관이 다른 회사의 의결권 있는 주식 20%를 취득할 때 제24조 제1항에 따라 금융감독당국의 승인을 얻어야 하고, 추가로 6%를 취득하고자 하는 경우에는 25%를 초과하기 때문에 제24조 제5항에 의거하여 금융감독당국의 승인을 다시 받아야 한다. 그런데 26%를 취득하고 있다가 33%가 되기 전인 30%를 취득하는 경우나 금융감독당국의 승인을 받고 34%를 취득하고 있다가 40% 취득하는 경우에는 금융감독당국의 승인이 필요 없다고 보아야 할 것이다. 그 이유는 제24조 제5항이 금융감독당국의 재승인을 받아야 하는 기준으로 25%와 33% 두 가지 경우에 한해서만 규정하고 있기 때문이다.

(2) 재승인 기준

금융감독당국의 재승인인 경우 그 승인 요건은 애초 승인받을 때와 같은 승인 요건이 적용된다(법 제24조 제6항).

7. 금융감독당국의 사후 승인과 기준

(1) 사후 승인의 대상

2007년 개정 구조개선법 제24조는 동일계열 금융기관이 다른 주주의 감자(減資)(즉 자본금 감소) 등으로 인하여 일정 한도 이상의 다른 회사 주식을 소유하게 되는 경우 등 부득이한 사유가 있는 경우에는 사후에 금융감독당국의 승인을 얻도록 하는 조항을 신설하였다. 이는 사전 승인을 할 수 없는 불가피한 사유가 발생했음에도 불구하고 사후 승인 제도가 없어서 법 위반 상태가 되는 문제점을 해소하기 위한 것이다.

즉 다른 주주의 감자(減資) 등 "대통령령이 정하는 부득이한 사유"로 금융감독당국의 승인을 얻어야 하는 주식을 소유하게 된 경우에는 해당 동일계열 금융기관은 그 사유가 발생한 날로부터 대통령령이 정하는 일정한 기간 내에 금융감독당국에 승인 신청을 하여야 한다(제24조 제4항 전단).

"대통령령이 정하는 부득이한 사유"로는 "(i) 다른 주주의 감자(減資) 또는 주식 처분, (ii) 담보권의 실행 또는 대물변제(代物辨濟)의 수령으로 다른 회사의 주식을 소유하게 되는 경우, (iii) 유증(遺贈)에 따라 다른 회사의 주식을 소유하게 되는 경우, (iv) 투자매매업자·투자중개업자가 자본시장법 제9조 제11항에 따른 증권의 인수 업무를 영위하는 과정에서 다른 회사의 주식을 소유하게 되는 경우, (v) 동일계열 금융기관이 그 금융기관에 적용되는 법령에 따른 업무 또는 자산 운용의 범위 안에서 긴급하게 다른 회사의 주식을 소유할 필요가 있는 경우로서 금융위원회가 정하여 고시하는 경우"이다(시행령 제6조 제3항).[18] "금융위원회가 정하여 고시하는 경우"는 금융감독당국의 "사전 승인을 얻을 시간적 여유가 없어야 한다"는 요건이 적용된다(「은행업감독규정」 제54조의3, 「보험업감독규정」 제5-13조의3 제4항, 「금융투자업규정」 제2-14조 제5항).

(2) 사후 승인 신청 기간

사후 승인 신청을 해야 하는 기간은 위의 사후 승인 사유가 발생한 날 이후 최초로 소집되는 다른 회사의 주주총회일 전일까지의 기간이다(시행령 제6조 제4항 본문).

(3) 사후 승인 기준

이러한 사후 승인인 경우에도 사전 승인과 마찬가지의 승인 기준이 적용된다(제24조 제4항 후단, 제6항).

---

18) 이러한 "금융위원회가 정하여 고시하는 경우"는 은행 및 보험회사의 경우 다음의 어느 하나에 해당하는 경우로서 미리 금융감독당국의 사전 승인을 얻을 시간적 여유가 없는 경우를 말한다. 즉 (i) 동일계열 금융기관이 투자한 기관전용 사모집합투자기구의 해산 등에 따른 현물 수령으로 다른 회사의 주식을 소유하는 경우, (ii) 「사회기반시설에 대한 민간투자법」에 의한 사회기반시설 민간투자 사업을 영위하는 회사 또는 「부동산투자회사법」에 의한 부동산투자회사의 주식을 소유하는 경우, (iii) 「채무자 회생 및 파산에 관한 법률」에 의해 회생 절차 개시의 결정을 받은 기업이나 기업 구조 조정 촉진을 위한 금융기관 협약에 의해 기업 개선 작업을 추진 중인 기업에 대한 기존 대출금 등의 출자 전환으로 다른 회사의 주식을 소유하는 경우를 말한다(「은행업감독규정」 제54조의3, 「보험업감독규정」 제5-13조의3 제4항). 그리고 금융투자회사의 경우에는 위의 (i) 내지 (iii)의 사유 이외에도 추가적으로 파생결합증권을 발행한 금융투자회사가 위험 회피 목적으로 다른 회사의 주식을 취득하는 경우가 해당된다(「금융투자업규정」 제2-14조 제5항).

8. 공정거래위원회와 협의 의무

금융감독당국이 승인을 함에 있어서는 당해 주식 소유가 관련시장에서의 경쟁을 실질적으로 제한하는지의 여부에 대하여 미리 공정거래위원회와 협의하여야 한다(제24조 제3항 본문). 이러한 협의 의무는 금융감독당국이 당해 금융기관의 설립 근거가 되는 법률에 의하여 인가·승인 등을 하는 경우에 있어서도 적용된다(제24조 제3항 단서).

Ⅷ. 금융복합기업집단법

1. 개　　관

2020년 12월 29일 제정되고 2021년 6월 30일부터 시행된 금융복합기업집단법은 "금융복합기업집단에 발생할 수 있는 재무·경영상의 위험 등을 효과적으로 관리·감독하기 위하여 필요한 사항을 정함으로써 금융복합기업집단의 건전한 경영과 금융시장의 안정을 도모하고 금융소비자를 보호하는 것"을 목적으로 하는 법률이다(제1조). **'금융복합기업집단'이란 "동일한 기업집단에 속한 둘 이상의 금융[기관]으로 구성된 집단"**으로서 금융위원회에 의하여 지정된 기업집단을 말하며(제2조 제3호), 기업집단은 「독점규제 및 공정거래에 관한 법률」 제2조 제11호에 따른 기업집단을 말한다(제2조 제2호). 금융복합기업집단법이 제정하게 된 배경을 살펴보면, 기업집단에 속한 금융기관에 개별적으로 적용되는 법령만으로는 금융복합기업집단 수준에서 발생하는 재무 및 경영상의 위험을 제대로 잘 관리하기가 어려워 이러한 위험을 효율적으로 관리하기 위하여 금융복합기업집단의 내부통제, 위험관리 및 건전성관리 등을 체계적으로 할 필요성이 제기되면서 금융복합기업집단법이 새로이 제정된 것이다.

2. 금융복합기업집단의 지정과 해제

(1) 지   정

금융위원회는 동일한 기업집단에 속한 금융기관들이 일정한 요건을 충족하는 경우 해당 금융기관들로 구성된 집단을 금융복합기업집단으로 지정한다(제5조 제1항). 즉 지정 행위가 있어야 한다. 그러한 요건은 다음의 ①에서 ④의 요건 모두를 충족해야 한다(제5조 제1항 제1호 내지 제4호). 즉 ① 동일한 기업집단에 속한 금융기관들이 영위하는 업(業)이 여수신업(은행업, 종합금융회사의 업무, 상호저축은행의 업무, 여신전문금융업, 대부업 등)과 금융투자업 및 보험업 중 둘 이상에 해당할 것, ② 금융복합집단에 속하는 국내 금융기관들의 자산총액의 합계가 5조원 이상일 것(시행령 제6조 제2항), ③ 금융관계법령에 따라 금융위원회의 인가 또는 허가를 받거나 금융위원회에 등록을 한 금융기관이 하나 이상일 것, ④ 금융복합집단에 속하는 국내 금융기관들의 자산총액의 합계액에서 구조개선법에 따른 부실금융기관 또는 이에 준하는 금융기관(회생 절차나 파산 절차가 진행 중인 금융기관, 시행령 제6조 제3항)의 자산총액의 합계액이 차지하는 비율이 대통령령으로 정하는 비율(50%, 시행령 제6조 제3항) 이하일 것 등이다(제5조 제1항). "지정한다"로 규정하고 있어서 지정 요건에 해당하면 금융위원회는 재량권 없이 반드시 지정해야 하는 것으로 보아야 할 것이다. 그리고 지정 요건이 정량적인 요소로 되어 있어 지정에 대한 다툼이 생길 여지는 거의 없을 것이다. 금융위원회는 금융복합기업집단을 지정하였을 때에는 그 사실을 '대표금융기관'(대표금융기관을 선정하지 못한 금융복합기업집단에 대해서는 자산총액이 가장 큰 금융기관)에 서면으로 통지하여야 한다(제5조 제3항).

(2) 해   제

금융위원회는 금융복합기업집단이 지정 요건 중 어느 하나 이상에 해당하지 아니하게 된 경우에는 직권으로 또는 대표금융기관의 신청에 따라 금융복합기업집단의 지정을 해제하여야 한다(제6조 제1항 본문). 다만, 지정 요건을 일시적으로 충족하지 못하는 경우 등 금융복합기업집단의 지정을 유지할 필요성이 있는 경우에는 지정을 해제하지 아니할 수 있다(제6조 제1항 단서). 그리고 금융위원회는 지정 해제를 위하여 소속 금융기관 또는 그 대주주에게 금융기관의 업종, 자산·자기자본, 종업원 수 등의 일반 현황, 금융기관의 주주 및 임원 구성, 대주주 현황, 주식 소유 현황 등 필요한 자료의 제출을 요청할 수 있다(제6조 제3항).

3. 대표금융기관의 선정 및 업무

(1) 선   정

금융복합기업집단은 소속 금융기관의 출자관계, 자산·자본총액 및 소유·지배구조 등에 관하여 시행령으로 정하는 일정한 기준을 고려하여 해당 금융복합기업집단을 대표하는 금융기관("대표금융기관")을 선정하여야 한다(제7조 제1항). 그러나 금융복합기업집단은 해당 금융복합기업집단에 속한 다른 소속 금융기관을 대표금융기관으로 선정하는 것이 적절하다고 판단되는 경우에는 소속 금융기관들 사이의 협의를 거쳐 대표금융기관을 달리 선정하거나 선정된 대표금융기관을 변경할 수도 있다(제7조 제3항).

(2) 업   무

대표금융기관은 해당 금융복합기업집단에 대한 내부통제정책의 수립 등 내부통제체계에 관한 업무, 위험관리정책 수립 등 위험관리체계에 관한 업무, 건전성 관리에 관한 업무, 보고·공시에 관한 업무 등을 총괄하는 역할을 수행한다(제8조 제1항). 대표금융기관은 이러한 업무를 총괄하기 위하여 해당 금융복합기업집단에 속한 다른 소속 금융기관에게 필요한 자료의 제출과 필요한 조치의 이행 등을 요청할 수 있으며, 이 경우 요청을 받은 소속금융기관은 특별한 사유가 없으면 그 요청에 적극적으로 협조해야 할 의무가 있다(제8조 제2항).

4. 금융복합기업집단의 내부통제체계 수립 및 운영

(1) 내부통제정책의 수립

금융복합기업집단 규제 정책에 있어서 중요한 것은 금융복합기업집단 차원에서 금융복합기업집단의 내부통제 체계를 수립하고 집행하는 것이다. 이에 따라 금융복합기업집단법은 금융복합기업집단의 건전한 내부통제 체제의 유지를 위하여 금융복합기업집단 수준의 **내부통제정책을 수립**하고, 그 추진 상황을 정기적으로 평가·점검하도록 하고 있다(제9조 제1항). 그러한 내부통제정책에는 내부통제정책의 운영에 관한 사항뿐만 아니라 금융복합기업집단의 고객, 소속 금융기관, 금융기관과 동일한 기업집단에 속한 비금융회사 등 이해관계자 사이의 이해 상충 방지에 관한 사항 등 일정한 사항을 포함하도록 하고 있다(제9조 제1항). 또한 금융복합기업집단은 '**금융복합기업집단 내부통제기준**'을 마련할 의무가 있다(제9조 제2항). 내부통제기준에는 "금융복합기업집단 수준에서 법령을 준수하고, 경영을 건전하게 하며, 주주 및 이해관계자 등을 보호하기 위하여 소속금융기관의 임직원이 직무를 수행할 때 준수하여야 할 기준 및 절차"를 규정해야 한다(제9조 제2항).

(2) 내부통제체계의 수립

금융복합기업집단 내부통제정책의 수립, 금융복합기업집단 내부통제기준의 주요 내용에 관한 제정·개정, 그 밖에 금융복합기업집단의 내부통제에 관한 중요한 사항은 소속 금융기관 사이의 협의를 거친 후 대표금융기관 이사회의 심의·의결을 거쳐 확정된다(제10조 제1항). 금융복합기업집단은 대표금융기관 이사회의 내부통제에 관한 업무를 보좌하기 위하여 별도의 내부통제기구를 둘 수 있으며, 내부통제기구는 원칙적으로 소속 금융기관들이 참여하는 협의회로 구성한다(제10조 제2항, 제3항).

5. 금융복합기업집단의 위험관리체계 수립 및 운영

(1) 위험관리정책의 수립

금융복합기업집단 차원의 재무 및 경영상의 위험 관리도 중요하다. 그래서 금융복합기업집단법은 내부통제 체계와 마찬가지로 금융복합기업집단으로 하여금 금융복합기업집단 수준의 **위험관리정책을 수립**하고, 그 추진 상황을 정기적으로 평가·점검하도록 하고 있다(제11조 제1항). 이러한 위험관리정책에는 위험관리정책의 운영에 관한 사항뿐만 아니라 금융복합기업집단의 고객, 소속 금융기관, 소속 비금융회사 등 이해관계자 사이의 이해 상충으로 인한 위험 관리에 관한 사항 등을 포함하도록 하고 있다(제11조 제1항). 또한 금융복합기업집단은 '**위험관리기준**'을 마련할 의무가 있다(제11조 제2항). 위험관리기준은 "금융복합기업집단 수준에서 자산의 운용이나 업무의 수행 또는 각종 거래에서 발생하는 위험을 제때에 인식·평가·감시 및 통제하는 등 위험 관리를 하기 위한 기준 및 절차"를 말한다(제11조 제2항).

(2) 위험관리체계의 수립

금융복합기업집단의 위험관리체계는 소속 금융기관 사이의 협의를 거친 후 대표금융기관 이사회의 심의·의결을 거쳐 확정된다(제12조 제1항). 위험관리체계에 포함되어야 하는 사항은 "금융복합기업집단 위험관리정책의 수립, 금융복합기업집단 위험관리기준의 주요 내용에 대한 제정·개정, 그 밖에 대통령령으로 정하는 금융복합기업집단의 위험관리에 관한 중요한 사항" 등이다(제12조 제1항). 금융복합기업집단은 대표금융기관 이사회의 위험관리에 관한 업무를 보좌하기 위하여 별도의 위험관리기구를 둘 수 있으며, 이 위험관리기구는 원칙적으로 소속 금융기관들이 참여하는 협의회로 구성한다(제12조 제2항, 제3항).

6. 금융복합기업집단의 건전성 관리

금융복합기업집단은 금융복합기업집단 수준의 자기자본을 충실히 하고 적정한 유동성을 유지하며 관련 위험을 적절히 관리하는 등 **금융복합기업집단 수준의 경영 건전성을 확보할** 의무가 있다(제13조). 금융복합기업집단은 금융복합기업집단의 재무건전성을 확보할 수 있는 수준의 자기자본을 갖추어야 한다(제14조 제1항). 또한 금융복합기업집단은 금융복합기업집단 수준의 추가적인 위험을 발생시킬 수 있는 일정한 사항을 고려하여 **금융복합기업집단 수준의 자본적정성을 정기적으로 점검·평가하여야** 한다(제14조 제2항). 자본적정성 평가 시 고려해야 하는 사항은 ① 소속 금융기관 사이의 자본의 중복 이용, ② 내부거래 또는 위험집중에 따른 손실 가능성, ③ 금융복합기업집단 내부통제체계 또는 위험관리체계의 취약성에 따른 위험의 전이 가능성, ④ 소속 비금융회사와의 이해상충 및 소속 비금융회사의 재무·경영 위험 등으로 인한 금융복합기업집단의 부실 가능성, ⑤ 그 밖에 통상적인 금융거래 외의 요인으로 인한 위험 발생 가능성이다(제14조 제2항 제1호 내지 제5호).

7. 금융복합기업집단의 위험 관리

(1) 금융복합기업집단의 내부거래 및 위험집중 관리

금융복합기업집단은 금융기관과 비금융회사가 계열회사의 관계가 되어 있기 때문에 계열회사 사이의 거래 관계에서 내부 거래에 따른 이해 상충이 발생할 수 있고, 또한 비금융회사의 위험이 금융기관에 전이되어 금융기관의 건전성이 위협받을 가능성도 있기 때문에 이러한 위험을 효율적으로 관리할 체계를 만들 필요성이 있다. 즉 금융복합기업집단은 **내부거래 및 위험집중이** 금융복합기업집단의 건전성에 미치는 영향을 적절하게 측정·감시 및 관리하도록 하는 의무가 있다(제15조 제1항). 이에 따라 국내 소속금융기관의 대주주가 자기 또는 제3자의 계산으로 해당 금융기관과 일정한 금액 이상의

내부거래를 하려는 경우 미리 이사회에 해당 거래의 주요 내용을 밝히고 이
사회의 승인을 받아야 하며, 이 경우 이사회의 승인은 재적 이사 3분의 2 이
상의 찬성으로 하여야 하고, 그 거래의 내용과 절차는 공정하여야 한다(제15
조 제2항). 금융복합기업집단에 속하는 금융기관이 대주주와 거래를 할 때는
이해 상충이 발생할 수 있으므로 이사회의 승인을 얻도록 하고 있는 것이다.

(2) 금융복합기업집단의 위험 전이(轉移) 관리

금융복합기업집단은 금융복합기업집단의 내부통제체계 또는 위험관리체
계의 취약성 등에 따라 소속금융기관의 위험이 금융복합기업집단의 건전성
에 미치는 영향을 적절하게 인식·평가·감시 및 통제하여야 한다(제16조 제1
항). 금융복합기업집단은 소속 비금융회사와의 이해 상충 및 소속 비금융회
사의 재무·경영 위험 등으로 인하여 발생 가능한 금융복합기업집단 수준의
위험을 적절하게 인식·평가·감시 및 통제하여야 한다(제16조 제2항).

(3) 금융복합기업집단 위험 관리 실태 평가

금융위원회는 금융복합기업집단의 위험 현황 및 관리 실태를 정기적으
로 평가하여야 하며, 평가하는 경우 내부통제체계의 적정성, 위험관리체계의
적정성, 자본적정성, 내부거래 및 위험집중 관리의 적정성, 위험 전이 관리
의 적정성 등을 종합적으로 고려하여야 한다(제21조 제1항).

8. 금융감독당국의 경영개선계획 제출 명령

금융위원회는 "금융복합기업집단의 자본적정성 평가 또는 금융복합기업
집단의 위험 관리실태 평가의 결과가 대통령령으로 정하는 기준에 미달하는
경우" 또는 "거액의 금융사고 또는 부실채권의 발생으로 금융복합기업집단
의 재무상태가 금융위원회가 정하여 고시하는 기준에 미달하게 될 것이 명
백한 경우"에는 금융복합기업집단의 부실화를 예방하고 건전한 경영을 유도
하기 위하여 해당 금융복합기업집단의 대표금융기관에게 금융복합기업집단

수준의 **경영개선계획을 제출할 것을 명령**할 수 있다(제22조 제1항). 제출 명령을 받은 대표금융기관은 자본의 확충이나 위험자산의 축소 또는 내부거래의 축소·해소나 위험집중의 분산 등이 포함된 경영개선계획을 제출하여야 한다(제22조 제2항). 다만 금융위원회는 일시적으로 경영개선계획 제출 대상이 된 금융복합기업집단이 단기간에 그 기준을 충족시킬 수 있다고 판단되거나 이에 준하는 사유가 있다고 인정되는 경우 기간을 정하여 경영개선계획 제출 명령을 유예할 수 있다(제22조 제3항). 이러한 유예권을 부여할지 여부에 대해서는 논란이 많이 제기되는데, 일정 부분 필요할 수도 있지만 유예권이 남용되는 사례가 많기 때문에 폐지하는 것이 바람직할 것이다.

IX. 신용정보기반법

1. 개   관

신용정보법은 신용정보업에 관한 내용도 있지만, 법 명칭에서 알 수 있듯이 **개인이나 기업의 신용정보(대출 거래 등 금융 거래 정보)의 이용과 보호**에 관한 내용도 들어 있어, 이런 면에서 금융기반법의 영역이라고 할 수 있다. 즉 신용정보법은 금융업법과 금융기반법의 성격을 둘 다 갖고 있다. 금융기관이 대출 등 금융 거래를 함에 있어서 개인이나 기업의 신용도(度)를 파악하여 신용도에 따라 대출 여부 내지 대출 금리 차등 부과 여부를 결정할 수 있다. 이런 점에서 **개인이나 기업의 신용정보를 이용하는 것은 금융 거래를 하는데 있어서 필수**이다. 한편 신용정보는 보호될 필요도 있다. 특히 **개인의 신용정보는 개인의 신상에 관한 내용이어서 「헌법」상의 개인의 사생활 보호 권리 차원에서 보호 필요성이 크다.** 따라서 신용정보법이 신용정보의 이용과 보호라는 충돌되는 면을 어떻게 잘 조화롭게 규정하여 운영하느냐가 최대의 과제이다. 특히 2014년 신용카드회사들의 개인신용정보 유출 사고가 발생하면서 2015년 개정된 신용정보법은 개인신용정보 보호를 더 강화하였는데, 이는 개인신용정보의 이용이 더 까다로워졌다는 것을 의미한다. 이에 대해서는 비판이 제기되기도 하지만 이용과 보호라는 2가지 법익(法益)을 어떻게 잘 조화를 이룰 수 있게 할 것인지에 대한 과제를 던져주고 있다.

한편 2020년 2월 개정된 신용정보법은 신용정보의 활용 활성화를 통해서 신용정보 관련 산업을 육성하기 위해서 신용정보의 범위에 '**가명정보**'(pseudonymized data) 및 '**익명정보**'(anonymized data)의 개념을 새로이 도입하여 해당 신용정보주체의 동의를 얻지 않고도 통계 작성이나 연구 등의 목적으로 이용할 수 있도록 허용하였고, **본인신용정보관리업**(소위 'My Data 사업') 및 데이터전문기관 등 새로운 제도도 도입하였다.

2. 신용정보의 범위

(1) 신용정보와 개인신용정보의 개념

신용정보의 범위를 파악하는 것은 중요하다. 신용정보법의 적용 대상 여부를 결정짓기 때문이다. 신용정보법과 시행령은 신용정보의 범위에 대하여 자세히 규정하고 있다. 다소 복잡하게 되어 있지만 이하에서 자세히 살펴본다. 우선 신용정보법은 **신용정보를 "금융거래 등 상거래에서 거래 상대방의 신용을 판단할 때 필요한 정보"**라고 하면서 **신용거래정보, 신용도(度)정보, 신용거래능력정보, 신용판단정보, 그리고 이들과 결합된 식별정보** 등 5가지로 구분하고 있다(제2조 제1호). 즉 신용을 판단하기 위한 정보라는 것을 알 수 있다. 신용정보에는 개인에 관한 신용정보와 기업이나 법인에 관한 정보로 나눌 수 있는데, 특히 신용정보법은 개인신용정보에 대해서는 개인의 사생활 보호 차원에서 개인신용정보의 보호를 강화하기 위한 여러 규정을 두고 있기 때문에 개인신용정보의 개념을 잘 파악할 필요가 있다.

신용정보법은 **개인신용정보를 "기업 및 법인에 관한 정보를 제외한 살아 있는 개인에 관한 신용정보"**라고 하고 있다(제2조 제2호). 죽은 사람에 대한 개인신용정보는 포함되지 않는다. 개인신용정보는 '개인'에 관한 '신용정보'이므로 단순한 개인정보와 다르다. 즉 개인정보에 신용정보의 개념이 추가된 것이다. 개인정보는 이름이나 주민등록번호 등 특정 개인을 식별할 수 있는 정보를 말하며, 개인정보에 대해서는 「개인정보 보호법」이 적용된다. 신용정보는 특정 개인이나 기업(또는 법인)의 '신용'(credit)에 관한 정보를 말한다. 특정 개인이나 기업에 대한 대출이나 예금 거래 내역 정보가 해당한다. 따라서 개인신용정보는 개인정보와 신용정보가 결합된 것이다. 신용정보법도 개인신용정보를 신용정보로서 "해당 정보의 성명, 주민등록번호 및 영상 등을 통하여 특정 개인을 알아볼 수 있는 정보" 또는 "해당 정보만으로는 특정 개인을 알아볼 수 없더라도 다른 정보와 쉽게 결합하여 특정 개인을 알아볼 수 있는 정보"라고 하고 있다(제2조 제2호 가목, 나목). 즉 신용정보라고 해도 특정 개인을 알아볼 수 없는 정보는 개인신용정보에 해당하지 않는다. 예를 들어, 단순히 "甲은행에 대한 대출금 채무 5백만 원"이라는 신용거래정보는 신용정보주체가 특정되지 않아서 개인신용정보에 해당하지 않는다. 그러나 다른 신용정보와 쉽게 결합해서 특정 개인을 식별할 수 있는 신용정보는 개인신용정보에 포함된다.

아래에서는 신용거래정보, 신용도(度)정보, 신용거래능력정보, 신용판단정보, 그리고 이들과 결합된 식별정보 등 5가지의 신용정보의 개념에 대해서 자세히 살펴보기로 한다.

(2) 신용거래정보

신용거래정보는 "신용정보주체의 거래 내용을 판단할 수 있는 정보"를 말하는데(제2조 제1호 나목), 대출이나 보증 거래 및 예금 거래 등에 관한 정보가 해당된다. 구체적으로 다음과 같은 신용정보를 말한다. ① 신용정보제공이용자에게 신용위험이 따르는 거래로서 대출·보증·담보제공·당좌거래 등의 신용공여 거래, 신용카드 거래, 시설대여 거래, 할부금융 거래 등의 종류, 기간, 금액, 금리, 한도 등에 관한 정보, ② 금융실명법에 따른 금융거래(예금거래 등)의 종류, 기간, 금액, 금리 등에 관한 정보, ③ 「보험업법」에 따른 보험상품의 종류, 기간, 보험료 등 보험계약에 관한 정보 및 보험금의 청구와 지급에 관한 정보, ④ 자본시장법에 따른 금융투자상품의 종류, 발행·매매

명세, 수수료·보수 등에 관한 정보, ⑤ 「상법」에 따른 상행위에 따른 상거래의 종류, 기간, 내용, 조건 등에 관한 정보 등을 말한다(제2조 제1호의3, 시행령 제2조 제6항, 제7항).

(3) 신용도(度)정보

신용도(度)정보란 "신용정보주체의 신용도를 판단할 수 있는 정보"를 말하는데(제2조 제1호 다목), 연체나 부도 등의 정보가 해당된다. 구체적으로 다음과 같은 신용정보를 말한다. ① 금융거래 등 상거래와 관련하여 발생한 채무의 불이행, 대위변제, 그 밖에 약정한 사항을 이행하지 아니한 사실과 관련된 정보, ② 금융거래 등 상거래와 관련하여 신용질서를 문란하게 하는 행위와 관련된 정보로서 (i) 금융거래 등 상거래에서 다른 사람의 명의를 도용한 사실에 관한 정보, (ii) 보험사기, 전기통신금융사기를 비롯하여 사기 또는 부정한 방법으로 금융거래 등 상거래를 한 사실에 관한 정보, (iii) 금융거래 등 상거래의 상대방에게 위조·변조하거나 허위인 자료를 제출한 사실에 관한 정보, (iv) 대출금 등을 다른 목적에 유용(流用)하거나 부정한 방법으로 대출·보험계약 등을 체결한 사실에 관한 정보, ③ 위의 ①과 ②의 신용정보와 관련한 신용정보주체가 법인인 경우 실제 법인의 경영에 참여하여 법인을 사실상 지배하는 자에 관한 정보 등을 말한다(제2조 제1호의4, 시행령 제2조 제8항, 제9항, 제10항).

(4) 신용거래능력정보

신용거래능력정보란 "신용정보주체의 신용거래능력을 판단할 수 있는 정보"를 말하는데(제2조 제1호 라목), 개인의 재산이나 소득 총액 등에 관한 정보가 해당된다. 구체적으로는 다음과 같은 신용정보가 해당된다. ① 개인의 직업·재산·채무·소득의 총액 및 납세실적의 정보, ②기업 및 법인의 연혁·목적·영업실태·주식 또는 지분 보유 현황 등 기업 및 법인의 개황(概況), 대표자 및 임원에 관한 사항, 판매 명세·수주 실적 또는 경영상의 주요 계약 등 사업의 내용, 재무제표(연결재무제표를 작성하는 기업의 경우에는 연결재무제표를 포함한다) 등 재무에 관한 사항과 감사인(「주식회사 등의 외부감사에 관한 법률」 제2조 제7호에 따른 감사인을 말한다)의 감사의견 및 납세실적의 정보 등을 말한다(제2조 제1호의5, 시행령 제2조 제11항).

(5) 신용판단정보

신용판단정보는 "신용정보주체의 신용을 판단할 때 필요한 정보"를 말하는데, 법원의 재판이나 행정처분 또는 조세 등과 관련된 정보 등 공공기록정보, 개인신용평점정보, 기업신용등급정보, 기술정보 및 기술신용정보가 해당된다(법 제2조 제1호 마목, 제1호의6). 공공기록정보는 ① 신용정보주체가 받은 법원의 재판이나 행정처분 등과 관련된 정보, ② 신용정보주체의 조세나 국가채권 등과 관련된 정보, ③ 신용정보주체의 채무조정에 관한 정보를 말한다(제2조 제1호의6 가목, 나목, 다목). 구체적인 공공기록정보의 내용은 대통령령에서 정하고 있는데, 법원의 재판 등과 관련된 정보로서는 법원의 개인회생이나 파산선고·면책·복권과 관련된 결정이나 경매개시결정·경락허가결정 등 경매와 관련된 결정에 관한 정보 등이 해당되며, 조세 등과 관련된 정보로서는 국세·지방세·관세 또는 국가채권의 납부 및 체납 관련 정보 등이 해당된다(시행령 제2조 제12항 내지 제17항).

이외에도 개인신용평점정보 및 기업신용등급정보도 신용판단정보의 범위에 포함된다. 개인신용평점정보란 "개인의 신용상태를 평가하기 위하여 정보를 처리함으로써 새로이 만들어지는 정보로서 기호, 숫자 등을 사용하여 점수나 등급 등으로 나타낸 정보"를 말한다(제2조 제1호의6 라목). 그리고 기업신용등급정보란 "기업 및 법인의 신용을 판단하기 위하여 정보를 처리함으로써 새로이 만들어지는 정보로서 기호, 숫자 등을 사용하여 점수나 등급 등으로 표시한 정보"를 말하는데, 자본시장법 제9조 제26항에 따른 기업이나 증권 등에 대한 신용평가의 결과물인 신용등급은 제외한다(제2조 제1호의6 마목).

또한 기술(「기술의 이전 및 사업화 촉진에 관한 법률」 제2조 제1호에 따른 기술을 말한다)에 관한 정보 및 기술신용정보도 신용판단정보에 포함된다(제2

조 제1호의6 바목, 사목). **기술신용정보란** "기업 및 법인의 신용을 판단하기 위하여 정보(기업 및 법인의 기술과 관련된 기술성·시장성·사업성 등을 평가한 결과를 포함한다)를 처리함으로써 새로이 만들어지는 정보"를 말하는데, 자본시장법 제9조 제26항에 따른 기업이나 증권 등에 대한 신용평가의 결과물인 신용등급은 제외한다(제2조 제1호의6 사목).

(6) 식별정보

식별정보란 "특정 신용정보주체를 식별할 수 있는 정보"를 말하는데, 위의 (2)에서 (5)까지의 **신용정보의 어느 하나에 해당하는 정보와 결합되는 경우에만 신용정보에 해당**한다(제2조 제1호 가목). 이러한 식별정보에는 **개인식별정보와 법인식별정보**가 있다.

1) 개인식별정보

개인식별정보는 "살아 있는 개인에 관한 정보"로서 "① 성명, 주소, 전화번호, 그 밖에 이와 유사한 정보로서 대통령령으로 정하는 정보[전자우편주소나 사회관계망서비스(Social Network Service)주소 등을 말한다], ② 법령에 따라 특정 개인을 고유하게 식별할 수 있도록 부여된 정보로서 대통령령으로 정하는 개인식별번호(주민등록번호, 여권번호, 운전면허번호 등을 말한다) ③ 개인의 신체 일부의 특징을 컴퓨터 등 정보처리장치에서 처리할 수 있도록 변환한 문자, 번호, 기호 또는 그 밖에 이와 유사한 정보로서 특정 개인을 식별할 수 있는 정보" 등을 말한다(제2조 제1호의2, 시행령 제2조 제1항 내지 제5항). 다만 이러한 개인식별정보가 개인신용정보에 해당하려면 위에서 언급한 (2)에서 (5)까지의 신용정보와 결합되는 경우에만 해당한다(제2조 제1호 가목). 예를 들어, "주민등록번호, 甲은행 대출금 채무 5천만 원"이라는 정보는 개인신용정보에 해당하지만, "甲은행 대출금 채무 5천만원"이라는 신용거래정보는 식별정보와 결합되지 않은 신용정보이므로 개인신용정보에 해당하지 않는다.

따라서 개인신용정보는 「개인정보 보호법」에 따른 개인정보(제2조 제1호)에도 해당하여 「개인정보 보호법」도 적용되는데, 금융기관이 개인신용정보를 이용하는 경우에는 신용정보법뿐만 아니라 「개인정보 보호법」도 준수해야 하므로 규제의 부담이 커지는 면이 있다. 향후 금융기관에 대해서는 특별법으로서 신용정보법만 적용할 수 있도록 규제 체계를 정비할 필요가 있을 것이다.

2) 법인식별정보

법인식별정보는 기업(사업을 경영하는 개인 및 법인과 이들의 단체를 말한다) 또는 법인의 정보로서 ① 상호 및 명칭, ② 본점·영업소 및 주된 사무소의 소재지, ③ 업종 및 목적, ④ 개인사업자(사업을 경영하는 개인을 말한다)·대표자의 성명 및 개인식별번호, ⑤ 법령에 따라 특정 기업 또는 법인을 고유하게 식별하기 위하여 부여된 번호 등을 말한다(제2조 제1호 나목). 다만 이러한 법인식별정보가 법인신용정보에 해당하려면 위에서 언급한 다른 신용정보와 결합된 경우에만 해당한다(제2조 제1호 가목). 예를 들어, "甲주식회사의 A은행에 대한 대출금 채무 1억 원"은 법인식별정보로서 신용거래정보인 법인신용정보에 해당한다.

3. 신용정보관리기관

신용정보를 관리하는 기관으로는 신용정보를 집중해서 관리하는 신용정보집중기관과 2020년 2월 개정 신용정보법에 의해 새로이 도입된 본인신용정보관리회사 및 데이터전문기관이 있다.

(1) 신용정보집중기관

1) 의의 및 종류

금융기관이 고객의 신용도를 파악하려면 자신이 가진 신용정보뿐만 아니라 다른 금융기관들이 갖고 있는 고객의 신용정보도 필요하다. 이 경우에 직접 여러 해당 금융기관들로부터 신용정보를 받게 되면 상당히 번거롭다. 그래서 신용정보를 집중해서 관리하는 기관이 있으면 이 기관이 신용정보를 금융기관에게 제공하는 것이 효율적이다. 이런 역할을 하는 기관이 신용정보집중기관이다. 신용정보법은 **신용정보집중기관을 "신용정보를 집중하여 수**

집·보관함으로써 체계적·종합적으로 관리하고, 신용정보회사 등 상호 간에 신용 정보를 교환·활용하는 기관"이라고 하고, 금융감독당국으로부터 허가를 받도록 하고 있다(제25조 제1항). 여기서 '신용정보회사 등'은 신용정보법에 따른 신용정보회사, 본인신용정보관리회사, 채권추심회사, 신용정보집중기관, 신용정보제공이용자(신용정보를 제공하고 이용하는 금융기관이나 기업이 해당한다)를 말하는데(제15조 제1항), 이하에서 '신용정보회사 등'은 이러한 기관을 전부 포함하는 것이라고 이해하면 된다.

신용정보집중기관은 **종합신용정보집중기관과 개별신용정보집중기관**이 있다. 종합신용정보집중기관은 은행이나 증권회사 등 대통령령으로 정하는 금융기관 전체로부터 신용정보를 집중 관리·활용하는 신용정보집중기관을 말하며, 개별신용정보집중기관은 대통령령으로 정하는 금융기관 외의 같은 종류의 사업자가 설립한 협회(예를 들어, 전기통신사업자협회) 등의 협약에 따라 신용정보를 집중 관리·활용하는 신용정보집중기관을 말한다(제25조 제2항, 시행령 제21조 제2항).

2) 허가 요건

신용정보집중기관은 금융감독당국으로부터 허가를 받아야 하는데, 그 요건은 ①「민법」에 따라 설립된 비영리법인일 것, ② 신용정보를 집중관리·활용하는 데 있어서 공공성과 중립성을 갖출 것, ③ 일정한 시설·설비 및 인력을 갖출 것이다(제25조 제3항, 시행령 제21조). 신용정보집중기관은 신용정보공동전산망을 구축할 수 있으며, 공동전산망에 참여하는 자는 그 유지·관리 등에 필요한 협조를 하여야 하는데, 이 경우 신용정보집중기관은「전기통신사업법」에 따른 전기통신사업자이어야 한다(제25조 제6항).

3) 종합신용정보집중기관

종합신용정보집중기관의 업무는 은행이나 증권회사 등 대통령령이 정하는 금융기관 전체로부터 신용정보를 집중 관리·활용하는 업무가 주 업무이며, 이외에도 "① 공공기관으로부터 수집한 신용정보의 집중 관리·활용 업무, ② 신용정보주체가 금융기관에게 지고 있는 채무의 양도 및 양수 등 채무 변동 정보를 교부하거나 열람하게 하는 업무, ③ 공공 목적의 조사 및 분석 업무, ④ 신용정보의 가공·분석 및 제공 등과 관련한 업무, ⑤ 개인신용평가체계검증위원회의 운영 업무" 등을 영위한다(제25조의2 제1항). 또한 종합신용정보집중기관은 집중되는 신용정보의 정확성·신속성을 확보하기 위하여 내부 최고 의사결정기관인 신용정보집중관리위원회가 정하는 바에 따라 신용정보를 제공하는 금융기관의 신용정보 제공 의무 이행 실태를 조사할 수 있는 권한도 있다(제25조 제5항). 현재 사단법인 '한국신용정보원'이 종합신용정보집중기관으로 허가를 받아 업무를 하고 있다.

(2) 본인신용정보관리회사

1) 의   의

본인신용정보관리업이란 "개인인 신용정보주체의 신용관리를 지원하기 위하여 일정한 개인신용정보의 전부 또는 일부를 통합하여 그 신용정보주체에게 제공하는 행위를 영업으로 하는 것"을 말하는데(제2조 제9호의2), 실무에서는 'My Data 사업'이라고 한다. 대상이 되는 일정한 개인신용정보는 ① 대출이나 보증 등 신용공여 거래 정보, 신용카드·시설대여 및 할부금융 거래 정보, 금융실명법에 따른 금융거래 정보(예금 거래 등을 말한다), ② 「보험업법」에 따른 보험상품의 종류, 기간, 보험료 등 보험계약에 관한 정보와 보험금의 청구 및 지급에 관한 정보, ③ 자본시장법에 따른 금융투자상품의 종류, 발행·매매 명세, 수수료·보수 등에 관한 정보, ④ 「상법」에 따른 상행위에 따른 상거래의 종류, 기간, 내용, 조건 등에 관한 정보 등이다(제2조 제9호의2). 따라서 본인신용정보관리업을 영위하는 본인신용정보관리회사는 개인신용정보를 통합 관리하여 해당 개인에게 이를 제공하는 영업을 영위할 수 있다. 즉 본인신용정보관리회사는 본인의 대출, 예금, 보험 거래 등의 개인신용정보를 취합하여 어떤 금융상품에 투자하는 것이 좋은지에 대한 정보를 제공하거나 어떤 대출 상품을 선택하면 좋은지에 대한 정보를 제공하는 업무를 영위할 수 있다.

2) 허 가

본인신용정보관리업을 영위하려면 금융감독당국으로부터 허가를 받아야한다(제2조 제9호의3). 신용정보업과 달리 허가를 받을 수 있는 자의 자격 요건은 특별히 규정하고 있지 아니하므로 금융기관뿐만 아니라 금융기술(FinTech)기업도 허가 신청을 할 수 있다. 다만 허가 요건은 충족해야 하는데, 그러한 허가 요건으로는 업무 영위에 충분한 전산설비 등 물적 시설 요건, 사업계획의 타당성 및 건전성 요건, 대주주의 출자능력이나 재무상태 및 사회적 신용 요건, 업무 영위에 충분한 전문성 요건, 자본금 또는 기본재산이 5억 원 이상의 요건 등이다(제6조 제1항, 제2항).

3) 겸영 업무 및 부수 업무

본인신용정보관리회사는 겸영 업무로서 자본시장법에 따른 투자자문업 또는 투자일임업 중에서 신용정보주체의 보호 및 건전한 신용질서를 저해할 우려가 없는 업무를 영위할 수 있는데(제11조 제6항), 그러한 업무는 자본시장법 시행령 제2조 제6호에 따른 '전자적 투자조언장치'(소위 'robo-adviser'를 말한다)를 활용하여 일반투자자를 대상으로 투자자문업 또는 투자일임업을 수행하는 업무를 말한다(시행령 제11조 제5항). 본인신용정보관리회사가 고객으로부터 파악한 신용정보를 활용해서 투자자문업이나 투자일임업을 영위할 수 있도록 하고 있는 것이다. 물론 이러한 투자자문업이나 투자일임업을 영위하기 위해서는 자본시장법에 따라 금융감독당국에 등록을 해야 한다(자본시장법 제18조). 이외에도 「전자금융거래법」 제28조에 따른 전자금융업, 금융소비자법 제2조 제4호에 따른 금융상품자문업, 신용정보업, 대출의 중개 및 주선 업무(은행의 대출 거래 등의 확정 금리·한도를 비교·분석하고 판매를 중개하는 업무를 말한다) 등 다양한 업무를 겸영 업무로 영위할 수 있다(시행령 제11조 제6항).

이외에도 본인신용정보관리회사는 부수 업무로서 ① 해당 신용정보주체에게 제공된 본인의 개인신용정보를 기초로 그 본인에게 하는 데이터 분석 및 자문 업무, ② 신용정보주체 본인에게 자신의 개인신용정보를 관리·사용할 수 있는 계좌를 제공하는 업무, ③ 신용정보제공이용자에 대한 개인신용정보 전송 요구 등의 권리를 대리 행사하는 업무 등을 영위할 수 있다(제11조의2 제6항).

(3) 데이터전문기관

데이터전문기관은 정보집합물의 결합 및 익명처리의 적정성 평가를 전문적으로 수행하는 법인 또는 기관으로서 금융감독당국이 지정한 자를 말한다(제26조의4 제1항). 데이터전문기관은 ① 신용정보회사 등이 보유하는 정보집합물과 제3자가 보유하는 정보집합물 사이의 결합 및 전달 업무와 ② 신용정보회사 등의 익명처리에 대한 적정성 평가 업무를 영위한다(제26조의4 제2항). 데이터전문기관은 익명처리에 대한 적정성 평가 업무를 전문적으로 수행하기 위하여 필요하면 적정성평가위원회를 둘 수 있다(제26조의4 제3항).

4. 신용정보의 수집과 처리 및 위탁

신용정보법은 신용정보회사 등이 신용정보를 수집하고 처리할 수 있도록 하고 있고, 이 경우 원칙적으로 해당 개인으로부터 동의를 얻도록 하고 있다. 또한 신용정보회사 등이 신용정보 처리 업무를 제3자에게 위탁할 수 있도록 허용하고 있다.

(1) 신용정보의 수집

1) 수집의 기본 원칙

신용정보법은 신용정보를 수집할 수 있는 기관을 신용정보회사 등으로 정하면서 이들로 하여금 수집의 목적을 명확하게 하고 그 목적 달성에 필요한 최소한의 범위에서 수집하도록 규정하여, 명확성 원칙과 최소한의 원칙을 준수하도록 하고 있다(제15조 제1항).

2) 수집 시 동의 및 예외

신용정보법은 신용정보 수집의 남용을 막기 위해서 신용정보회사 등이 신용정보를 수집할 때에는 원칙적으로 해당 신용정보주체의 동의를 얻도록 하고 있다(제15조 제2항 본문). 다만 법률에 특별한 규정이 있거나 법령상 의무를 준수하기 위하여 불가피한 경우 등에는 예외를 허용하고 있다(제15조 제2항 단서 제1호 내지 제3호).

(2) 신용정보의 처리

신용정보법은 신용정보회사 등으로 하여금 수집한 신용정보를 '처리'할 수 있도록 허용하고 있다(제15조 제1항). **'처리'**(processing)라 함은 "신용정보의 수집(조사를 포함), 생성, 연계, 연동, 기록, 저장, 보유, 가공, 편집, 검색, 출력, 정정(訂正), 복구, 이용, 결합, 제공, 공개, 파기(破棄), 그 밖에 이와 유사한 행위"를 말한다(제2조 제13호). 다만 신용정보회사 등이 수집한 신용정보를 처리하고자 할 때에는 처리의 목적을 명확히 해야 하며, 그 목적 달성에 필요한 최소한의 범위에서 그 목적에 적합하게 합리적이고 공정한 수단을 사용하여 처리해야 할 의무가 있다(제15조 제1항 후단, 「개인정보 보호법」제3조 제1항, 제2항).

(3) 정보집합물의 결합

신용정보회사 등이 제3자가 보유하는 신용정보를 자신의 신용정보와 결합하여 자신의 업무에 활용할 필요도 있다. 따라서 신용정보법은 신용정보회사 등이 자기가 보유한 정보집합물을 제3자가 보유한 정보집합물과 결합하려는 경우에 데이터전문기관을 통하여 결합하도록 하고 있다(제17조의2 제1항). **정보집합물이란 "정보를 체계적으로 관리하거나 처리할 목적으로 일정한 규칙에 따라 구성되거나 배열된 둘 이상의 정보들"**을 말한다(제2조 제15호 나목). 특히 신용정보회사 등이 신용정보 결합 목적으로 데이터전문기관에게 개인신용정보를 제공하는 경우에는 해당 개인으로부터 사전 동의를 받을 필요가 없도록 하고 있다(제32조 제6항 제9호의3). 그리고 데이터전문기관이 결합된 정보집합물을 해당 신용정보회사 등이나 제3자에게 전달하는 경우에는 가명처리 또는 익명처리가 된 상태로 전달하도록 하고 있다(제17조의2 제2항).

(4) 신용정보 처리의 위탁

1) 위탁자의 의무

신용정보법은 신용정보회사 등이 제3자에게 신용정보 처리를 위탁하는 것을 허용하고 있다(제17조 제1항). 신용정보회사 등이 자체적으로 신용정보를 처리하는 것이 어려운 경우 등 필요한 경우에는 제3자로 하여금 이를 처리하도록 할 필요가 있기 때문이다. 신용정보의 처리 업무를 위탁받은 자를 수탁자라고 한다. 신용정보회사 등이 신용정보의 처리 업무를 위탁하는 경우에는 계약서 작성을 통하여 처리 업무를 위탁해야 하는 등의 의무가 있다(제17조 제1항 후단). 그리고 신용정보회사 등은 신용정보의 처리를 위탁하기 위하여 수탁자에게 신용정보를 제공하는 경우 특정 신용정보주체를 식별할 수 있는 정보는 암호화 등의 보호 조치를 하여야 한다(제17조 제4항).

2) 수탁자의 의무

수탁자는 위탁자와 동일하게 신용정보 처리 업무를 수행할 의무가 있는데(제17조 제2항), 신용정보전산체계의 보안 대책 수립, 신용정보관리기준 준수, 신용정보 처리 기록의 3년 동안 보존, 신용정보 처리 업무를 총괄하고 책임지는 '신용정보관리보호인' 지정 의무 등이 있다(제19조, 제20조 제1항, 제2항, 제3항). 수탁자는 원칙적으로 위탁받은 업무를 제3자에게 재위탁하는 것이 금지되는데, 다만 신용정보의 보호 및 안전한 처리를 저해하지 아니하는 범위에서 금융감독당국이 인정하는 경우에는 재위탁할 수 있다(제17조 7항).

5. 개인신용정보의 활용

(1) 개인신용정보의 이용과 제한

신용정보법은 신용정보회사 등이 개인신용정보를 이용할 수 있도록 허용하면서 그 남용을 방지하기 위해서 이용할 수 있는 경우를 제한하고 있다. 즉 예외적인 경우를 제외하고는(예를 들어, 해당 개인이 다른 목적으로 이용하는 것에 동의한 경우 등) 원칙적으로 개인신용정보는 해당 신용정보주체가 신청한 금융거래 등 상거래 관계의 설정 및 유지 여부 등을 판단하기 위한 목적으로만 이용하도록 하고 있다(제33조 제1항). 신용정보법 제33조 제1항은 개인신용정보를 이용할 수 있는 경우를 열거하여 규정하고 있다. 즉 이렇게 법에서 허용한 경우 이외에는 개인신용정보를 이용할 수 없도록 하고 있다. 이는 그만큼 개인의 사생활 보호 차원에서 개인신용정보를 보호하기 위한 조치라는 점을 알 수 있다. 특히 신용정보회사 등이 민감한 개인정보인 개인 의료 관련 정보(개인의 질병, 상해 또는 그 밖에 이와 유사한 정보를 말한다)를 수집·조사하거나 제3자에게 제공하려면 해당 신용정보주체로부터 서면이나 전자문서 또는 개인비밀번호를 입력하는 방식으로 미리 동의를 받도록 하고, 일정한 목적으로만 그 정보를 이용하도록 하여(제33조 제2항), 보다 엄격한 관리를 하도록 하고 있다. 이러한 이용 제한은 개인신용정보에만 해당하고 기업이나 법인에 관한 신용정보에는 적용되지 않는다.

(2) 가명정보와 익명정보의 활용

2020년 2월 개정 신용정보법은 개인신용정보의 활용 활성화를 통하여 관련 산업이 성장할 수 있도록 하기 위해서 '가명정보'와 '익명정보'의 개념을 새로이 도입했다. 가명정보는 추가 정보를 사용하지 않으면 특정 개인을 알아볼 수 없는 개인신용정보를 말하는데(즉 추가 정보를 사용하면 식별화가 가능해서 개인신용정보에 해당한다), 해당 신용정보주체의 동의를 얻지 않고도 통계 작성이나 연구 등의 목적으로 이용할 수 있도록 허용함으로써 관련 산업이 이를 활용한 다양한 사업을 할 수 있도록 하고 있다. 그리고 익명정보는 완전히 비식별화된 정보를 말하므로 개인신용정보에 해당하지 않아 자유롭게 활용할 수 있게 된다.

1) 가명정보와 가명처리

가명정보란 가명처리한 개인신용정보를 말한다(제2조 제16호). 가명처리란 "추가 정보를 사용하지 아니하고는 특정 개인인 신용정보주체를 알아볼 수 없도록 개인신용정보를 처리하는 것"을 말한다(제2조 제15호). 즉 가명정보란 추가 정보를 사용해야만 특정 개인을 식별할 수 있는 정보이므로 추가 정보를 사용하기 전에는 특정 개인을 알아볼 수 없다. 따라서 가명정보는 추가 정보를 사용해서 개인을 식별할 수 있기 때문에 개인신용정보에 해당한다. 다만 통계 작성이나 연구 등 일정한 목적을 위한 경우에는 해당 개인의 동의가 없어도 이용 및 제공을 할 수 있도록 허용하여(제32조 제6항 제9호의2, 제33조 제4호), 가명정보의 이용 활성화를 도모하고 있다. 그리고 신용정보법은 가명처리의 개념을 보다 확대해주고 있는데, 가명처리를 한 결과물이 추가 정보를 더하면 누구인지 알아볼 수 있어도 가명처리를 한 결과물과 그 추가 정보를 분리해서 보관하는 등의 보호 조치를 취하면 이를 적정한 가명처리로 간주하고 있다(제2조 제15호).

2) 익명정보와 익명처리

익명처리란 "더 이상 특정 개인인 신용정보주체를 알아볼 수 없도록 개인신용정보를 처리하는 것"을 말하므로(제2조 제17호), **익명정보는 완전히 비식별화가 된 정보**를 뜻한다. 추가 정보를 사용해도 특정 개인을 알아볼 수 없게 비식별화가 된 정보를 의미하므로 개인신용정보에 해당하지 않게 된다.

3) 가명처리와 익명처리의 관리

신용정보법은 신용정보회사 등이 가명처리 및 익명처리와 관련하여 준수해야 할 보안 대책 수립 등 행위 규칙을 규정하여, 가명처리와 익명처리가 적정하게 이루어질 수 있도록 하고 있다. 즉 신용정보회사 등은 가명처리에 사용한 추가 정보를 일정한 방법으로 분리하여 보관하거나 삭제해야 하며, 가명정보에 대한 보안 대책을 수립·시행해야 하는 등의 의무가 있다(제40조의2 제1항, 제2항). 또한 특정 개인을 완전히 식별할 수 없게 하는 것이 익명처리이므로 익명처리가 제대로 되었는지 확인하는 것이 중요하다. 그래서 신용정보법은 금융감독당국에 익명처리의 적정성에 대한 심사를 요청할 수 있도록 하고 있으며(제40조의2 제3항), 금융감독당국이 심사하여 적정하게 익명처리가 이루어졌다고 인정하면 더 이상 해당 개인인 신용정보주체를 알아볼 수 없는 정보로 '추정'된다(제40조의2 제4항).

4) 가명정보에 대한 특례 규정

신용정보법은 가명정보가 비록 개인신용정보에 해당하지만 가명정보의 활용 활성화를 위해서 여러 관련 조항의 적용을 배제하는 특례 규정을 두고 있다(제40조의3). 예를 들어, **가명정보에 대해서는 통계작성(시장조사 등 상업적 목적의 통계작성을 포함한다), 연구(산업적 연구를 포함한다), 공익적 기록 보존 등의 목적으로 제3자에게 제공하는 경우에는 해당 개인의 동의를 받을 필요가 없는** 등(제32조 제6항 제9호의2) 신용정보법상의 일부 규정의 적용이 배제된다.

6. 개인신용정보의 제공에 대한 동의

(1) 원칙적인 동의

신용정보법은 일정한 예외적인 경우를 제외하고 **원칙적으로 금융기관 등 신용정보제공이용자가 수집한 개인신용정보를 타인에게 제공하려고 할 때에도 "개인신용정보를 제공할 때마다 미리 개별적으로" 해당 개인으로부터 동의를 얻** 도록 하여(제32조 제1항), 개인신용정보 보호를 강화하고 있다. 2015년 개정 신용정보법에 의하여 건(件)별로 동의를 얻도록 강화되어 금융기관 입장에서는 상당한 번거로움이 있게 된다. 물론 단서 조항에서 "기존에 동의한 목적 또는 이용 범위에서 개인신용정보의 정확성·최신성을 유지하기 위한 경우에는" 건별 동의를 얻지 않도록 하고 있어, 상당 부분 동의를 건별로 얻지 않고 포괄적인 동의를 얻어 타인에게 개인신용정보를 제공할 여지는 있으나, 추상적인 규정으로 인하여 그 해석에 있어서 법적 불안정성이 나타날 가능성이 크다는 문제점은 여전하다.

또한 금융기관 등 신용정보제공이용자가 개인신용평가회사, 개인사업자 신용평가회사, 기업신용조회회사 및 신용정보집중기관으로부터 개인신용정보를 제공받으려고 하는 경우에도 해당 신용정보제공이용자는 개인신용정보를 "제공받을 때마다 신용정보주체로부터 개별적으로 동의"를 받도록 하고 있다(제32조 제2항). 신용정보제공이용자인 금융기관이 고객의 신용등급을 산출하기 위해서 필요한 개인신용정보를 신용평가회사 등으로부터 제공받을 필요가 있는데, 이러한 경우에 동의가 필요한 것이다. 다만 "기존에 동의한 목적 또는 이용 범위에서 개인신용정보의 정확성·최신성을 유지하기 위한 경우"는 동의를 받을 필요는 없다(제32조 제2항).

(2) 동의가 필요 없는 경우

신용정보법은 개인신용정보를 타인에게 제공할 때 해당 개인으로부터 동의를 얻을 필요가 없는 사유를 규정하여 개인신용정보의 이용 활성화를 도모하고 있다. 그러한 사유는 ① 신용정보회사 및 채권추심회사가 다른 신용정보회사 및 채권추심회사 또는 신용정보집중기관과 서로 집중 관리·활용하기 위하여 개인신용정보를 제공하는 경우, ② 개인신용정보의 처리를 수탁자에게 위탁하기 위하여 제공하는 경우, ③ 법원의 제출 명령 또는 법관이 발부한 영장에 따라 제공하는 경우, ④ 신용평가회사나 신용정보집중기관에 금융거래 등 상거래 관련 개인신용정보 등을 제공하거나 그로부터 제공받는 경우 등이 해당한다(제32조 제6항).

7. 개인신용정보주체의 권리

신용정보법은 신용정보주체의 개인신용정보에 대한 권리를 강화하기 위한 규정을 두고 있다. 그러한 권리는 개인신용정보의 전송요구권(제33조의2 제1항), 개인신용정보 이용 및 제공 사실의 조회권(제35조), 개인신용정보 교부·열람 및 정정 청구권(제38조), 신용 조회 사실의 통지 요청권(제38조의2 제1항), 개인신용정보의 삭제 요구권(제38조의3 제1항), 개인신용정보의 무료 열람권(제39조 제1항), 채권 변동 정보의 교부 청구·열람권(제39조의2 제1항), 개인신용정보의 자동화 평가 결과에 대한 설명 요구권(제36조의2), 신용정보 제공이용자에 대한 연락 중지 요청권(제37조 제2항)이다.

8. 행정적 제재로서 과징금의 부과

2014년 신용카드회사들의 개인신용정보 유출 사고에 따른 개인신용정보 보호 강화 조치 중의 하나로서 2015년 개정 신용정보법은 개인신용정보 유출 사고에 책임이 있는 신용정보회사 등과 업무 처리 수탁자에게 행정적 제재로서 과징금을 부과할 수 있도록 하였다(제42조의2).[19] 과징금이 부과되

는 경우는 ① 신용정보전산체계의 보안 관리 소홀로 개인신용정보가 분실·
도난·누출·변조 또는 훼손당한 경우 또는 ② 신용정보회사 등 및 업무 처
리 수탁자의 임직원 또는 임직원이었던 자가 업무상 알게 된 타인의 개인신
용정보 및 사생활 등 개인적 비밀을 업무 목적 외에 누설하거나 이용한 경
우 등이 해당한다(제42조의2 제1항).

①의 경우 신용정보회사 등이 신용정보전산체계의 보안 관리를 위하여
필요한 조치를 다했는데도 외부 전산망 침입자가 신용정보를 탈취한 경우에
도 과징금 부과 대상이 되는지가 문제될 수 있는데, 법규를 준수하여 보안 대
책을 수립하고 시행하고 있다면 보안 관리 의무를 위반한 것이 아니기 때문에
신용정보가 유출되더라도 과징금을 부과할 수 없다고 보아야 할 것이다.

②의 경우 신용정보회사 등과 수탁자의 임직원이 위반 행위를 한 경우
에 해당 신용정보회사 등과 수탁자가 과징금 부과 대상이 되는데, 임직원과
회사의 책임 관계는「민법」상 사용자 책임의 법리(제751조)가 적용되므로 해
당 신용정보회사 등과 수탁자가 소속 임직원에 대한 사무 관리 감독 의무를
다 한 경우에는 과징금 부과를 할 수 없다고 보아야 할 것이다. 그리고 수탁
자의 임직원이 위반 행위를 하여 수탁자가 과징금 부과 대상이 되는 경우에
위탁자인 신용정보회사 등도 과징금 부과 대상이 되는지도 의문이 제기될
수 있다. 검토해보면, 위탁자가 수탁자의 선임에 있어서 과실이 있거나 수탁
자에 대한 관리 감독을 소홀히 하는 등 귀책사유가 있는 경우를 제외하고는
위탁자인 신용정보회사 등에게 과징금을 부과할 수 없다고 보아야 할 것이
다. 이는「민법」상의 사용자 책임에서 "사용자가 피용자의 선임 및 사무 감
독에 상당한 주의를 한 때 또는 상당한 주의를 하여도 손해가 있을 경우"에
는 사용자의 면책이 허용된다는 조항(제756조 제1항 후단)에 비추어 볼 때,
위탁자와 수탁자의 관계에도 적용될 수 있기 때문이다.

한편, 과징금 부과 금액은 신용정보회사 등의 전체 매출액의 100분의 3
이하에 해당하는 금액이며, 다만 신용정보전산체계의 보안 관리 소홀로 신

---

19) 2015년 개정 신용정보법의 내용에 대한 보다 자세한 논의는 고동원, "2015년 개정「신
용정보의 이용 및 보호에 관한 법률」의 법적 검토,"「금융정보연구」제4권 제1호, 한국
금융정보학회, 2015. 8, 1－53면.

용정보가 유출된 경우에는 그 상한은 50억 원이다(제42조의2 제1항). 매출액의 범위는 해당 신용정보회사 등의 직전 3개 사업연도의 연평균 매출액을 말한다(시행령 제35조의3 제1항). 2020년 2월 신용정보법이 개정되기 전에는 위반 행위와 관련된 매출액을 기준으로 했으나, 이제는 전체 매출액을 기준으로 하는 것으로 변경되어 그만큼 과징금 부과 금액이 늘어나게 되었다고 할 수 있다.

9. 손해배상책임

신용정보법은 신용정보가 유출되어 손해를 입은 피해자를 구제하기 위해서 손해배상책임을 규정하고 있는데, 일반 손해배상책임 이외에도 징벌적 손해배상책임 및 법정 손해배상책임에 대해서도 규정하고 있다.

(1) 일반 손해배상책임

신용정보회사 등과 그로부터 신용정보를 제공받은 자가 신용정보법을 위반하여 신용정보주체에게 손해를 가한 경우에는 해당 신용정보주체에 대하여 손해배상의 책임을 지도록 하고 있다(제43조 제1항). 그리고 피해자가 가해자의 고의 또는 과실에 대한 입증이 어려움을 고려하여 고의나 과실이 없다는 점에 대한 입증 책임을 가해자인 신용정보회사 등이나 신용정보를 제공받은 자에게 지우고 있다(법 제43조 제1항). 이는 「민법」상의 불법행위 책임이지만(제750조), 입증 책임을 가해자에게 전환시키고 있어 그만큼 피해자가 쉽게 피해를 구제받을 수 있도록 하고 있는 것이다. 또한 신용정보법은 손해배상책임을 지는 자로서 신용정보 처리 수탁자를 규정하지 않고 있지만, 수탁자도 포함된다고 보아야 할 것이다. 그 이유는 수탁자에 관한 조항인 신용정보법 제17조 제2항이 제43조의 손해배상책임과 관련하여 수탁자에게도 적용한다고 하고 있기 때문이다. 그리고 수탁자가 신용정보주체에게 피해를 입힌 경우에는 위탁자와 수탁자가 연대하여 손해배상책임을 지도록 하고 있다(제43조 제6항).

(2) 징벌적 손해배상책임

징벌적(懲罰的, punitive) 손해배상 청구 제도는 2014년 신용카드회사들의 개인신용정보 유출 사고에 따라 새로 도입된 제도이다. 도입 당시 논란이 많았던 사안이었으나 개인신용정보 유출 사고가 그만큼 사회적으로 큰 파장을 일으킨 사건이라 이 제도가 도입되었다. 즉 **실제 손해액 이외에 추가적으로 징벌적인 의미의 손해를 인정해주는 제도인데, 신용정보법은 그 손해배상액을 손해액의 5배 이내로 제한**하고 있다. 징벌적 손해배상 청구의 조항은 다음과 같다. 즉 "신용정보회사 등이나 그 밖의 신용정보 이용자(수탁자를 포함한다)가 고의 또는 중대한 과실로 [신용정보]법을 위반하여 개인신용정보가 누설되거나 분실·도난·누출·변조 또는 훼손되어 신용정보주체에게 피해를 입힌 경우에는 해당 신용정보주체에 대하여 그 손해의 5배를 넘지 아니하는 범위에서 배상할 책임이 있다"(제43조 제2항). 다만, "신용정보회사 등이나 그 밖의 신용정보 이용자(수탁자도 포함)가 고의 또는 중대한 과실이 없음을 증명한 경우"에는 징벌적 손해배상 청구 대상이 되지 않는다(제43조 제2항 단서).

(3) 법정 손해배상책임

개인신용정보가 누출되어 신용정보주체에게 손해가 발생한 경우에 피해자가 그 손해액을 입증하기가 쉽지 않다. 그래서 2015년 개정 신용정보법은 **피해자가 손해액의 입증 없이 쉽게 손해배상 청구를 할 수 있도록 하는 '법정(法定) 손해배상 청구' 제도를 도입**하였다. 즉 개인신용정보가 유출되어 신용정보주체가 손해를 입은 경우 **법원은 300만 원 이하의 범위에서 일정한 금액을 손해액으로 간주하여 손해배상액을 인정할 수 있다**(제43조의2).

Ⅹ. 신용보증기관법

1. 개   관

신용보증기관은 담보 능력이 떨어진 기업이나 개인을 위하여 보증을 제공하는 기관이다. 일반 금융기관이 이러한 업무를 담당하면 위험성이 높아 수익력이 떨어진다. 그래서 우리나라는 정부와 민간이 공동 출연한 기금 형태로 운영하고 있다. 그러한 기금으로 **신용보증기금, 기술보증기금, 지역 신용보증재단**이 있다. 신용보증기금은 담보 능력이 미약한 기업의 채무를 보증하여 자금 융통을 원활히 하기 위한 목적으로 「신용보증기금법」에 의해 설립된 기금이다. 기술보증기금은 기술력은 있으나 담보력이 없는 신기술사업자 등 기업의 채무를 보증하여 신기술사업에 대한 자금의 공급을 원활하게 할 목적으로 「기술보증기금법」에 의해 설립된 기금이다. 최근 기술금융이 강조되면서 그 역할에 관심이 커지고 있다. 지역 신용보증재단은 담보력이 미약한 지역 소기업·소상공인이나 개인의 채무를 보증하여 자금 융통을 원활하게 하고 지역 경제 활성화와 낮은 소득자들의 복리 증진을 목적으로 「지역 신용보증재단법」에 의해 설립된 기금이다. 이처럼 신용보증기관은 신용보증을 제공함으로써 자금 융통을 원활히 하여 건전한 신용 질서 유지에 이바지한다는 점에서 금융 기반 형성과 관련이 있어 금융기반법의 영역으로 분류할 수 있다.

2. 「신용보증기금법」

(1) 기금 조성 재원

신용보증기금(Credit Guarantee Fund)도 법인 형태이므로(제4조 제1항) **특수공법인**이라고 할 수 있다. 신용보증기금의 **기본 재산은 정부의 출연금, 금융기관**(일반은행, 특수은행, 신탁회사)**의 출연금, 기업의 출연금, 기타 출연금으로 조성**된다(제6조 제1항). 금융기관의 출연금은 그 대출금에 대하여 연율 1천분의 3을 초과하지 않는 범위 내에서 총리령으로 정하는 비율에 따른 금액을 말하는데(제6조 제3항), 자세한 출연금의 범위는 총리령에서 정하고 있다(시행규칙 제1조, 제2조).

(2) 업   무

보증 지원 대상이 되는 '기업'은 "사업을 하는 개인 및 법인과 이들의 단체"

를 말하므로(제2조 제1호), 개인사업자도 그 대상이 된다. 신용보증기금이 제공하는 **신용보증은 주로 기업이 일반은행·특수은행·신탁회사 등 금융기관으로부터 받는 대출 등 금전 채무나 기업이 발행하는 사채에 제공**된다(제2조 제2호). 신용보증기금은 위에서 언급한 신용보증 제공 업무 이외에도 기업의 회사채나 대출채권 등을 유동화자산으로 하는 유동화증권 발행에 대한 보증을 제공할 수 있으며(제23조의3), 신용보증 관계가 성립한 기업의 주식이나 전환사채 또는 신주인수권부사채를 인수하는 보증 연계 투자 업무도 영위할 수 있다(제23조의4). 또한 신용보증기금은 "경영지도, 신용조사 및 신용정보의 종합 관리, 구상권(求償權)의 행사, 신용보증 제도의 조사·연구" 업무도 수행할 수 있다(제23조 제1항).

(3) 정부의 결손금 보전

신용보증기금은 이익금이 생겼을 때에는 이를 전액 적립하여야 하며, 기금의 결산 결과 손실금이 발생할 때에는 적립금으로 보전(補塡)하고 그 **적립금으로 보전하고도 부족할 때에는 정부가 이를 보전**하도록 되어 있어(제41조), 정부가 지원하는 기금임을 알 수 있다.

3. 「기술보증기금법」

(1) 기금 조성 재원

기술보증기금도 법인 형태이므로(제12조 제2항), **특수공법인**이라고 할 수 있다. 기술보증기금도 신용보증기금과 마찬가지로 **정부 출연금, 금융기관(은행, 특수은행, 신탁회사)의 출연금, 기타 출연금 등으로 기본 재산이 조성**된다(제13조 제1항). 금융기관의 출연금은 금융기관 융자금의 1천분의 3 이내에서 대통령령이 정하는 비율에 해당하는 금액이 된다(제13조 제3항, 시행령 제13조). **보증 대상이 되는 기업은 "사업을 하는 개인 및 법인과 이들의 단체"를 말하므로(제2조 제2호), 개인사업자도 해당**된다.

(2) 업　무

기술보증기금의 업무는 신용보증기금의 업무와 유사한데, 특히 **기술보증 업무와 기술평가 업무를 취급함으로써 기술금융에 특화된 업무**를 하는 점이 차별화된다. 기술보증 업무는 신기술사업자가 금융기관이나 신기술사업금융업자로부터 받는 대출 채무 등에 대하여 보증을 제공하는 것을 말한다(제28조 제1항 제2호, 제2조 제4호). 신기술사업자는 기술을 개발하거나 이를 응용하여 사업화하는 중소기업과 「산업기술연구조합 육성법」에 따른 산업기술연구조합 등을 말한다(제2조 제1호). 신기술사업금융업자는 「여신전문금융업법」에 따라 신기술사업금융업으로 등록한 여신전문금융회사를 말한다(제2조 제4호 가목).

기술보증기금은 신용보증기금과 같은 일반 신용보증 업무도 취급한다(제28조 제1항 제3호, 제2조 제5호). 신용보증기금과 마찬가지로 '보증 연계 투자' 업무도 취급하는데, 신기술사업자가 발행한 주식·전환사채·신주인수권부사채에 한한다(제28조의4). 기술보증기금은 신기술사업자의 회사채나 대출채권 등을 기초자산으로 하여 발행하는 유동화증권의 발행 등에 대한 보증도 제공한다(제28조의3).

기술보증기금은 신용보증기금과 달리 **기술평가**("해당 기술과 관련된 기술성·시장성·사업성 등을 종합적으로 평가하여 금액·등급·의견 또는 점수 등으로 표시하는 것") **업무**(제28조 제1항 제6호)를 영위하는 것이 특징적이다. 기술평가 업무는 기술보증기금이 기술보증 업무를 취급하게 되면서 자연스럽게 이 분야에 특화하게 되어 취급하는 업무로 볼 수 있다. 특히 정부의 기술금융 활성화 정책에 힘입어 이 분야의 중요성이 커지면서 기술보증기금의 역할이 커지고 있다.

이외에도 기술보증기금은 "중소기업 기술보호, 기술신탁관리(「기술의 이전 및 사업화 촉진에 관한 법률」에 따른 기술신탁관리업), 기업에 대한 경영지도 및 기술지도, 신용조사 및 신용정보의 종합관리, 구상권(求償權) 행사, 신용보증 제도의 조사·연구" 업무도 한다(제28조 제1항).

(3) 정부의 결손금 보전

신용보증기금과 마찬가지로 기술보증기금도 이익금이 생겼을 때에는 이를 전액 적립하여야 하며, 기금의 결산 결과 **손실금이 발생할 때에는 적립금으로 보전하고 그 적립금으로 보전하고도 부족할 때에는 정부가 이를 보전**하도록 되어 있어(제45조), 정부가 지원하는 기금임을 알 수 있다.

4. 「지역신용보증재단법」

(1) 기금 조성 재원

지역 신용보증재단은 법인으로 하여 설립되므로(제3조), **특수공법인**이라고 할 수 있다. 지역 신용보증재단의 **기본 재산은 지방자치단체의 출연금, 금융기관(은행, 특수은행, 신탁회사)의 출연금, 기업의 출연금, 기타 출연금으로 조성**된다(제7조 제1항). 정부가 아닌 지방자치단체가 출연하는 점에서 다른 신용보증기관과 다르며, 그래서 특별시·광역시·도·특별자치도를 영업 구역으로 하게 되는 것이다(제5조). 다만 중앙 정부는 지역 신용보증재단의 기본재산 확충을 위하여 해당 특별시·광역시·도·특별자치도에 보조할 수 있는 법적 근거는 있다(제7조 제2항). 금융기관의 출연금은 그 대출금에 대해서 연율 1천분의 1을 초과하지 않는 범위 내에서 시행령으로 정하는 비율에 따른 금액을 말한다(제7조 제3항, 시행령 제5조의2, 제5조의3).

(2) 업   무

지역 신용보증재단의 기본 업무는 **신용보증 업무**이다. 다만 신용보증 제공 대상이 해당 영업 구역에 소재하는 중소기업, 소기업, 소상공인 및 개인이 금융기관으로부터 대출받는 금전 채무 등이라는 점에서(제2조 제5호, 제17조 제1항 제2호) 다른 신용보증기관과 다르다. 이외에도 신용보증재단은 "신용조사 및 신용정보의 관리, 경영지도, 구상권의 행사" 업무를 취급한다(제17조 제1항 제3호 내지 제5호).

(3) 지방자치단체의 결손금 보전

지역 신용보증재단의 결산 결과 손실금이 기본 재산을 초과하는 경우에는 해당 특별시·광역시·도·특별자치도가 그 예산에서 정하는 바에 따라 이를 "보전할 수 있도록" 되어 있다(제33조). 신용보증기금이나 기술보증기금의 경우에는 정부가 반드시 보전하도록 되어 있으나, 지역 신용보증재단의 경우에는 법문상 강제성이 없다는 점이 다르다. 지역 신용보증재단의 재정 건전성을 유지하기 위해서는 지방자치단체의 보전 의무를 규정하는 것이 바람직할 것이다.

XI. 부실자산정리법

1. 개   관

1997년 외환 위기 이후에 금융기관과 기업의 부실 채권(債權) 규모가 급격히 증가했다. 이를 효율적으로 처리하기 위해 종전의 '성업공사'를 확대 개편하여 설립된 기관이 한국자산관리공사(Korea Asset Management Corporation)이다. 이에 관련된 법이 부실자산정리법이다. 한국자산관리공사는 금융기관이 보유하는 **부실자산의 효율적인 정리 촉진과 부실징후기업의 경영정상화 등을 효율적으로 지원**하기 위하여 설립된 **특수공법인**이다(제1조, 제6조, 제7조). 즉 한국자산관리공사는 부실자산정리법에 의해 설립된 법정 기관이다.

2. 부실채권정리기금과 구조조정기금의 운용

설립 목적에서도 나타나듯이 한국자산관리공사의 주요 업무는 **금융기관이나 기업의 부실자산의 효율적 정리 업무**이다. 이를 위해 한국자산관리공사는 기금을 조성하여 운용할 수 있는데, 1997년 외환 위기 이후에는 부실채권정리기금이 조성되어(제38조) 2012년 12월 31일까지 운용되었고(법률 제5371호 1997. 8. 22. 개정법 부칙 제2조 제4항), 2008년 세계적 금융위기 이후에는 구조조정기금이 조성되어(제43조의2) 2014년 12월 31일까지 운용되었다(법률 제9670호 2009. 5. 13. 개정법 부칙 제2조).

3. 부실징후기업의 정상화 지원

한국자산관리공사는 "부실징후기업의 자구 계획 대상 자산의 관리·매각의 수임 및 인수 정리"와 "부실징후기업에 대한 경영 진단과 정상화 지원을 위한 자문 및 기업 인수·합병의 알선" 업무를 수행하여(제26조 제1항 제2호 가목, 나목), 부실징후기업을 정상화하기 위한 지원 업무를 수행한다.

4. 국유재산의 관리 처분 업무

한국자산관리공사는 국가 압류 재산의 관리, 국유 재산의 관리 처분, 국가 소유 회사의 청산 등 정부 대행 업무를 수행한다(제26조 제1항 제3호).

5. 개인 신용 회복 지원 업무

한국자산관리공사는 부대 업무로서 2008년 세계적 금융위기 이후 급격히 늘어난 개인 신용불량자의 신용 회복 지원을 위한 신용보증 업무도 수행한다(시행령 제19조 제4호).

XII. 금융실명법

1. 개 관

예금 거래 등 금융기관과 금융 거래를 할 때 예금자의 '실지 명의'(實地

名義)(즉 실명(實名))로 해야 한다는 금융실명제는 1993년 「대통령 긴급경제명령」에 의하여 도입되었고, 1997년 금융실명법으로 법제화되었다. **금융 거래는 실명으로 하도록 하고, 대신에 금융거래의 비밀은 보장하는 법이다.** 2014년 개정 금융실명법은 **차명(借名) 거래를 원칙적으로 금지하여**(제3조 제3항) **차명 거래가 탈법(脫法) 목적으로 이용되는 것을 막고 있다.**

2. 실명 확인

금융실명법은 "거래자의 실지 명의로 금융거래를 하여야 한다"라고 하면서(제3조 제1항) **금융거래자의 실명을 확인하도록 하고 있다**(제3조 제7항). 그래서 개인인 경우 주민등록증이나 운전면허증으로, 법인의 경우 사업자등록증 등으로 실명을 확인하도록 하고 있다(시행령 제3조). 다만 금융실명법은 대면(對面)을 하여 고객의 실명을 하도록 명시적으로 규정하고 있지 않지만, 2015년 12월 전까지는 금융당국이 유권해석을 통하여 실지 대면을 통한 실명 확인만 허용했다. 그러다가 '**금융기술**'(FinTech) 산업의 육성 정책에 따른 인터넷전문은행의 도입과 관련하여 비대면(非對面) 실명 확인을 허용하는 입장으로 유권해석이 변경되어 현재는 **비대면 실명 확인이 가능하다.** 그래서 **지문이나 생체(生體) 인식 또는 화상(畫像) 통화 등을 통한 비대면 실명 확인 방식이 허용**되고 있다.

3. 차명 거래의 금지

그동안 개인이나 기업 등이 차명 거래를 통한 비자금(秘資金) 조성을 하는 등 사회적 문제가 제기되면서 차명 거래를 금지해야 할 필요성이 제기되었다. 이에 따라 2014년 개정 금융실명법은 차명 거래를 원칙적으로 금지하는 조항을 신설하였다. 그동안 금융실명법은 금융거래자의 실명 확인만 하도록 하였지 타인의 이름을 빌어 금융 거래를 하는 것까지 막지는 않았기 때문이다. 금융실명법은 불법 재산 은닉(隱匿), 자금세탁 행위, 공중협박자금 조달 행위 및 강제집행의 면탈(免脫), 그 밖의 **탈법 행위 목적**으로 **차명 거래**를 하는 것을 금지하고 있다(제3조 제3항). 금융실명법은 열거는 하고 있지 않지만 "그 밖의 탈법 행위 목적"이라고 규정하고 있기 때문에 보편적으로 일어나는 **조세 부담 회피 목적의 차명 거래**도 금지 대상이 된다고 보아야 할 것이다. 반면에 탈법 행위 목적이 아닌 경우의 차명 거래는 허용된다고 해석이 된다. 즉 세금 부과 회피 목적이 아닌 배우자 명의나 자녀 명의의 금융 거래, 동창회 자금을 동창회 대표 개인 명의로 하는 금융 거래(소위 '선의(善意)의 차명 거래')는 허용된다고 볼 수 있다.

또한 금융실명법은 **"실명이 확인된 계좌** 또는 외국의 관계 법령에 따라 이와 유사한 방법으로 실명이 확인된 계좌**에 보유하고 있는 금융자산은 명의자의 소유로 추정**한다"라고 하여(제3조 제5항), 차명 거래의 유인을 차단하려는 조항도 두고 있다.

4. 금융거래의 비밀 보장

금융실명법은 금융거래를 실명으로 하도록 하는 대신에 **금융거래의 비밀을 보장**하는 조항도 두고 있다. 즉 금융기관 종사자는 "명의인(신탁의 경우에는 위탁자 또는 수익자를 말한다)의 서면상의 요구나 동의를 받지 아니하고는 그 금융거래의 내용에 대한 정보 또는 자료를 타인에게 제공하거나 누설"하는 것이 금지된다(제4조 제1항). 이를 위반한 경우 형사벌이 가해진다(제6조). 다만 법원의 제출 명령이나 세금 조사 목적 또는 금융감독의 목적상 필요한 제한적인 경우에는 예외가 적용된다(제4조 제1항 제1호 내지 제8호). 여기서 금융거래 정보를 제공할 때마다 건별로 명의인의 동의를 얻어야 하는지, 아니면 포괄적인 1회의 동의로 가능한지가 해석상 애매하지만, 포괄적인 동의도 가능하다고 해석할 수 있다.

XIII. 자금세탁방지법

1. 개 관

자금 세탁(money laundering)이 범죄에 이용되는 등 문제가 커지자 국제적으로 자금 세탁을 방지하기 위한 활동이 활발히 전개되고 있다. 우리나라도 이러한 추세에 맞추어 자금 세탁을 방지하기 위한 입법을 하였다. 대표적인 관련 법률들로서「특정 금융거래정보의 보고 및 이용에 관한 법률」(이하 "특정금융정보법"),「범죄수익은닉의 규제 및 처벌 등에 관한 법률」,「공중 등 협박목적 및 대량살상무기확산을 위한 자금조달행위의 금지에 관한 법률」이 있다.

2.「특정 금융거래정보의 보고 및 이용에 관한 법률」

(1) 개 관

특정금융정보법은 금융기관으로 하여금 불법재산으로 의심되는 금융거래나 일정한 금액 이상의 고액 현금 거래를 금융위원회 내에 둔 '금융정보분석원'에게 보고하게 하여 금융거래를 이용한 자금 세탁 행위와 공중 협박 자금 조달 행위를 규제하기 위한 법이다(제1조, 제4조, 제4조의2). 금융정보분석원은 금융기관으로부터 보고받은 사항을 정리·분석하고 필요한 경우 수사기관 등에게 정보를 제공하는 것을 주 업무로 하는 금융위원회에 소속된 정부 기관으로서 그 권한에 속하는 사무를 독립적으로 수행한다(제3조).

고액 현금 거래의 경우 금융정보분석원에 보고해야 하는 금액은 1천만 원 이상이다(제4조의2 제1항, 시행령 제8조의2 제1항). 또한 금융기관은 금융거래를 이용한 자금세탁 행위 및 공중 협박 자금 조달 행위를 방지하기 위하여 합당한 주의(注意)로서 거래 고객의 신원을 확인하여야 하는 고객 확인 의무가 있다(제5조의2). 고객이 계좌를 신규로 개설하는 경우나 일정한 금액 이상으로 일회성 금융 거래를 하는 경우에는 금융기관은 고객의 신원 확인뿐만 아니라

"고객을 최종적으로 지배하거나 통제하는 자연인"인 '실제 소유자'(beneficial owner)까지 확인해야 하는 의무가 있다(제5조의2 제1항 제1호).

(2) 가상자산 거래 및 가상자산사업자에 대한 규제

한편, 비트코인(Bitcoin)[20] 등 '거래정보연결기술'(block chain)을 이용한 '암호자산'(crypto asset)[21]의 거래가 늘어나고 암호자산 거래의 익명성이라는 특징으로 인해서 암호자산이 자금세탁 행위에 이용되는 것을 방지하기 위해서 2020년 3월 24일 개정되고 2021년 3월 25일부터 시행된 특정금융정보법은 암호자산을 정의하고, 암호자산의 매매나 교환 등의 업무를 취급하려는 자에게 금융정보분석원장에게 신고를 하도록 하는 제도를 도입하였다. 다만 특정금융정보법은 암호자산이라는 용어 대신에 '가상자산'(virtual asset)이라는 용어를 사용하고 있는데, 이는 국제자금세탁방지기구(Financial Action Task Force on Money Laundering: FATF)가 권고한 지침에서 가상자산이라는 용어를 사용하고 있어서 이를 받아들인 것이다. 그러나 다른 국제금융기구나 유럽연합 및 일본 등 주요국은 암호자산이라는 용어를 보편적으로 쓰고 있고, 대부분의 외국 문헌도 암호자산이라는 용어를 쓰고 있다는 점에서 용어의 통일을 위해서는 향후 '가상자산'을 '암호자산'이라는 용어로 변경하는 것을 검토할 필요가 있다.[22]

특정금융정보법은 '가상자산'의 정의를 "경제적 가치를 지닌 것으로서 전자적으로 거래 또는 이전될 수 있는 전자적 증표(그에 관한 일체의 권리를 포함한다)"

---

[20] 2008년 사토시 나카모토(Satoshi Nakamoto)의 "Bitcoin: a Peer-to-Peer Electronic Cash System"라는 논문을 통하여 분산원장기술(distributed ledger technology)인 '거래정보연결기술'(block chain)을 활용하여 전자적인 형태의 새로운 지급수단인 비트코인이 만들어지게 되었다.

[21] 비트코인 등 암호자산이 등장한 초창기에는 '가상화폐', '암호화폐,' '가상통화', 또는 '암호통화'라는 용어로 많이 쓰였는데, 발권력을 갖고 있는 중앙은행인 한국은행만이 '화폐'를 발행할 수 있다는 점(「한국은행법」 제47조)에서 비트코인 등을 화폐라고 부르는 것이 적절하지 않다는 것이 지적되었고, '금'(gold)과 같은 자산의 성격을 갖고 있다는 점에서 이제는 '암호자산'이라는 용어가 보편적으로 많이 쓰이고 있다. '통화'라는 것도 '강제통용력 있는 화폐'라는 의미이어서 마찬가지로 적절한 용어는 아니라고 본다.

[22] 암호자산에 대한 자세한 논의는 고동원, "암호화자산 거래와 제도화 방안,"「상사판례연구」 제31집 제4권, 한국상사판례학회, 2018. 12, 291-318면.

라고 하고 있다(제2조 제3호 본문). 다만 이렇게 포괄적으로 정의를 하면 「전자금융거래법」에 따른 선불지급수단 등도 가상자산의 범위에 속하게 되는 불합리한 결과가 될 수 있으므로 특정금융정보법은 이미 다른 법령에 의해서 규제를 하고 있거나 규제의 필요성이 없는 것은 열거하여 제외하고 있다. 즉 가상자산의 범위에서 제외되는 것은 선불지급수단 이외에도 「전자어음의 발행 및 유통에 관한 법률」에 따른 전자어음, 전자등록법에 따른 전자등록주식 등, 「상법」에 따른 전자선하증권, 「전자금융거래법」에 따른 전자채권, 휴대폰 등 모바일기기에 저장되어 사용되는 상품권, 「게임산업진흥에 관한 법률」에 따른 게임물의 이용을 통하여 획득한 유·무형의 결과물, 화폐·재화·용역 등으로 교환될 수 없는 전자적 증표 또는 그 증표에 관한 정보로서 발행인이 사용처와 그 용도를 제한한 것이 있다(제2조 제3호 단서, 시행령 제4조). 이외에도 "거래의 형태와 특성을 고려하여 금융정보분석원의 장이 정하여 고시하는 것"도 가상자산의 범위에서 제외되는데(시행령 제4조 제3호), 이는 향후 가상자산에서 제외될 필요가 있는 것이 나타날 수 있기 때문에 금융정보분석원장이 판단하여 가상자산의 범위에서 제외할 수 있도록 하고 있다. 예를 들어, 중앙은행이 전자적 형태로 발행하는 화폐인 중앙은행전자화폐(central bank digital currency: CBDC)도 가상자산의 정의에 해당할 수 있는데, 규제의 목적상 가상자산의 범위에 포섭할 필요가 없기 때문에 제외하는 조치를 취할 필요가 있다.

또한, 특정금융정보법은 **가상자산의 교환 등의 업무를 취급하는 '가상자산사업자'에 대한 신고 수리 제도**를 규정하고 있다. 즉 가상자산의 매매나 교환 또는 보관 등의 업무를 취급하려는 자는 일정한 신고 수리 요건을 충족하여 금융정보분석원장에게 신고를 하여야 하고, 금융정보분석원장의 신고 수리를 받지 않고는 이러한 가상자산 관련 업무를 취급할 수 없게 된다(제7조). 가상자산사업자의 업무는 "① 가상자산을 **매도, 매수**하는 행위, ② 가상자산을 다른 가상자산과 **교환**하는 행위, ③ 가상자산을 이전하는 행위 중 대통령령으로 정하는 행위(즉, 고객의 요청에 따라 가상자산의 매매, 교환, 보관 또는 관리 등을 위해 가상자산을 이전하는 모든 행위를 말한다. 시행령 제1조의2), ④

가상자산을 **보관 또는 관리**하는 행위, ⑤ ① 및 ②의 행위를 **중개, 알선**하거나 **대행**하는 행위 등을 말하는데(제2조 제1호 하목), 어느 하나의 업무만 영위해도 되고, 특별히 각 업무 사이에 겸영을 금지하지 않고 있기 때문에 위의 업무 전부를 영위하는 것도 가능할 것이다.

그리고 신고 수리 거부 요건은 "① **정보보호 관리체계 인증**[23]을 획득하지 못한 자, ② 실명확인이 가능한 입출금 계정[동일 금융회사등(대통령령으로 정하는 금융회사등에 한정한다)에 개설된 가상자산사업자의 계좌와 그 가상자산사업자의 고객의 계좌 사이에서만 금융거래등을 허용하는 계정을 말한다]을 통하여 금융거래등을 하지 아니하는 자(다만, 가상자산거래의 특성을 고려하여 금융정보분석원장이 정하는 자에 대해서는 예외로 한다), ③ 특정금융정보법, 「범죄수익은닉의 규제 및 처벌 등에 관한 법률」, 「공중 등 협박목적 및 대량살상무기확산을 위한 자금조달행위의 금지에 관한 법률」, 「외국환거래법」 및 자본시장법 등 대통령령으로 정하는 금융관련 법률에 따라 벌금 이상의 형을 선고받고 그 집행이 끝나거나(집행이 끝난 것으로 보는 경우를 포함한다) 집행이 면제된 날부터 5년이 지나지 아니한 자(가상자산사업자가 법인인 경우에는 그 대표자와 임원을 포함한다), ④ 신고 또는 변경신고가 말소되고 5년이 지나지 아니한 자"이다(제7조 제3항). 신고 수리 요건이 비교적 까다롭다는 점을 고려할 때 사실상 등록제나 인가제에 가깝게 운영하고 있다고 볼 수 있다. 그리고 이러한 신고 수리 요건 중 "실명확인이 가능한 입출금 계정" 확보와 "정보보호 관리체계 인증"을 획득해야 하는 요건이 중요하다. 특히 실명확인 입출금 계정을 확보하지 못하게 되면 원화를 통한 거래를 하지 못하게 되어 가상자산사업자의 영업에 큰 영향을 줄 수 있다.

---

23) ISMS(Information Security Management System)을 말하는데, "기업·기관이 수립·관리·운영하는 정보보호 관리체계의 적합성에 대해 인증을 부여하는 제도"를 말한다(미래창조과학부·한국인터넷진흥원, ISMS 인증제도 안내서, 2017. 4, 11면). 법적 근거는 「정보통신망 이용촉진 및 정보보호 등에 관한 법률」 제47조, 「정보통신망 이용촉진 및 정보보호 등에 관한 법률 시행령」 제47조 내지 제53조의2, 과학기술정보통신부가 제정한 「정보보호 및 개인정보보호 관리체계 인증 등에 관한 고시」이다.

3. 「범죄수익은닉의 규제 및 처벌 등에 관한 법률」

이 법은 범죄 수익을 은닉(隱匿)하거나 가장(假裝) 행위를 한 자에 대해서 형사 처벌을 할 수 있도록 함으로써(제3조) 범죄 수익을 은닉하지 못하도록 하고 있다. 또한 금융기관 종사자로 하여금 금융거래와 관련하여 수수(授受)한 재산이 범죄 수익 등이라는 사실을 알았을 때나 금융거래 상대방이 범죄 수익 등의 은닉 및 가장 행위를 하고 있다는 사실을 알았을 때는 지체 없이 수사기관에 신고하도록 하고 있다(제5조 제1항). 그리고 특정 범죄와 관련된 범죄 수익의 몰수(沒收) 및 추징(追徵)에 관한 특례 조항을 두어(제8조, 제10조) 특정 범죄를 조장(助長)하는 경제적 요인을 근원적으로 제거하고자 하고 있다.

4. 「공중 등 협박목적 및 대량살상무기확산을 위한 자금조달행위의 금지에 관한 법률」

이 법은 금융기관으로 하여금 금융감독당국의 허가를 받은 경우를 제외하고는 "금융거래제한대상자"(공중 협박 자금 조달과 관련된 행위나 대량 살상 무기 확산과 관련되어 있는 것으로 판단되는 개인·법인 또는 단체를 말한다)(제4조)로 지정되어 고시된 자와 금융거래를 할 수 없도록 하고 있으며(제5조 제1항), 금융기관 종사자로 하여금 금융거래와 관련하여 수수(授受)한 재산이 공중 협박 자금이나 대량 살상 무기 확산 자금이라는 사실을 알게 되는 경우 등에는 관할 수사기관에게 지체 없이 신고하도록 하고 있다(제5조 제2항).

XIV. 서민금융법

1. 개   관

2016년 제정된 서민금융법은 "서민금융진흥원 및 신용회복위원회를 설립하여 서민의 금융생활과 개인채무자에 대한 채무조정을 지원함으로써 서민생활의 안정과 경제·사회의 균형 있는 발전에 이바지함을 목적"으로 하는 법률이다(제1조). 1997년 외환위기와 2008년 금융위기를 겪으면서 저소득층 개인채무자들이 많이 늘어나게 되었고, 이들이 은행 등 금융기관들의 금융 혜택을 제대로 받지 못하는 문제가 발생하게 되었는데, 정부가 이러한 저소득층에 대한 금융을 보다 효율적으로 지원하기 위해서 서민금융법을 제정한 것이다. 이 법에 의해서 설립된 서민금융진흥원은 저소득층 등 서민을 위한 금융을 공급하기 위해서 신용대출사업이나 신용보증사업 등을 수행하며, 신용회복위원회는 개인채무자의 채무 조정 업무를 수행한다. 서민 금융 공급을 위한 재원은 주로 정부의 출연금, 금융기관의 출연금 및 금융기관이 보유하고 있는 휴면예금 등으로 조성된다. 이렇게 서민에 대한 금융 공급을 지원하기 위하여 제정된 법률이라는 점에서 서민금융법은 금융기반법의 영역으로 분류할 수 있을 것이다. 한편, '서민'이라는 용어의 느낌이 좋지 않다는 점을 고려할 때 **'포용'**(inclusive)이라는 용어로 변경하는 것도 검토할 필요가 있다.

2. 서민금융진흥원

(1) 서　　설

서민금융진흥원은 서민의 원활한 금융생활을 지원하기 위하여 설립된 기관이다(제3조 제1항). 서민금융진흥원은 법인으로 하며, 서민금융법에서 규정한 것을 제외하고는 「상법」 중 주식회사에 관한 규정을 준용하도록 하고 있다(제3조 제2항, 제3항). 서민금융진흥원의 자본금은 1조원으로서 정부, 금융기관, 한국자산관리공사 등이 출자한 자금으로 조성되어 있다(제4조). 그리고 서민금융진흥원 내부에 운영위원회를 설치하여 "서민진흥원의 업무 운영에 관한 기본방침과 업무계획의 수립 및 변경" 등 주요 사항을 심의·의결하는 권한을 부여하여(제8조) 업무 운영의 신뢰성과 공정성을 유지할 수 있도록 하고 있다.

(2) 업   무

서민금융진흥원의 주요 업무는 저소득층을 지원하기 위한 신용대출사업 및 신용보증사업 등 서민 금융 지원 업무이다. 구체적으로 서민금융진흥원의 업무는 "서민 금융생활 지원 사업, 서민의 금융생활 지원을 위한 금융상품 등의 알선, 서민의 금융생활 관련 조사·연구 및 대외 교류·협력, 서민에 대한 신용보증 및 자금대출, 업무 수행에 따른 출자 및 투자, 서민금융 지원을 조건으로 금융기관에 대한 출연과 출자, 서민금융 지원 실적이 우수한 금융기관에 대한 출연과 출자, 지방자치단체가 운영하는 서민금융지원센터에 대한 자금 지원, 금융기관이 출연한 **휴면예금**[24]과 한국예탁결제원이 출연한 실기주 과실(失期株 果實)[25]의 관리·운용, 신용회복위원회로부터 위탁받은 사업" 등이다(제24조 제1항). 여기서 "서민 금융생활 지원 사업"의 범위는 "저소득층의 창업, 취업, 주거, 의료 및 교육을 지원하기 위한 신용대출사업 및 신용보증사업, 금융채무 불이행자의 경제적 회생을 지원하기 위한 신용대출사업 및 신용보증사업, 저소득층의 보험계약 체결 및 유지를 지원하기 위한 사업, 저소득층의 자산형성지원을 위한 사업, 서민의 금융생활 관련 종합상담, 교육 및 정보제공, 서민의 경제적 자립을 지원하기 위한 취업 지원, 영세한 개인사업자의 영업을 지원하기 위한 신용대출사업" 등이다(제2조 제5호). 주로 저소득층을 위한 신용대출 및 신용보증 사업이 주 업무가 되고 있음을 알 수 있다.

신용대출사업의 주요 재원은 서민금융진흥원 내에 설치된 '자활지원계정'으로부터 공급되는데(제55조의2), 이 계정의 주요 재원은 정부의 출연금이나 금융기관이 보유하는 휴면예금과 한국예탁결제원이 수취한 실기주 과실

---

24) 휴면예금이란 "금융회사의 예금등 중에서 관련 법률의 규정 또는 당사자의 약정에 따라 채권 또는 청구권의 소멸시효가 완성된 예금등"을 말한다(제2조 제3호 가목).

25) 실기주 과실(失期株 果實)이라 함은 "「자본시장과 금융투자업에 관한 법률」 제314조에 따라 예탁자를 통하여 투자자에게 반환된 후 투자자의 명의로 명의개서가 되지 아니하여 같은 법 제294조에 따라 설립된 한국예탁결제원 명의인 주권(즉 "실기주")의 권리행사에 따라 예탁결제원이 수취하여 10년 이상 관리한 배당 등 과실(금전으로 한정하고 금전 이외의 과실을 매각한 경우에는 그 매각대금을 포함한다)"을 말한다(제2조 제3호 나목).

(失期株 果實)(제2조 제3호)로 출연된 '휴면예금등관리계정'(휴면계정)으로부터의 전입금으로 조성된다(제42조). 또한 신용보증사업의 주요 재원은 서민금융진흥원 내에 설치된 '서민금융보완계정'을 통해 공급되는데(제46조), 이 계정은 주로 정부나 금융기관이 출연한 재원으로 조성된다(제47조).

3. 신용회복위원회

(1) 서 설

개인채무자의 채무조정 지원 등을 위하여 **신용회복위원회**를 설립 운영하고 있다(제56조 제1항). 1997년 외환위기와 2008년 세계적 금융위기를 겪으면서 연체 개인채무자들이 많이 늘어나고, 이에 따라 이러한 개인채무자들의 재기를 위해서 채무조정 제도가 필요하다는 점을 인식하고 신용회복위원회를 설립하여 이 업무를 수행하게 하고 있다. 신용회복위원회는 법인으로 하며(제56조 제2항), 서민금융법에서 규정한 것을 제외하고는 「민법」 중 사단법인에 관한 규정을 준용하도록 하고 있다(제56조 제3항). 신용회복위원회는 회의체 기구이므로 업무를 보좌하고 사무를 처리하기 위하여 사무국을 두어 운영하고 있다(제62조 제1항).

(2) 구 성

신용회복위원회는 위원장 1명을 포함하여 15명의 위원으로 구성한다(제61조 제1항). 위원장은 채무조정과 관련하여 학식과 경험이 풍부한 사람 중 금융위원회 위원장의 제청으로 대통령이 임면한다(제61조 제2항). 위원은 당연직 위원인 각 금융업협회 대표들과 소비자 보호 및 개인채무자 채무조정 지원에 관한 학식과 경험이 풍부한 사람 중에서 금융위원회 위원장이 위촉한 사람들로 구성된다(제61조 제3항).

(3) 업 무

신용회복위원회의 주요 심의·의결 사항은 "개인채무자에 대한 채무상담, 채무조정 지원신청의 접수 및 채무조정 지원"에 관한 사항이다(제60조 제4호). 이외에도 신용회복위원회는 "업무계획의 수립·시행, 정관 및 규정의 제정·개정 및 폐지, 예산의 편성·변경 및 결산, 신용회복지원협약에 관한 사항, 채무조정이 확정된 개인채무자에 대한 사후관리, 개인채무자의 「채무자 회생 및 파산에 관한 법률」에 따른 회생절차 또는 파산절차의 신청과 그에 필요한 제반 사항의 지원 등에 관한 사항"을 심의·의결한다(제60조 제1호 내지 제7호).

4. 채무조정

(1) 서   설

신용회복위원회의 주요 기능 중의 하나는 **개인채무자를 위한 채무조정 지원** 업무이다. 서민금융법은 채무조정의 기본원칙으로서 "① 채무조정은 개인채무자의 자산, 소득수준 및 생활 여건 등을 고려하여 공정하고 신속하게 이루어져야 하며, ② 개인채무자는 자신의 상황에 대한 정확한 정보를 제공하여야 하고, ③ 신용회복위원회와 신용회복지원협약을 체결한 자인 채권금융기관은 개인채무자의 채무조정을 위하여 적극 협력하여야 한다"고 규정하고 있는데(제70조 제1항), 채무조정에 대한 기본적인 방향을 제시한다는 점에서 의미가 있다고 할 수 있다.

(2) 채무조정의 절차

서민금융법은 "채무조정을 받으려는 개인채무자는 **신용회복위원회에 채무조정을 신청할 수 있다**"고 규정하고 있어서(제71조 제1항) 채무조정이 필요하다고 판단하는 개인채무자는 누구든지 채무조정을 신청할 수 있을 것이다. 다만 이러한 채무조정 신청에 대하여 신용회복위원회가 반려할 수 있는 사유로서 "신용회복지원협약의 채무조정 신청 대상에 해당하지 아니하는 경우"를 규정하고 있어서(제71조 제2항 제1호), 개인채무자가 신용회복위원회와 채권금융기관이 체결한 신용회복지원협약(제75조)에서 정한 채무조정 신청 대상에 해당하지 않는 경우에는 결국 채무 조정을 신청할 수 없다고 보아야 할 것이다. 다른 채무조정 신청 반려 사유는 "개인채무자가 신용회복위원회가 요청한 서류를 제출하지 아니하거나 허위로 작성하여 제출한 경우"이다 (제71조 제2항 제2호).

신용회복위원회는 개인채무자의 채무조정 신청을 접수한 경우 특별한 사유가 없으면 이를 채권금융기관에 즉시 통지하여야 하며(제72조 제1항), 통지를 받은 채권금융기관은 개인채무자의 채무 내역을 신용회복위원회에 신고하여야 한다(제72조 제2항). 신용회복위원회는 채권금융기관으로부터 채무내역 신고를 받은 경우 대통령령으로 정하는 기간(즉 30일) 이내에 채무조정안을 심의·의결하여야 한다(제72조 제3항, 시행령 제54조). 신용회복위원회는 심의·의결된 채무조정안을 채권금융기관에 통지하여야 하며, 채권금융기관은 그 채무조정안에 대한 동의 여부를 위원회에 회신하여야 한다(제72조 제4항). 무담보채권 총액 및 담보채권(해당 자산의 청산가치 범위에서 유효담보가액에 해당하는 채권을 말한다) 총액 중 각각 과반수의 채권을 보유한 채권금융기관이 채무조정안에 동의하면 확정된다(제72조 제5항). 신용회복위원회는 채무조정안이 확정되는 경우 그 채무조정안을 개인채무자 및 채권금융회사에 각각 통지하여야 한다(제72조 제6항).

(3) 채무조정의 방법

채무조정은 채권금융기관이 보유한 채권에 대하여 "상환기간 연장, 분할상환, 이자율 조정, 상환 유예 또는 채무감면" 등의 방법으로 할 수 있다 (제73조).

(4) 채무조정의 효력

신용회복위원회가 통지한 채무조정안을 개인채무자와 채권금융기관이 수락하는 경우 그와 같은 내용의 합의가 성립된 것으로 본다(제74조 제1항). 채권금융기관이 합의가 성립된 채권을 제3자에게 양도하는 경우에도 채무조정의 효력은 양수인에게도 동일하게 미친다(제74조 제2항).

XV. 외환규제법

1. 개   관

개인이나 기업이 외화(外貨)가 개재된 외국환 거래나 대외 거래(수출입 거래, 서비스의 제공 및 수령 거래 등 용역 거래, 예금이나 대출 거래 등 자본 거래)를 하는 경우에 적용되는 법이 「외국환거래법」이다. 예를 들어, 개인이나 기업이 외국에 송금을 하거나 해외 금융기관으로부터 차입을 하고자 하는 경우에 일정한 금액을 초과하게 되면 **외국환은행(외국환업무를 영위하는 은행으로서 기획재정부장관에게 등록된 은행)**이나 외환당국(즉 기획재정부)에게 신고를 하도록 하여[26] 규제를 하고 있다.

「외국환거래법」은 1961년에 제정된 법으로서 1998년 9월(1999년 4월 시행) 전까지는 「외국환관리법」이었으나, 1997년 외환 위기를 거치면서 외국환 거래의 '자유'를 보다 촉진하기 위해서 법 명칭이 바꾸어졌다. 그럼에도 불구하고 아직도 '완전한' 외국환 거래의 자유라고 보기는 어려우며, 일정한 금액을 초과하는 경우나 외환 통제의 필요성이 있는 거래 등 필요한 경우에는 신고나 허가 등의 절차를 통하여 규제하고 있다. 그래서 「외국환거래법」이라는 법 명칭에도 불구하고 규제법이라고 보는 것이 타당하다. **실무적으로는 기획재정부장관 고시로 제정된 「외국환거래규정(規程)」이 상당히 중요하다.** 법이나 시행령에서 위임된 사항을 규정하고 있지만 상당히 많은 내용을 규정하고 있어 실무에서는 꼼꼼히 살펴볼 필요가 있다.

2. 「외국환거래법」 적용 대상 거래

「외국환거래법」은 법 적용 대상 기준을 설정함에 있어 '거주자'와 '비거주자'의 개념을 사용하고 있다. 즉 거주자라 함은 "대한민국에 주소나 거소(居所)를 둔 개인과 대한민국에 주된 사무소를 둔 법인"을 말하며, 비거주자

---

26) 「외국환거래규정」 제4-2조, 제7-14조 참조.

라 함은 "거주자 이외의 개인 및 법인"을 말한다(제3조). 그래서 「외국환거래법」은 기본적으로 (i) 거주자와 비거주자 사이의 원화 및 외화 거래, (ii) 거주자 사이의 외화 거래, (iii) 비거주자 사이의 원화 거래에 적용된다(제2조). 그리고 이러한 거래에서 일정한 금액을 초과하는 거래 등 일정한 경우에는 외국환은행이나 외환당국에 신고하도록 하거나 허가를 받도록 규제하고 있다.

3. 「외국환거래법」의 성격

「외국환거래법」상의 신고 등의 절차를 거치지 않은 외국환 거래는 사법상 무효가 되는지 의문이 들 수 있다. 즉 **「외국환거래법」이 단속 법규인지 효력 법규인지에 관한 문제**이다. 판례는 「외국환거래법」을 단속 법규로 보고 「외국환거래법」에 위반한 거래의 사법상 효력에는 영향이 없다는 입장이다.[27)]

---

27) 대법원 1975. 4. 22. 선고 72다2161 판결.

제 4 장   증권규제법

04 증권규제법

I. 총 설

　기업이 자금을 조달하는 방법은 은행 등 금융기관으로부터 차입을 하는
방법도 있지만 주식이나 사채 등 증권을 발행하여 자금을 조달할 수도 있다.
이 경우 발행한 증권을 매입하는 투자자들이 있게 된다. 이렇게 **증권이 발행
되고 투자자가 발행되는 증권을 매입하는 시장을 '증권발행시장'**(primary market)
이라 한다. 증권발행시장에서 투자자는 증권 발행 기업의 장래 수익성을 보
고 투자하게 된다. 만약 증권 발행 기업이 재무 상황이 좋지 않음에도 불구
하고 이를 속여서 마치 장래 유망한 기업인 것처럼 투자자에게 알려서 증권
을 발행한다면 여기에 투자한 투자자는 손해를 입을 수밖에 없다. 따라서 증
권 발행 기업이 이러한 행위를 하지 못하도록 규제를 하는 것이 필요하다.
바로 이러한 내용을 담고 있는 것이 '증권발행규제법'의 영역이 된다. 우리나
라는 자본시장법이 이러한 규제 내용을 담고 있다. **기업이 증권을 발행할 때
일정한 요건이 되면 '증권신고서'를 금융감독당국에게 제출하도록 하여 공시**(公示,
disclosure)**하게 하는 것**이 대표적이다.
　한편, 증권 투자자는 자금을 회수하기 위해 다른 투자자에게 증권을 매
도할 수 있다. 이렇게 **이미 발행된 증권이 투자자들 사이에 매매되는 시장을 '증**

'권유통시장'(secondary market)이라고 한다. 이러한 시장에서도 투자자들을 보호하기 위한 규제가 필요하다. 바로 이러한 규제 내용이 '증권유통규제법'의 영역이라 할 수 있다. 자본시장법이 이러한 규제 내용을 담고 있는데, 증권 발행 기업이 정기적으로 기업의 재무 상황에 관한 사항을 금융감독당국에게 제출하도록 하고 본점 등에 비치하여 열람하게 하는 공시 규제가 대표적이다.

이외에도 시세 조종 행위, 미공개중요정보를 이용한 내부자(insider) 거래 행위, 사기적(詐欺的) 부정 거래 등을 막기 위한 증권 불공정거래(unfair trading) 규제도 증권규제법의 한 영역이다.

Ⅱ. 증권발행규제법

1. 증권신고서 제출 의무

(1) 개   관

자본시장법은 기업이 증권을 발행할 때 금융감독당국에게 제출해야 하는 '증권신고서' 작성 의무 여부를 금액과 투자자의 수(數)를 기준으로 하고 있다. 자본시장법은 "증권의 모집 또는 매출(대통령령으로 정하는 방법에 따라 산정한 모집가액 또는 매출가액 각각의 총액이 대통령령으로 정하는 금액 이상인 경우에 한한다)은 발행인이 그 모집 또는 매출에 관한 신고서를 금융감독당국에 제출하여 수리되지 아니하면 이를 할 수 없다"라고 하고 있다(제119조 제1항). 여기서 **신고 대상에서 제외되는 증권**이 있는데, **국채증권, 지방채증권, 특수법인 발행 채권, 국가 또는 지방자치단체가 원리금의 지급을 보증한 채무증권 등이다**(제118조, 시행령 제119조). 이러한 증권의 발행인이 국가나 지방자치단체 또는 특수법인이어서 발행인의 신용도가 높아 투자자 보호에 문제가 없다고 보아 증권신고서 제출 의무를 면제시키고 있다. **증권 발행 신고 대상이 되는 금액은 '모집' 가액이나 '매출' 금액이 10억 원 이상인 경우이다**(시행령 제120조 제1항).

(2) 모집 또는 매출에 의한 증권 발행

자본시장법은 규제의 대상이 되는 투자자 모집 방법을 '모집 또는 매출'에 한정하고 있는데, 그 의미를 살펴보면 다음과 같다. '모집'은 "대통령령으로 정하는 방법에 따라 산출한 50인 이상의 투자자에게 새로 발행되는 증권의 취득의 청약을 권유하는 것"을 말하는데(제9조 제7항), 증권의 청약을 권유하는 날 이전 6개월 동안의 투자자 수(數)를 기준으로 한다(시행령 제11조). '매출'은 "대통령령으로 정하는 방법에 따라 산출한 50인 이상의 투자자에게 이미 발행된 증권의 매도의 청약을 하거나 매수의 청약을 권유하는 것"을 말하는데(제9조 제9항), 과거 6개월 동안 통산한 투자자 수를 기준으로 한다(시행령 제11조). 모집과 매출의 차이는 모집은 새로 발행되는 증권을 대상으로 하는 반면, 매출은 이미 발행된 증권을 대상으로 한다는 점에 있다. 그리고 모집이나 매출이 50인 이상의 투자자에게 투자 권유를 한다는 점에서 그렇지 않은 '사모'(私募)(즉 50인 미만에게 투자 권유를 하는 것)와 구별된다. 즉 사모 발행의 경우에는 금액이 10억 원 이상이라도 증권신고서 제출 의무가 없다.

(3) 소규모 공모

증권신고서 제출 대상이 되지 않는 증권의 모집이나 매출의 경우(즉 10억 원 미만의 모집 또는 매출 발행의 경우) "증권 발행인은 투자자를 보호하기 위하여 재무 상태에 관한 사항의 공시, 그 밖에 대통령령으로 정하는 조치를 취할 의무"가 있다(제130조). 즉 소규모 공모(公募)의 경우에도 투자자를 보호하기 위한 장치를 최소한으로 두고 있다. "대통령령이 정하는 조치"로서 증권의 모집이나 매출 전에 증권 발행인의 재무 상태와 영업 실적을 기재한 서류를 금융감독당국에 제출할 것 등이 있다(시행령 제137조 제1항 제1호).

(4) 증권신고서 기재 내용

증권신고서에는 증권 발행인인 회사의 개요, 사업의 내용, 재무에 관한 사항, 주주에 관한 사항, 임직원에 관한 사항 등 발행인에 관한 정보 사항과 모집 또는 매출되는 증권의 권리 내용이나 투자 위험 요소 등 증권에 관한 사항 등이 포함된다(시행령 제125조).

(5) 일괄증권신고서

증권신고서는 증권을 모집 또는 매출할 때마다 제출하여야 하므로 번거롭다. 그래서 일정한 요건에 해당하는 경우에는 '일괄증권신고서'를 제출할 수 있도록 하고 있다. 즉 "증권의 종류, 발행 예정 기간, 발행 횟수, 발행인의 요건 등을 고려하여 … **일정 기간 동안 모집하거나 매출할 증권의 총액을 일괄하여 기재한 신고서**"를 '**일괄증권신고서**'라고 한다(제119조 제2항). 일괄증권신고서를 금융감독당국에 제출하여 수리된 경우에는 일정 기간 중에는 증권을 모집하거나 매출할 때마다 제출하여야 하는 증권신고서를 따로 제출하지 아니하고 증권을 모집하거나 매출할 수 있다(제119조 제2항). 다만 이 경우에 증권을 모집하거나 매출할 때마다 일괄증권신고와 관련된 서류를 제출하여야 한다(제119조 제2항 후단). 일괄증권신고서 제출 대상이 되는 증권은 주권(株券), 사채권(社債券), 파생결합증권, 개방형 집합투자증권이다(시행령 제121조 제1항).

2. 투자설명서 공시

(1) 개   관

자본시장법은 투자자를 보호하기 위해서 증권신고서 제출 의무 이외에도 증권 발행인으로 하여금 **발행되는 증권에 대한 '투자설명서'(prospectus)를 작성한 후 본점 등에 비치하여 일반인이 열람할 수 있도록** 하고 있다. 즉 자본시장법은 증권을 모집하거나 매출하는 경우에 발행인으로 하여금 대통령령으로 정하는 방법에 따라 작성한 투자설명서를 증권 신고의 효력이 발생하는 날에 금융감독당국에 제출하고, 이를 발행인의 본점, 금융감독당국, 한국거래소, 청약 사무를 취급하는 장소 등에 비치하고 일반인이 열람할 수 있도록 하고 있다(제123조 제1항, 시행규칙 제13조 제1항). 여기서 "증권 신고의 효력이 발생하는 날"은 "증권신고서가 금융감독당국에 제출되어 수리된 날부터 증권의 종류 또는 거래의 특성 등을 고려하여 총리령으로 정하는 기간이 경과한 날"을 말하는데(제120조 제1항), "총리령으로 정하는 기간"은 증권의 종류에 따라 7일 또는 15일이다(시행규칙 제12조 제1항).

(2) 투자설명서 기재 내용

투자설명서는 표제부(標題部)와 본문으로 구분하여 작성하는데(시행령 제131조 제1항), 표제부에는 증권 신고의 효력 발생일, 해당 증권의 모집 가액 또는 매출 가액, 청약 기간, 납부 기간 등이 기재되며(시행령 제131조 제2항), 본문에는 증권의 종류에 따른 증권신고서의 기재 사항을 기재하게 된다(시행령 제131조 제3항).

(3) 투자설명서 교부 의무

투자설명서는 증권을 취득하고자 하는 자에게 반드시 교부(交付)되어야 한다. 즉 누구든지 증권 신고의 효력이 발생한 증권을 취득하고자 하는 자에게 투자설명서를 미리 교부하지 아니하면 그 증권을 취득하게 하거나 매도할 수 없다(제124조 제1항). 다만 전문투자자가 취득하는 경우 등 교부 의무가 면제되는 경우가 있다(시행령 제132조).

3. 손해배상책임

(1) 개   관

자본시장법은 증권발행시장에서 공시 의무 위반으로 인하여 피해를 입은 투자자를 보호하기 위해서 손해배상책임에 관한 별도의 조항을 두고 있다(제125조). 이러한 손해배상책임 조항은 「민법」상의 불법행위 손해배상책임(제750조)에 대한 특칙이라고 할 수 있다. 즉 「민법」상은 불법행위와 손해 발생 사이의 인과(因果) 관계에 대하여 원고(즉 손해 배상 청구권자인 투자자)가 이를 증명하여야 하지만, 자본시장법은 피고(즉 증권 발행인)가 인과 관계가 없다는 것을 증명하도록 입증 책임을 전환하고 있다(제126조 제2항). 투자자의 입증 책임 부담을 덜어 주어 보다 수월하게 손해 배상을 받을 수 있도록 하고 있다. 물론 자본시장법상의 손해배상책임과 「민법」상의 손해배상책임의 요건이 동시에 충족되는 경우에 원고인 투자자는 2개의 청구권을 모두 행사할 수 있겠지만, 일반적으로 자본시장법상의 손해배상책임 규정이 투자자에게 유리하므로 자본시장법상의 손해배상청구권을 행사하게 될 것이다.

(2) 손해배상책임의 발생 요건

자본시장법상의 손해배상책임에 관한 조항은 다음과 같다. 즉 "증권신고서(정정 신고서 및 첨부 서류를 포함한다)와 투자설명서(예비투자설명서 및 간이투자설명서를 포함한다) 중 **중요 사항에 관하여 거짓의 기재 또는 표시가 있거나 중요 사항이 기재 또는 표시되지 아니함으로써 증권의 취득자가 손해를 입은 경우에는** [증권 발행인 등]은 그 손해에 관하여 배상의 책임을 진다. 다만, 배상의 책임을 질 자가 상당한 주의를 하였음에도 불구하고 이를 알 수 없었음을 증명하거나 그 증권의 취득자가 취득의 청약을 할 때에 그 사실을 안 경우에는 배상의 책임을 지지 아니한다"라고 하고 있다(제125조 제1항). **손해배상책임의 발생 원인은 증권신고서와 투자설명서의 부실(不實) 표시이다.** 여기서 '중요 사항'이란 "투자자의 합리적인 투자 판단 또는 해당 금융투자상품의 가치에 중대한 영향을 미칠 수 있는 사항"을 말한다(제47조 제3항).

(3) 손해배상청구권자

손해배상청구권자는 "증권의 취득자"이다(제125조 제1항). 따라서 증권 발행 시장에서 증권 취득자는 당연히 포함된다. 다만 유통시장에서 증권 취득자도 포함되는지 여부에 대해서는 논란이 있으나 판례는 포함되지 않는다는 입장이다.[1]

(4) 손해배상책임의 주체

손해배상책임의 주체도 광범위한데, 증권신고서의 신고인과 신고 당시의 발행인의 이사, 증권신고서의 작성을 지시하거나 집행한 자, 공인회계사·

---

1) 대법원 2002. 5. 14. 선고 99다48979 판결; 대법원 2002. 9. 24. 선고 2001다9311, 9328 판결; 대법원 2015. 12. 23. 선고 2013다88447 판결.

감정인·신용평가전문가, 증권신고서의 기재 내용을 확인한 자, 해당 증권의 인수인·주선인, 투자설명서의 작성 교부자, 매출의 방법에 의한 경우 매출 신고 당시의 매출인(즉 증권의 소유자로서 스스로 또는 인수인이나 주선인을 통 하여 그 증권을 매출하였거나 매출하려는 자)(제9조 제14항)이 해당된다(제125조 제1항 제1호 내지 제7호).

(5) 손해배상액의 추정

자본시장법은 **손해배상액의 추정(推定) 규정**을 두어(제126조 제1항), 피해 자가 손해액을 입증해야 하는 부담을 덜어 주고 있다. 즉 "배상할 금액은 청 구권자가 해당 증권을 취득함에 있어서 실제로 지급한 금액에서 [공제되는 금액]을 뺀 금액으로 추정한다"라고 하고 있는데, 공제되는 금액은 소송의 변론이 종결될 때 그 증권의 시장 가격(시장 가격이 없는 경우에는 추정 처분 가격) 또는 변론(辯論) 종결 전(前)에 그 증권을 처분한 경우에는 그 처분 가 격이다(제126조 제1항 제1호 및 제2호).

(6) 손해 인과 관계의 입증 책임 전환

자본시장법은 부실 표시와 손해 발생 사이의 인과(因果) 관계의 입증 책임을 손해배상책임 주체인 피고에게 부담하도록 함으로써 인과 관계가 없다는 입증 책 임을 피고에게 전환시켜 원고인 투자자를 보호하고 있다. 즉 자본시장법은 "배 상 책임을 질 자는 청구권자가 입은 손해액의 전부 또는 일부가 중요 사항 에 관하여 거짓의 기재 또는 표시가 있거나 중요 사항이 기재 또는 표시되 지 아니함으로써 발생한 것이 아님을 증명한 경우에는 그 부분에 대하여 배 상책임을 지지 아니한다"라고 함으로써(제126조 제2항) 피고로 하여금 부실 표시와 증권 취득자의 손해 사이에 인과 관계가 없음을 증명하도록 하고 있 다. 즉 증권의 취득자는 증권신고서나 투자설명서의 중요 사항에 관하여 부실 표 시가 있었다는 사실과 손해를 입은 사실만 증명하면 되고, 손해 인과 관계의 존 재를 별도로 증명할 필요가 없게 된다.

(7) 제척 기간

자본시장법은 손해배상청구권의 제척(除斥) 기간도 규정하고 있다. 즉 "배상의 책임은 그 청구권자가 해당 사실을 안 날부터 1년 이내 또는 해당 증권에 관하여 증권신고서의 효력이 발생한 날부터 3년 이내에 청구권을 행사하지 아니한 경우에는 소멸한다"(제127조). 문구가 단지 "소멸한다"라고만 하고 있어 제척 기간으로 보는 것이 타당할 것이다. '소멸 시효(時效) 기간'이라고 보려면 "시효로 인하여 소멸한다"라고 규정해야 할 것이다. 제척 기간이므로 '소멸 시효 기간'과 달리 시효의 중단이나 정지가 없게 된다.

4. 형사 책임

자본시장법상 증권 발행 공시 관련 규정 위반에 대해서는 형사벌도 부과된다(제444조, 제446조).

Ⅲ. 증권유통규제법

1. 정기 공시

(1) 사업보고서 제출 의무

자본시장법상 **상장법인 등**은 정기적으로 '사업보고서'를 금융감독당국과 한국거래소에 **제출**해야 한다(제159조 제1항). 이는 증권 발행인에 관한 정보를 정기적으로 시장에 공시하도록 함으로써 투자자들의 투자 판단에 도움이 되도록 하기 위한 것이다. 사업보고서 제출 의무 대상자는 **주권상장법인**과 "대통령령으로 정하는 법인"인데, 주권 외에 일정한 증권을 증권시장에 상장한 상장법인인 발행인과 증권을 모집·매출한 비상장법인인 발행인 등이 해당된다(시행령 제167조 제1항). 주권상장법인은 발행한 주권을 상장한 법인을 말한다. 사업보고서 제출 대상 법인은 매 사업연도 종료 후 90일 이내에 사업보고서를 제출해야 한다(제159조 제1항). 사업보고서에는 회사의 목적, 상호, 사업 내용, 임원 보수, 재무에 관한 사항, 임원 및 직원에 관한 사항, 주주에 관한 사항, 대주주에 관한 사항, 회계감사인의 감사 의견 등이 기재되어야 하며(제159조 제2항, 시행령 제168조 제3항), 회계감사인의 감사보고서, 감사의 감사보고서 등의 서류를 첨부하여야 한다(제159조 제2항, 시행령 제168조 제6항).

(2) 반기보고서 및 분기보고서 제출 의무

자본시장법상 사업보고서 제출 대상 법인은 사업연도 개시일로부터 6개월 동안의 사업보고서인 **반기보고서**와 사업연도 개시일로부터 3개월 동안 및 9개월 동안의 사업보고서인 **분기보고서**를 각각 그 기간 경과 후 45일 이내에 금융감독당국과 한국거래소에 제출하여야 한다(제160조).

2. 수시 공시

(1) 주요사항보고서 제출 의무

자본시장법은 정기 공시 외에도 **투자자의 투자 판단에 영향을 미칠 만한 중요한 정보가 발생하는 경우에 해당 증권 발행인으로 하여금 수시로 공시하도록 하는 수시 공시 제도**를 규정하고 있다. 즉 사업보고서 제출 대상 법인은 일정한 사실이 발생한 경우에는 그 사실이 발행한 날의 다음 날까지 그 내용을 기재한 '**주요사항보고서**'를 금융감독당국에 제출하여야 한다(제161조 제1항). '주요 사항'은 "(i) 영업 활동의 전부 또는 중요한 일부가 정지되거나 그 정지에 관한 이사회 등의 결정이 있은 때, (ii) 회생 절차 개시 또는 간이 회생 절차 개시의 신청이 있은 때, (iii) 해산 사유가 발생한 때, 중요한 영업 또는 자산을 양수하거나 양도할 것을 결의한 때, (iv) 자기주식(自己株式)을 취득(자기주식의 취득을 목적으로 하는 신탁계약의 체결을 포함) 또는 처분(자기주식의 취득을 목적으로 하는 신탁계약의 해지를 포함)할 것을 결의한 때"이다(제161조 제1항 제1호 내지 제9호).

(2) 한국거래소 공시규정(規程)

그 이외의 사항에 대해서는 한국거래소가 '공시규정'(公示規程)을 제정하여 운영할 수 있도록 하여(제391조 제1항), 자율 규제 형식을 취하고 있다. 이에 따라 한국거래소는 「유가증권시장 공시규정」, 「코스닥시장 공시규정」, 「코넥스시장 공시규정」을 제정하여 운영하고 있다.

3. 손해배상책임

(1) 개   관

자본시장법은 증권유통시장에서 공시 의무 위반에 따라 손해를 입은 투자자를 보호하기 위하여 손해배상책임 조항을 별도로 두고 있다. 즉 사업보고서·반기보고서·분기보고서·주요사항보고서 및 그 첨부 서류(회계감사인의 감사보고서는 제외) 중 중요 사항에 관하여 거짓의 기재 또는 표시가 있거나 중요 사항이 기재 또는 표시되지 아니함으로써 사업보고서 제출 대상 법인이 발행한 증권(그 증권과 관련된 증권예탁증권, 그 밖에 대통령령으로 정하는 증권 포함)의 취득자 또는 처분자가 손해를 입은 경우에는 사업보고서 제출인 등 관련자는 손해배상책임을 진다(제162조 제1항).

(2) 손해배상책임의 주체

손해배상책임을 지는 자는 사업보고서 등의 제출인과 제출 당시의 그 사업보고서 제출 대상 법인의 이사, 사업보고서 등의 작성을 지시하거나 집행한 자, 공인회계사·감정인 또는 신용평가전문인, 사업보고서 등의 기재 내용을 확인한 자이다(제162조 제1항 제1호 내지 제4호).

(3) 손해배상책임의 면제

다만 손해배상책임을 질 자가 상당한 주의를 하였음에도 불구하고 이를 알 수 없었음을 증명하거나 그 증권의 취득자 또는 처분자가 그 취득 또는 처분을 할 때에 그 사실을 안 경우에는 손해배상책임을 지지 아니한다(제162조 제1항 단서).

(4) 손해 인과 관계의 입증 책임 전환

자본시장법은 증권 발행 공시의 경우와 마찬가지로 손해 인과 관계에 대한 입증 책임을 손해배상책임의 주체인 사업보고서 제출인 등에게 부담하게 함으로써 투자자를 보호하고 있다. 즉 자본시장법은 "배상책임을 질 자는 청구권자가 입은 손해액의 전부 또는 일부가 중요 사항에 관하여 거짓의 기재 또는 표시가 있거나 중요 사항이 기재 또는 표시되지 아니함으로써 발생한 것이 아님을 증명한 경우에는 그 부분에 대하여 배상책임을 지지 아니한다"라고 규정하여(제162조 제4항), 사업보고서 제출인 등으로 하여금 부실 기재와 손해 발생 사이에 인과 관계가 없음을 증명하도록 하고 있다. 즉 손해배상청구권자는 손해 인과 관계의 존재를 증명할 필요가 없고, 단지 부실 기재와 손해가 발생했다는 것만을 증명하면 된다.

(5) 손해배상액의 추정

증권 발행 공시와 마찬가지로 손해배상액의 추정 규정을 두어 투자자의 손해액 입증 부담을 덜어 주고 있다. 즉 자본시장법은 "배상할 금액은 청구권자가 그 증권을 취득 또는 처분함에 있어서 실제로 지급한 금액 또는 받은 금액과 [공제되는 금액]과의 차액으로 추정한다"라고 하고 있는데, 공제되는 금액은 소송의 변론(辯論)이 종결될 때 그 증권의 시장 가격(시장 가격이 없는 경우에는 추정 처분 가격) 또는 별론 종결 전에 그 증권을 처분한 경우에는 그 처분 가격이다(제162조 제3항).

(6) 제척 기간

자본시장법은 손해배상청구권의 제척(除斥) 기간을 두고 있다. 즉 "배상의 책임은 그 청구권자가 해당 사실을 안 날부터 1년 이내 또는 해당 제출일부터 3년 이내에 청구권을 행사하지 아니한 경우에는 소멸한다"(제162조 제5항).

4. 형사 책임

자본시장법은 증권 유통 관련 공시 위반에 대한 형사벌(刑事罰) 규정을 두고 있다(제444조 제13호, 제446조 제28호).

Ⅳ. 증권불공정거래규제법

1. 개   관

증권이 발행되고 유통되는 과정에서 증권 발행인의 임직원이 내부 중요 정보를 이용하여 증권 매매에 따른 차익(差益)을 얻거나 누군가가 증권의 가격을 조작하여 이익을 얻는 경우가 발생할 수 있다. 이 경우 일반 증권 투자자는 손실을 보게 된다. 이러한 피해를 막기 위한 장치가 필요하다. 그래서 자본시장법은 이러한 증권 불공정거래에 대한 규제 조항을 두어 위반자에 대한 손해배상책임과 형사벌 등 막중한 책임을 묻고 있다. 자본시장법이 규정하는 증권 등의 불공정 거래 규제는 ① 증권 발행인의 임직원이나 주요주주가 얻은 단기 매매 차익의 반환 의무, ② 증권 발행인의 임직원 등 내부자가 미공개 중요정보를 이용하는 행위 금지, ③ 시세(時勢) 조종 행위 금지, ④ 사기적(詐欺的) 부정 거래 행위 금지, ⑤ 시장 질서 교란(攪亂) 행위 금지가 있다.

2. 내부자 거래 규제

(1) 개   관

상장법인의 임직원 등 회사의 내부 정보에 쉽게 접근할 수 있는 자들이 그러한 정보를 이용하여 부당 이익을 취할 수 있고, 이 경우 일반 투자자들이 피해를 입게 되는 경우가 발생할 수 있다. 그래서 내부자 거래를 규제할 필요가 있다. 자본시장법은 그러한 자들이 단기에 매매를 하여 이익을 얻은 경우에 그러한 이익을 해당 법인에게 반환하게 하는 제도와 그러한 내부자들이 '미공개중요정보'를 이용하는 것을 금지하는 제도를 규정하고 있다.

(2) 단기 매매 차익 반환 의무

1) 서 설

주권상장법인의 임직원이나 주요주주가 해당 법인이 발행한 증권을 단기 매매함으로써 이익을 얻은 경우에 그러한 이익을 해당 법인에게 반환하게 하는 제도가 '단기 매매 차익 반환 제도'이다. 대상 법인은 주권상장법인에 한한다. 주권상장법인은 증권시장에 상장된 주권을 발행한 법인을 말한다(제9조 제15항 제3호). 주권상장법인의 임직원이나 주요주주는 아무래도 해당 법인에 관한 정보를 일반 투자자보다는 쉽게 접할 가능성이 많아 불공정한 거래가 이루어질 수 있다. 이 경우 일반 투자자가 피해를 입을 수 있다. 공정한 증권 거래를 위해서는 그러한 임직원의 행위를 규제할 필요가 있다. 그래서 단기 매매 차익을 반환하게 하는 것이다.

2) 반환 의무 대상자

자본시장법은 단기 매매 차익 반환 의무 대상이 되는 자를 **주권상장법인의 임원과 직원**(미공개중요정보를 알 수 있는 자로서 대통령령이 정하는 자에 한한다) 및 **주요주주에 한정**하여 규정하고 있다(제172조 제1항). 주요주주는 해당 법인의 의결권 있는 발행 주식 10% 이상 소유하거나 임원의 임면(任免) 등의 방법으로 중요한 경영 사항에 대하여 사실상의 영향력을 행사하는 주주를 말한다(제9조 제1항, 지배구조법 제2조 제6호 나목).

3) 대상 금융투자상품

단기 매매 차익 반환 대상이 되는 금융투자상품은 ① **해당 주권상장법인이 발행한 증권**(일반 사채권은 제외), ② ①의 증권과 관련된 증권예탁증권, ③ 그 법인 외의 자가 발행한 것으로서 ① 또는 ②의 증권과 교환을 청구할 수 있는 교환사채권, ④ ①부터 ③까지의 **증권만을 기초자산으로 하는 금융투자상품**이다(제172조 제1항 제1호 내지 제4호). 그래서 **증권뿐만 아니라 증권을 기초자산으로 하는 파생상품**(즉 주식선택권(option) 거래나 주식선물(futures) 등)도 해당된다.

여기서 "주권상장법인이 발행한 증권"이라고 해서 새로 발행하는 증권도 포함되는지 여부가 해석상 문제될 수 있다. "발행한 증권"이라고 하므로 이미 발행한 증권만 포함된다고 볼 여지도 있으나, 증권 발행 시장에서도 불공정 거래가 이루어질 수 있어 규제의 필요성이 있다는 점과 새로이 발행되는 증권도 발행되는 순간에 "발행한 증권"이라고 볼 수 있다는 점에서 새로이 발행하는 증권도 제외될 이유는 없을 것이다.

4) 대상 기간

단기 매매 차익 반환 대상이 되는 기간은 6개월을 기준으로 하고 있다. 즉 위의 증권 등을 매수한 후 6개월 이내에 매도하거나 위의 증권 등을 매도한 후 6개월 이내에 매수하여 이익을 얻은 경우이다(제172조 제1항).

5) 위헌 논의

자본시장법은 명시적으로 미공개중요정보를 이용할 것을 요건으로 하고 있지 않기 때문에 미공개중요정보의 이용 여부에 상관없이 증권 등을 매매하여 단기에 이익을 얻은 경우에도 적용 대상이 된다고 보아야 할 것이다. 따라서 내부 미공개중요정보 이용에 상관없이 단기 매매 차익을 반환하는 것이 「헌법」상의 재산권 보장 조항(제23조)에 위반하는 것이 아닌지에 대한 논란이 제기될 수 있는데, **거래 자체를 금지하는 것이 아니고 단지 매매 차익을 반환하는 것이므로 위헌(違憲)이라고 보기는 어려울 것이다.** 헌법재판소도 합헌(合憲)으로 보고 있다(헌법재판소 2002. 12. 28. 99헌바105, 2001헌바48(병합)).

(3) 미공개중요정보 이용 행위 금지

1) 서   설

자본시장법은 상장법인의 임직원 등 내부자(insider)가 '미공개중요정보'를 이용하여 증권의 매매 등을 하는 것을 금지하고 있다. 왜냐하면 내부자가 그러한 중요정보를 이용함으로써 부당한 이익을 취득하게 되고 동시에 투자자에게 피해를 입히게 되기 때문이다.

2) 규제 대상 법인

미공개중요정보 이용 행위 금지의 **규제 대상 법인은 상장법인**이다. 즉 **증권시장에 상장된 증권을 발행한 법인**을 말한다(제9조 제15항 제1호). 앞서 본 단기 매매 차익 반환 제도가 주권상장법인의 임직원과 주요주주에게만 적용되는 것에 비하면 대상 범위가 넓다. 주권상장법인은 증권시장에 상장된 주권을 발행한 법인을 말한다(제9조 제15항 제3호). 그리고 6개월 이내에 상장 예정인 비상장법인과 6개월 이내에 상장법인과의 합병, 주식의 포괄적 교환, 그 밖에 대통령령으로 정하는 기업결합 방법에 따라 상장되는 효과가 있는 비상장법인도 포함된다(제174조 제1항 본문).

3) 규제 대상 증권

미공개중요정보 이용 행위 금지의 대상 증권은 앞서 본 단기 매매 차익 대상이 되는 증권 등의 범위와 같다(제174조 제1항 본문).

4) 내부자 및 정보수령자의 범위

미공개중요정보 이용 행위 금지의 규제 대상이 되는 내부자 및 정보수령자(tippee)의 범위는 다음과 같다. 자본시장법은 내부자뿐만 아니라 내부자로부터 정보를 수령한 자도 규제 대상으로 하고 있는 점이 특징적이다.

첫째, **계열회사를 포함한 상장법인** 자체도 해당된다(제174조 제1항 제1호). 이는 상장법인이 자기주식 취득 및 처분 과정에서 미공개중요정보를 이용할 수 있어 이를 규제하기 위한 것이다.

둘째, 해당 상장법인(계열회사 포함)의 임직원 및 대리인으로서 그 직무와 관련하여 미공개중요정보를 알게 된 자도 대상이 된다(제174조 제1항 제1호). 단기 매매 차익 반환의 경우와 달리 모든 직원이 해당된다. 이들이 법인의 내부 정보에 가장 쉽게 접할 수 있는 자들이라는 점에서 내부자에 포함시키는 것은 당연하다.

셋째, 해당 상장법인(계열회사 포함)의 '주요주주'로서 그 권리를 행사하는 과정에서 미공개중요정보를 알게 된 자도 포함된다(제174조 제1항 제2호). '주요주주'는 "누구의 명의로 하든지 자기의 계산으로 해당 [상장법인]의 의결권 있는 발행주식 총수의 100분의 10 이상의 주식(그 주식과 관련된 증권예탁증권

을 포함한다)을 소유한 자" 또는 "임원(업무집행책임자는 제외한다)의 임면(任
免) 등의 방법으로 해당 [상장법인]의 중요한 경영사항에 대하여 사실상의
영향력을 행사하는 주주로서 [지배구조법 시행령]으로 정하는 자"를 말한다
(제9조 제1항, 지배구조법 제2조 제6호 나목, 시행령 제4조).

넷째, '준내부자(準內部者, quasi-insider), 즉 원래는 내부자는 아니지만 해
당 법인과 일정한 관계에 있는 자도 규제 대상이 된다. 그러한 준내부자는 "그
법인에 대하여 법령에 따른 허가·인가·지도·감독, 그 밖의 권한을 가지는
자로서 그 권한을 행사하는 과정에서 미공개중요정보를 알게 된 자" 및 "그
법인과 계약을 체결하고 있거나 체결을 교섭하고 있는 자로서 그 계약을 체
결·교섭 또는 이행하는 과정에서 미공개중요정보를 알게 된 자"가 해당된다
(제174조 제1항 제3호, 제4호). 후자의 예로서 기업합병인수계약 및 자문계약
을 체결한 자가 당해 법인의 제3자 배정 유상(有償) 자본금 증가 정보를 이
용하거나,[2] 신주인수계약을 체결한 자가 당해 법인의 자본금 감소 정보를
이용한 경우[3]가 해당된다.

다섯째, 해당 상장법인의 주요주주나 준내부자의 대리인·사용인·종업원으
로서 그 직무와 관련하여 미공개중요정보를 알게 된 자도 포함된다(제174조 제1
항 제5호).

여섯째, 내부자(준내부자 포함)로부터 미공개중요정보를 받은 자 즉, 정보수
령자(tippee)도 포함된다(제174조 제1항 제6호). 위의 첫째부터 다섯째까지에
해당되는 자, 즉 내부자(준내부자를 포함한 내부자)로부터 미공개중요정보를
받은 자이다.

여기서 "미공개중요정보를 받은 자"라고 하고 있어 "받은 자"의 범위가
어떻게 되는지가 논란이 될 수 있다. 즉 정보가 계속 전달되는 경우에 1차
수령자뿐만 아니라 2차 수령자까지도 포함되는지가 해석상 논란이 될 수 있
다. 미공개중요정보를 이용하지 않은 내부자로부터 정보를 받은 1차 수령자
가 전달받은 정보를 이용한 경우에는 내부자와 1차 수령자 모두 규제 대상

---

2) 서울고등법원 2009. 3. 19. 선고 2008노2314 판결.
3) 대법원 2007. 7. 26. 선고 2007도4716 판결.

이 될 것이다. 왜냐하면 **자본시장법 제174조 제1항이 내부자(준내부자 포함) 및 정보 수령자가 증권 등의 "매매, 그 밖의 거래에 이용하거나 타인에게 이용하게 하여서는 아니 된다"**로 하고 있어, 내부자의 경우에는 1차 수령자인 타인에게 이용하게 한 것이 되고, 1차 수령자의 경우는 1차 수령자가 직접 이용한 경우에 해당되기 때문이다.

한편, 미공개중요정보를 이용하지 않은 1차 수령자가 그 정보를 다시 2차 수령자에게 제공하여 2차 수령자가 그 정보를 이용한 경우에는 어떻게 되는가? 제174조 제1항이 "타인에게 이용하게 하여서는 아니 된다"라고 하고 있어, 2차 수령자인 타인이 미공개중요정보를 이용하였기 때문에 내부자와 1차 수령자가 규제 대상이 될 것이다. 반면에 2차 수령자는 내부자로부터 직접 정보를 수령한 자가 아니므로 규제 대상이 되지는 않는다.

그리고 2차 수령자가 그 정보를 이용하지 않고 다시 다른 사람에게 전달하여 그 다른 사람이 이용한 경우에는 어떻게 되는가? **2차 수령자는 내부자로부터 직접 정보를 수령한 자가 아니어서 규제 대상이 아니고, 1차 수령자 및 내부자도 미공개중요정보를 이용하거나 타인인 2차 수령자에게 이용하게 하지 않았으므로 규제 대상이 되지 않는다.**[4] 즉 '타인'의 범위가 2차 수령자에 한정된다는 것을 알 수 있다. 3차 수령자 이하는 타인의 범위에 포함되지 않는다. 이처럼 현행 제도에서는 정보수령자가 무한정 확대되지 않는다는 것을 알 수 있다.

이렇다 보니 2차 수령자, 3차 수령자 등 후속 수령자를 규제할 수 없는 한계가 있어 2014년 개정 자본시장법은 '시장질서 교란행위 금지' 조항(제178조의2)을 신설하여 위반 시 과징금 부과 조치로 규제의 공백을 보완하였다.

5) 내부자의 지위 계속

내부자(준내부자 포함)의 지위에 해당하는 자가 이에 해당하지 아니하게 된 날로부터 1년이 경과되지 않은 자도 규제 대상이 된다(제174조 제1항 본문).

6) 미공개중요정보의 의미

'미공개중요정보'에서 '미공개'의 의미는 "대통령령으로 정하는 방법에 따라 **불특정 다수인이 알 수 있도록 공개되기 전의 것**"을 말하며, '중요정보'는

---

4) 대법원 2002. 1. 25. 선고 2000도90 판결.

"투자자의 투자 판단에 중대한 영향을 미칠 수 있는 정보"를 말한다(제174조 제 1항 본문). 결국 중대한 영향을 미치는지의 여부 판단은 법원에 의해 결정된 다고 할 것인데, 대법원은 "합리적인 투자자라면 그 정보의 중대성과 사실이 발생할 개연성을 비교 평가하여 판단할 경우, 유가증권의 거래에 관한 의사 를 결정함에 있어서 중요한 가치를 지닌다고 생각하는 정보"라고 하거나,[5] "일반투자자들이 일반적으로 안다고 가정할 경우에 해당 유가증권의 가격에 중대한 영향을 미칠 수 있는 사실"[6]이라고 하여, **중대성 기준과 실질적 개연 성(蓋然性) 기준을 채택**하고 있다. 그리고 미공개중요정보는 해당 상장법인의 "업무 등"과 관련된 정보를 말하므로(제174조 제1항 본문), 상장법인의 영업 과 재산 등에 관한 정보 등 업무 관련성이 있는 정보이어야 할 것이다.

3. 시세 조종 행위 규제

(1) 개   관

증권시장에서 증권의 가격을 조작하는 행위를 '시세(時勢) 조종' 또는 '주가 조작'이라고 한다. 자본시장법 제176조는 이러한 시세 조종 행위를 금 지하고 있는데, 유형별로 ① **위장(偽裝) 거래에 의한 시세 조종 행위 금지**(제1 항), ② **허위 표시 등에 의한 시세 조종 행위 금지**(제2항), ③ **시세의 고정·안정 행위 금지**(제3항), ④ **연계(連繫) 시세 조종 행위 금지**(제4항)를 규정하고 있다.

(2) 위장(偽裝) 거래에 의한 시세 조종 행위 금지

자본시장법상 "누구든지 상장증권 또는 장내파생상품의 매매에 관하여 그 매매가 성황을 이루고 있는 듯이 잘못 알게 하거나, 그 밖에 타인에게 그 릇된 판단을 하게 할 목적"으로 **통정(通情) 매매나 가장(假裝) 매매** 또는 그러한 매매의 위탁·행위나 수탁 행위를 하는 것이 금지된다(제176조 제1항). '통정 매 매'는 매매 당사자 사이에 미리 매매 가격을 정하고 서로 매도 및 매수를 하

---

5) 대법원 1994. 4. 26. 선고 93도695 판결.
6) 대법원 1995. 6. 29. 선고 95도467 판결.

는 것을 말한다(제176조 제1항 제1호, 제2호). '가장 매매'는 외관상은 매도인과 매수인 사이에 권리의 이전을 목적으로 하는 것으로 보이지만 실제로는 권리의 이전을 목적으로 하지 아니하는 거짓으로 꾸민 매매 행위를 말한다(제176조 제1항 제3호). 그리고 통정 매매나 가장 매매를 투자중개업자(즉 증권회사)에게 위탁하는 행위뿐만 아니라 그러한 매매를 수탁하는 행위도 금지된다(제176조 제1항 제4호).

(3) 매매 유인 목적의 허위 표시 등에 의한 시세 조종 행위 금지

자본시장법상 누구든지 상장증권 또는 장내파생상품의 매매를 유인할 목적으로 매매가 성황인 것처럼 오인하게 하는 행위나 시세를 변동시키는 매매 또는 그 위탁이나 수탁을 하는 행위가 금지되며(제176조 제2항 제1호), 시세가 시장 조작에 의하여 변동한다는 말을 유포하는 행위도 금지된다(제176조 제2항 제2호). 또한 상장증권 또는 장내파생상품의 매매를 함에 있어서 중요한 사실에 관하여 허위 표시 또는 오해를 유발시키는 표시를 하는 행위도 금지된다(제176조 제2항 제3호).

(4) 시세의 고정·안정 행위 금지

자본시장법상 "누구든지 상장증권 또는 장내파생상품의 시세를 고정시키거나 안정시킬 목적으로 그 증권 또는 장내파생상품에 관한 일련의 매매 또는 그 위탁이나 수탁을 하는 행위"가 금지된다(제176조 제3항). 즉 시세를 고정시키거나(capping) 안정시키는 것(stabilization)도 기본적으로 정상적인 수요와 공급에 의한 가격 결정을 왜곡시키는 것이므로 시세 조종 행위에 해당한다. 다만 투자매매업자(즉 증권회사)가 증권의 가격을 안정시키기 위한 매매 거래(즉 안정 조작 행위)나 투자매매업자가 모집 또는 매출한 증권의 수요와 공급을 조성하는 매매 거래(즉 시장 조성 행위) 등 일정한 경우는 예외적으로 허용된다(제176조 제3항 제1호 내지 제6호).

(5) 연계 시세 조종 행위 금지

연계(連繫) 시세 조종 행위의 대상 거래는 "증권, 파생상품 또는 그 증권·파생상품의 기초자산 중 어느 하나가 거래소에 상장되거나 그 밖에 이에 준하는 경우로서 대통령령으로 정하는 경우(거래소가 그 파생상품을 장내파생상품으로 품목의 결정을 하는 경우를 말한다. 시행령 제206조의2)에 그 증권 또는 파생상품에 관한 매매, 그 밖의 거래"이다(제176조 제4항 본문). '파생상품'이라고 하고 있으므로 장내파생상품 및 장외파생상품도 포함된다.

금지되는 연계 시세 조정 행위는 다음과 같다. 첫째, 대표적인 것으로서 **파생상품의 기초자산과 파생상품 사이의 연계된 시세 조정 행위**가 금지된다. 즉 ① "파생상품의 매매 등에서 부당한 이익을 얻거나 제삼자에게 부당한 이익을 얻게 할 목적으로 그 파생상품의 기초자산의 시세를 변동 또는 고정시키는 행위"와 ② "파생상품의 기초자산의 매매 등에서 부당한 이익을 얻거나 제삼자에게 부당한 이익을 얻게 할 목적으로 그 파생상품의 시세를 변동 또는 는 고정시키는 행위"가 금지된다(제176조 제4항 제1호, 제2호). **선물(futures) 거래나 선택권(option) 거래 등의 파생상품 매매에서 부당한 이익을 얻을 목적으로 그 기초자산인 증권이나 일반상품(commodity)의 시세를 변동 또는 고정시키는 연계 시세 조종 행위 및 그 반대의 연계 시세 조종 행위**가 금지되는 것이다.

둘째, **증권과 연계증권·기초자산 사이의 연계 시세 조종 행위**도 금지된다. 즉 ① "증권의 매매 등에서 부당한 이익을 얻거나 제삼자에게 부당한 이익을 얻게 할 목적으로 그 증권과 연계된 증권으로서 대통령령으로 정하는 증권 또는 그 증권의 기초자산의 시세를 변동 또는 고정시키는 행위"와 ② "증권의 기초자산의 매매 등에서 부당한 이익을 얻거나 제삼자에게 부당한 이익을 얻게 할 목적으로 그 증권의 시세를 변동 또는 고정시키는 행위"가 금지된다(제176조 제4항 제3호, 제4호).

셋째, **파생상품 사이의 연계에 의한 시세 조종 행위**도 금지된다. 즉 "파생상품의 매매 등에서 부당한 이익을 얻거나 제삼자에게 부당한 이익을 얻게 할 목적으로 그 파생상품과 기초자산이 동일하거나 유사한 파생상품의 시세를 변동 또는 고정시키는 행위"가 금지된다(제176조 제4항 제5호).

4. 사기적 부정 거래 행위 규제

(1) 개   관

증권시장에서는 앞서 본 미공개중요정보 이용 행위나 시세 조종 행위 외에도 다양한 사기적(詐欺的) 부정 거래가 일어날 수 있다. 그래서 **자본시장법은 포괄적인 사기 행위 금지 규정을 두어**(제178조) 이를 막고 있다. 사기적 부정 거래의 금지 목적도 결국 건전한 증권시장을 육성하고 일반 투자자를 보호하기 위한 것이다. 자본시장법은 **금융투자상품의 매매 및 그 밖의 거래와 관련한 사기적 부정 거래를 금지**하고 있는데, 그 대상에는 증권의 경우 모집·사모·매출을 포함하고 있기 때문에(제178조 제1항 본문) **증권 발행 시장에서 발생하는 사기적 부정 거래도 금지**된다.

(2) 사기적 부정 거래의 유형

자본시장법이 금지하는 사기적 부정 거래의 유형은 다음과 같다.

1) 부정한 수단, 계획 또는 기교 사용 행위

"부정한 수단, 계획 또는 기교(技巧)를 사용하는 행위"가 금지된다(제178조 제1항 제1호). 예를 들어, 투자 수익 보장 약정을 체결한 후 차명(借名)으로 유상증자(有償增資)에 참여하거나,[7] 수익 보장 약정 조건으로 주식을 매수한 경우[8]를 들 수 있다. 한편, 이 조항을 위반한 때에는 형사 처벌이 되는데, "부정한"이라는 추상적인 용어를 사용함으로써 죄형법정주의의 '명확성 원칙'에 위반하는지가 문제된다. 아직까지 명확성 원칙에 반한다는 법원이나 헌법재판소의 판결 또는 결정은 없으나 여전히 논란이 제기될 수 있는 사항이다.

2) 부실 표시 사용 행위

부실 표시 사용 행위도 금지된다. 즉 "중요사항에 관하여 거짓의 기재 또는 표시를 하거나 타인에게 오해를 유발시키지 아니하기 위하여 필요한 중요사항의 기재 또는 표시가 누락된 문서, 그 밖의 기재 또는 표시를 사용하

---

7) 대법원 2011. 10. 27. 선고 2011도8109 판결.
8) 대법원 2007. 7. 12. 선고 2007도3782 판결.

여 금전, 그 밖의 재산상의 이익을 얻고자 하는 행위"가 금지된다(제178조 제
1항 제2호). 해석상 과실에 의한 행위도 금지된다고 볼 수 있다. 여기서 "중요
사항"은 미공개중요정보의 '중요정보'와 같은 의미로 볼 수 있다. 결국 그 판
단은 합리적인 투자자의 입장에서 객관적으로 판단하게 될 것이다. 증권신
고서상의 재무제표에 관한 기재가 중요한 사항이라고 볼 수 있다.[9]

3) 거짓의 시세 이용 행위

거짓의 시세 이용 행위도 금지된다. 즉 "금융투자상품의 매매, 그 밖의 거
래를 유인할 목적으로 거짓의 시세를 이용하는 행위"가 금지된다(제178조 제
1항 제3호). 매매 유인의 목적이 요구된다는 점에서 시세 조종 행위 금지 조
항인 제176조 제2항과 유사하나, 제176조 제2항은 증권 또는 장내파생상품
만을 적용 대상으로 하지만, 이 조항은 모든 금융투자상품을 대상으로 한다
는 점에서 차이가 있다.

4) 풍문의 유포나 위계 등의 사용 행위

풍문(風聞)의 유포(流布)나 위계(僞計) 사용 등의 행위도 금지된다. 즉 "금융
투자상품의 매매, 그 밖의 거래를 할 목적이나 그 시세의 변동을 도모할 목
적으로 풍문의 유포, 위계(僞計)의 사용, 폭행 또는 협박"이 금지된다(제178
조 제2항). '풍문'의 의미에 대하여 법원은 "시장에 알려짐으로써 주식 등의
시세의 변동을 일으킬 수 있을 정도의 사실로서 합리적인 근거가 없는 것"
이라고 보고 있다.[10] '유포'의 의미에 대하여 법원은 불특정 다수인에게 전파
하는 행위뿐만 아니라 특정인에게 전파하는 행위도 포함한다고 보고 있
다.[11] 그 방법이나 수단에 대한 제한이 없으므로 정보통신망이나 전자우편
등 모든 방법이 포함된다고 볼 수 있다. '위계'의 의미에 대하여 대법원은
"거래 상대방이나 불특정 투자자를 기망(欺罔)하여 일정한 행위를 유인할 목
적의 수단, 계획, 기교 등을 말하는 것이고, 기망이라 함은 객관적 사실과
다른 내용의 허위 사실을 내세우는 등의 방법으로 타인을 속이는 것을 의미
한다"라고 보고 있다.[12]

---

9) 서울중앙지방법원 2005. 4. 28. 선고 2005고합65 판결.
10) 서울고등법원 2013. 3. 22. 선고 2012노3764 판결.
11) 서울고등법원 2009. 1. 22. 선고 2008노2315 판결.

5. 시장 질서 교란 행위 금지

(1) 개   관

미공개중요정보 이용 행위 금지 규제는 정보가 계속 전달되는 경우에 2차 수령자나 3차 수령자 등 후속 수령자를 규제할 수 없는 한계가 있고, 기타 기망 및 협박 등의 부정한 방법으로 정보를 알게 된 자도 규제할 수 없는 한계가 있어 규제의 공백이 있었다. 그래서 2014년 개정 자본시장법은 '시장 질서 교란(攪亂) 행위' 금지 조항(제178조의2)을 신설하여 규제의 공백을 막으면서 위반 시 과징금을 부과하는 제도를 도입하였다.

(2) 규제 대상자

규제 대상이 되는 자는 다음과 같다. 첫째, "내부자 등(제174조 각 항 각 호의 어느 하나에 해당하는 자)으로부터 나온 미공개중요정보 또는 미공개정보인 정(情)을 알면서 이를 받거나 전득(轉得)한 자"이다(제178조의2 제1항 제1호 가목). '전득자'라고 하고 있기 때문에 2차, 3차 수령자 등 계속적인 후속 수령자도 포함된다고 해석할 수 있을 것이다. 여기서 '정'(情)이라는 의미가 상당히 애매하다. '사정'(事情)이라는 의미로 보이는데 보다 명확한 표현을 사용할 필요가 있다.

둘째, 자신의 직무와 관련하여 시장 질서 교란 행위 대상이 되는 정보(제178조의2 제1항 제2호에 해당하는 정보를 말한다)를 생산하거나 알게 된 자이다(제178조의2 제1항 제1호 나목). 따라서 언론 기사 작성자나 정부 정책 담당자들도 해당하게 되어 그 범위가 넓게 된다.

셋째, "해킹, 절취(竊取), 기망(欺罔), 협박, 그 밖의 부정한 방법으로 정보를 알게 된 자"이다(제178조의2 제1항 제1호 다목). 그 범위가 미공개중요정보 이용 행위 금지 대상자보다 넓다는 것을 알 수 있다.

넷째, 위의 둘째 또는 셋째에 해당하는 자로부터 나온 정보인 정(情)을 알면서 이를 받거나 전득(轉得)한 자이다(법 제178조의2 제1항 제1호 라목).

---

12) 대법원 2011. 7. 14. 선고 2011도3180 판결.

이처럼 시장 질서 교란 행위 금지의 대상이 되는 자의 범위가 상당히 넓다는 점에서 향후 법 집행 과정에서 그 범위와 관련하여 논란이 많이 제기될 수 있을 것이다.

(3) 규제 대상 정보

규제 대상이 되는 정보는 다음과 같다. ① "그 정보가 지정 금융투자상품의 매매 등 여부 또는 매매 등의 조건에 중대한 영향을 줄 가능성이 있을 것"이라는 요건과 ② "그 정보가 투자자들이 알지 못하는 사실에 관한 정보로서 불특정 다수인이 알 수 있도록 공개되기 전일 것"이라는 요건을 동시에 충족해야 하는 정보이다(제178조의2 제1항 제2호).

(4) 금지 행위

금지되는 행위는 다음과 같다. 즉 규제 대상 행위를 "증권시장에 상장된 증권(제174조 제1항에 따른 상장예정법인 등이 발행한 증권 포함)이나 장내파생상품 또는 이를 기초자산으로 하는 파생상품의 매매, 그 밖의 거래에 이용하거나 타인에게 이용하게 하는 행위"가 금지된다(제178조의2 제1항 본문). 이 외에도 상장증권 또는 장내파생상품에 관한 매매 등과 관련하여 "① 거래 성립 가능성이 희박한 호가(呼價)의 대량 제출이나 호가의 반복적 정정·취소 행위(허수성 주문 행위), ② 권리의 이전을 목적으로 하지 아니함에도 불구하고 거짓으로 꾸민 매매를 하여 시세에 부당한 영향을 주거나 줄 우려가 있는 행위(가장매매 행위), ③ 손익 이전(移轉)이나 조세 회피 목적으로 통정매매를 하여 시세에 부당한 영향을 주거나 줄 우려가 있는 행위, 또는 ④ 풍문을 유포하거나 거짓으로 계책을 꾸미는 등으로 상장증권 또는 장내파생상품의 수요·공급 상황이나 그 가격에 대하여 잘못된 판단이나 오해를 유발하거나 상장증권 또는 장내파생상품의 가격을 왜곡할 우려가 있는 행위" 등도 금지된다(제178조의2 제2항 제1호 내지 제4호).

6. 손해배상책임

(1) 개   관

자본시장법은 시장 질서 교란 행위를 제외한 증권 등의 불공거래 행위 위반에 대한 손해배상책임 규정을 두고 있다. 「민법」상의 불법행위에 기한 손해배상책임에 대한 특칙 조항이라고 할 것이다. 따라서 **통설과 판례의 청구권경합설(請求權競合說)에 따르면, 손해배상 청구권자인 원고는 자본시장법상의 손해배상책임과 「민법」상의 불법행위에 따른 손해배상책임을 선택적으로 물을 수 있을 것이다.**

(2) 미공개중요정보 이용 행위에 대한 손해배상책임

1) 개   관

미공개중요정보 이용 행위에 관한 제174조를 위반한 자는 "해당 특정 증권 등의 매매, 그 밖의 거래를 한 자가 그 매매, 그 밖의 거래와 관련하여 입은 손해를 배상할 책임"을 진다(제175조 제1항). 따라서 손해배상책임의 주체는 내부자, 준내부자, 정보수령자로서 미공개중요정보를 이용한 자이다. 「민법」상의 불법행위 손해배상책임(제750조)에 대한 특칙 조항이라고 할 수 있다.

2) 거래 인과 관계와 손해 인과 관계

일반 불법행위의 경우 손해배상을 청구하기 위해서는 원고가 '거래 인과 관계'를 증명하여야 한다. 원고가 피고의 행위를 믿고 거래를 하였다는 사실, 즉 원고가 피고의 위반 행위로 인하여 거래를 하였다는 거래 인과 관계를 별도로 증명하여야 한다. 그러나 직접적인 대면 거래가 이루어지기 어려운 증권시장의 특성상 원고로 하여금 이러한 신뢰성 요건을 증명하게 하는 것은 원고로서는 상당한 부담이다. 따라서 자본시장법은 "매매, 그 밖의 거래와 관련하여 입은 손해를 배상할 책임을 진다"(제175조 제1항)라고 하고 있는데, 해석상 **원고는 시세 조종 행위라는 사실의 존재와 손해가 매매 거래와 관련하여 발생한 것이라는 사실을 증명하면 되는 것**이라고 볼 수 있다. 즉 손해배상 청구에 있어서 '거래 인과 관계'를 요구하는 것은 아니고, 원고는 손해 인과 관계의 증명만 하면 되는 것이라고 이해할 수 있다.[13] 특히 손해 인과 관계의 부존재 입증 책임을 피고가 부담한다는 명시적인 규정이 없으므로(증권 발행 공시 위반에 따른 손해배상책임의 경우는 이러한 명시적인 규정이 있다. 제126조 제2항) 원고가 손해 인과 관계의 존재를 입증할 책임을 부담한다고 보는 것이 타당할 것이다.

3) 소멸 시효 기간

자본시장법은 소멸 시효 기간도 규정하고 있다. 즉 미공개중요정보 이용 행위에 관한 손해배상청구권은 청구권자가 위반한 행위가 있었던 사실을 안 날부터 2년간 또는 그 행위가 있었던 날부터 5년간 이를 행사하지 아니한 경우에는 **시효로 인하여 소멸**한다(제175조 제2항). 제척 기간이 아니다.

(3) 시세 조종 행위에 대한 손해배상책임

1) 개   관

자본시장법 제177조는 시세 조종 행위로 인하여 손해를 입은 투자자가 시세 조종 행위를 한 자에 대하여 손해배상 청구를 할 수 있도록 규정하고 있다. 이것 또한 「민법」상의 불법행위에 기한 손해배상책임에 대한 특칙 조항이라고 할 수 있다. 미공개중요정보 이용 행위와 마찬가지로 **투자자는 거래 인과 관계의 증명 책임은 없지만 손해 인과 관계의 증명 책임은 부담한다고 볼 것이다.**[14]

2) 손해배상책임의 발생 유형

손해배상책임의 발생 유형은 다음과 같다.

첫째, 시세 조종 행위를 한 자는 "그 위반 행위로 인하여 형성된 가격에 의하여 해당 증권 또는 파생상품에 관한 매매 등을 하거나 그 위탁을 한 자가 그 매매 등 또는 위탁으로 인하여 입은 손해를 배상할 책임을 진다"(제177조 제1항 제1호). 즉 위반 행위의 대상인 증권 또는 파생상품과 손해가 발생한 증권 또는 파생상품이 동일한 상품인 경우이다.

---

13) 이러한 설명은 임재연, 「자본시장법」, 박영사, 2019, 1037면.
14) 같은 견해는 위의 책, 1044면.

둘째, 시세 조종의 대상이 된 증권 또는 파생상품의 가격 조작으로 인해 다른 증권 또는 파생상품의 가격에 영향을 미쳐서 손해를 발생시킨 경우에 손해배상책임이 발생한다(제177조 제1항 제2호).

셋째, 조기 상환일이나 만기 상환일 같은 특정 시점에 파생결합증권이나 파생상품의 기초자산의 가격이나 수치를 조작하여 상환 조건의 성취를 막았을 경우 그로 인해서 파생결합증권이나 파생상품 보유자가 손해를 입었을 때 손해배상책임이 발생한다(제177조 제1항 제3호).

3) 소멸 시효 기간

자본시장법은 소멸 시효 기간도 규정하고 있다. 즉 손해배상청구권은 청구권자가 위반한 행위가 있었던 사실을 안 때부터 2년간, 그 행위가 있었던 때부터 5년간 이를 행사하지 아니한 경우에는 **시효로 인하여 소멸**한다(제177조 제2항).

(4) 사기적 부정 거래 행위에 대한 손해배상책임

사기적(詐欺的) 부정 거래 행위에 의한 손해배상책임도 마찬가지이다. 사기적 부정 거래 행위를 한 자는 "그 위반행위로 인하여 금융투자상품의 매매, 그 밖의 거래를 한 자가 그 매매, 그 밖의 거래와 관련하여 입은 손해를 배상할 책임을 진다"(제179조 제1항). **투자자는 '거래 인과 관계'의 증명 책임은 없지만 손해 인과 관계의 증명 책임은 부담한다고 보아야 할 것이다.**[15] 그리고 손해배상청구권은 청구권자가 위반한 행위가 있었던 사실을 안 때부터 2년간, 그 행위가 있었던 때부터 5년간 이를 행사하지 아니한 경우에는 시효로 인하여 소멸한다(제179조 제2항).

7. 형사 책임

자본시장법은 미공개중요정보 이용 행위 금지, 시세 조종 행위 금지, 사기적 부정 거래 위반 행위 금지 등의 규정을 위반한 자에 대하여 형사 책임

---

15) 판례도 이러한 입장에 있다(대법원 2015. 4. 9. 선고 2013마1053 판결).

도 묻는 조항을 두어 강력한 처벌을 하고 있다. 공정한 증권 거래 질서를 유지하여 건전한 증권 시장을 육성하고 투자자를 보호하기 위함이다. 즉 이러한 위반 행위를 한 자에 대해서는 1년 이상의 유기징역 또는 그 위반 행위로 얻은 이익 또는 회피한 손실액의 3배 이상 5배 이하에 상당하는 벌금에 처한다(제443조 제1항 본문). 다만, 그 위반 행위로 얻은 이익 또는 회피한 손실액이 없거나 산정하기 곤란한 경우 또는 그 위반 행위로 얻은 이익 또는 회피한 손실액의 5배에 해당하는 금액이 5억 원 이하인 경우에는 벌금의 상한액을 5억 원으로 한다(제443조 제1항 단서). 위반 행위로 얻은 이익 또는 회피한 손실액이 5억 원 이상인 경우에는 징역형이 무기징역까지 가중된다(제443조 제2항).

찾아보기

■ 고동원(高東源)

서울대학교 법과대학 졸업
고려대학교 대학원 법학석사
미국 보스톤대학교 및 튤레인대학교 법학석사(LLM)
미국 듀크대학교 법학박사(SJD)
미국 뉴욕주 변호사
한국은행 전문연구역
김·장 법률사무소 미국변호사
건국대학교 법과대학 조교수
(사)은행법학회·(사)한국상사판례학회 회장 역임
(현) 성균관대학교 법학전문대학원 교수

제 2 판
금융규제법개론

초판발행	2019년 6월 28일
제2판발행	2022년 2월 10일
지은이	고동원
펴낸이	안종만·안상준
편 집	양수정
기획/마케팅	정연환
표지디자인	이소연
제 작	고철민·조영환
펴낸곳	(주) 박영사
	서울특별시 금천구 가산디지털2로 53, 210호(가산동, 한라시그마밸리)
	등록 1959. 3. 11. 제300-1959-1호(倫)
전 화	02)733-6771
f a x	02)736-4818
e-mail	pys@pybook.co.kr
homepage	www.pybook.co.kr
ISBN	979-11-303-4076-0 93360

* 파본은 구입하신 곳에서 교환해 드립니다. 본서의 무단복제행위를 금합니다.
* 저자와 협의하여 인지첩부를 생략합니다.

정 가   25,000원